Cathrin Pichler (Hrsg.)

:Engel
:Engel

Legenden der Gegenwart

SpringerWienNewYork

:Engel
:Engel

Kunsthalle Wien
11. Juni bis
7. September 1997

Galerie Rudolfinum Prag
25. September bis
30. November 1997

Ausstellung

Idee, Konzept,
organisatorische Leitung
Cathrin Pichler
Ausstellungssekretariat
Semirah Zecher-Heilingsetzer
Registrar
Robert Priewasser
Produktion
Catrin Neumüller
Florian Berktold
Öffentlichkeitsarbeit
Dietlinde Bügelmayer
Claudia Bauer
Ausstellungsarchitektur
Richard Resch
Ausstellungsaufbau
Richard Resch
Paul Lehner
Restauratorische Betreuung
Joachim Goppelt
Transporte
hs art service, Wien
Hasenkamp, Köln
Leitung Kunsthalle Wien
Gerald Matt,
Geschäftsführer

Die Ausstellung
wurde unterstützt von
British Council
Lauda Air
Voest Alpine Linz
Dipl. Ing. Rudolf Wödlinger
MCE
Dipl. Ing. Peter Engl, Linz
Statik
Dipl. Ing. Helmuth Locher, Wien
Trade Arbed Austria
Ing. Bachl, Wien

Katalogbuch

Konzept
Cathrin Pichler
Redaktion
Jeanette Pacher
Semirah Zecher-Heilingsetzer
Graphische Konzeption
und Typographie
Ecke Bonk
Layout
Richard Ferkl
Lektorat
Wolfgang Astelbauer
Jeanette Pacher
Übersetzungen
Wolfgang Astelbauer
(A. Pleşu, D. Wojnarowicz)
Elisabeth Schlebrügge
(B. Bassiri)
Isolde Schmitt
(Klonaris/Thomadaki)
Michael Strand
(Y. Safran,
G. Quasha und C. Stein)
Druck
Adolf Holzhausens Nfg.,
A-1070 Wien
Gedruckt auf säurefreiem,
chlorfrei gebleichtem
Papier-TCF

ISBN 3-85247-012-9
Kunsthalle Wien

Grußwort

Die Kunsthalle Wien hat es sich von ihrem Beginn an zum Ziel gesetzt, der internationalen Gegenwartskunst eine Plattform zu bieten.

Die diesjährige Festwochenausstellung verwendet die Metapher des Engels als Leitgedanken und bezieht sich damit auf das Problem der Individualität, der Selbstdarstellung und Persönlichkeitsdefinition, das in der Kunst der letzten Dekaden eine Vielzahl möglicher Fragen, Sichtweisen und Perspektiven entwickelt hat. Die Kunst der Gegenwart zeigt sich damit als sensibles Instrument des Erkennens und Wahrnehmens dieser Zeitfragen.

Ohne Zweifel stellen die jüngere Vergangenheit und Gegenwart eindringlich die Frage nach der Identität, nach der jedem Menschen auferlegten Notwendigkeit der Positionierung in seiner Umwelt, seiner Gesellschaftlichkeit, seiner sozialen Rolle, seiner Geschlechtlichkeit, in einer Vielfalt von Verhältnissen und Beziehungen – den alltäglichen wie den „großen“ Orientierungen, den Lebensentwürfen. Antworten auf diese Fragen scheinen immer schwieriger, das Herstellen von Identitäten – von Übereinstimmungen in der Welt und mit dieser – immer komplizierter und unübersichtlicher. Die Menschen sind heute in permanente Veränderungen eingespannt, ausgesetzt einem gleichsam explodierenden System der Kommunikation und einer Mobilisierung von Räumen und Zeiten, die als feste Koordinaten noch traditionell das Dasein bestimmten. Lineare Lebensläufe wird es kaum mehr geben, eine einmal erworbene Identität wird keine gesicherte und voraussehbare Lebensgeschichte mehr garantieren. In diesem Sinne steht also die Figur des Engels für die Fraglichkeit und Unbestimmbarkeit des heutigen Menschen. Der Engel ist nicht bloß Vermittler von Botschaften, sondern auch von Formen der Darstellung, in einem schon traditionellen Sinn Repräsentant der Vorstellungskraft; somit steht er niemandem näher als dem Künstler.

Die Ausstellung beginnt mit einer retrospektiven Einführung, die klassische Persönlichkeiten des 20. Jahrhunderts mit exemplarischen Werken zitiert wie etwa Louise Bourgeois oder Yves Klein. In ihrem Hauptteil sind über 50 gegenwärtige Positionen vertreten – Künstler wie Cindy Sherman, Mike Kelley, Thomas Ruff, Gary Hill oder Inez van Lamsweerde. Die Resonanz, die das Thema gefunden hat, zeigt sich gerade auch daran, daß einige neue Arbeiten eigens für diesen Anlaß geschaffen wurden.

Mit diesem Projekt wird die Tradition der Festwochenausstellungen fortgesetzt, gleichzeitig soll durch die Wahl dieses Themas, das in seinen ästhetischen Spielarten auch grenzüberschreitend ist, das Projekt einer gemeinsamen, verschiedene Kunstformen vereinigenden Initiative der Kunsthalle Wien mit den Wiener Festwochen markiert werden.

Cathrin Pichler, die Chefkuratorin der Kunsthalle Wien, hat diese Festwochenausstellung konzipiert und realisiert. Dank der Aktualität und Präzision ihres Konzeptes ist es ihr gelungen, die Leihgeber internationaler Museen und Sammlungen für diese Ausstellung zu gewinnen. Unser Dank gilt daher sowohl ihr als auch auch allen jenen, die durch ihre leihgeberischen Beiträge an diesem Projekt mitgewirkt haben. Ebenso möchten wir Herrn Edek Bartz für die Zusammenstellung des Musikprogramms danken, das die Ausstellung um einen wichtigen Bereich ergänzt. Auch Hans Hurch sei für die Unterstützung bei der Planung eines Filmprogrammes herzlich gedankt. Für die inhaltliche und organisatorische Koordination und Durchführung dieses Projektes sei im besonderen dem Team der Kunsthalle Wien unser Dank ausgesprochen.

Dr. Peter Marboe
Kulturstadtrat
der Stadt Wien

Dr. Ursula Pasterk
Präsidentin
der Kunsthalle Wien

Dr. Gerald Matt
Generalsekretär
der Kunsthalle Wien

Wolfgang Wais
Generalsekretär
der Wiener Festwochen

Danksagung

An erster Stelle sei den Künstlern und Autoren gedankt, die mit Interesse und Begeisterung das Thema aufgenommen haben und die die eigentlichen Träger der Verwirklichung dieses Projekts sind. Bedankt seien auch die Leihgeber, die zur Realisierung der komplexen Struktur des Gesamtvorhabens beigetragen haben. Für die Ermöglichung des Projekts gilt der Dank Dr. Ursula Pasterk, der Präsidentin des Vereins Kunsthalle Wien, und Dr. Gerald Matt, die das Fundament für die Festwochen-Ausstellung 97 gelegt haben. Dank gilt allen Mitarbeitern, die zur Realisierung beigetragen haben, zunächst Semirah Zecher-Heilingsetzer, die vom ersten Anbeginn an mit großem Einfühlungsvermögen die Künstler und Autoren betreute, sowie Robert Priewasser, der die formellen Strukturen der Ausstellungsorganisation festlegte; Catrin Neumüller, die die Ausstellung und das Beiprogramm produktionstechnisch betreute; Jeanette Pacher für die präzise Mitorganisation des Katalogbuches und die oft schwierige Textbearbeitung, in diesem Zusammenhang gilt der Dank auch den Übersetzern und speziell dem Lektorat. Großer Dank gilt natürlich auch den Gestaltern des Buches Ecke Bonk und Richard Ferkl, die nicht nur eine „Umsetzung" praktizierten, sondern auch die Idee des Projekts aufgenommen und in ihrer Arbeit angeeignet haben. Für die Entwicklung einer Ausstellungs-Architektur, die einer Reihe besonderer Künstler-Wünsche gerecht werden sollte, danke ich Richard Resch und für die Umsetzung allen am Aufbau Beteiligten. Dank gilt auch Joachim Goppelt für die restauratorische Betreuung, besonders aber für seine Kompetenz in Ratschlägen und konkreten Problemlösungen. Nicht zuletzt sei auch Christian Steiner für seine begleitende positive Präsenz und seine Ideen in Einzelfragen gedankt. Besonderer Dank gilt Edek Bartz, der das Musikprogramm zur Ausstellung gestaltet und realisiert hat und Hans Hurch, der für ein Filmprogramm mit Rat und Tat zur Seite stand. Beide seien nicht nur für ihre fachliche Kompetenz, sondern auch für ihre inhaltliche Teilnahme und ihr positives Engagement bedankt. Für wertvolle Hinweise und ideellen Beistand danke ich Edek Bartz, Neda Bei, Lise Brisson, Monika Faber, Hans Hurch, Veronika Kaup, Wolfgang Kos, Hans-Peter Litscher, Hans-Ulrich Obrist und Harald Szeemann. Schon über das Ereignis der Wiener Ausstellung hinaus, richtet sich mein Dank an Petr Nedoma, der die Idee aufgegriffen und das Projekt für das Rudolfinum in Prag übernommen hat.

Inhalt

Vorwort

„...Raum, Licht, Zeit, Spiegel, Feuer, Schleier,
Bote, Vogel, Apparat, Doppelmensch...“

Die Assoziationen könnten noch weiter fortgesetzt werden – was Engel (heute) sein können, ist ein Territorium nahezu ohne Grenzen.

So „offen“ und abenteuerlich weit ist diese Gegend der Bedeutungen; so undeutlich werden die Konturen, je näher man dem Phänomen kommt, je genauer man sich mit den Deutungen und ihrer Geschichte auseinandersetzt.

In seiner schwierigen Begrenzbarkeit und Komplexität steht der Engel auch in einer profanen Interpretation der Gegenwart für eine Vielheit von Ideen und metaphorischen Annotationen.

Sieht man von den „aktuellen“ esoterischen Bezugnahmen und den wechselnden Konjunkturen des Außerirdischen in allen seinen Spielarten ab, hat der Engel in seiner semantischen Geschichte – vor allem der neueren, nach der Moderne – alle Charakteristika einer Menschen-Metapher gewonnen. Er steht als Metapher für den Menschen der Gegenwart und sein Dasein. Die „leeren“ Engel (Peter Sloterdijk) unserer Zeit, die ihre Möglichkeit als Medium (als Boten – „angeloi“) zu verlieren drohen, bezeichnen die Problematik dieses Da-Seins, genauer die Identität des Menschen der Jetztzeit, ihre Fraglichkeit und Brüchigkeit.

Das Thema ist somit die Suche nach Identität und der Versuch, Identifikationen zu finden und zu meistern – in dieser, unserer irdischen Welt. Die Metapher des Engels steht in dieser profanen Transzendenz auch für eine nicht geglückte oder verfehlte Anpassung an das Gegebene oder für den Widerspruch gegen die „normative Kraft des Faktischen“ in unserem Dasein. Der Engel ist in dieser Konnotation immer auch das „Andere“.

In der Metaphorik des Anderen und der Gegenbilder bezeichnet der Engel auch die Kunst und den Künstler – in einem Nachbild der imaginativen Kräfte und der Möglichkeit der Verwandlung, die er innehat. Der Engel symbolisiert jenes Potential, das Walter Benjamin für die Aura des Kunstwerks als „einmalige Erscheinung der Ferne, so nah sie auch sein mag“ formuliert hat. – Annäherung

Abb. linke Seite: Yves Klein, Sprung in die Leere, 1960

an ein eigentlich Undefinierbares, an ein „sonderbares Gespinst von Raum und Zeit". Für dieses Buch, seine Texte und Bilder, hat die gegenwärtige Metaphorik des Engels die Dramaturgie geliefert. Alle Autoren haben das Prinzip der Annäherung an die Spielarten einer profanen Transzendenz aufgenommen. Die theoretischen Beiträge wurden durch ein Spektrum literarischer Texte ergänzt, die vorwiegend aus unserem Jahrhundert stammen. Insgesamt sollen so die wichtigsten Dimensionen einer Gegenwartssemantik des Engels gezeigt werden, einer Denkfigur, die seit dem Beginn des Jahrhunderts als Folie der Überschreitung und des Ausbruchs aus der Enge der Realitäten dient.

Es ist das „Andere" – in Ort und Zeit, in den Phantasien, den Ideen und Sehnsüchten des Menschen, das der Engel repräsentiert, es ist dies seine Immanenz in der Welt.

Die künstlerischen Arbeiten der Ausstellung, der dieses Textbuch zugehört, folgen der metaphorischen Spur – ihre Thematik ist die Überschreitung, die Transformation und Verwandlung des Menschenbildes; sie repräsentieren einen „Möglichkeitssinn" und manifestieren dessen gegenwärtige Realität. Die Künstler sind jene Engel dieser Welt, die noch nicht von der Leere erfaßt sind, sie sind die Träger imaginativer Kräfte, die Medien und Übersetzer der Möglichkeiten.

Cathrin Pichler

Yehuda Safran

Engel der verlorenen Dinge oder Wider die Zeit

Diese Dinge sind nie geschehen, doch sie sind immerdar.
Saloustios, Von Göttern und von der Welt

Dieser Schatten, den der Engel sozusagen auf die Welt wirft, wie sollen wir ihn je wirklich zu fassen bekommen? Darin liegt ein tiefes Mysterium. Es ist das Mysterium der Negation: Es sagt nicht, wie die Dinge sind, und doch können wir sagen, wie die Dinge nicht sind. Chiffren, die eine Stelle angeben, einen Horizont, jedoch nichts bezeichnen. Herabsteigen durch eine Bewegung, an der die Schwerkraft keinen Anteil hat. Die Schwerkraft zieht die Dinge hinab, Flügel heben sie hinan: Welche Flügel von doppelter Mächtigkeit wären imstande, Dinge schwerelos herabsteigen zu lassen?

Die Schöpfung besteht aus der Abwärtsbewegung der Schwerkraft, der Aufwärtsbewegung der Gnade und der Abwärtsbewegung der Gnade des zweiten Grades. Sicher, unser Wissen ist ungewiß und unbestimmt, unsere Entscheidungen mögen schwanken, nicht aber die Welt. Wir entdecken unsere ursprünglichen Anliegen auf Leinwänden, die sich falten oder krümmen oder dehnen ließen wie Haut oder Zelluloid.

Engel sind, wie Jean-Luc Godard das Bild im Film beschreibt, die einzigartige Erscheinung einer Ferne, so nah sie auch sein mag (HISTOIRE[S] DU CINEMA). Eine zweifache Abwärtsbewegung; aus Liebe noch einmal tun, was die Schwerkraft tut. Ist nicht die zweifache Abwärtsbewegung der Schlüssel zu aller Kunst?

Diese Abwärtsbewegung, das Spiegelbild der Gnade, ist die Essenz aller Kunst. Der ganze Rest dient nur dazu, sie zu umschließen wie ein Schrein. Die aufsteigende Notenlinie ist nur ein sensorischer Aufstieg. Die absteigende Linie ist ein sensorischer Abstieg und ein spiritueller Aufstieg. Hier ist das Paradies, nach dem jedes Wesen sich sehnt: wo ein natürliches Abwärts bewirkt, daß wir uns zum Guten erheben.

Ein leidenschaftlicher Musikliebhaber kann durchaus ein pervertierter Mensch sein – haben wir Verbrechen begangen, derentwegen wir verflucht sind, da wir die Poesie und Harmonie der Sphären verloren haben?

Es gibt eine Erlösung, die in jedem und zu jeder Zeit stattfinden kann, doch dazu braucht es keinen Messias. Allein das Gleichgewicht löst jede Kraft ins Nichts auf.

Die Zeit, indem sie vergeht, reibt das Vergängliche auf und zerstört es. Wir müssen nach dem trachten, was existiert, oder nach dem, was in keiner Weise existieren kann – oder, noch besser, nach beidem. Damit ein Kunstwerk für alle Zeit bewundert werden, eine Freundschaft ein Leben lang halten kann (oder sich vielleicht auch nur rein erhalten, einen einzigen Tag), damit der Begriff vom Menschsein trotz mannigfaltiger Erfahrungen und der Fährnisse des Schicksals unverändert bleiben kann – dazu braucht es eine Eingebung von oben, von Engeln verkündet. „So war es, und so wird es immer sein."

Die Realität der Welt ist das Ergebnis unserer Bindung daran. Es ist die Wirklichkeit des Ich, die wir auf Dinge übertragen. Das hat wenig mit eigenständiger Wirklichkeit zu tun.

Das Kunstwerk erneuert die Unversehrtheit der Dinge in sich selbst, während es ihre Verfügbarkeit bestreitet. Wie Wallace Steven in THE MAN WITH THE BLUE GUITAR schreibt:

> „. . . Wo
> fang' ich an und hör' ich auf? Und wo,
>
> wenn ich auf dem Ding da spiele, nehm' ich das her,
> Das sich bedeutungsvoll erklärt,
>
> als Es, nicht Ich, und doch
> sein muß. Es könnt' nichts andres sein."
> (XII)

Um weiter in die Vertraulichkeit der Dinge einzudringen, müssen wir frei sein, damit sie zu uns sprechen: Wir müssen jedes Ding eine Zeitlang für das einzig Existente nehmen, für das einzige Phänomen, das sich durch unsere Hinwendung und ausschließliche Liebe in der Mitte des Universums wiederfindet und dem an diesem einzigartigen Ort an diesem Tag „die Engel dienen" (Rilke).

Wir haben das Prinzip der Erhebung nicht in uns. Nur indem wir unsere Gedanken auf etwas Höheres richten als uns selbst, werden wir zu diesem Etwas emporgezogen. Wenn wir wirklich erhöht sind, wird dieses Etwas wirklich.

Andrei Pleşu

Engel: Elemente für eine Theorie der Nähe

A. Die Ablenkung der Entfernung

1. Jeder Mensch ist in einem bestimmten Augenblick seines Lebens mit dem Thema eines *optimalen, aber unzugänglichen* Wegzeichens konfrontiert. Alles ordnet sich um ein hohes Ziel, um etwas Entferntes, mit dem verglichen gegenwärtige, greifbare Wirklichkeiten minder erscheinen. Es handelt sich um eine Art *Ablenkung* durch das „Entfernte", die uns mit den Augen starr auf den Horizont gerichtet leben läßt. *Dort*, am Horizont, ist die Welt der Ziele, der Ideale, ist, wohin wir streben. Alle unsere Hoffnungen richten sich darauf; unsere dringlichste Not verkörpert sich dort. Am Horizont oder – wenn wir emporschauen – im Zenit ist der *privilegierte Raum des Absoluten*: der Raum Gottes. Ohne dieses Wegzeichen in äußerster Entfernung verliert das Wirkliche seinen Sinn, unser existentielles Bemühen seinen Antrieb. Man könnte die Erbsünde unter anderem für die Unfähigkeit des Menschengeschlechts verantwortlich machen, sich die Skala der Werte anderswo vorzustellen denn in der borealen Welt eines unerreichbaren *Dort*. Der gefallene Mensch erlebt seinen Fall unmittelbar als *Distanzierung*; er fühlt sich an den seinen Sehnsüchten genau gegenüberliegenden Ort katapultiert und lebt unter dem Druck eines rastlosen, sich erholenden Eifers. Selbst der bescheidenste Mensch zielt auf ein Dort, das zu seinem Besten im Verhältnis steht, auf ein Projekt, einen Horizont der Erfüllung, der zum Gegenstand seiner dauernden Belagerung wird. Es gibt ein Dort des Glaubens: das himmlische Jerusalem; ein Dort des Wissens: die absolute Wahrheit; ein Dort des täglichen Lebens: das Glück. Ohne diese Gesichter des Entfernten, ohne die halluzinatorische Anziehung, die sie auf uns ausüben, würden wir unsere Begeisterung verlieren, würden wir in ein niederes Reich absinken. „Die Entfernung" ist der erste Stoff aller Utopien, gleichzeitig jedoch die nächste Vorahnung der Transzendenz. Unmerklich wird das Dort zum Jenseits. Einerseits läßt sich die stimulierende Rolle, die wohltuende Herausforderung nicht bestreiten, die das Dort impliziert. Andererseits aber sprechen wir noch von der *Ablenkung* des Entfernten, weil es manchmal den *Abstand* zerstören kann, der uns von ihm trennt.

In unser Ziel versunken, von dessen Ansehen geleitet und dem Zauber des Entfernten erlegen, verstehen wir Dinge nicht mehr, die uns nah sind. Es ist die Nähe, die uns unzugänglich wird.

Jede Himmelsmetaphysik findet in der Verdunklung des Empfindens der Nähe ihre morbide Entsprechung. Man betrachtet „die Entfernung" eines moralischen Gebotes und vermag sich nicht auf die „Nähe" eines bestimmten Umstands einzustellen. Man bewegt sich im abstrakten Himmel des Begrifflichen (also „des Entfernten", dem logischen Zenit des Denkens) und verliert die Substanz des Wirklichen. Man kultiviert die extremen Höhen und Tiefen und versagt, wenn man dem Unmittelbaren gegenübersteht. Man produziert Metaphern und kann keine einfachen Feststellungen mehr treffen. Anders gesagt: Man kann sich die Kurve eines Sprungs ohne Zögern zu eigen machen, verliert aber die Fähigkeit, natürlich dahinzuschlendern.

11. Ein charakteristisches Symptom dieser *Krise der Nähe* – die gleichzeitig eine *Krise des Abstands* ist – liegt darin, daß *der Geist sich in Dichotomien verfängt.* Jemand, der nicht „Schritt für Schritt" denkt, stellt schließlich *Polaritäten* her, welche die Textur der Räume dazwischen zerstören. Zwischen den Polen einer Dichotomie liegt kein signifikantes „Feld", kein Universum des Übergangs mehr. Die Ethik kennt nur „gut und böse", die Logik „wahr und falsch", der Glaube den „sündigen Menschen und den verborgenen Gott". Das gesamte europäische Denken ist deshalb von einer rhythmischen Monotonie bedroht: Objekt – Subjekt, Materie – Geist, Immanenz – Transzendenz, Real – Ideal, ein ermüdendes Pendeln, eine einschläfernde, alles gleichmachende Kadenz. Die Gewohnheit, streng in zwei Takten zu funktionieren, oder anders gesagt: der latente Dualismus dieser geistigen Schemata, fördert eine Form des Reduktionismus, die nicht nur unser Weltbild (unter anderem durch eine Beschneidung der Rolle, die der *Imagination* im Aufbau dieses „Bildes" zukommt), sondern auch unsere pragmatische Beweglichkeit betrifft. Wir denken immer abstrakter und handeln immer mechanischer. Beständig (und unterschwellig!) prägt ein spontaner *polarisierender Instinkt* unser kognitives, soziales und politisches Verhalten: Wir sprechen von Ausgebeuteten und Ausbeutern, von Kommunismus und Kapitalismus, von Links und Rechts, von „Ossis" und „Wessis", etc. Kein Feld ist von diesen ansteckenden Dualitäten frei.

Die Krise der Nähe lähmt den Geist. Dichotomien erstarren zu *Antinomien.* Die lebendige Bewegung des Denkens verfällt dem Götzendienst. Das monumental gewordene „Ferne" fesselt einen an seinen Platz, läßt einen in seiner

Begeisterung versteinern. Durch einen leeren Raum vom „Fernen“ getrennt, der unmöglich zu überwinden ist, sieht man ihm ins Auge. Nähe ist der *Beginn* der Überwindung, der Verwandlung der Leere in einen *dynamischen Abstand*, in einen *Weg*. Nähe ist nicht das Gegenteil von Ferne: Nähe ist der erste Schritt, der entscheidende Schritt auf die Ferne zu. Das Absolute hört auf, utopisch zu sein, wenn man die Entfernung, die einen davon trennt, in eine *Folge von Nähen* verwandelt. Was einem nahe ist, ist auch dem Absoluten näher als wir, weil das *Benachbarte* die Verlängerung unserer Identität, unseres erweiterten Selbst ist. Das erweiterte Selbst, das sich ausdehnende Selbst, das Selbst, das *seine Nähe überschwemmt*, ist der einzig wahre Gefährte des Absoluten. Das Absolute wiederum muß aus dem Schatten seiner Entfernung hervortreten, um sich als mögliche *Nachbarschaft* des Menschen, als Nähe offenbaren zu können.

Um dem Schematismus der Dichotomien zu entgehen, den *Abstand* zwischen den Polen zu erfüllen und die Krise der Nähe zu überwinden, die der götzenhaften Verehrung des Fernen entspringt, lassen sich mehrere Lösungen denken, wurden mehrere Lösungen angeboten: Eine dieser Lösungen macht den Kern der Angelologie aus.

B. Die Lösungen der Angelologie

III. Engel haben die ungewöhnliche Eigenschaft, *gleichzeitig Gott und dem Menschen* nahe zu sein. Vor allem einmal Gott: Engel sind das Muster dessen, was die Gefolgschaft Gottes ausmacht, der himmlische „Hof“, wie er in der ungeheuren Vision der Einleitung des Buchs Ezechiel beschrieben wird. Sie stützen den himmlischen „Thron“ und sind „die Dragomanen“ der höchsten Instanz. Sie pflegen den Kult des Schöpfers: In priesterlichen „Chören“ organisiert dienen und preisen sie. Sie sind Gottes „Heerscharen“ (Jahwe ist der Herr der Heerscharen, ihr Anführer) und „Boten“. Die Menge der Engel allein vermag die Einsamkeit Gottes zu bevölkern, indem sie die Undurchsichtigkeit des „Deus absconditus“ in eine vielfältige Theophanie auflöst. Henry Corbin hat diesen Zusammenhang als „Paradoxon des Monotheismus“ bezeichnet. Der Monotheismus löst sich ohne die Angelologie „in einen illusorischen Triumph“ auf; entweder verfällt er in Agnostizismus (als „Ens supremum“ ist Gott unzugänglich) oder in Antropomorphismus und Allegorie (Gott wird mit Namen und Attributen beladen, die das Geheimnis seiner Transzendenz relativieren). Nur die Welt der Engel erlaubt Gott, *sich auszudrücken* und dennoch unsagbar zu bleiben. Die Engel sind Gottes *Sprache*, „die Stimmen seiner ewiggebärenden Harmoney“, wie Böhme in MYSTERIUM MAGNUM schreibt. Als Symbole der göttlichen Nähe sind Engel das bevorzugte „Mittel" der Offenbarung, „Instrumente" des Erscheinens Gottes. „Ihre Arbeit ist ein eitel Bildung göttlicher Kräfte und Formen" – so Böhme weiter in DE TRIBUS PRINCIPIIS. Die Engel bleiben auch in der Nähe Gottes, weil sie die einzigen Geschöpfe sind, die seine Nähe *ertragen.* „Mein Angesicht kannst du nicht *schauen,* denn kein Mensch sieht mich und bleibt am Leben." (Exodus 33, 20) Die Engel aber *schauen* das Angesicht Gottes. Sie sind gewissermaßen Gottes „Angesicht", der schützende Schirm, durch den sich Gott seinen Geschöpfen zeigt. Im Buch Jesaja (63, 9) ist vom rettenden „Antlitz" Jahwes die Rede. In DIE WELTALTER und später in ÜBER DIE GOTTHEITEN VON SAMOTHRAKE widmet Schelling dem „Engel der Gegenwart Gottes", dem Boten und Übersetzer („angelus interpres") Jahwes, einige bemerkenswerte Seiten: Es ist der Engel, den die Gnostiker, die rabbinischen Kommentare und die Christologie der ersten Jahrhunderte mit unterschiedlichen Namen bezeichnen (als Metatron, Anaphiel, Michael) und manchmal mit Jesus Christus selbst gleichsetzen (Christos Angelos). Auch Avicenna spricht in seiner Angelologie von einem „Engel mit dem Antlitz des Allerheiligsten" und meint damit niemand anderen als den Erzengel Michael. Unabhängig von Namen durchzieht das Thema einer „Gegenwart" in *unmittelbarer Nachbarschaft* zur höchsten Gegenwart die Überlegungen der gesamten Angelologie. Diese unmittelbare Nachbarschaft ist das Schicksal der Gegenwart jedes Engels. Der Engel schwebt in der „Atmosphäre" Gottes (oder, wie Lacan einmal sagt, „il nage dans le signifiant suprême").

IV. Der Engel ist aber auch die unmittelbare Nachbarschaft des Menschen. Er ist dessen „himmlischer Freund", sein unermüdlicher Pädagoge, sein Führer und Beschützer. „Der Schutzengel" versucht durch seine unaufdringliche *Hinführung* die gewalttätige *Verführung* des Dämonen auszugleichen (Paul Claudel). Der Engel ist uns in unserem Kummer nach dem Tod nah und steht uns beim Jüngsten Gericht bei. Er ist unser geistiges *Vorbild,* unser Gewissen. Das Leben eines tugendhaften Menschen ist eine „vita angelica", eine „imitatio angelis", ehe es zu einer „imitatio Christi" wird. Im Vergleich zum entfernten Himmel Gottes erscheint der Himmel des Engels als greifbarer Himmel, als Himmel, der in einer ermunternd zugänglichen Höhe liegt. Die Welt der Engel ist das „Firmament" der Menschheit, deren „genus proximus": Der Mensch spürt den Engel, wann immer er sich bei der Verfolgung seiner Vorhaben nicht allein gelassen, unterstützt, *inspiriert* fühlt. Die Engel relativieren die Einsamkeit des Menschen ebenso wie die Einsamkeit Gottes. Sie sind ihrer Bestimmung nach

Gefährten, Wesen, die in unserer Nähe sind. So gesehen erlaubt uns der Text der Bibel wenn schon nicht dem Buchstaben, so seinem Geist nach, zu glauben, daß der berühmte Satz „Du sollst deinen Nächsten lieben" mehr bedeutet als „den Menschen lieben, der dir nahe ist". Auch der Engel ist unser Nachbar, nicht der Nächste neben uns, aber der Nächste über uns. Vom Standpunkt der Angelologie kann das Gebot, seinen Nächsten zu lieben, eine Aufforderung sein, seinen Engel zu lieben, tiefer in das Geheimnis seiner Nähe einzudringen, bis diese mit der Nähe zu Gott verschmilzt.

v. Die Angelologie stellt nicht nur eine Lösung der Krise der Nähe, sondern auch eine Lösung der *Krise des Abstands* dar. Die Engel verwandeln den „Abgrund" zwischen Gott und dem Menschen in einen Raum der *Verständigung*. Sie verleihen diesem Raum Konsistenz und Leben, indem sie dem Menschen die Zeichen Gottes und Gott die Gebete des Menschen übermitteln. Das griechische Wort „angelos" bedeutet ebenso „Botschafter" wie das hebräische „malakh", das arabische „malak" und das persische „fereshteh". Ehe sich der Engel durch sein Wesen definiert, definiert er sich durch seine *Funktion* („angelus enim officii nomen est, non natura", heißt es bei Augustinus). Und die Funktion des Engels ist genau die, den *Abstand* zwischen Himmel und Erde ständig durch eine doppelte Bewegung zu überwinden. Das ist nichts anderes als die alttestamentarische Vorstellung der Jakobsleiter (Genesis 28, 12): „Da träumte ihm: Er sah eine Leiter auf die Erde gestellt, deren Spitze den Himmel berührte. Er sah auch, wie Engel Gottes an ihr auf- und niederstiegen." Dieser intensive „Verkehr", den die Engel als Mittler zwischen dem demiurgischen Mittelpunkt der Welt und den konzentrischen Sphären des geschaffenen Universums aufrechterhalten, setzt der statischen Konfrontation der Extreme ein Ende und garantiert einerseits dem Menschen die Möglichkeit eines verbindenden Aufstiegs zu Gott und andererseits Gott die Möglichkeit des Herabsteigens zum Menschen, die Möglichkeit der Offenbarung.

Die Lösung der Inkarnation, des Mensch gewordenen Gottes, ist bloß die heroische, außergewöhnliche Variante des gleichen „Vorgangs". Indem Gott – in Jesus Christus – ein menschliches Antlitz annimmt, hebt er den Abstand zwischen sich und seinem Geschöpf durch eine gewichtige, nicht wiederholbare Entscheidung auf, die der Schwere der menschlichen Sünde entspricht. Das „Alltagsleben" der Engel jedoch, ihr Auf- und Niedersteigen an der Jakobsleiter, ist ein Weg, das *Ereignis* der Inkarnation vorwegzunehmen, ein Weg, diese vorzubereiten und beständig in actu zu halten.

Ontologische Legitimität und Notwendigkeit vermittelnder Wesen sind weit davon entfernt, eine rein christliche Eingebung zu sein. Zentrale Stellen bei Plato, um nur ein berühmtes Beispiel zu nennen, belegen das eindeutig; in SYMPOSION (202 e) etwa wird „eine Ergänzung" „zwischen dem Sterblichen und Unsterblichen" heraufbeschworen. Es hat die „Verrichtung", „zu verdolmetschen und zu überbringen den Göttern, was von den Menschen, und den Menschen, was von den Göttern kommt, der einen Gebete und Opfer und der andern Befehle und Vergeltung der Opfer."

VI. Charakteristisch für die Art von Raum, in der die „Tätigkeit" der Engel stattfindet, sind *Differenzierung* und *Hierarchie*. Der Abstand zwischen Gott und Mensch ist weder leer noch homogen oder schematisch. Die Angelologie kann gewissermaßen *eine Soziologie des Himmels* sein. Die himmlischen Heerscharen sind ihrem Rang und ihren Fähigkeiten entsprechend gegliedert. Es gibt eine reale „Arbeitsteilung", der zufolge manchen die Kontrolle eines einzelnen Menschen, manchen die Kontrolle von Völkern, großen Gemeinschaften oder ganzen Zeitaltern übertragen ist. Unter den Engeln gibt es Geister des Ortes und Geister der Zeit, Geister der Elemente (der Luft, der Erde, des Feuers und des Wassers), der Himmelskörper (da und dort läßt sich eine bestimmte Tendenz feststellen, die Hierarchie der Engel mit planetarischen Sphären gleichzusetzen) und Geister metereologischer Phänomene (des Regens, des Windes, der Wolken usw.). Es gibt Engel des Meeres, des Lebens, des Todes, der Gnade, der Vergebung, der Strafe, des Friedens. Im späten Judaismus gilt es als selbstverständlich, daß „alles, was in der Natur existiert und vor sich geht, seinen Engel hat". Die Kirchenväter und die scholastische Theologie greifen diese Idee als Echo der milesischen Philosophie und deren Vorstellung, daß „alles voll Göttern" sei, wieder auf. Ein schiitischer Denker des 19. Jahrhunderts, Scheich Haff Mohammad Karîm-Khan Kermani, war der Auffassung, daß der Begriff des Engels „die wesentliche Wirklichkeit alles Seienden am Höhepunkt seiner Existenz" beschreibt. Daher können wir vom Engel einer Landschaft, eines Kunstwerks, einer Symphonie usw. sprechen. Deshalb also eine *maximale Differenzierung*, die – auf der Ebene komplexer Welten – mit der Differenzierung der vernünftigen Welt gleichbedeutend ist. Doch es geht, wie bemerkt, nicht nur um Differenzierung, sondern auch um Hierarchie. Die Engel sind je nach ihrer Nähe zu bzw. ihrer Entfernung von Gott nach einem Prinzip des strengen Gehorsams organisiert. Die allgemein anerkannte Hierarchie der neun Stufen von Dionysios Areopagita beginnt mit den höchsten Heerscharen der Seraphim, der Cherubim und der Throne, setzt mit den mittleren „Chören" der Fürstentümer, Herrschaften und Mächte fort und schließt mit den dem Menschen nächsten Heerscharen: den Kräften, Erzengeln und Engeln. Himmlische Hierarchien, die sich manchmal dem Stil kaiserlicher Höfe anlehnen, sind jedenfalls Modelle für kirchliche Hierarchien. Der Welt der Engel ist ein gewisser „parlamentarischer" Einschlag nicht abzusprechen. Einige hervorragende Vertreter der Patristik wie Clemens von Alexandrien oder Origines sprechen im Gefolge der jüdischen und griechischen Tradition von „linken" und „rechten" Engeln, welche die Seelen der Toten entsprechend verwalten. Die „rechten" Engel beschäftigen sich mit den Seelen der Reuigen, die „linken" Engel mit den für alle Zeit verlorenen Sündern.

VII. Die hierarchische Struktur der himmlischen Heerscharen setzt eine hierarchische Struktur des Abstands voraus, den sie bevölkern. Es gibt also, anders gesagt, eine *Ontologie des Abstands,* eine Abstufung, wie sie das Bild der Leiter in der Vision Jakobs unmittelbar nahelegt. Wie es zwischen dem Menschen und der anorganischen Materie Zwischenbereiche gibt, so liegen auch zwischen Gott und dem Menschen verschiedene ontologische *Stufen,* „Himmel", „Grade der Dichte". Die höheren Reiche des Menschen sind symmetrische Entsprechungen der Reiche unter ihm: Es gibt ebensoviele Himmel wie Erden. Wir haben es mit einer Geometrie zu tun, welche der des mesopotamischen „ziqqurat" gleicht – der wahrscheinlich ersten Darstellung außerirdischer Welten, einer Art dreidimensionaler Vorwegnahme der Jakobsleiter.

Sobald sich eine Ontologie des Abstands herausgebildet hat, entsteht notwendigerweise eine Technik der Überwindung dieses Abstands, eine Technik, die den Abstand zerlegt, indem sie ihn, wie eingangs formuliert, in eine *Folge von Nähen* verwandelt. Die Engel *teilen* den Abstand, der uns vom Absoluten trennt, reduzieren ihn zu einer Reihe plausibler Segmente. Engel sind Filter des mystischen Wissens. Sie führen uns, Schritt für Schritt, der Offenbarung der „göttlichen Ferne" entgegen, sie sind ein Weg zu Gottes Thron, sind die *Methode* aller Theognosie. Als Disziplin der Stufen zwischen der Vernunft des geschaffenen Menschen und der Wahrheit des Schöpfers ist die Angelologie eine *Methodologie,* ja vielleicht die archetypische Methodologie. Sie legt die Abschnitte des Weges fest und empfiehlt als Führer vermittelnde Wesen, welche die Schwelle zu jeder Stufe bewachen. Descartes brauchte diese von der Angelologie unterstellte *Methode* bloß zu säkularisieren, indem er die Jakobsleiter horizontal positionierte; das Thema der Stufen, der aufeinanderfolgenden Nähen bleibt jedoch zentral – der dritte der vier von Descartes formulierten Grundsätze lautet: „conduire par ordre mes pensées, en commençant par les objets les plus simples et les plus aisés à connaître, pour monter *peu à peu, comme par degrés* jusqu'à la connaissance des plus composés."

Wie man sieht, spricht auch Descartes von „Aufstieg" (monter peu à peu). Seine Untersuchungen und die der ihm verpflichteten Wissenschaften zeigen sich zusehends dem typisch kartesianischen Grundsatz des „étendue" verbunden. Die Angelologie steigt zum Gegenstand ihres Wissens hinan, Descartes schreitet *voran.* Und er braucht innerhalb dieses hartnäckigen geistigen *Fortschritts* keine Engel mehr. Als schlichte Hybridwesen, willkürliche Einheiten, die sich aus Elementen sowohl Gottes als auch des Menschen zusammensetzen, fallen die Engel für Descartes und die moderne Welt in die Kategorie des *Imaginären.* Die Offensive der Dichotomien nimmt ihren Lauf. Es gibt nur wirklich oder nicht wirklich. Das Imaginäre ist unwirklich. Daher gibt es auch keine Engel, und Gott wird einmal mehr in das nebulose, unnahbare Territorium der größten Entfernung verwiesen.

VIII. Und es gibt tatsächlich keine Engel, wenn die Dinge *entweder* wirklich *oder* nicht wirklich sind, wenn eine Entscheidung *entweder* wahr *oder* falsch ist, wenn wir uns allein in Dichotomien bewegen (konkret – abstrakt, sinnliche Gewißheit – geistiges Wissen, „die Ewigkeit Gottes und des Himmels" auf der einen und die „Vergänglichkeit des Menschen und des Irdischen" auf der anderen Seite). Engel sind ihrer Natur nach *ein Drittes, das Mittelglied.* Und als sich einer von ihnen dagegen auflehnte, als Luzifer die Bedingung des Abstands verlassen und sich in den höchsten Höhen an dem Gott vorbehaltenen Ort niederlassen wollte, stürzte das gesamte Universum der Engel in sich zusammen. Wenn sich der Engel nicht mehr als Abstand, als Brücke begreift, wird er zum Dämonen. Anders gesagt, die *paradigmatische* luziferische Abweichung liegt im *polarisierenden Instinkt,* in der „Dämonie" der Dichotomien. Die Engel beginnen wieder zum Leben zu erwachen, sobald diese Dämonie verschwimmt, sobald die zwischen den Polen von Wahr und Falsch enthaltenen „Grade" der Wahrheit, die zwischen den Polen des Wirklichen und des Nichtwirklichen enthaltenen „Abstufungen" des Wirklichen in Betracht gezogen werden. Wir nähern uns immer dann dem Territorium der Engel, wenn wir von *Modulationen des Seienden* sprechen: vom Möglichen, vom Virtuellen, von „intensiven" Existenzen, von „Überexistenzen", indirekten, impliziten Existenzen, Traumexistenzen. Wir nähern uns immer dann dem Territorium der Engel, wenn wir von polyvalenter Logik sprechen, von kognitiven Fähigkeiten, die sich sowohl von sinnlichen Erfahrungen als auch von intellektuellen Erkenntnissen unterscheiden, von Ereignissen (wie etwa visionären Erfahrungen), die weder dem „Mythos" noch der „Geschichte" zuzurechnen und dennoch Ereignisse sind.

IX. Die Angelologie kann nur auf eine ontologisch-anthropologische Struktur der Dreiheit abstellen. Als Disziplin des Abstands wendet sie sich an den „Abstand" im Menschen, an dessen animistische Ebene, die zwischen Körper und Geist angesiedelt ist. Die menschliche Seele ist ein latenter Engel – man denke an das in der Antike geläufige Bild der *Seele als Vogel.* Der Engel der Seele kann sich in dem Maß entfalten, in dem sich das andere Latente auflöst: das Dämonische. Der Übergang vom potentiell Engelhaften zum wirklich Engelhaften macht den Inhalt des asketischen Bemühens aus, das sich darin vollendet, daß der Mönch in den Wandel des Lebens der Engel eintaucht („bios angelikós") und auf diese Weise „isangelos", engelgleich, wird. Doch die Seele ist in ihrem Bemühen, ihren Entschlüssen zu entsprechen, nicht allein. Sie wird durch ihr „himmlisches Ebenbild", den vollkommenen Ausdruck ihrer Natur, eine Art höchstes „alter ego" unterstützt, das als Wegzeichen und Verbündeter fungiert. Daher gestaltet sich unser inneres Leben als *Kohabitation,* unsere innere Existenz als *Koexistenz,* als endloser Dialog zwischen unserer irdischen Seele und ihrem himmlischen „Gegenstück". Nimmt man sie beim Wort, könnte die Angelologie die „Tiefenpsychologie", welche sich den unterirdischen, nächtlichen und manchmal unpersönlichen Schichten unseres psychischen Organismus widmet, um eine *Phänomenologie der Höhen* erweitern, wenn man die morgenrothafte, eindeutig personalisierte Lichtzone unserer Seele in Betracht zieht. Die Studie der Wurzeln unseres Gewissens könnte dergestalt durch eine Beurteilung seines „Nimbus" vervollständigt werden. Eine wirkliche „Psychologie der Höhen" würde sich nicht nur dafür interessieren, *was uns motiviert,* sondern auch damit beschäftigen, *was uns inspiriert.* Zweifel einer solchen Perspektive gegenüber sind nicht unbedingt als Beweis der Vernunft anzusehen – und dies zumindest solange nicht, bis sich der Betreffende, ob nun skeptisch oder nicht, mit einigen Abhandlungen der Angelologie befaßt hat.

Um die komplexe Beziehung zwischen der Seele und ihrem „Beschützer", ihrer „vollkommenen Natur", zu veranschaulichen, wollen wir uns drei Stellen aus einem hermetischen Text der gnostisch-persischen Tradition mit dem Titel GHAYAT-AL-HAKÎM (DAS ZIEL DES WEISEN) zuwenden, der wahrscheinlich im achten Jahrhundert entstand und in lateinischer Übersetzung bekannt ist. Picatrix (eine Deformierung des Namens von Hippokrates) greift einige Passagen eines pseudo-aristotelischen Texts auf, der die Lehren wiederzugeben beansprucht, die Aristoteles Alexander dem Großen zuteil werden ließ. Hervorzuheben ist, daß in den ausgewählten Stellen der Begriff der „vollkommenen Natur" mit Hermes, dem geflügelten Gott, der in manchen gnostischen Schriften mit dem Erzengel Michael gleichgesetzt wird, in engem Zusammenhang steht.

Die erste Stelle lautet: „Der weise Sokrates scheint gesagt zu haben: Die vollkommene Natur wird als die Sonne des Philosophen bezeichnet, als dessen Wurzel, dessen Ast. Ich fragte Hermes: Wie kann man Weisheit erlangen? Hermes antwortete: Durch die vollkommene Natur. Ich fragte. Was ist die Wurzel der Weisheit? Er antwortete: Die vollkommene Natur. Ich fragte: Was ist der Schlüssel zur Weisheit? Er antwortete: Die vollkommene Natur. Dann fragte ich ihn: Und was ist die vollkommene Natur? Er erwiderte: Das ist der Engel, die himmlische Einheit des Philosophen, die seinen Stern begleitet, die ihn bestimmt, die Schlösser der Weisheit aufschließt, ihn Dinge lehrt, die schwierig zu lernen sind, ihm – im Schlaf und im Wachen – zeigt, was richtig ist, und ihm den Schlüssel zu allen Türen in die Hand gibt [...]."

Die Beziehung der Seele zur vollkommenen Natur wird zu einem liturgischen Verhältnis, zur Substanz eines Kults. Das zweite Zitat bezieht sich auf die Gebete dieses Kults, die sich an die engelhafte Wesenheit der vollkommenen Natur richten: „Ich rufe euch an, euch alle, ihr mächtigen höchsten körperlosen Engel, ihr, die ihr die Weisheit der Weisen seid, die Schärfe der Klarsichtigen, das Wissen der Wissenden. Erfüllt mich, zeigt euch mir, bringt mich euren Rängen näher, führt mich durch eure Weisheit, schützt mich durch eure Macht. Lehrt mich zu verstehen, was ich nicht verstehe, zu wissen, was ich nicht weiß, zu sehen, was ich nicht sehe. Befreit mich von der Bürde der Unwissenheit, des Vergessens und der Verhärtung meines Herzens, so daß ich werden kann wie die weisen Männer von einst, in deren Herzen Weisheit, Scharfblick, Wachsamkeit, Einsicht und Verständnis wohnten. Laßt euch auch ihr in meinem Herzen nieder und weicht nie von mir." In einem dritten Fragment verlagert sich die Anrufung der vollkommenen Natur direkt auf Hermes, der deren Attribute und Ansehen übertragen bekommt: „Du bist so verborgen, daß niemand deine Natur wirklich kennt, und so geheimnisvoll, daß du durch keine bestimmte Eigenschaft zu fassen bist, weil du für Männer männlich und für Frauen weiblich bist, weil du bei Tageslicht die Natur des Tages annimmst und in der Dunkelheit der Nacht die Natur der Nacht; du übertriffst alles in seiner eigenen Natur und nimmst die Gestalt seines Seins an [...]."

Die Fähigkeit der vollkommenen Natur, der besonderen Struktur ihres Gefährten bis ins Innerste zu entsprechen, macht das eigentliche Geheimnis der Engelsnatur aus. Die „Anpassung" des Engels an die irdische Seele, die er begleitet, geht bis zur Identifikation; das Schicksal der beiden wird eins. Sobald die Problematik der Seele verblaßt oder zerfällt, verblaßt daher auch notwendigerweise die Problematik der Angelologie. Doch die Seele, die sie mit all ihren vermittelnden Qualitäten (Empfindung, Intuition, Imagination usw.) voraussetzt, erscheint in der *Weltanschauung* der europäischen Moderne dadurch als diskreditiert. Sie wird entweder vergessen (und das in einem Maß, das C. G. Jung von der modernen Psychologie als einer „Psychologie ohne Seele" sprechen ließ) oder zum Inhalt einer unbestimmten Sentimentalität, die irgendwo zwischen romantischem Empfinden und halluzinatorischer Abweichung angesiedelt ist. Der *polarisierende Instinkt* und die Besessenheit mit binären Vereinfachungen haben die Existenz der Seele schließlich ausgeklammert. Diese „Resystematisierung" traditioneller anthropologischer Denkstrukturen hat sich sogar innerhalb des Territoriums der *offiziellen* christlichen Theologie vollzogen und ist dort zu Amt und Würden gekommen. In apostolischer Zeit war, wie wir wissen, von der *dreifachen* Natur des Menschen die Rede. Es schien selbstverständlich (und jeder konnte dies durch etwas Selbstbeobachtung nachvollziehen), daß der Mensch aus drei klar voneinander unterschiedenen Teilen besteht: dem Körper, der Seele und dem Geist (oder dem Willen, dem Gefühl und der Vernunft). Auch die Paulusbriefe halten noch an dieser Dreiheit fest, die im übrigen völlig dem Dreifaltigkeitsgedanken der christlichen Dogmatik entspricht. Im Bild und nach dem Bild eines dreifaltigen Gottes geschaffen, kann der Mensch seinerseits *nur* dreifaltig sein. Und dennoch hat die Dualität gesiegt. Es war einfacher zu sagen, daß die „Formel" des Menschen binär ist, einfacher, von einem sichtbaren Teil (dem Körper) und einem unsichtbaren Teil (in dem Seele und Geist zu einer unbestimmten Einheit verschwimmen) zu sprechen, als an der Dreifaltigkeitsvariante festzuhalten. Das Zweite Konzil von Konstantinopel hat diese „Vereinfachung" 869 n. Chr. verbindlich gemacht. Seit damals wurde der Mensch – zumindest in der christlichen Welt – als Mischung einander diametral entgegengesetzter Bestandteile angesehen, die in keinem Gleichgewichtsverhältnis mehr stehen. Und wie die Seele im Geist aufgeht und den Abstand, in dem sie sich sonst bewegte, leer läßt, scheinen die Engel in der Homogenität des Göttlichen aufzugehen und die Jakobsleiter unbenutzt zu lassen. Mit dem Verschwinden der kognitiven Energie der Seele wird die Dynamik der Jakobsleiter verdunkelt, weil die Fähigkeit, die unseren Zugang zu den himmlichen Hierarchien vermittelt, eine Fähigkeit der Seele ist: die *Imagination.* Der Begriff der Imagination ist jedoch wie jener der Seele alten und hartnäckigen semantischen Mißverständnissen ausgesetzt, die an dieser Stelle nicht aufgeklärt werden können. Auf einige zentrale Besonderheiten soll allerdings im folgenden eingegangen werden.

C. Die Topographie der Engelswelt

x. Von Plato bis Sartre trifft man auf äußerst ausführliche *Analysen der Imagination,* die jedoch den Begriff in seinen Umrissen nicht klar abstecken, sondern ihn relativieren. Die Imagination wird entweder als einfache „Phantasie" bezeichnet, die der Vernunft und dem Alltagsverstand entgegensteht (Descartes), als gemischte Fähigkeit ohne kreative Kraft bestimmt (Diderot) oder umgekehrt als wahre „Königin der Fähigkeiten" des Menschen (Baudelaire) beschrieben. Von Anfang an steht jedoch fest, daß es zwei Formen der Imagination gibt: eine niedere, die willkürliche Gestalten, „Phantasmagorien" und „Grillen" ausheckt, und eine erhabene, die geschlossene, gleichsam autonome Welten hervorbringt, die den „Bildaspekt" der Wirklichkeit, dessen virtuelle Zone erfaßt und beschreibt. Voltaire unterschied zwischen „l'imagination passive", die er als pure Erfindungsgabe begriff, und kreativer „imagination active". Das entspricht im wesentlichen der berühmten Unterscheidung der Imagination von Coleridge in trügerische *Phantasie* („fancy") und rechtmäßige *Imagination* („imagination"). Was die byzantinische Welt betrifft, hat der 1359 verstorbene Gregorios Palamas diesbezüglich eine Reihe von äußerst entscheidenden Überlegungen angestellt.

Der dem Menschen entsprechenden Imagination, die auf der Übereinstimmung von Seele und Körper beruht (und daher physiologisch bestimmt ist) hat Palamas eine „göttliche" Imagination gegenübergestellt, die von den Spuren des Körperlichen frei ist und sich auf die *Errichtung* neuer „Ebenen" des Wirklichen und nicht auf dessen künstliche Erhellung richtet. Jung entdeckte diese „göttliche Imagination" in verschiedenen alchemistischen Abhandlungen wieder (vgl. sein Werk PSYCHOLOGIE UND ALCHEMIE), welche diese als „subtilen Körper der Seele", als „astrum in homine", also als „himmlische" Gabe bestimmen, deren Natur der Schöpferkraft Gottes verwandt ist und die daher unendlich „produktiver" ist als die ausschließlich menschliche Phantasie. Darauf zielte wahrscheinlich auch Borges ab, der in der Einleitung zu seinem MANUAL DE ZOOLOGÍA FANTÁSTICA einräumt, daß die „künstlerische Imagination", so spektakulär sie auch sein mag, unter keinen Umständen an die Imagination heranreiche, die in den Formen des Wirklichen selbst zum Ausdruck kommt: Die wirklichen

Tiere sind zahlreicher und merkwürdiger als die fiktiven. Sowohl in seiner der Renaissance verpflichteten Form (die weit bis ins 19. Jahrhundert, in die Romantik hineinwirkt) als auch in seinen islamischen Ausprägungen (bei Avicenna und Ibn Al Arabi) bietet uns der Neoplatonismus ein Reihe sehr dunkler und wichtiger Anmerkungen zum Thema der „göttlichen“ Imagination, die – mit den Worten Alexandre Koyrés – als „magische Mittlerin zwischen Denken und Sein“, als „Verkörperung des Denkens im Bild und Verpflanzung des Bildes in das Sein“ begriffen wird. Es liegt auf der Hand, daß wir weit davon entfernt sind, uns mit der gewöhnlichen „Phantasie“ zu begnügen. Paracelsus zufolge ist die Phantasie (die „Phantasey“) „nicht *Imaginatio,* sondern ein Eckstein der Narren“. Die Imagination, und zwar die „imaginatio vera“, ist der Königsweg, der zu jenem Bereich der Wirklichkeit Zutritt verschafft, der weder der des konkreten Besonderen (der Welt der Vernunft) noch der des logischen Universalen (der Welt der Ideen), sondern der eines metaphysischen Universalen ist, der sich aus „Bildern“, d. h. aus zwar körperlosen, doch keineswegs abstrakten Formen zusammensetzt. Imaginatio vera ist „Denken in Bildern“, bezeichnet die Fähigkeit, jenseits des Sichtbaren liegende Wirklichkeiten zu *sehen,* des Geistes teilhaftig zu werden. Wenn Giordano Bruno „Verstehen“ als „Spekulieren mit Bildern“ faßt („intelligere est phantasmata speculari“), scheint er eine solche Fähigkeit im Auge zu haben, die unverzichtbar ist, wenn man die *Wirklichkeit* des Geistes begreifen, die Welt der Symbole, der mystischen Epen, der hermetischen Literatur überhaupt (des Gralszyklus, des Nibelungenzyklus, der CHYMISCHEN HOCHZEIT Johann Valentin Andreaes, des ROMAN DE LA ROSE, der Texte von Raymundus Lullus usw.) verstehen will. Die *Besonderheit* dieser Form der Imagination und deren Unterschied zur gewöhnlichen Phantasie zu begreifen heißt, den Unterschied zwischen Texten wie den gerade genannten und gewöhnlichen Romanen bzw. – auf einer anderen Ebene – den Unterschied zwischen Allegorie und Symbol zu begreifen. Zwischen „menschlicher“ und „göttlicher“ Imagination *nicht* zu unterscheiden heißt, zwischen Balzacs COMÉDIE HUMAINE und der BIBEL nur einen graduellen Unterschied zu sehen. Henry Corbin hat es einmal „hermeneutische Taubheit“ genannt, wenn man kein „Ohr“ für eine ganz genau abgegrenzte Kategorie von Texten hat. Der Verfasser dieser Ausführungen verdankt Corbin den wesentlichen Schlüssel zur Bestimmung dessen, was die Imaginatio vera ausmacht. Um seinen Ansatz klar zu machen, stellte Corbin ein Konzept vor, das zwischen „Imaginalem“ und „Imaginärem“ unterscheidet – ein Schritt, der unseres Erachtens für das Verständnis jedes mystischen Diskurses unabdingbar ist. Diese Differenzierung ist keine begriffliche Erfindung, sondern beruht auf der lateinischen Ableitung eines arabischen Ausdrucks, der einen Schlüssel zum persischen Platonismus darstellt, dem verschiedene große Denker des 11. bis 16. Jahrhunderts wie etwa Sohrawardî oder Mollā Sadrā zuzuordnen sind. Es handelt sich um den arabischen Begriff ᶜālam al-miṯāl (oder ᶜālam al-ẖayāl); der lateinische Begriff Corbins ist „mundus imaginalis".

XI. Mundus imaginalis ist die Welt zwischen der Welt der Körper (der materiellen Existenzen) und der Welt des reinen Geistes, der geistigen Existenzen. Es ist die *Welt der Seele,* eine Welt, in der Geist und Körper sich vermischen, eine Welt der Bilder, imaginal, aber, wie die sie flankierenden Welten, nicht imaginär. In dieser Welt finden Visionen, Offenbarungen, verschiedenste Gotteserscheinungen und die Auferstehung der Seele nach dem Tode statt. In diese Welt, in der es keinen Raum gibt und in der die Zeit umkehrbar ist, steigt das Absolute soweit herab, wie es notwendig ist, um sich seinen Geschöpfen zu zeigen. Es ist die Welt, in der Geister sich verdichten und Verdichtungen *durchscheinend* werden. (Im 17. Jahrhundert sprach der Cambridger Platonist Henry More von „spissitudo spiritualis", von geistiger Dichte, und Oetinger, der Schüler Böhmes und Swedenborgs, bezeichnet dasselbe Zwischenreich im 19. Jahrhundert mit dem Begriff „Geistleiblichkeit", „caro spiritualis"; Swedenborg selbst behauptete, „seine Kenntnisse" aus einer Welt „realer Erscheinungen", „apparentiae reales", bezogen zu haben.) Diese Welt ist die *Welt der Engel.* Ist diese Welt objektiv?

1. Nein, wenn „objektiv" „lokalisiert" bedeutet. „Man kann nicht sagen, *wo* diese imaginäre Welt ist", heißt es bei Corbin. „Wer sie *gesehen hat,* vermag sie anderen nicht zu zeigen. Deshalb wird sie auch als Land des Nirgendwo (pers. ‚Nā-kojā-abad') bezeichnet, weil man seinen Kurs dorthin mit den Koordinaten der geographischen oder astronomischen Welt nicht bestimmen kann."

2. Mundus imaginalis ist keine „objektive" Welt, wenn Objektivität „autonome Äußerlichkeit" unterstellt. Mundus imaginalis liegt an der Grenze, die Innerlichkeit und Äußerlichkeit voneinander trennt. Um sich zu offenbaren, bedarf sie des Beitrags der Imaginatio vera, ist auf die „Aktivierung" einer inneren Fähigkeit angewiesen, die sich eigens für die Wahrnehmung dieser Welt konstituiert. Ohne das Dazwischentreten dieser Fähigkeit bleibt die imaginale Welt bloß virtuell wie die Außenwelt für den Blinden.

Ist die Welt der Engel, die imaginale Welt, also eine subjektive Welt?
1. Nein, wenn „subjektiv" „erfunden", „imaginär", nur innerhalb der Grenzen eines einsamen Deliriums bestehend bedeutet. Imaginatio vera ist keine *Einbildungskraft* (dt. im Orig.), keine Form inneren Erfindungsreichtums, sondern vielmehr eine *Vorstellungskraft* (dt. im Orig.), eine Fähigkeit, das Unsichtbare sichtbar zu machen, dem Geist erhellende Bilder *vor-zu-stellen.* Die Imaginatio vera ist keine *Fähigkeit ohne Gegenstand,* keine bloße Überreizung der individuellen Phantasie. Im Gegenteil: Wie die physischen Sinne in der Welt der Vernunft und der Intellekt in der Welt der Ideen ihren Gegenstand haben, findet die Imaginatio vera ihren Gegenstand im Mundus imaginalis. Als Ort der Erscheinung imaginaler Formen hat der Mundus imaginalis eine unzweifelhafte ontologische Konsistenz und bietet sich so einer spezifischen Form des Wissens an: dem imaginativen Wissen mit seinem charakteristischen Instrument: der *imaginalen Wahrnehmung.*

2. Die Welt der Engel ist nicht subjektiv, wenn „subjektiv" im strengen Sinn „psychologisch" bedeutet. Mundus imaginalis ist kein „Zufall" des Innenlebens, kein psychisches Phänomen. „Die Vision" eines Propheten ist natürlich *seine* Vision; doch *alle* Propheten begegnen einander in einem *gemeinsamen Raum der Vision* und wissen, sofern sie miteinander sprechen, daß sie von ein und demselben sprechen. Der gemeinsame Raum der Vision ist daher *nicht* subjektiv, sondern *intersubjektiv,* transsubjektiv.

Die treffendste bildliche Analogie für Mundus imaginalis ist das Universum des *Spiegels.* Den Formen im Spiegel gleich sind imaginale Formen eine ungewöhnliche Mischung von Offensichtlichkeit und Unsagbarkeit. Der Spiegel empfängt und gibt wieder, ohne etwas zu behalten. Was man im Spiegel sieht, ist nicht Teil seiner Substanz, könnte jedoch ohne die Lichtdurchlässigkeit seiner Substanz nicht gesehen werden. Das Bild in einem Spiegel deckt sich nicht mit unserem Raum, bewegt sich aber nur durch eine Erweiterung unserer Bewegung: Es kommt uns näher, wenn wir ihm näher kommen, und besteht nicht mehr, wenn wir es nicht anschauen. Alles ist in der *unerreichbaren Nähe* der reinen Visualität aufgehoben. Der, der sich *im* Spiegel sieht, sagt Ibn Al Arabi, weiß, daß er nicht wirklich sein Bild sieht, kann aber nicht bestreiten, daß es doch sein Bild ist, was er sieht. Er weiß auch, daß das Bild weder im Spiegel noch zwischen dem Spiegel und ihm ist. Was sieht er also? Was ist das Positiv-Negative, Existierende-Inexistente, Bekannte-Unbekannte im Spiegel? Es ist ein „symbolisches Paradox", schließt Ibn Al Arabi, das uns die Richtung andeutet, in die wir uns wenden müssen, wenn wir wollen, daß sich Gott uns zeigt. Der

Zusammenhang zwischen Optik, Katoptrik und Angelologie ist sowohl im europäischen als auch im orientalischen Raum nachweisbar, sobald es um die Mystik des Lichts, die Frage göttlicher Offenbarungen und die Hierarchie unkörperlicher Welten geht. Die Welt der Engel – Mundus imaginalis – gleicht einem Spiegel zwischen der Welt Gottes und der Welt des Menschen, der beide Welten wiedergibt, der beide Welten auf unerwartete Weise miteinander in Berührung bringt. Die Welt der Engel vereint „das Sichtbare und das Unsichtbare", unversöhnlich voneinander Entferntes, einander Entgegengesetztes *auf einer Ebene.*

Anstelle eines Schlusses

XII. Als *Theorie der Nähe* kann die Angelologie für die heutige Forschung ein fruchtbares Gebiet eröffnen, eine Welt, die ihren optimalen Platz im Abstand zwischen den Extremen noch nicht gefunden hat. Es liegt auf der Hand, daß man sich auf einen bestimmten Gebrauch seiner Vernunft und seines gesunden Menschenverstandes berufen und meinen kann, daß es in den Bereich des Extravaganten fällt, sich heute mit Engeln zu beschäftigen, und das als Versuch der Wiederbelebung von Legenden abtut. Und es ist ja tatsächlich so, daß Engel modernen Menschen oft nur ein Lächeln wert sind. „Der Engel im modernen Leben", schreibt Johannes Wagner, ein zeitgenössischer Theologe, „erscheint aber auch dort, wo er nicht geleugnet wird, wie einer, der sich auf dem Rückzug befindet, um einen Vergleich zu gebrauchen, wie einer der Ureinwohner eines Landes, etwa der Indianer Nordamerikas, die, aus ihrem Eigentum vertrieben, keine wahre Macht mehr besitzen und in Reservaten leben. Gewiß, sie leben noch, man kann mit ihnen dort verkehren, ja, man kann sehr viel von dem erzählen, was sie einstmals bedeutet haben, aber im Grunde sind sie für das Bewußtsein des Heutigen fast nur noch wie eine Fabel."

Wie kam es dazu? Was fehlt uns, um das Interesse für den Mundus imaginalis – jenseits aller Vorurteile – wiederzugewinnen? Aber vielleicht fehlt uns auch gar nichts, vielleicht liegt es daran, daß wir etwas im Übermaß haben. Wir haben die Schlichtheit Beda Venerabilis' verloren, der sich, wenn er sich zur Vesper verspätete, vorstellte, wie die Engel in der Kirche einander ansahen, unzufrieden den Kopf schüttelten und fragten: „Ubi est Beda?" Wir sind vernünftiger und reifer. Auch Bileam, der sich in einer Stelle des Alten Testaments (Numeri, 22) auf Verlangen der Moabiter und gegen Gottes Wort den Feinden des Volkes Israel anschließt, ist vernünftig und reif. Er sattelt seine Eselin und macht sich auf den Weg. Um ihn aufzuhalten, sendet Gott einen Engel, der sich ihm dreimal in den Weg stellt. Während die Eselin den Engel jedesmal sieht, nimmt Bileam ihn nicht wahr, wird wütend und schlägt das vermeintlich störrische Tier. Auch Descartes ist vernünftig und reif, wenn er die Angelologie nur mehr als verzeihliche Form des religiösen Konformismus betrachtet. Das hat allerdings Leibniz nicht davon abgehalten, das Buch der Engel aus der SUMMA Thomas von Aquins als Ausgangspunkt für seine Monadologie zu wählen. Man kann natürlich für das Lager Descartes' Partei ergreifen. Die vorliegenden Ausführungen beziehen ihre Rechtfertigung allerdings aus dem Umstand, daß ihr Autor es von seinem Standpunkt aus vorzieht, sich auf die Seite von Leibniz, Beda Venerabilis und Bileams Eselin zu schlagen.

In englischer Sprache erschienen
in: WISSENSCHAFTSKOLLEG,
Jahrbuch 1991/92, S. 273–286.

Neda Bei

Die schreckliche Ubiquität der Engel

„Ein Engelbild", sagte sie wieder, als gäbe es nur eines auf der Welt.
Gunnar Staalesen, Gefallene Engel

Meine ersten Engel fallen mir sofort ein. Ich war acht Jahre alt, Klosterschülerin, um Bravheit bis zur Frömmelei bemüht. Beim Einschlafen konnte ich mich, vom Devotionalienkitsch behütet, wohlig einkuscheln. Hinter damit verbundenen Erinnerungen tauchen noch frühere Engel auf, und die Angst vor der Dunkelheit beim Einschlafen. Völlige Geborgenheit, absoluten Schutz, immerwährendes liebevolles Umhülltsein, das haben die Engelbilder und die besorgten Eltern versprochen, und ihr Versprechen dann doch nicht zu halten vermocht. Derlei kann uns auf der Couch hinter uns wachender Analytikerinnen oder Analytiker einfallen, die bereit sind, wenn nötig, wärmende Decken über uns zu breiten. Bleibt die Erinnerung an die Schrecken religiöser Erziehung, an den Mißbrauch von Vertrauen, wenn die Versprechen von Heil, Schutz und Schirm sich als Lüge erwiesen haben. Das alles kann ich sofort und mit Bestimmtheit sagen. Als ich die Aufmerksamkeit für diesen Text auf Engel fokussiere, gibt es dann zufällige Funde, die, zusammen mit den Hinweisen von Freundinnen und Freunden, Felder und Reihen von Engel-Referenzen eröffnen: Auf einmal sind Engel überall, in Zeitungsmeldungen, Auslagen, Kriminalromanen und Filmen. Beziehungswahn, Kontingenz, objektive Wirklichkeit?

Da es Morgen ward – es ward in der Oktave der heiligen Engel –
da kam in einem Gesicht vor ihn gar mancher Jüngling aus dem
engelischen Gesinde und sie straften ihn, daß er den Brief getilgt hatte,
und meinten, er müsse ihn wieder schreiben. Und das tat er
und fing an und schrieb also: Exultet jam angelica turba coelorum …
Heinrich Seuse, Brief von der jubilierenden Freude

Für Hilfe und Zuspruch bei der Suche nach Engeln danke ich Leo Bei, Brigitte Classen, Kurt Freimüller, Hans Lackner, Renate Novak, Brigitte Salanda, Hannes Scheibenreif, Arnold Schicker, Elisabeth und Johannes Schlebrügge, Alexander Schneider, Josef Stolz, Liesl Ujvary und Elisabeth Zobel.

Der Versuch kunsthistorischer Objektivierung führt ins Bodenlose. An drei Büchern möchte ich Schwierigkeiten oder Unmöglichkeit des ikonographischen Zugangs zu Engeldarstellungen zeigen. Das erste dieser Bücher hat mein Vater für die kostümbildnerische Arbeit an dem 1981 im Wiener Akademietheater uraufgeführten Stück MARIA KÄMPFT MIT DEN ENGELN von Pavel Kohout angeschafft (die Engel sind Geheimpolizisten); der großformatige und sorgfältig gestaltete Bildband präsentiert eine Auswahl bildlicher Engeldarstellungen der Ikonenmalerei sowie der westeuropäischen Kunst des Mittelalters und der frühen Neuzeit; vorangestellt ist eine Textauswahl. Die Bilddokumentation entspricht wissenschaftlichen Standards. Der Band ist anonym erschienen; sollte die seriöse kunsthistorische Professionalität nicht mit einer ikonographischen Fragestellung, insbesondere nicht mit den Engeln in Zusammenhang gebracht werden? Anders als in diesem informativ-asketischen und zurückhaltenden Sammelband der Zugang des französischen Schriftstellers Dominique Fernandez: DAS BANKETT DER ENGEL ist eine LITERARISCHE BAROCKREISE VON ROM NACH PRAG. Hier geht es um Skulpturen, vorwiegend Engel des Barock und Rokoko, die der Reisebegleiter des Autors, Ferrante Ferranti, schwarz-weiß photographiert hat. Fernandez hat sich mit allen Stärken und Schwächen, die den „dilettante“ oder Connaisseur vom wissenschaftlichen Kunsthistoriker unterscheiden, auf den Weg gemacht; seine Impressionen zur Geschichte der Barockskulptur spiegelt er zum einen in der Geschichte der Oper, zum anderen in der Geschichte der Süßspeise. Noch anders ein 1994 erschienener ikonographischer Streifzug durch die Geschichte von Engeldarstellungen in der westlichen Kunst: James Underhill, „Student der Kultur des Mittelalters und der Renaissance, der in New York City lebt“ (Klappentext), hat ausgewählte Malereien und Graphiken unter ikonographischen Subthemen zusammengefaßt und mit ideen- und sozialhistorischen Abrissen kommentiert. Gerhard Bott, ehemaliger Direktor des Wallraf-Richartz-Museums in Köln und des Deutschen Nationalmuseums in Nürnberg, hat dazu ein Vorwort geschrieben. Bott und Underhill versuchen, die Vielfalt der Darstellungen in der Interdependenz zwischen Kunst- und Ideengeschichte zu erfassen, geraten aber bei der Betrachtung ihres kunsthistorischen „Kontinuums“ in den Sog einer verfallstheoretischen Interpretation, die sie nicht nur mit Enttheologisierung und Säkularisierung, sondern auch mit der Geschlechterdifferenz in Verbindung bringen. Die Krisen des transzendent bestimmten und eindeutig männlichen Engelbildes beginnen demnach, als kindliche und feminisierte Darstellungen zuzunehmen, bis das Motiv in der Aufklärung weitgehend verschwindet. Im 19. Jahrhundert lebt das Engelmotiv durch

Trivialisierung und Sentimentalisierung in der Massenkultur, durch historistische Rückgriffe sowie im Symbolismus weiter, bis es in der Moderne des 20. Jahrhunderts nur mehr vereinzelt, wie bei Klee und Chagall, vorkommt. Underhill konstatiert angesichts der Jahrtausendwende ein wiedererwachtes Interesse an der historischen Engeldarstellung sowie aktuelle Bezugnahmen in Theater und Film; dieses Interesse steht für ihn weniger mit einer spirituellen Nostalgie in Zusammenhang als mit der authentischen Sinnsuche eines gottfernen Bewußtseins, für das die Engel als Zwischen- und Mittelsfiguren eine hoffnungsvolle Bedeutung gewinnen.

> [...] die zweite Ordnung, welche Regierung genannt wird:
> Herrschaften, Kräfte, Mächte. Sie tragen Sticharien bis zu den Füßen,
> sie sind umgürtet und haben goldgrüne Orarien. In der rechten Hand
> halten sie goldene Bandstreifen, in der linken aber ein Siegel [...]
>
> *Aus dem Malerhandbuch des Mönchs Michael vom Berge Athos*

Alle drei Darstellungen machen deutlich, warum eine Geschichte der Engeldarstellung als umfassendes Unternehmen scheitern muß und allenfalls mit seriellstatistischen Methoden in strenger Beschränkung auf bestimmte Regionen und Zeitabschnitte durch ein riesiges Team geleistet werden könnte. Zunächst ist die Zahl bildlicher Engeldarstellungen sehr groß. Als ikonographischer Gegenstand ist der Engel kaum bestimmbar, da Engel selbst nicht notwendig im Zentrum der Darstellung stehen, sondern eben überall sind. Notwendig gerät die Auswahl von Engeldarstellungen aus der westeuropäischen Kunstgeschichte willkürlich: jede/r kann auf der Grundlage idiosynkratisch bestimmter Kenntnisse ihr/sein eigenes Engelkorpus erstellen. Was den von Bott konstatierten Verfall („degeneration") der viril-majestätischen Transzendenz der Engelbilder betrifft, so ist damit die Themenstellung für ein mehrsemestriges interdisziplinäres Seminar oder eine mehrbändige Studienreihe vorgegeben. Darin könnten Gesichtspunkte nicht nur der sozialhistorisch orientierten „gender studies", sondern auch der „gay studies" bearbeitet werden. Zwar ist offensichtlich, daß – entsprechend der Verwendung stets männlicher Pronomina im Alten und Neuen Testament – Engel lange Zeit eindeutig Männer sind. Die Bedeutung aber, über die wir uns verständigen können, ist in unseren heutigen, mehr oder weniger geschulten Augen. Wann dürfen wir einer Engeldarstellung „weibliche Züge" zuschreiben? Können wir historische Konventionen der malerischen Darstellung als Kodierungen von „weiblich" oder „männlich" zweifelsfrei rekonstruieren?

Wann können wir, statt von „weiblichen Zügen“ männlicher Engel zu sprechen, eine Engelsdarstellung homoerotisch konnotieren, etwa Pollaiuolos Darstellung des Erzengels Raphael mit dem jungen Tobias an der Hand? Ein weites Feld der Interpretation des Geschlechterverhältnisses stellen Verkündigungen dar: Was ist seit den distanziert-symmetrischen Gesten der Ehrbezeugung bei Crivelli oder Da Vinci in ECCE ANCILLA DOMINI von Dante Gabriel Rossetti passiert?

Nicht zuletzt stellen jüdische und christliche literarische Tradition, einschließlich der Angelologie, sowie volkstümliche Traditionen einen zu großen und komplexen ideengeschichtlichen Gegenstand dar, um ihn mit einer Kunstgeschichte der langen Dauer zu vermitteln. Bott und Underhill machen uns klar, daß die bildliche Engeldarstellung der westeuropäischen Kunst an die christliche Religion, die kein Bilderverbot kennt, und an die Repräsentation des menschlichen Körpers gebunden ist. Der ideenhistorische Bezug ist allerdings voller Tücken. Da ist die Annahme, daß das Engelbild auf der Paradoxie der körperlichen Darstellung körperloser Wesen beruht; war die feinstoffliche Körperlichkeit der Engel jedoch nicht Gegenstand eingehender Kontroversen? Da ist die HIMMLISCHE HIERARCHIE des Dionysios Aeropagita (um 500), die über die Systematisierung durch Thomas von Aquin von größter Wirkungsmächtigkeit für die christliche Angelologie und die Kanonisierung der Engeldarstellung war; ist dieses Werk nach den Befunden der historischen Textkritik jedoch nicht die Fälschung eines vermutlich syrischen Urhebers, dessen Nähe zur monophysitischen Häresie nicht ausgeschlossen werden kann? Auch sollten wir nicht vergessen, daß die Kultur nach dem Verständnis der scholastischen Kirchenrechtslehre darin bestand, „Voraussagen zu beachten und den Lauf der Sterne zu befragen“, „da die Dämonen die Zukunft sehen können“ (Gratian 26, 2, 9; 26, 3, 2).

Daß die Engeldarstellung in der bildenden Kunst an das Christentum und an die figurale Repräsentation des menschlichen Körpers gebunden ist, stellt uns hinsichtlich deren Krisen in der Moderne bei weiteren direkten Engelreferenzen vor ein Trilemma. Wir können nach dem Weiterleben des von biblischen Referenzen getrennten Engelmotivs in abgewandelter Form z. B. in den Allegorien der Programmkunst der Französischen Revolution, oder nach Engeln im übertragenen Sinn, oder nach nicht-bildlichen Engelreferenzen fragen. Bei letzteren sind wir ab dem 19. Jahrhundert auf die Literatur verwiesen, ein weiteres schier unüberschaubares Feld.

Engel und Puppe: dann ist endlich Schauspiel.
Rainer Maria Rilke, Die vierte Duineser Elegie

Engel sind in, sagt Elisabeth Zobel, und leitet mich zu einer Recherche im Computer der Buchhandlung Shakespeare & Company an. Zu „angel" finden wir 1456 Referenzen (September 1996). Ein nicht geringer Teil erweist sich als Name von AutorInnen oder Bestandteil verlagsbezogener Angaben: 1994 ist etwa in der Freedom Press (in Angel Alley) eine Anthologie anarchistischer Dichtung des 20. Jahrhunderts erschienen, 1996 bei Last Gasp Eco-Funnies, Inc. der zweite Band der DUMB ANGEL GAZETTE SERIES (?!). Bleiben derzeit im Buchhandel erhältliche Titel, und somit Umrisse eines riesig scheinenden und nicht ohne weiteres bestimmbaren semantischen Feldes. Kunsthistorisches findet sich kaum. Ein großer Teil umfaßt Bücher mit unmittelbar religiösem Bezug, davon wiederum viele ausgewiesenermaßen für Kinder und Jugendliche, so die bei Crystal Journeys Publishing erscheinende LITTLE ANGELS BOOKS SERIES. Nicht wenige Titel und Verlagsnamen muten fundamentalistisch an (vom christlichen Fundamentalismus mag es zur Häresie nur ein Schritt sein). Was können wir wohl mit dem australischen ANGEL ORACLE KIT alles anstellen oder im ANGEL CALENDAR Tag für Tag des Jahres 1997 finden? Eine eigene und hoch aktuelle Literaturgattung ist laut Zobel die Beschreibung direkter Begegnungen mit Engeln. Wie man den eigenen „Guardian Angel" durch Verbrennen von Räucherwerk und Kerzen findet, ist dann schon unter „Okkultismus" verschlagwortet. Der größte Teil der im Herbst 1996 lieferbaren Titel bezeichnet Fiction und besteht aus nur zwei Worten. Je dreimal scheinen FALLEN, TALKING und LOST ANGEL sowie ANGEL OF DEATH auf; eine lange Reihe, die u. a. RODENT, SNOW, SWAMP, WAYWARD, UNDERAGE, METAL ANGEL, ANGEL BABY und eine Reise durch die USA enthält: ARIZONA (CALIFORNIA, TEXAS, COLORADO) ANGEL. Sofern es sich nicht um einen HELL'S ANGEL handelt, vermuten wir, daß die Engel zumeist weiblichen Geschlechts und oft Prostituierte sind. Wir finden Biographien: der Texanerin Adina de Zavalo, ANGEL OF THE ALAMO: HER LIFE STORY PRESENTED THROUGH THE CLOTHES SHE WORE; von Patsy Cline (HONKY TONK ANGEL); von Shelley (INEFFECTUAL ANGEL?). An Sachbüchern imponieren eine weitere Monographie über Shelley, SHELLEY & SCRIPTURE: THE INTERPRETING ANGEL, eine kriminologische Fallstudie über die Krankenschwester Beverly Allitt (DEADLY ANGEL?) und im Bereich „Medizin – Pharmakologie" an die fünf Titel über PCP, Angel Dust. Während wir bei BATMAN: THE LAST ANGEL noch annehmen können, daß es um den Comic geht, müßten wir die BUSINESS ANGEL

CASE STUDY lesen, um herauszufinden, inwiefern die Verschlagwortung unter „Commerce“ gerechtfertigt war. Elisabeth Zobel geleitet mich zur Tür. „Wer, wenn ich schriee, hörte mich denn aus der Engel Ordnungen?“ zitiert sie, und: „Jeder Engel ist schrecklich.“ Ich gestehe, die DUINESER ELEGIEN nicht näher kennenlernen zu wollen. Du mußt das aber lesen, beharrt sie.

Engel sind schon wieder out, sagt Elisabeth Zobel im Februar ’97. Der Computer zeigt 1567mal „angel“ an. Das ist seit Herbst aber mehr geworden, sage ich; wir vergleichen: 12.522 Referenzen zu „love“, 5861 zu „sex“. Der Höhepunkt der Engel-Welle sei in der englisch sprechenden Welt trotzdem überschritten, behauptet Zobel und schenkt mir das MAKE YOUR OWN ANGEL BOOK AND KIT, aus dem ich – Karton, Stoff, Draht – einen blonden Engel basteln kann. Ein deutsch sprechender Buchhandelscomputer zeigt im gleichen Monat 1126 Referenzen zum Stichwort „Engel“.

She grew so lonely in the end, the angels picked her for a friend
The Shangri-Las (I Can Never Go Home Any More)

„You look like an angel (wahwahwahwah) ... walk like an angel ... talk like an angel ... but I got wise: you're the devil in disguise, o yes you are, devil in disguise ...” – Wer erinnert sich nicht an Elvis Presley, aber wie viele Lieder im Bereich der englischsprachigen populären Musik, in denen Engel vorkommen, gibt es noch? Und wie viele Gruppen, die so heißen? Kein Problem, sagt mein Bruder, der oft im „Roten Engel“ gespielt hat, ich kenne jemanden, der hat eine Datenbank für Sammler und muß nur nachschauen. Es gab dann aber doch Probleme mit dem Ausdrucken, und so kann ich die mündliche Auskunft festhalten, daß es an die 5000 Song-Texte und an die 500 Namen von Gruppen mit der Referenz „angel“ gibt. Verwiesen auf Nachschlagwerke in Buchform, läßt sich aus einer chronologischen Dokumentation von über 6300 Titeln aus den Jahren 1940 bis 1989 eine Stichprobe von vorwiegend zu ihrer Zeit bekannten und erfolgreichen Song-Titeln auf Singles entnehmen: von ANGEL, BLUE ANGEL, EARTH ANGEL, MY ANGEL BABY, MY SPECIAL ANGEL über ANGEL OF THE MORNING bis zu ANGIE. In einer nach subjektiven Präferenzen der Autoren getroffenen Auswahl von Albums aus Punk, New Wave, „Indie“ (Independent) Rock und Hip Hop finden sich GRIEVOUS ANGEL (1974) von Gram Parsons, ANGEL WITH A LARIAT (1987) von k. d. lang, STRANGE ANGELS (1989) von Laurie Anderson, INFAMOUS ANGEL (1992) von Iris Dement, ANGEL DUST (1992) von Faith No More und SLEEP WITH ANGELS (1994) von Neil Young. Etliche Gruppennamen – Angelic Upstarts, Angel, Angels, Angelwitch, Angels With Dirty Faces, Balaam and the Angel, Dark Angel, Little Angels, Morbid Angel – und Musiker, die Alexis T., David oder Johnny Angel heißen, sind jedenfalls im GUINNESS WHO'S WHO OF HEAVY METAL zu finden; den Kontext definieren sinistre Gruppennamen wie Death und Pro Pain, oder das Video PHALLUS IN WONDERLAND von GWAR (der Signifikant knattert geradezu).

Charlotte Greig hat Ende der achtziger Jahren die Geschichte der „Girl Groups" geschrieben; damit meint sie Gruppen von drei oder mehr Mädchen, die Popmusik in einem aus dem amerikanischen Teenager-Rock-'n'-Roll der fünfziger Jahre entwickelten Stil singen. Linda Jansen, Barbara Allbut und Phyllis „Jiggs" Allbut brachten ihre erste Schallplatte als Angels 1961 heraus, bevor sie 1963 ihren großen Erfolg mit MY BOYFRIEND'S BACK (Smash) hatten, das über einmillionmal verkauft wurde. Sie waren die erste weiße Girl Group, die sich mit einer Rock-'n'-Roll Platte im New Yorker Teen Girl-Stil placieren konnte, der – vom Doo Wop inspiriert – u. a. von den im Kirchenchor geschulten Chantels geprägt war. Trotz mit RCA und Polydor abgeschlossener Verträge konnten die Angels ihrem großen Hit nichts nachsetzen; sie wurden zur Nachtclub-Band unter vielen und spielten ihre eigenen Stücke erst wieder, als sie ab 1972 ein Revival erlebten.

Für Greig stehen die Girl Groups in einer eigenständigen Tradition des Pop, die sie im Aufstieg von Mädchen-Punk-, Funk- und Hip-Hop-Bands in den achtziger Jahren fortgesetzt sieht. Musikerinnen wie Carole King und Ellie Greenwich, die für die Girl Groups schrieben, widerlegen das Bild bewußtloser Marionetten in den Händen männlicher Drahtzieher. Das Bestreben der Musikindustrie, den Rock-'n'-Roll kontrollierend einzuverleiben, ging nicht auf: Da die jungen Songwriter und Produzenten selbst Teil der Rock-'n'-Roll-Kultur waren, hatte der Versuch, den „schwarzen" Sound für ein jugendliches Publikum zu glätten und und zähmen, etwas Eigenständiges hervorgebracht, „ein völlig neues und frisches Popfeeling, in dessen Zentrum der weibliche Teenager stand". Die Girl Groups stehen somit nicht nur für einen durchaus von der Musikindustrie forcierten crossover von „schwarzer" zu „weißer" Musik. Ihre Musik unterlief zugleich die strenge Trennung, die in der populären Musik der fünfziger Jahre unüberwindbar schien: hier Rock-'n'-Roll, da der Mainstream der von den professionellen Songwritern der Tin Pan Alley geschriebenen Musik des Showbusiness. Girl Groups und Teenager Pop wurden schließlich altmodisch; sie gerieten in Gegensatz zur Intellektualität, die Bob Dylan, aber auch die Beatles und die Stones in die populäre Musik brachten (die frühen Beatles coverten immerhin CHAINS von den Cookies sowie BOYS und BABY, IT'S YOU von den Shirelles). Betrachten wir das Geschlechterverhältnis in der Rock- und Popmusik, erscheint die Geschichte der Girl Groups als lichtvoller Moment. Simon Reynolds und Joy Press entwerfen ein düsteres Bild nicht nur offen aggressiver Frauenfeindlichkeit. Frauen in der Rock- und Popmusik hätten verschiedene Strategien entwickelt, um der „Falle des Körpers" zu entgehen: Wird der Körper zum Gefängnis, bleiben nur die Flucht oder die Gefängnisrevolte, der Aufstand des Fleisches. Reynolds/Press sehen Metaphorik und Imaginarium der Rock- und Popmusik als Vehikel der Regression in verschiedener Hinsicht. Der Regression zu einem organlosen Körper etwa; der Geschlechtsunterschied werde dann ähnlich wie in der Gnostik, dem Taoismus und der Alchemie verleugnet – mbv, die Androgynität Bilinda Butchers. Oder als Vehikel der Entkörperlichung: die hysterische Abspaltung des Körpers und eine wollüstig ausgemalte Bildwelt, in der verstümmelte und zerbrochene Körper als Zeichen der Erotisierung des Ekels gelesen werden können, erscheinen untrennbar mit der Arbeit etwa von Lydia Lunch verbunden.

Bleibt der Engel als Label. Evan Eisenberg hat einen Essay über die Musikerfahrung geschrieben, in dem er der Frage nachgeht, ob der Verlust des Auratischen in der bildenden Kunst ein Analogon im Bereich der Musik hat. Die Schallplatte als Ware und Fetisch bedeutet in vielerlei Hinsicht Entfremdung derer, die Musik machen, von denen, die zuhören. Ein inhaltlich sehr reiches Programm von Neuauflagen verstorbener Interpreten klassischer Musik führte die von dem Engländer Walter Legge gegründete Firma EMI mit ihrer amerikanischen Tochterfirma Angel. „Das Zeichen des Aufnahmeengels", *The Sign of the Recording Angel,* war bis 1909 das Markenzeichen der EMI. Dieses Emblem zeigte einen geflügelten Cherub, der auf einer Platte hingestreckt ist und sie mit einem Federkiel graviert, so als sei es an der EMI, über das Nachleben jedes einzelnen Musikers zu entscheiden. Daß die Schallplatte auf magisch anmutende Weise den Tod zu überwinden scheint, klingt hoffnungsfroh, bedeutet zugleich aber unbehaglicherweise, daß ein Orchester bereits toter Musiker Unsterblichkeit erst in den Ohren eines einsamen nächtlichen Hörers erlangt. Was, fragt Eisenberg schließlich, bedeuten Sätze wie: „Musik ist unser Mythos des inneren Lebens"; seien nicht alle Mythen Mythen des inneren Lebens ebenso wie des äußeren?

> Am Fünften Tag des vierten Monats im 30. Jahr begab es sich, daß ich mich bei der Verbanntengemeinde am Flusse Kebar aufhielt. Da tat sich der Himmel auf, und ich sah göttliche Schauungen. [...] aus der Mitte des Feuers [...] heraus erschien etwas, das vier lebendigen Wesen glich. Ihr Aussehen aber war dieses: sie hatten Menschengestalt. Ein jedes hatte vier Gesichter und ein jedes vier Flügel.
>
> *Ezechiel 1, 1-6*

Die Geschichte der jüdischen Mystik, zu deren Vorstellungswelt Gershom Scholem breiten Kreisen einen Zugang geöffnet hat, erscheint nicht zuletzt faszinierend, weil sie innere Bilder von großer Gewalt ausschließlich in Sprache faßt. Das Buch Ezechiel ist Anfang des 6. Jahrhunderts vor unserer Zeitrechnung im babylonischen Exil entstanden. Sein erstes Kapitel, die mystische Vision des göttlichen Thronwagens, der „Merkaba", ist Gegenstand einer sehr alten esoterischen Spekulation im Judentum (Scholem warnt freilich vor Mutmaßungen über deren historische Anfänge). Belegt ist jedenfalls aus späteren, auch christlichen, Quellen eine Tradition, die das Studium des Anfangs und des apokalyptischen Endes des Buches Ezechiel vor dem vollendeten 30. Lebensjahr verbietet; die Beschäftigung damit galt als gefährlich und setzte eine in jeder Hinsicht gefestigte Persönlichkeit voraus. Nach Scholem hat der autoritative Redaktor der MISCHNA, Patriarch Juda der Heilige, „als ausgesprochener Rationalist das Material über Merkaba, Angelologie und dergleichen nach Möglichkeit ausgeschlossen". Auch wenn aus diesem ausgeschiedenen und der Mischna später wieder als „Tossefta" hinzugefügten Material Rückschlüsse gezogen werden können, bleibt für Scholem die entscheidende Frage offen, inwieweit die Behandlung angelologischer und kosmogonischer Themen in der apokryphen und sogenannten pseudepigraphischen apokalyptischen Literatur des ersten vor- und nachchristlichen Jahrhunderts Meinungen zum Ausdruck bringt, die autoritative Interpreten noch geteilt hätten.

Die „Chajoth" (die „lebenden Geschöpfe") und andere Wesen in Ezechiels Vision können als Engel verstanden werden, die eine Hierarchie des himmlischen Hofstaates bilden. Hauptquellen dazu sind Traktate, die die „Hechaloth", die himmlischen Hallen oder Paläste, schildern, welche der Schauende betritt; in der siebten steht der Thron der göttlichen Herrlichkeit. Der Zugang zu den Hechaloth, das Fortschreiten, Wandern und Schauen in ihnen, ist nicht ohne Gefahren. Auch die sorgsame Vorbereitung durch Fasten, Einnehmen einer bestimmten Körperhaltung tiefer Versunkenheit und Sprechen (Flüstern) überlieferter Hymnen kann nicht gewährleisten, daß der Mystiker die Schau „des Inneren und der Kammern“ erreicht. Die Hechaloth-Traktate handeln ausführlich, wenn auch nicht einheitlich, von den Torhütern der sieben Himmel. Diese Torhüter erscheinen als mächtige und dem mystischen Wanderer feindliche Engel (Dämonen), die ihm den Zutritt verwehren und ihn gewaltsam vertreiben – es sei denn, er kann, in einer Art komplizierten und von magischen Vorstellungen geprägten Paßprozedur, Siegel und geheime Namen vorweisen. Je weiter der Schauende vordringt, um so größer werden, besonders am sechsten und siebenten Tor, die Gefahren: „Wer aber nicht würdig war, den König in seiner Schönheit zu sehen, dem verwirrten die Engel an den Toren den Sinn.“ Nach einer der Überlieferungen darf der mystische Wanderer den strahlenden Ätherglanz der himmlischen Steine am Tor des sechsten Palastes nicht für Wasser halten (nach Scholem: sich nicht von einer ekstatischen Wasservision überwältigen lassen; vgl. BABYLONISCHER TALMUD, Chagiga 14 b).

Ziel der mystischen Wanderung ist die volle Schau der Erscheinung Gottes als Weltenschöpfer auf seinem Thron und damit der präexistenten Geheimnisse der Schöpfung im inneren Licht. Das Bild der Wanderung durch die Hechaloth impliziert das Bild Gottes als König und Herrscher; auf dem Weg zu ihm muß man, so wie bei Hof, unendlich viele Prunkgemächer durchschreiten. Die Vorstellung der sieben Hechaloth wird zu einer Schilderung der Hierarchie im Hofstaat Gottes (Scholem: „Kosmokratorenmystik in jüdischer Gestalt“; Graetz: „Basileomorphismus“; in Kafkas Erzählung vom Gesetz scheitert der Zutritt Begehrende freilich schon am ersten Türhüter). Dieses Gottesbewußtsein kennt so gut wie ausschließlich das erhaben Herrscherliche und Feierliche an Gott, nicht jedoch seine Immanenz in der Welt oder im Bewußtsein des Mystikers. Gott ist und bleibt „der in unendlichen Fernen thronende König“. Zugleich war diese Mystik der „Metamorphose in Theurgie“ fähig; als Meister geheimer Namen übt der Mystiker selber herrscherliche Gewalt in theurgischen und magischen Prozeduren aus. Die dazugehörige, in Hymnen und Litaneien überlieferte Sprache ist von den Attributen der Macht und des Erhabenen geprägt: der Mystiker-Theurg ruft die Archonten als „Fürsten der Hoheit, der Furcht und des Zitterns“ an. Das Rezitieren der Hymnen zum Herbeiführen der Verzükkung und zur Begleitung der Wanderer von Tor zu Tor stieß im Talmud früh auf skeptische Ablehnung: „Wer Gottes Lobpreisungen zuviel häuft, wird aus der Welt gerissen.“

> Engel: geistige Mittelwesen zwischen Gott und dem Menschen (Parsismus, Judentum, Christentum, Philo u.a.). – Nach Joh. Scotus Eriugena sind die Engel „intelligibiles, aeterni, incessabilesque motus circa prinicipium omnium" (Div. nat. II, 23). – Fechner setzt seine „Gestirngeister" den „Engeln" gleich (Zend-Avesta). Vgl. Neumark, G. d. jüd. Philos. I, 44, 533 ff.
>
> *Rudolf Eisler, Wörterbuch der philosophischen Begriffe (Bd 1), 3. Aufl. 1910*

Scholem ist mit Annahmen über die sozialen Hintergründe der Merkaba-Mystik zurückhaltend. Dennoch spricht er von der apokalyptischen Sehnsucht als einem ihrer wirksamsten Antriebe; insbesondere die beginnenden Verfolgungen durch die Kirche seit dem 4. Jahrhundert hätten das Interesse dieser Mystiker nachdrücklich der höheren Thronwelt, der Vorgeschichte der Schöpfung oder der Nachgeschichte des messianischen Endes zugewandt, aus dessen Visionen sie Trost und Erhebung zu schöpfen vermochten. Seine Zurückhaltung betrifft namentlich die Essener und die Auswertung der Funde in Qumran. Eine sozialhistorische Deutung, die die Essener berührt, hat hingegen die Religionshistorikerin Elaine Pagels gewagt.

Nach dem Tod ihres Ehemanns begann sie dem Umgang mit Trauer, Tod und dem Unsichtbaren in der antiken westlichen Welt nachzugehen. Wer vom polytheistischen Heidentum, das den Glauben der meisten Menschen an die Existenz und Einwirkung unsichtbarer Wesen bedeutet, zum Judentum oder Christentum konvertiert, Religionen, in denen trotz des Monotheismus von Engeln, himmlischen Boten Gottes und gar von gefallenen Engeln und Dämonen die Rede ist, scheint ihr vor allem die „eigene Wahrnehmung der unsichtbaren Welt gegen eine andere" einzutauschen. Pagels fand ihre Relektüre der Evangelien zutiefst beunruhigend. Während die hebräische Bibel den „Satan" im Kontext gefallener Engel und Dämonen nicht kennt, gewinnt bei den Essenern, „die sich als Verbündete der Engel betrachteten", und den Anhängern Jesu eine Figur, die als Satan, Beelzebub oder Belial bezeichnet wird, zentrale Bedeutung. Als „Sozialgeschichte des Satans" zeigt Pagels, wie die Evangelien bei der Darstellung der Ereignisse um Jesus das Deutungsmuster eines übernatürlichen Kampfes zwischen dem Geist Gottes und dem Satan entwickeln und damit zugleich die Grundlage einer zweitausendjährigen Lektüre von erschreckender Wirkungsmächtigkeit, die sich mit den Jüngern gegen den Satan, das heißt gegen die Feinde des Christentums, identifiziert. Pagels findet Vorläufer dieses

Deutungsmusters in einer Metaphorik, die politische und soziale Gegensätze innerhalb der jüdischen Gemeinschaft während Krisenzeiten und im Zusammenhang von Assimilationskonflikten abbildet. Diese Metaphorik hatte bis zur Sezession der Anhänger Jesu jeweils nur für eine Minderheit Bedeutung; in der radikalsten Ausformung wurde die (binäre) Opposition „wir/sie" abgewandelt zu „Israeliten, die zur Assimilation tendieren und genauso schlecht sind wie die anderen Völker" gegen „den Rest, der Gott treu geblieben ist".

In der Bibel und Mainstream des Judentums steht „Satan" nicht in Opposition zu Gott, sondern erscheint im Gegenteil als einer seiner untertänigen Diener. Er ist Bote oder „Engel" (griech. *angelos* für hebr. *mal'akh*, Bote; vgl. auch hebr. *b'ne 'elohim,* wrtl. „Söhne Gottes" für „Engel"). An der Geschichte von Bileam und seiner Eselin wird sehr deutlich, daß *satan* nicht eine bestimmte Figur, sondern eine Funktion oder Rolle bezeichnet.[1] Immerhin hatte sich Bileam auf den Weg zu einem Treffen gemacht, das ihm Gott ausdrücklich verboten hatte: „‚der Zorn Gottes entbrannte darüber, daß er hinzog. Und der Engel des Herrn trat [ihm] in den Weg, um ihm [als sein *satan*]' – *le-satan-lo*, das heißt als sein Gegner oder Widersacher – ‚zu widerstehen'." Anders konnotiert, aber immer noch als erhabener Diener Gottes an Seinem königlichen Hof kommt im Buch Hiob ein *agent provocateur* vor: „ich habe die Erde hin und her durchzogen".[2]

Als entscheidend für die „Sozialgeschichte des Satans" sieht Pagels die Konflikte an, die nach der Wiedererlangung der jüdischen Unabhängigkeit im Gefolge der Makkabäeraufstände (168 vor unserer Zeitrechnung) zwischen der Makkabäerpartei und den „hellenisierenden" Juden der Oberschicht aufbrachen. Die Makkabäerpartei gewann die Kontrolle in Priestertum und Verwaltung; das von ihren Nachfolgern durchgesetzte oligarchisch-theokratische System erschien jedoch einer in den nächsten Generationen entstehenden Opposition zu gemäßigt. Die erste dieser oppositionellen Gruppen waren die Pharisäer, denen in den nächsten Jahrzehnten noch radikalere und durchaus inhomogene Gruppierungen nachfolgten, darunter die verschiedenen Zusammenschlüsse der Essener und die Anhänger des Jesus von Nazareth. „Was diese Gruppierungen miteinander verband, war ihre Gegnerschaft zum Hohepriester, der die Kontrolle über den Tempel hatte", schreibt Pagels; sie stellt die zunehmende und bald ausschließliche Bezugnahme dieser Gruppierungen auf den Gegner als Satan heraus.

Zugleich entstehen in der sogenannten pseudepigraphischen und apokryphen Literatur immer mehr Geschichten über den Ursprung des Satans und seine Rebellion als Engel. Pagels bietet uns drei Lesarten einer solchen Ge-

1 Hebr. Wurzel *stn*: „einer, der sich widersetzt, der etwas vereitelt oder als Gegner in Erscheinung tritt"; vgl. griech. *diabolos*: „einer, der jemandem etwas in den Weg wirft".

2 Pagels nimmt hier eine direkte Anspielung auf die persische Despotie an. Mit der Assonanz *satan* und *shût* (hebr. „umherstreifen") lege der Erzähler den Vergleich des Satans mit den allgegenwärtigen Agenten nahe, „die viele Juden der damaligen Zeit aus dem hochentwickelten System von Geheimpolizei und Geheimdienst des Königs von Persien kannten (und verachteten)". Als „Auge" und „Ohr des Königs" durchstreiften diese Geheimpolizisten das Reich, um „Anzeichen von Untreue" auszuforschen. Im übrigen setzen auch mystische Traditionen Engel mit den Augen und Ohren Gottes gleich.

schichte aus dem BUCH DER WÄCHTER[3] an. Das BUCH DER WÄCHTER führte die – im Christentum wirkungsmächtige – Idee einer Spaltung im Himmel ein; es erzählt, wie die Wachengel, die Gott mit dem Überwachen des Universums beauftragt hatte, aus dem Himmel fielen. Der anonyme Autor geht von der Darstellung der Genesis aus, wonach es die Engel (b'ne 'elohim) nach Menschenfrauen gelüstete (1. Mose 6); er kombiniert zwei Darstellungen, wie die Wächter ihren himmlischen Ruhm verloren. In der ersten Geschichte steht der Engel Semyaza, in der zweiten der Engel Azazel im Vordergrund; letzterer weihte die Menschen in den Gebrauch der Metallurgie ein. In beiden Versionen haben die Engel und ihre dämonischen Nachkommen bei den Menschen Gewaltsamkeit, Habgier und Wollust geweckt. Den für die Sezession der Jünger Jesu entscheidenden Schritt hätte der anonyme Autor aber damit gemacht, daß er, ohne die Identität als Jude aufzugeben, auf einer ausschließlich moralisch definierten Identität beharrte; diese Emphase drückt sich nach Pagels nicht zuletzt darin aus, daß er als Sprachrohr Henoch wählte, der vor Abraham und weit vor der Erwählung Israels lebte. In jedem Fall liest Pagels das BUCH DER WÄCHTER als „soziopolitische Satire, verbrämt mit religiöser Polemik". Auf welche besonderen historischen Umstände aber ist Bezug genommen? Erste Lesart: Der jüdische Autor, der die Geschichte der Engel, die sich mit Menschen vereinigen, ausschmückt, macht sich über die Anmaßungen der hellenistischen Herrscher lustig, die die Abstammung von Göttern und Heroen beanspruchten (Georg Nickelsburg). Zweite Lesart: Die Geschichte ist auf bestimmte Mitglieder der Jerusalemer Priesterschaft gemünzt, die sich wie die b'ne 'elohim von der Begierde in die Unreinheit, d. h. in die Ehe mit nichtjüdischen Frauen, hinabziehen ließen (David Suter). Nach der dritten Lesart liegt die Faszination des BUCHES DER WÄCHTER gerade in der Mehrdeutigkeit der Erzählungen, die weit eher, als direkt auf eine konkrete Situation Bezug zu nehmen, ein „Paradigma schaffen, dessen Geltung nicht auf eine einzige historische Situation beschränkt ist, sondern immer wieder aufgegriffen werden kann, wann immer eine analoge Situtation entsteht." (John Collins) Wie Pagels meint, läßt sich diese dritte Lesart auf die gesamte apokalyptische Literatur anwenden, deren enigmatische und evokative Texte noch heute Deutungen provozieren.

3 Das BUCH DER WÄCHTER ist Teil einer größeren Sammlung visionärer Geschichten, des sogenannten ERSTEN BUCHES HENOCH.

> Mit zehn Dingen ist die Welt geschaffen worden: mit Weisheit, Einsicht, Erkenntnis, Kraft, Anruf, Stärke, Gerechtigkeit, Recht, Liebe und Erbarmen.
>
> *Der babylonische Talmud-Lehrer Rabh (3. Jahrhundert), Chagiga 12 b*

Scholem erwähnt nicht ohne Bedauern, daß das Wissen über die Kabbala in der europäischen Geistesgeschichte lange Zeit nur im Okkultismus ein untergründiges Dasein geführt habe und im 19. Jahrhundert vor allem durch Gérard Encausse ausgesprochen korrumpiert worden sei.

Neuplatonisch beeinflußt ist die Auffassung, daß die „Middoth", zu Hypostasen erhobene „Eigenschaften" Gottes, die Funktion der Erzengel und Archonten aus der Merkaba-Mystik übernehmen. Ein am Rande der visionären Merkaba-Mystik stehender „theoretischer" Text zur Kosmogonie und Kosmologie aus der Zeit zwischen dem 3. und 6. Jahrhundert, das von Scholem herausgegebene und übersetzte Buch JEZIRA, gilt als erster erhalten gebliebener „Versuch spekulativen Denkens in hebräischer Sprache". Der nicht sehr umfangreiche Traktat handelt von den Elementen der Welt, den zehn Urzahlen, die „Sefiroth" genannt werden, und den 22 Buchstaben des hebräischen Alphabets. Das Buch JEZIRA stellt einen kosmologischen Zusammenhang zwischen den von Ezechiel beschriebenen Chajoth der Merkaba mit den Sefiroth als „lebendigen Zahlenwesen" her (diese verneigen sich z. B. wie die Engelscharen der Merkaba-Mystik anbetend vor dem Thron). Wie ältere Traditionen der Personifizierung göttlicher Eigenschaften als Engel in die Hypostasierung der Eigenschaften Gottes als Sefiroth übergehen, zeigt Scholem an einer Reihe von Beispielen vor und nach dem „Sohar" („Buch des Glanzes", 14. Jahrhundert).[4]

Die kabbalistische Literatur verbindet die Erscheinung des Selbst ('Ezem) als höchste Stufe mystisch-prophetischer Erfahrung mit Vorstellungen über die „vollkommene Natur" des Menschen und deren Erscheinung als „Eigendämon" oder persönlichem Engel des Menschen, wie sie in mehreren Texten des frühmittelalterlichen Okkultismus in arabischer Sprache tradiert sind. Die „vollkommene Natur" offenbart dem Menschen, dem es gelingt, mit ihr durch Anrufungen in Verbindung zu treten, alles Verborgene; sie öffnet die „Riegel der Weisheit" und gibt „die Schlüssel zu den Toren im Schlaf und im Wachen" ein. Sie kann als der „göttliche Intellekt im Menschen, aber auch des Engels, der ihn beschützt und leitet", aufgefaßt werden. Während nach einer rationalistischen, vom Talmud ausgehenden Deutung alle Propheten „Gott in einem dunklen Spiegel geschaut" haben, überwiegt nach Scholem in der kabbalistischen Auf-

4 So zur *Middath ha-Din*, der „Strenge" Gottes, die manche kabbalistische Autoren mit dem Bösen an sich identifizieren.

fassung „die Bestimmung der Prophetie als einer Metamorphose des Menschen in seinen eigenen Engel, der ihm erscheint"; diese Erfahrung ist nur Auserwählten zugänglich. Hingegen griff um 1200 Eleasar von Worms die Vorstellung der alten Merkaba-Mystik, es gebe nicht nur einen persönlichen „Stern" des Menschen, sondern auch einen Archonten dieses Sterns, welches der persönliche Schutzengel ist, als für alle Menschen gültig auf und entwickelte sie weiter: Der „persönliche" Archont bekommt die Funktion eines himmlischen Urbilds und Doppelgängers.[5] Während Eleasar von Worms die Möglichkeit der Beschwörung des persönlichen Archonten verneinte, tradierten andere Autoren solche Beschwörungspraktiken.

Schließlich empfingen viele Kabbalisten Besuche himmlischer, „Maggidim" genannter Mentoren, Engel oder heiliger Seelen, die ihnen himmlische Weisheit übermittelten. Psychologisch, meint Scholem, können die Maggidim als „Elemente des Unbewußten im Mystiker beschrieben werden, die sich herauskristallisieren, lebendig werden und sich so autonom verhalten, als wären sie unabhängig Handelnde mit eigener Identität". Das Beschwören des eigenen Schutzgeistes hat der synkretistische Okkultismus nach Aleister Crowley wiederbelebt; in der Initiationshierarchie des von ihm gegründeten Ordens des Sterns (Astrum Argenteum/Silver Star) kommt dem Grad des Adeptus Minor besondere Bedeutung zu, der mit der „Erlangung des Wissens um und des Umgangs mit dem Heiligen Schutzengel charakterisiert ist".

> Er jubelt seinem Engel zu als dem, der ‚Sich Vollkommen Machte', und fügt hinzu, daß diese Individualität unergründlich und unverletzlich ist. […] Der Heilige Schutzengel ist das Selbst der unbewußten Kreatur – der Spirituelle (Geistige) Phallus. Das Wissen um ihn und der Umgang mit ihm bringen die okkulte Pubertät ein.
>
> *Aleister Crowley, Liber Samekh. Theurgia Goetia summa. Congressus cum daemone. Sub figura DCCC, II A 5*

Die Geschichte von Dr. John Dee (1527–1608) und Edward Kelley (1555–1598) hat Gustav Meyrinck im Roman DER ENGEL VOM WESTLICHEN FENSTER verarbeitet. Dee war Mathematiker und Astrologe, Kelley Apotheker; er lernte Dee 1583 kennen. Protokolle der kristallomantischen Sitzungen, bei denen Kelley als Medium fungierte, sind erhalten; Seherstein war ein reich facettiertes Trapezoid aus Glanzkohle, das heute im British Museum aufbewahrt wird. Kelley versenkte sich als „scryer" in die Kristallvision und teilte sie Dee, der nichts sah und

5 *Demuth*; vgl. die Reiteration des Wortes Bild oder Ebenbild, *zelem*, in Gen 1 : 27. Der spätere Sohar konnte nach Scholem eine weiterentwickelte Psychologie voraussetzen und die Vorstellung des *Zelem* bzw. des persönlich gedachten Engels durch die einer präexistenten Urgestalt, *Dijoqna*, ablösen. Im Zusammenhang damit deutet der Sohar etwa die Errettung Daniels aus der Löwengrube um. Daniel habe den Tieren seine sie in Schrecken versetzende Urgestalt des Menschen, d. h. die reine Erscheinung des *Zelem*, entgegengesandt und sei durch sie gerettet worden. Auf den Einwand (Dan 3 : 28), ein von Gott gesandter Engel hätte den Löwen den Mund verschlossen, heißt es (Sohar I, 191 a), daß dieses reine präexistente Urbild *Dijoqna* in der Tat ein Engel sei, der den Menschen beschütze, „jener Engel, in den alle Formen der Welt eingeprägt sind", mit anderen Worten die angelische Urgestalt des Menschen selbst oder das gnostische „Prachtgewand" der Seele (Thomasakten).

alles aufschrieb, mit; so lernten Dee und Kelley auch die Sprache, in der die Engel bereits mit Henoch gesprochen hatten. Das Henochische hat Züge einer anagrammatisch inspirierten Privatsprache; da es, wie Josef Dvorak meint, sehr starke Kräfte transportiere, habe der im Kristall erscheinende Erzengel die Worte von hinten nach vorne diktiert. Insbesondere erfuhren Dee und Kelley den henochischen Wortlaut der 19 Anrufungen (calls) bzw. der Schlüssel (keys) zu den Astralebenen oder Aethyren (aires), die als Himmelskreise von ihren „Quadraturen", Würfeln von unendlicher Größe, umgeben sind (Watchtowers of the Universe). Besonders gefährlich schien die Kommunikation mit dem Engel des siebten Aethyrs, der sich dem entsetzten Dee als „Tochter der Stärke", als „Verstand, in dem Wissenschaft wohnt" und als „Hure für jene, die mich rauben wollen" zu erkennen gab und von einem kommenden Zeitalter sprach. Carl Kiesewetter überliefert Aufenthalte von Dee und Kelley in Prag (ab 1584) und Krakau (1585) sowie vom Leibarzt Rudolfs II., Hajek, vermittelte Kontakte zum kaiserlichen Hof. Kelley, angeblich Ende 1589 oder Anfang 1590 geadelt, wurde 1591 in Prag ein erstes Mal verhaftet, während Dee sich vermutlich seit Anfang 1590 wieder in England aufhielt. Kelley kam frei und wurde unter der Anschuldigung, einen gewissen Georg Dunckler erstochen zu haben, neuerlich verhaftet; er soll am 25.11.1595 im Kerker „zu Tode gefallen sein". Kiesewetter erwähnt weiters eine Rudolf II. gewidmete alchemische Abhandlung von Kelley.

> Pleroma (πληρωμα) heißt bei dem Gnostiker (s. d.) Valentinus das Reich göttlich-geistiger Fülle, Lebendigkeit, die kraftdurchwirkte Seinswelt im Gegensatz zum Kenoma (κηνωμα), der stofflichen Leere.
>
> *Rudolf Eisler, Wörterbuch der philosophischen Begriffe (Bd. 1), 3. Aufl. 1910*

Wo das innere Licht männlichen Mystikern und Magiern leuchtet, mag das Strahlenwunder des Dr. Schreber nah sein. Phänomenologisch, meint R. D. Laing, hätten die Begriffe „innere" und „äußere" Welt wenig Aussagekraft; dennoch ließe sich mit „innerer" Realität bezeichnen, was keine „äußere", „objektive" Erscheinungsform hat: die Wirklichkeit von Vorstellungen, Träumen, Phantasien, Trancen, kontemplativen und meditativen Zuständen. Heute sei Gegenstand der öffentlichen Debatte nicht die Vertrauenswürdigkeit Gottes oder die Rangordnung verschiedener Geister in der spirituellen Hierarchie, sondern die Frage, ob es Gott oder solche Geister überhaupt gebe oder je gegeben habe. Der Begriff geistiger Gesundheit beruhe vorwiegend auf der Fähigkeit zur Anpassung an die äußere Welt des Zwischenmenschlichen und der menschlichen Gemeinsamkeiten. „Da diese äußere menschliche Welt fast ganz und vollständig von der inneren entfremdet ist, birgt bereits jede persönliche direkte Bewußtheit der inneren Welt schwere Gefahren in sich." Die Erfahrung des Inneren werde heiß und ambivalent begehrt, sie solle jedoch risikolos sein; es sei wenig erstaunlich, daß so viele Künstler „an diesen Klippen zerschellt" seien. Der Wahnsinn, so Laing, sei jedenfalls eine „unzweideutige" Entscheidung.

Letztlich bleibt die Deutung „innerer" Bilder wohl immer zwischen „Innen" und „Außen" prekär; bei Crowley etwa verkörpert der persönliche Engel ein ideales, allwissendes und durch Zeitliches unangreifbares Ich. „e, quio quio quaru ar Yr aedat / temoluqu' braown elepr' kyryr" heißt: „Von Federn beschwingt schwebe ich hoch über den Schluchten deines Schlafes, singend"; dieser Hymnus in Yri, der Sprache des Landes Yr, befreit das Vogel-Selbst vom Wahnbild des häßlichen und gehaßten Mädchens. „Leide, Opfer", wird das Mädchen beim Eintritt in das Land Yr von Anterrabae begrüßt, der immer wieder vom Himmel fällt und das Mädchen mit seiner „ungeheuren Schönheit" ärgert: „Seine Zähne waren feuerstrahlende Diamanten und sein Haar war in Flammen gekräuselt." In Yr ist auch der Chor; er wiederholt die grausamen (und antisemitischen) Stimmen auch der Gleichaltrigen, die dem Mädchen versichern, wie dumm, häßlich und wertlos es ist. Das Mädchen hat den Weg aus Yr und der Psychose gefunden und 1964 unter dem Pseudonym Hannah Green erzählt; fast am Ende der Erzählung steht die Erinnerung daran, daß Anterrabae einer Illustration von Miltons PARADISE LOST gleicht, die das Mädchen immer beim Großvater gelesen hatte.

Wozu also brauchen wir Engel? Riskieren wir ohne ein soziales Umfeld, das dieses Experiment integrieren kann, eine mystische Ich-Spaltung für die Wanderung durch die Palastkammern, um in den lebenden Wesen des Gottesthrones nicht nur Metaphern für die Plötzlichkeit und die Gewalt der Erfahrung des Inneren, sondern auch Hüter der Schwelle und Wahrer der Ichgrenzen, die aufzulösen wir uns Schritt für Schritt auf den Weg gemacht haben, zu finden? Sollten wir durch ein historisch-materialistisches Verständnis von Transzendenz ermüdet sein, das uns die Mühen kollektiver Erfahrung und der Geschichte, die wir haben und selbst machen müssen, aufbürdet? Miroslav Krleža schloß im hohen Alter die literarischen Grenzgänge und Erfahrungen in der antistalinistischen Opposition, während des Pavelić-Regimes und als jugoslawische Literaturikone unter Tito mit höchst privaten Tagebucheintragungen über spritistische Séancen und „die Engel" ab. Walter Benjamin, der der Idee des Fortschritts mißtraute und das Bewußtsein von Katastrophe verbunden mit Zügen des Messianismus artikulierte (Joel Whitebook), fragte, was Baudelaire „nötigte, der radikalen Absage an die Herrschenden eine radikal-theologische Form zu geben“. Damit meinte er Baudelaires Satanismus, dem er das Motiv zuschrieb, daß nach der Niederlage des Proletariats im Juni 1848 der Protest gegen die bürgerlichen Begriffe von Ordnung und Ehrbarkeit bei den Herrschenden besser aufgehoben gewesen sei als bei den Unterdrückten.

Wer also macht unsere Geschichte? Was Engel im übertragenen Sinn betrifft, könnten wir, mit Whitebook etwa, allenthalben fragen, wie eine Utopie beschaffen wäre, die uns als Individuen in einer größeren Durchlässigkeit zwischen Unbewußtem und Ich zu leben erlaubte.

Zitierte Literatur (Auswahl)

Walter Benjamin, CHARLES BAUDELAIRE. EIN LYRIKER IM ZEITALTER DES HOCHKAPITALISMUS, Frankfurt/Main 1974 [1955].

Josef Dvorak, SATANISMUS, München 1991.

Evan Eisenberg, THE RECORDING ANGEL. THE EXPERIENCE OF MUSIC FROM ARISTOTLE TO ZAPPA, New York/London usw. 1987.

o. A., ENGEL. BETRACHTUNGEN IN BILDERN UND TEXTEN, Ramerding: Berghaus Verlag, 1980.

Dominique Fernandez, DAS BANKETT DER ENGEL. LITERARISCHE BAROCKREISE VON ROM NACH PRAG, Freiburg 1984.

Hannah Green (pseud. Joanne Greenberg), ICH HAB DIR NIE EINEN ROSENGARTEN VERSPROCHEN. BERICHT EINER HEILUNG, Reinbek bei Hamburg 1978.

Charlotte Greig, WILL YOU STILL LOVE ME TOMORROW? MÄDCHENBANDS VON DEN 50ER JAHREN BIS HEUTE, Reinbek bei Hamburg 1991.

Carl Kiesewetter, DIE GEHEIMWISSENSCHAFTEN, 1894.

R. D. Laing, Transzendentale Erfahrung im Verhältnis zu Religion und Psychose, in: Stanislav und Christina Grof (Hg.), SPRITUELLE KRISEN. CHANCEN DER SELBSTFINDUNG, München 1990.

Colin Larkin (Hg.), THE GUINNESS WHO'S WHO OF HEAVY METAL 2, Enfield 1995.

Craig Marks/Eric Weisband (Hg.), SPIN. ALTERNATIVE RECORD GUIDE, New York 1995.

Norm N. Nite, ROCK ON ALMANAC. THE FIRST FOUR DECADES OF ROCK'N'ROLL: A CHRONOLOGY, New York 1989.

Elaine Pagels, SATANS URSPRUNG, Berlin 1996.

Joy Press/Simon Reynolds, THE SEX REVOLTS. GENDER, REBELLION AND ROCK'N'ROLL, London 1995.

Gershom Scholem, ZUR KABBALA UND IHRER SYMBOLIK, Frankfurt/Main 1973.

Ders., VON DER MYSTISCHEN GESTALT DER GOTTHEIT. STUDIEN ZU GRUNDBEGRIFFEN DER KABBALA, Frankfurt/Main 1977.

Ders., DIE JÜDISCHE MYSTIK IN IHREN HAUPTSTRÖMUNGEN, Frankfurt/Main 1980 [1957].

Ders., SABBATAI ZWI. DER MYSTISCHE MESSIAS, Frankfurt/Main 1992.

James Underhill, ANGELS, Shaftesbury/Rockport/Brisbane 1994.

Joel Whitebook, PERVERSION AND UTOPIA. A STUDY IN PSYCHOANALYSIS AND CRITICAL THEORY, Cambridge, Massachusetts/London 1995.

Dietmar Kamper

Der Sturz der Engel

Am 5. Juni 8498 vor Christi Geburt, gegen Mittag, um 13 Uhr Ortszeit fand der Einschlag eines riesigen Planetoiden in der Nähe des heutigen Puerto-Rico-Grabens bei den Karibischen Inseln statt. Nachdem seit langem Vorboten seiner Ankunft sichtbar gewesen waren, brachte er für kurze Zeit ein Licht, heller als tausend Sonnen. Die Erde erbebte; die Sterne verloren ihren Platz; die Sonne torkelte; eine berghohe Flutwelle lief mehrfach um die Welt. Als direkte Folge riß der Erdmantel quer durch den Atlantik auf. Magma und Meerwasser in unvorstellbarer Menge verdampften und verfinsterten den Himmel. Ein jahrelanger Regen setzte ein. Die Sintflut begann, Atlantis – ein Kontinent – war durch Absacken des Meeresbodens um dreitausend Meter in einem schlimmen Tag und in einer schlimmen Nacht untergegangen.

Gesetzt selbst, diese Hypothese Otto Mucks[1] ließe sich nicht verifizieren, so könnte sie doch den imaginären Kern einer unerhörten, noch vor-mythischen Dramaturgie bilden: des Engelsturzes. Der Kampf um die Nähe Gottes ging für Luzifer verloren. Der Lichtträger wurde auf die Erde geschleudert. Die Einschlagstelle – nach der Vision Dantes ein Trichter bis zum Erdmittelpunkt – ist nun der Ort der Hölle, dem spiegelbildlich das Paradies auf dem Läuterungsberg entspricht. Überhaupt sind die Topologien[2] des Imaginären symmetrisch: Luzifer mit seiner siebenfachen Satansmannschaft ist mit der Siebenzahl der Erzengel, allen voran Michael (d. h. wer näher Gott?) konfrontiert. Das Unten spiegelt das Oben; da wie dort Hierarchien: dazwischen der Mensch.

Zu beachten ist, daß dies ein Ereignis vor Erschaffung der Welt darstellt. Das Datum ergibt sich aus der Rückrechnung des Maya-Kalenders und in Rücksicht auf astronomische Konstellationen. Der Sturz der Engel geschah, ehe denn vom Paradies die Rede war. Er muß die Menschen in einer gerade erst mühsam errungenen Vertikalität getroffen haben, und zwar so sehr, daß seitdem mit den Engeln der Schrecken assoziiert wurde. Wo immer diese auftauchen, erinnern sie jene an ein nacktes Entsetzen und daran, daß etwas unendlich Bedeutsames

1 Otto Muck: Techniker und Erfinder, Sachbuchautor und Atlantisforscher (*1892), ATLANTIS. DIE WELT VOR DER SINTFLUT, Freiburg 1956; ALLES ÜBER ATLANTIS, Düsseldorf 1976.

2 Topologie: von griechisch „topos", der Ort: Theorie räumlicher Ordnungen.

aus dem Gedächtnis ausgelöscht wurde. Wie war es möglich, daß die Menschheit das Wichtigste vergessen hat? Wie konnte sie vergessen, daß die Geschichte ihres Selbstbewußtseins mit einer Katastrophe begann?

Wenn es denn so war, daß es Augenzeugen gab für den eingeschlagenen Feuerball, dann ist es zugleich einsichtig, daß auf dem Bildschirm der Angst ein Engel, der größte, stürzte. Die Verwandlung Luzifers in den alten Drachen, der den Erdkreis umspannt, ist eine nachträgliche Konstruktion. Michael und Georg haben ihn ins Gestein gebunden, aber es ist geweissagt, daß er am Ende der Zeiten sich wieder befreit: und wehe dann der Welt! Zunächst jedoch ging es um eine Unerträglichkeit und um ihre unzulängliche Distanzierung. Deshalb haben alle Mythen des Anfangs ein Übergewicht des Vergessens an sich. Sie dienten eben nicht der Erinnerung, sondern der Versteinerung des Furchtbaren. Und doch ist die Wunde, die der Planetoid riß, schlecht verheilt. Es handelt sich um ein klassisches Trauma. Zu groß für das Bewußtsein und für eine adäquate Verarbeitung, wird das Ereignis verdrängt und an seiner Stelle der Keim einer Phantasie entwickelt. Das Imaginäre ist – so betrachtet – eine Narbe, die unentwegt wuchert. Man kann es nicht für das nehmen, was es zu sein behauptet; aber man darf es auch nicht unterschätzen.

Denn noch in den selbstgewissen Alternativen entfaltet die Unerträglichkeitsdistanzierung ihre hintergründigen Wirkungen. Der Zusammenhang zwischen der Aufklärung und dem luziferischen Programm, an der Schöpfung für verjährtes Leiden Rache zu nehmen, liegt heute auf der Hand. Die wissenschaftlich-technischen Großprojekte haben nicht zufällig apokalyptische Ausmaße angenommen. Die begleitenden Visionen des Endes können nur schlecht verbergen, daß sie Wiederholungen sind. Hinter allem taucht der Engelsturz wieder auf, die kosmische Katastrophe. An der Zeit ist die Frage, ob ein imaginärer Zwang vorliegt. Demzufolge die Menschheit das endlich wollen muß, was sie anfangs nicht ertragen hat? Damit stellt sich – unerwartet – das Problem des Bösen erneut. Diesmal steckt es im Opferwillen. Daß die Erde nach dem Sturz der Engel keine Heimat mehr biete, daß es auf ihr kein Bleiben gebe, daß vielmehr eine Rückkehr ins Licht angezeigt ist, ist selbst eine teuflische Projektion. Der unentwegte Abschied vom Stoff ergibt das Programm einer subtilen Selbstvernichtung, das im Desaster der Superbomben endet. Diese Falle ist um so unentrinnbarer, je weniger ein Wissen des Tuns möglich wird. Dafür sorgt eine Schlußform des Geistes, die nur noch vollstreckt, was in Jahrtausenden vorbereitet wurde: Die Menschen passen nicht auf die Erde; alles an ihnen, was an sie erinnert, ist hassenswert; „Tötet sie alle! Gott kennt die Seinen."[3]

3 „Tötet sie alle! Gott kennt die Seinen." – Dieser Ausspruch wird dem General-Abt von Citeaux zugeschrieben, er soll nach der Einnahme der südfranzösischen Stadt Beziers – am 22.7.1209 – gefallen sein, und zwar als Antwort auf die Frage, welche Bewohner der Stadt geschont bzw. getötet werden sollen (vgl. die Texte von Steven Runciman und Denis de Rougemont in: Peter Sloterdijk/Thomas H. Macho (Hg.), WELTREVOLUTION DER SEELE. EIN LESE- UND ARBEITSBUCH DER GNOSIS VON DER SPÄTANTIKE BIS ZUR GEGENWART, Band 2, Düsseldorf 1991.

Falls es zutrifft, daß an der verdrängten Spur des Engelsturzes die Imagination haftet, dann wäre eine Theorie derselben nur als Theorie des Bösen durchführbar. Diese Kehrseite der Freiheit ist seit etwa zweihundert Jahren Thema der Philosophie, aber ein ungeliebtes, das in Alterswerken verstaubt. Neuerdings drängt das Böse als Thema sich wieder vor. Seine Aktualität liegt in der ungebrochenen Kontinuität eines kolossalen Verbergungszusammenhangs, der in der Heilsgeschichte der Menschheit manifestiert wurde und der auch in allen Emanzipationsbewegungen noch mächtig wirksam geblieben ist: daß Sturz und Fall am Anfang stehen und daß deswegen das Heil endlich notwendig ist, daß die irdisch-materielle Existenz der Menschen nur ein Zwischenspiel darstellt und daß der Tod als Strafe und die Geburt als Schuld verstanden werden muß.

Schon die theurgischen[4] Dualismen von Licht und Finsternis, wie sie in den Reichen Vorderasiens kursierten, weisen den Zusammenhang von Schuld und Strafe auf, der offenbar das, was voranging, verborgen hat. Demzufolge wurde der Sturz der Engel, wie der spätere Fall der Menschen, als Folge eines Vergehens, eines Verbrechens, der Ursünde betrachtet. Die Störungen der heiligen Ordnung werden dabei übereinstimmend in der Überheblichkeit, im Verfehlen einer angemessenen Topologie gesehen. Den unteren bzw. mittleren Ort nicht anzunehmen, sondern sich gegen eine „gegebene“ Hierarchie zu erheben, gilt als aller Sünde Anfang. Daß dergleichen möglich ist, die Ordnung also labil genannt werden muß, wird leichthin unterstellt. Doch warum es geschieht – und es geschieht in allen Geschichten immer! – bleibt offen: das sei das Geheimnis der menschlichen Freiheit. Wie wäre es, wenn der „Schuld-Sühne-Komplex“ als prototypischer Fall einer Nachträglichkeit gefaßt würde? Wenn die moralisch-ethisch-mythischen Konnotationen vom Übel auf eine „Ursache“ rückschlössen, die ihrerseits nicht die Funktion einer Erklärung, sondern die einer Verdunkelung hat? Wenn die gesamte Weltgeschichte mit der Behauptung eines prinzipiellen Mangels und eines zeitlichen Endes im endgültigen Heil oder Unheil ein riesiges unbewußtes Manöver der Selbsttäuschung wäre, das seine Wirksamkeit in der Akzeptanz seiner diminutiven[5] Deutungsmuster findet? – Gewiß, solche Fragen und die in ihnen wirksamen Strategien der Entgrenzung, der Unterwanderung, der Abschreibung, stoßen auf massive Barrieren. Sie werden nicht allein dem Frevel verschwistert, den sie bezweifeln, sondern sind allenthalben den Grenzen, Fundamenten, Werten eines gebahnten Denkens konfrontiert, das seit den ersten Stadtkulturen, also seit etwa 10 000 Jahren, trotz aller inneren Brüche und Säkularisationen bis in die allerneueste Naturwissenschaft hinein einen einzigen Komplex darstellt.

4 theurgisch: von Theurgie, griechisch: magische Beeinflussung der Götter.

5 diminutiv: verkleinernd.

Es ist das Syndrom der überschaubaren Einheit, der sinnstiftenden Immanenz einer geschlossenen Welt, wie sie in der jüdisch-christlichen Religion grundgelegt wurde und in den theologischen Summen des Mittelalters systematische Verbindlichkeit erhalten hat. Diese heilsgeschichtliche Konstruktion zwischen Paradies und Jüngstem Gericht ist mit Feuer und Schwert in die Seelen der Menschen eingebrannt worden. Gegen deren konsequente Gewalttätigkeit hat die Moderne den Polytheismus der Antike mobilisiert, was offenbar nicht ausreichte, denn die eine Welt mit ihren normierenden Zwängen überdauerte sogar den Tod Gottes. Also muß man weiter zurückgreifen, auf die Vorantike, auf Jason und die Argonauten, auf die Noah-Erzählungen, auf Atlantis und seine „lichttragenden" Könige. Es wird nötig sein, vorübergehend die Partei Luzifers zu ergreifen, Luzifers vor dem Anfang und Luzifers nach dem Ende der Heilsgeschichte. Um die angedeutete Obsession zu brechen, ist es erforderlich, eine Umkehrbewegung zu vollziehen, was nicht ganz unvorbereitet ist. Immer schon haben Götter, Gottmenschen und Menschen gegen einen Zwangsverein des geschlossenen Universums opponiert. Man darf also annehmen, daß die Erde die wahre Heimat der Menschen ist, daß der Körper eine gegenüber dem Geist „höhere" Realität darstellt, daß die Materie als das Heilige schlechthin gilt. Man darf auch annehmen, daß das Wort deshalb Fleisch wurde, weil es nicht Begriff werden konnte, daß mithin das Zwischenspiel des Daseins alles ist: ein radikales Diesseits, eine vergängliche Schönheit der Dinge, eine Liebe der Zeit, ein Non-Plus-Ultra des Augenblicks ... So etwa wären die Losungen eines Denkens zu formulieren, das sich auf der Spur der Einbildungskraft an die Überwindung eines Traumas heranarbeitet.

Einer gnostischen Tradition zufolge soll die Materie nichts anderes sein als das Kleid Luzifers, das ihm beim Sturz abgestreift wurde. Dem Menschensohn und in seiner Nachfolge den „guten" Menschen käme von daher die Aufgabe zu, den „Stoff" zu retten und die Bewegung nach unten, die mit der Existenz der Erde zum Stillstand gekommen ist, in eine Bewegung nach oben, in eine spirituelle Himmelfahrt zu transformieren. Die Wirksamkeit dieses Modells für die Überhöhung der Vertikalität, wie sie in fast allen asketischen Bewegungen der Welt vorkommt, ist außerordentlich: Der Niedertracht des Fleisches wird die Hoffart (d. h. Hochfahrt!) des Geistes entgegengesetzt als eine Art spiritueller Himmelsleiter, der zu folgen für die Erwählten bedeutet, schon auf Erden ein Leben der Engel zu führen.

Zwar findet man im Jüdischen wie im Griechischen die Warnungen vor den Extremen vertikaler Selbstüberhebung: Jakobs Kampf mit dem Engel, der ihn für immer an der Hüfte lähmt, und der Absturz des Ikarus, da er der Sonne zu nahe kam, sprechen eine deutliche Sprache. Doch gibt es im mittelalterlichen Christentum, erst recht in den säkularisierten Kulten der Abstraktion kein Halten mehr in der Richtung eines ständigen Abschieds von der Erde. Die Rettung des Stoffs der luziferischen Kleider ist nur noch in der Weise einer energetischen Transformation denkbar. Das, was ist, in Energie zu verwandeln; alle Schätze der Erde auszubeuten für den schließlichen Weltenbrand; die gesammelte Schönheit der Geschichte zu verausgaben, um einer letzten, der größten Explosion willen – so etwa könnte das geheime Projekt lauten, das seit einigen Jahrhunderten die menschlichen Produktivkräfte bindet und ausrichtet.

Auch die Erforschung der Natur im großen und im kleinen hilft da mit. Neuerdings scheint es gelungen zu sein, die Zahl der kleinsten Bestandteile der Materie auf drei zu verringern, so daß auch die wirkenden Kräfte reduziert werden können. Der Verdacht wurde geäußert, das Materielle wäre nur der Anschein einer Abstraktion, ein Effekt von Symmetrien ... Wenn dies das Resultat einer historisch beispiellosen Erkenntnis wäre, dann kann die Methode nicht stimmen; dann ist sie das Gefängnis, dessen Sprengung sie zu sein behauptet. Stoffstrukturen, in denen der Abdruck alles ist? Ins Nichts gespannte Relationen? Versteinerte Engelsflügel zur Rückkehr? – eine Kette von Fragen, die das fortgeschrittenste Denken der Zeit noch immer an die Gnosis binden.

In der apokryphen Schrift zum Alten Testament DAS LEBEN ADAMS UND EVAS wird die Verfehlung Luzifers darin gesehen, daß er als einziger der Erzengel sich nicht vor dem neugeschaffenen Menschen verneigen wollte. Der reine Geist in seiner strahlendsten Form verweigert dem „Mischling" seine Ehrerbietung und wird unter den Menschen erniedrigt. In der Genesis heißt es dann: Das Weib wird dir den Kopf zertreten! Das ergibt eine Szene nicht ohne Pikanterie: der Lichtträger in Gestalt des Finsterdrachens, Allegorie auf ein hinter Schrecken verborgenes älteres Leben, verfeindet mit dem Weibe, der Mutter des Menschen, die später im Himmel seinen Platz einnehmen wird, damit ausgeschlossen für immer. Seit solcher Erniedrigung sucht der Engel der Hoffart dem Menschen überall dort zu schaden, wo dieser es am wenigsten erwartet. Der „homocida", „terracida"[6] stiehlt sich in die besten Vermögen und sorgt dafür, daß alle Vollendung auf Erden von ihrer Perversion begleitet wird. Im Spiegel, den der Teufel bietet, ist auch das Heiligste nur zum Totlachen.

An Versuchen, einer derartigen Paradoxie zu entgehen, hat es nicht gemangelt. So sind diejenigen Mythen und Sagen, die sich unter der christlichen Überlagerung im Mittelalter als heidnische halten konnten, an einer gelinden

6 „homocida", „terracida" (lateinisch): Menschenmörder, Erdmörder.

Verteidigung Luzifers interessiert. Immerhin soll der Gral, jener strahlende Stein, der im Licht vergeht, aus der Krone des Großfürsten der Finsternis stammen, die er trug, als er noch im Angesichte Gottes reflektieren durfte. Es war unvorstellbar, daß eine solche Kraft „böse“ werden konnte. Was darin sich andeutet, ist nichts Geringeres als – nach der Rettung des Stoffs – die Rettung des Teufels, die Rehabilitierung Luzifers. Solange dies nicht möglich ist, behält das Jüngste Gericht das letzte Wort, ist der Untergang der einen Welt absolute Gewißheit. Die Unterscheidung von Licht und Finsternis, von Gut und Böse, von Innen und Außen bleibt gesetzt – und ungedacht. Darin wirkt der zwingende Rahmen der Obsession.

Heute, da es mit Beschleunigung auf die endgültige Verlichtung zugeht, der eine immer größere Schwere der Körper korrespondiert, hilft möglicherweise nur noch der Bruch dieses Rahmens, der aus heilsgeschichtlichen oder fortschrittsmythischen Mustern besteht. Ihre Übereinkunft in der Apokalypse: daß die Parusie technisch hergestellt werden kann, entgrenzt alle Limitationen der herkömmlichen Topographie. Engelsturz, Sündenfall, Himmelfahrt, Wiederkunft – das sind die Marken einer menschheitsgeschichtlichen Verdrängung, die außer Geltung gesetzt werden müssen: Es war „nur“ ein Planetoid; es war nicht der Anfang; es gibt eine größere Vergangenheit der Menschen; es gibt Zukunft.

Michel Foucault

7 Worte über den 7. Engel

1. LA SCIENCE DE DIEU und zu einem Gutteil auch LA GRAMMAIRE LOGIQUE geben sich als eine Untersuchung über den Ursprung der Sprachen aus: eine jahrhundertelang betriebene Forschung, die jedoch seit dem 19. Jahrhundert allmählich in die Nähe des Deliriums abgetrieben worden ist. Ein symbolisches Datum für diese Ausschließung ist der Tag, an dem die Gelehrten Gesellschaften die Abhandlungen über die ursprüngliche Sprache abgewiesen haben.

Innerhalb dieser langmächtigen, eines Tages verbannten Dynastie nimmt Brisset einen besonderen Platz ein und spielt die Störenfriede. Plötzlicher Wirbelwind unter so vielen süßen Delirien.

2. Das Prinzip der Unübersetzung

Es heißt im Vorwort zu LA SCIENCE DE DIEU: „Das vorliegende Werk kann gänzlich nicht übersetzt werden." Warum? Die Behauptung muß erstaunen – kommt sie doch von einem, der den allen Sprachen gemeinsamen Ursprung sucht. Liegt nicht dieser Ursprung, wie es eine von Court de Gébelin glänzend vertretene Tradition will, in einer kleinen Anzahl von einfachen Elementen, die an die Dinge selbst geknüpft sind und in Spurenelementen in allen Sprachen der Welt verblieben sind? Lassen sich nicht – direkt oder indirekt – darauf alle Elemente einer Sprache zurückführen? Läßt sich nicht jedes beliebige Idiom in diesen Ursprung zurückübersetzen, in dem wie in einer Menge von Punkten alle Sprachen der gegenwärtigen und vergangenen Welt kommunizieren? Er ist das Element der universellen Übersetzung: anders gegenüber allen Sprachen und derselbe in jeder von ihnen.

Keineswegs zu dieser höchsten, elementaren, unmittelbar expressiven Sprache sucht Brisset zu gelangen. Er bleibt an Ort und Stelle: mit und in der französischen Sprache, so als wäre sie für sich selber ihr eigener Ursprung, als wäre sie von Anbeginn der Zeiten an gesprochen worden, mit denselben Wörtern, oder beinahe, nur in einer anderen Anordnung verteilt, durch Metathesen durcheinandergeschüttelt, durch Ausweitungen oder Kontraktionen gerafft oder gestreckt. Der Ursprung des Französischen, das ist für Brisset nicht das, was vor dem Französischen liegt. Es ist das Französische, das auf sich selber spielt und dabei – außerhalb seiner selbst – in einen letzten Staub fällt, der sein Anfang ist.

„Das vorliegende Werk kann gänzlich nicht übersetzt werden, aber jede Sprache kann gemäß der großen Logik und der in diesem Buch gelieferten Methoden analysiert werden. Der Verfasser behält sich kein Recht an den Übersetzungen und Adaptionen in fremde Sprachen vor. Die diversen Journale und Publikationen, in jeder Sprache, sind autorisiert, bei unserem Werk partielle Anleihen zu machen. Wir geben gratis weiter, was wir gratis empfangen haben und sogar darüber hinaus."

„Alle Sprachen haben die Erinnerung an die Zeit bewahrt, als man von Fliegen lebte. Das größte Glück für einen Deutschen ist es, zwei davon auf einmal zu töten: ‚Zwei Fliegen mit einer Klatsche totschlagen!' Wir sehen ihn immer noch leben, unseren ersten Vorfahren, in den Maaren und Sümpfen; er kommt auf die Erde und steigt zur Sonne. Er ist ein Hüpfer, der von Grashüpfern, von Grillen, von allem, was summt, vor allem von Fliegen lebt. Dieser Ahn ist, man ahnt es schon, der Frosch."

„Im Deutschen heißen die Feen die weißen Frauen oder die weisen Frauen. Aber das Wort *Frau* ist, vor allem im Diminutiv, das Femininum des Maskulinums *Frosch: Das Frauchen ... den Froschen.*"

In Wahrheit gibt es für Brisset keine ursprüngliche Sprache, die man mit den verschiedenen Elementen der aktuellen Sprachen in Beziehung setzen könnte; es gibt nicht einmal eine archaische Sprachform, von der man unsere jetzige Punkt für Punkt herleiten kann. Die Ursprünglichkeit ist vielmehr für ihn ein flüssiger, beweglicher, unendlich durchlässiger Sprachzustand: eine Möglichkeit, darin in allen Richtungen zu verkehren; ein Feld, das allen Transformationen, Umkehrungen, Ausschneidungen freisteht; die Vervielfältigung der Bezeichnungskräfte in jedem Punkt, in jeder Silbe, in jedem Laut. Was Brisset im Ursprung aufdeckt, ist nicht eine beschränkte Menge von eindeutig an Sachen gebundenen Wörtern, sondern die Sprache, wie wir sie heute sprechen – diese Sprache selber im Augenblick des Spiels, wenn die Würfel gefallen sind und die Laute rollen und nacheinander ihre Gesichter sehen lassen. In dieser ersten Zeit hüpfen die Wörter aus dem entscheidenden Becher und werden unablässig von ihm wieder aufgenommen, fallen von neuem, jedesmal in neuen Formen und nach anderen Zerlegungs- und Zusammensetzungsregeln: „Zähne, Zehen, zehn, ziehn ... Es ist also offensichtlich und gewiß, daß die Ahnen zuerst ihre Zähne zählten, ihre ersten Waffen, ihre Rüstung, ihr Elfenbein. Sie hatten damals Schnabel und Krallen, um sich zu wehren. Da sie die Zehen und die Finger oft in ihren Mund steckten, ist es natürlich, daß ihnen ein gemeinsamer Name mit den Zähnen gegeben und im Deutschen erhalten worden ist.“ In dieser Sprachemulsion hüpfen die Wörter aufs Geratewohl, wie in den Urmaaren unsere Ahnfrösche nach den Gesetzen eines Zufallsloses hüpften. Die Wiederentdeckung der Ursprachen ist nicht das Ergebnis einer Übersetzung, sondern die Durchquerung und Wiederholung des Zufalls der Sprache.

3. Verwicklung endlos

Wenn Duret, Brosses oder Court de Gébelin den ursprünglichen Zustand der Sprachen wiederherzustellen suchten, rekonstruierten sie eine endliche Menge von Lauten, Wörtern, Bedeutungsgehalten und Syntaxregeln. Um die gemeinsame Wurzel aller Sprachen der Welt zu bilden und um in einer jeden von ihnen noch heute enthalten zu sein, mußte sich dieses Idiom auf wenige Elemente und Konstruktionsgesetze beschränken. Letzten Endes ist es ein einziger Schrei (ein einziger Schrei, der sich von jedem anderen Geräusch abhebt oder sich jedem anderen artikulierten Laut entgegensetzt), der die Spitze der Pyramide bildet. Die Anfangssprache wird traditionell als ein dürftiger Code aufgefaßt. Diejenige von Brisset hingegen ist ein unbegrenztes Reden, dessen Beschreibung niemals vollendet werden kann. Und zwar aus mehreren Gründen.

Seine Analyse führt nicht ein zeitgenössisches Element auf ein erstes Element zurück, das man anderswo mehr oder weniger verkleidet finden könnte. Sie läßt vielmehr das Wort nacheinander in mehrere elementare Kombinationen explodieren, so daß seine aktuelle Form, wenn man sie zerlegt, mehrere archaische Zustände aufdeckt; diese waren ursprünglich voneinander verschieden, aber aufgrund von Lautkontraktionen, Verdichtungen und Verschiebungen sind sie schließlich in ein und demselben Ausdruck zusammengetroffen, der sie versammelt und zusammenhält. Sache der Gotteswissenschaft ist es, sie wieder zur Erscheinung zu bringen und wie einen großen bunten Reif ums analysierte Wort herum kreisen zu lassen. So für den Ausdruck „im Sozialen“: „(sich) in der Soße aalen; die Ursoße war ein Meer oder Maar, da waren unsere Ahnen ganz sozial.“

Es geht hier nicht darum, ein und dieselbe Wurzel für verschiedene Wörter zu suchen; sondern darum, eine aktuelle Einheit in die vorherigen Stände auseinanderfliegen zu lassen, die sich in ihr kristallisiert haben. Zurückversetzt in den weiten Ursumpf offenbart jeder aktuelle Ausdruck die vielfältigen Facetten, die ihn formiert haben, ihn begrenzen und nur für den geübten Blick seine unsichtbare Geometrie zeichnen.

Überdies kann ein und dasselbe Wort mehrmals durch den Filter der Analyse durchgehen. Seine Zerlegung ist weder eindeutig noch endgültig. Es kommt oft vor, daß Brisset sie neuerlich aufnimmt; so wird das Wort „sein" einmal vom Haben aus analysiert und ein andermal vom Geschlecht aus. So läßt sich gar denken, daß jedes Wort der Sprache dazu dienen kann, jedes andere zu analysieren; daß sie alle füreinander Destruktionsprinzipien sind; daß die gesamte Sprache sich von sich aus zersetzt; daß sie ihr eigener Filter ist und ihr eigener Urstand; daß sie in ihrer aktuellen Form das Ergebnis eines Spiels ist, dessen Elemente und Regeln beinahe eben dieser Form entnommen sind, die gerade wir sprechen. Würden wir irgendein heutiges Wort durch den Filter aller übrigen schicken, so hätte es ebenso viele Ursprünge, wie es andere Wörter in der Sprache gibt – ja noch weit mehr, da jede Analyse für sich genommen mehrere mögliche Zerlegungen ergibt. Die Suche nach ihrem Ursprung verengt die Sprache nicht: bei Brisset zersetzt und vervielfältigt sie sie von innen heraus.

Und das letzte Vermehrungsprinzip: Was man im ersten Stand der Sprache entdeckt, ist nicht ein Schatz – und sei er noch so reich – von Wörtern; es ist eine Vielzahl von Aussagen. Unter einem Wort, das wir aussprechen, verbirgt sich nicht ein anderes Wort, auch nicht eine Legierung mehrerer Wörter, sondern zumeist ein Satz oder eine Reihe von Sätzen: „Unsere Ahnen waren immer im Meer. Heute ahnen wir im Meer auch den Ursprung der Wörter. Es hat alles hervorgebracht, auch die Wörter, da jedes Wort noch immer eine Ausdünstung von Feuchtem bewirkt."

Der Anfangsstand der Sprache war also nicht eine definierbare Menge von Symbolen und Konstruktionsregeln, sondern eine unbegrenzte Masse von Aussagen, ein Rieseln von gesagten Dingen. Was wir hinter den Wörtern unseres Wörterbuches auffinden müssen, sind nicht morphologische Konstanten, sondern Behauptungen, Fragen, Wünsche, Befehle. Die Wörter sind abgesteckte, fixierte, neutralisierte Redestücke, Aussageweisen. Vor den Wörtern gab es die Sätze; vor dem Wortschatz die Sprüche; vor den Silben und den Lautgebilden das endlose Murmeln von all dem, was sich sagt. Vor der Sprache: sprach man. Aber wovon sprach man? Doch wohl von jenem Menschen, der noch nicht existierte, da er noch mit keiner Sprache begabt war; doch wohl von seiner Formierung, von seinem langsamen Herausgerissenwerden aus der Animalität; doch wohl von dem Maarmeer, welchem sich seine Kaulquappenexistenz nur mühselig entwand. Derart, daß unter den Wörtern unserer heutigen

Sprache Sätze laut werden, welche mit denselben Wörtern oder beinahe von den Menschen ausgesprochen worden sind, die noch nicht existierten und von ihrer künftigen Geburt sprachen. Es geht darum, sagt Brisset, „die Erschaffung des Menschen mit den Materialien aufzuweisen, die wir in deinem Mund finden, Leser, wo Gott sie hingetan hatte, bevor der Mensch erschaffen ward". Zweifache und verschränkte Schöpfung des Menschen und der Sprachen in einem endlosen *disco...ur...s...*

4. Das Tönen der Dinge

Den Ursprung der Sprachen suchen heißt für Brisset nicht ihnen einen historischen Anfang oder ein Konstruktionsprinzip oder ein Kommunikationsnetz zuweisen. Sondern eine jede von ihnen auf eine endlose Vielfältigkeit hin öffnen; eine stabile Einheit in einem Ausschwärmen von Aussagen definieren; die Organisation des Systems dem Außen der gesagten Dinge aussetzen.

Wenn sie sich auf die Suche nach dem Ursprung der Sprache begeben, fragen die Träumer immer, in welchem Moment sich das erste Phonem dem Lärmen entrissen hat und so mit einem Schlag und ein für allemal jenseits der Dinge und der Gebärden die reine Ordnung des Symbolischen inauguriert hat. Dagegen ist es der Wahnsinn Brissets, daß er erzählt, wie Diskurse auf Schauplätzen und Schlachtfeldern inmitten unaufhörlicher Begehrlichkeiten und Gewaltsamkeiten allmählich jenes große Tosen formieren, das nicht aufhört, sich zu wiederholen, und das das Wort ist. Das Wort mit Bein und Fleisch, mit Fleisch und Blut. Das Wort erscheint nicht, wenn der Lärm aufhört. Es kommt auf die Welt mit seiner klar geschnittenen Form und seinen vielen Sinnen, wenn die Diskurse abgesunken und eingeschrumpft sind und einander zerdrückt haben im skulpturalen Ausschneiden des Rauschens. Brisset hat die Definierung des Wortes durch die szenische *Homophonie* erfunden.

5. Das Fliehen der Ideen

Wie Roussel, wie Wolfson, praktiziert Brisset systematisch das Beinahe. Es kommt darauf an, zu erfassen, wo und wie sich dieses Beinahe abspielt. Roussel hat nacheinander zwei Verfahren angewandt. Das eine besteht darin, einen Satz oder ein Satzelement zu nehmen und dann mit einer geringfügigen Änderung zu wiederholen, welche zwischen den beiden Formulierungen einen Abstand aufreißt, wo sich alsdann die ganze Geschichte hineinstürzt. Das andere Verfahren besteht darin, aufs Geratewohl ein Textfragment zu nehmen und mittels einer Serie von transformierenden Wiederholungen eine Reihe von durchaus unterschiedlichen Motiven zu gewinnen, zwischen denen es weder semantische noch syntaktische Verbindungen gibt: es geht dann darum, eine Geschichte durch alle so erhaltenen Wörter als ihre Pflichtetappen durchzuziehen. Bei Roussel gibt es wie bei Brisset die Vorgängigkeit eines zufällig gefundenen oder anonym wiederholten Diskurses; beim einen wie beim anderen handelt es sich – in den Fugen zwischen Quasi-Identitäten – um Reihenerscheinungen von wundervollen Szenen, mit denen die Wörter ein und dieselben Körper bilden. Doch läßt Roussel seine Zwerge, seine Kalbslungengeleise, seine Leichenautomaten in dem seltsam leeren und kaum zu füllenden Raum auftauchen, der im Herzen eines beliebigen Satzes durch die Wunde einer kaum wahrnehmbaren Distanz aufgerissen ist. Die Spalte einer Lautdifferenz (z. B. zwischen *p* und *b*) führt bei ihm nicht zu einer bloßen Sinndistinktion, sondern zu einem fast unüberbrückbaren Abgrund, der nach einem weitläufigen *dis... cours* ruft. Und wenn man sich am einen Ufer der Differenz einschifft, um zum anderen zu kommen, so ist doch keiner sicher, daß die Geschichte tatsächlich an jenen Strand gelangen wird, der so nah ist, so identisch. Brisset hüpft in einem Nu, der kürzer ist als jeder Gedanke, von einem Wort zum anderen: „Zähne, Zehen, zehn, ziehen ...". Und der geringste dieser Hüpfer läßt jedesmal einen anderen Schauplatz auftauchen: das kleine, unruhige, zusammengeklappte Stonehenge, die Reste einstiger Schwimmsouveränität, das von der Großen Revolution durchgesetzte Zahlensystem usw. Um den sich möglichst nahe an seiner Identitätsachse haltenden Laut herum kreisen die Schauplätze wie an der Peripherie eines großen Rades.

Für Wolfson ist das Beinahe ein Mittel, um seine eigene Sprache umzudrehen, wie man einen Handschuhfinger umdreht. Es geht darum, daß man in dem Augenblick auf die andere Seite gelangt, da sie sich anschickt, uns zu verwickeln, zu überfluten, zu ertränken, den Körper mit bösen und lärmenden Objekten anzufüllen und im Kopf lange Zeit nachzuhallen. Es geht darum, sich plötzlich im Außen vorzufinden und endlich fern vom Vaterland (vom Mutterland könnte man sagen) eine neutralisierte Sprache zu hören. Das Beinahe ermöglicht im verstohlenen Lautkontaktpunkt die semantische Annäherung zwischen einer Muttersprache, die nicht zu sprechen und nicht zu hören ist (wo sie doch von allen Seiten auf einen eindringt), und den Fremdsprachen, die endlich glatt, ruhig und entwaffnet sind. Dank diesen leichten Brücken, die sorgfältig ausgeklügelt von einer Sprache zur anderen geschlagen sind, ist ein rasches Fliehen möglich, und der Student der psychotischen Sprache kann vor dem Ansturm des Idioms seiner Mutter ins Ausland ausweichen, wo er endlich nur noch friedliche Wörter hört. Brissets Operation läuft umgekehrt: Um irgendein

Wort seiner Sprache herum ruft er mit lautem Stabreimgeschrei andere Wörter herbei, von denen ein jedes die alten urvordenklichen Szenen des Begehrens, des Krieges, der Wildheit, der Verwüstung nach sich zieht – oder eben das Gezänk der Dämonen und der Frösche, die am Rande der Sümpfe herumhüpfen. Er gibt die Wörter wieder den Schreien, die sie zur Welt gebracht haben; er inszeniert wieder die Gebärden, die Anstürme, die Gewaltsamkeiten, deren nunmehr schweigendes Wappen sie bilden. Er gibt den *thesaurus linguae gallicae* dem anfänglichen Heidenlärm zurück; er verwandelt die Wörter in Theater zurück; er tut die Laute wieder in diese quackenden Kehlen; er vermengt sie von neuem mit jenen abgerissenen und verschlungenen Hautfetzen; er richtet sie wie einen schrecklichen Traum auf und zwingt die Menschen noch einmal zum Niederknien: „Alle Wörter waren im Mund; darein müssen sie in sinnlicher Gestalt getan worden sein, bevor sie eine geistige Gestalt angenommen haben. Wir wissen, daß der Ahn nicht zuerst daran dachte, ein Essen darzubringen, sondern eine Sache zum Anbeten, einen heiligen Gegenstand, eine fromme Reliquie, die sein Geschlecht war, sein schlagendes."

Ich weiß nicht, ob die Psychiater in den reißenden Strudeln Brissets das erkennen würden, was sie „Ideenflucht" zu nennen pflegen. Ich jedenfalls glaube nicht, daß man Brisset so analysieren kann, wie sie jenes Symptom analysieren: überwältigt vom Lautmaterial der Sprache, sagen sie, vergißt das Denken den Sinn, es verliert den rhetorischen Zusammenhang der Rede, es springt auf dem Rücken einer ständig wiederholten Silbe von Wort zu Wort und läßt dieses Lautgeklirr wie eine irre Mechanik ablaufen. Brisset und wohl auch noch mancher von denen, denen man dieses Symptom zuspricht, machen indessen das Gegenteil: die Lautwiederholung markiert bei ihnen nicht die totale Befreiung der Sprache gegenüber den Sachen, den Gedanken und den Körpern; über den Diskurs offenbart sie nicht eine absolute Schwerelosigkeit; sie rammt im Gegenteil die Silben in den Körper ein, macht sie wieder zu Schreien und Gebärden; sie stößt wieder auf die große plastische Mächtigkeit, die tosende und tobende; sie tut die Wörter wieder in den Mund und ums Geschlecht; sie läßt in einem Nu, der schneller ist als alles Denken, einen Wirbelwind von frenetischen, wildernden oder jubenden Szenen kommen und gehen, aus denen die Wörter auftauchen, von welchen sie genannt werden. Die Wörter sind das tausendfältige *evoe* dieser Bacchanalien. Nicht um eine Lautwiederholung mit Ideenflucht handelt es sich, sondern um eine endlos beschleunigte phonetische *Szenographie.*

6. Die drei Verfahren

Deleuze hat bewundernswert gesagt: „Die Psychose und ihre Sprache sind nicht zu trennen vom ‚linguistischen Verfahren', von *einem* linguistischen Verfahren. Das Problem des Verfahrens hat in der Psychose das Problem der Bedeutung und der Verdrängung ersetzt."[1] Es setzt ein, wenn das Verhältnis der Wörter zu den Dingen nicht mehr das der Bezeichnung ist, das Verhältnis einer Proposition zur andern nicht mehr das der Bedeutung, das Verhältnis einer Sprache zur andern (oder eines Sprachstandes zum andern) nicht mehr das der Übersetzung. Das Verfahren ist zunächst dasjenige, was die in den Wörtern dachziegelartig aufeinander geschichteten Dinge manipuliert – nicht um sie davon zu trennen und der Sprache ihre reine Bezeichnungskraft zurückzuerstatten, sondern um die Dinge zu säubern, keimfrei zu machen, all die zu eliminieren, die mit einer schädlichen Kraft geladen sind, also um die „böse, kranke Materie" zu beschwören, wie Wolfson sagt. Sodann ist das Verfahren dasjenige, was von einer Proposition zur anderen, wie nahe sie auch sein mögen, anstatt einer Bedeutungsäquivalenz so etwas wie eine Masse von Diskursen, Abenteuern, Szenen, Personen und Mechanismen konstruiert, die ihrerseits eine materielle Übertragung bewerkstelligen: rousselierende Zwischensatzräume. Und schließlich das Verfahren, das weitab von jedem Übersetzen einen Sprachstand durch einen andern zersetzt und aus diesen Ruinen, aus diesen Bruchstücken, aus diesen noch rotglühenden Scheitern Kulissen erbaut, um von neuem die Szenen mit den Zähen und den Zehen zu beleben. Wir sind wieder eingetaucht ins Unreine. Aber es ist eine Spirale, kein Zirkel: wir befinden uns nicht mehr auf derselben Ebene. Wolfson hatte Angst, daß vermittels der Wörter das böse Mutterobjekt in seinen Körper eintrete. Brisset läßt unter dem Prankenmal der wieder wild gewordenen Wörter die Verschlingung der Menschen spielen.

Gewiß fehlt keine der drei Formen des Verfahrens gänzlich bei Wolfson, bei Roussel, bei Brisset. Aber ein jeder von ihnen läßt einer von ihnen den Vortritt – je nach der Sprachdimension, die durch ihr Leiden, durch ihre Vorsicht, durch ihren Jubel ausgeschlossen ist. Wolfson leidet an dem Eindringen aller englischen Wörter, die sich mit der feindlichen mütterlichen Nahrung vermischen: dieser des Bezeichnungsabstandes beraubten Sprache antwortet das Verfahren mit der Schließung (des Körpers, der Ohren, der Münder; kurz mit der Schaffung einer geschlossenen Innerlichkeit) sowie mit dem Übergang nach außen (in die fremden Sprachen, zu denen 1000 kleine unterirdische Kanäle angelegt worden sind). Und von dieser kleinen wohlverschlossenen Monade, in der alle fremden Sprachen symbolisieren wollen, mag Wolfson nur mehr sagen

1 Gilles Deleuze, Vorwort zu Louis Wolfson, LE SCHIZO ET LES LANGUES, Paris 1970, S. 23.

„er". Ist der Mund einmal sorgfältig verstopft, so saugen die begierigen Augen in den Büchern alle Elemente auf, die nach einem wohletablierten Verfahren dazu dienen, die Mutterwörter gleich bei ihrem Eintritt in die Ohren in fremde Terme zu verwandeln. Die Reihe ist: *Mund,* Auge, Ohr.

Über die Risse der Sprache gebeugt wie über die Linse eines Souvenir-Federhalters, erkennt Roussel zwischen zwei quasi identischen Ausdrücken einen derartigen Bedeutungsbruch, daß er, um sie zu verbinden, sie durch einen Filter der Elementarklänge wird schicken müssen: er wird sie mehrere Male wieder aufspringen lassen müssen und aus diesen Lautfragmenten Szenen komponieren müssen, deren Substanz mehr als einmal aus seinem eigenen Mund extrahiert sein wird: Brotkrume, Kalbslunge, Zähne. Serie: *Auge,* Ohr, Mund.

Bei Brisset ist es das Ohr, das den Reigen anführt, da die Armatur des Codes sich aufgelöst hat und jede Übersetzung der Sprache unmöglich geworden ist. Alsdann erheben sich die rhythmisch stampfenden Geräusche, um die herum ein Wirbel von Szenen erscheint und verschwindet. Unablässig verschlingen unsere Ahnen da einander.

Wenn die Bezeichnung verschwindet und die Dinge sich mit den Wörtern vermengen, dann schließt sich der Mund. Wenn die sinnvermittelte Kommunikation der Sätze unterbrochen ist, dann weitet sich das Auge vor dem endlosen der Differenzen. Wenn schließlich der Code zerstört ist, dann dröhnt es im Ohr vom Stampfen der Töne. Ich will nicht sagen, daß der Code durch das Ohr passiert, der Sinn durch das Auge und die Bezeichnung durch den Mund (das war vielleicht die Meinung Zenons); sondern daß dem Auslöschen einer der Sprachdimensionen ein Organ antwortet, das sich aufrichtet, eine Mündung, die sich erregt, ein Element, das sich erotisiert. Von diesem Organ in Erektion montiert sich eine Maschinerie zu den beiden anderen hin: als Beherrschungsprinzip sowie als Transformationsverfahren. Dann schicken sich diese Ortschaften des Sprechens – Mund, Auge, Ohr – an, auf den drei Gipfeln des im Schädel kreisenden Apparates tosend zu funktionieren.

Vernähter Mund, entmittetes Ich, universelle Übersetzung, generelle Symbolisierung der Sprachen (mit Ausnahme der unmittelbaren, der mütterlichen): Das ist der Gipfel Wolfsons, der Formierungspunkt des Wissens. Geweitetes Auge, sich selbst vervielfältigendes, sich endlos verwickelndes und sich erst bei der Wiederkehr der Quasiidentität wieder schließendes Spektakel: Das ist der Gipfel Roussels, des Traums und des Theaters, der unbeweglichen Kontemplation, des gemimten Todes. Dröhnendes Ohr, wildes Stampfen, entfesselte Gewaltsamkeiten und Begehrlichkeiten: Das ist der Gipfel Brissets, der Trunkenheit und des Tanzes, des orgiastischen Gestikulierens. Durchbruch der Dichtung und der niedergeschlagenen, wiedergeholten Zeit.

7. Was wir von Brisset wissen

Erstens: Wir kennen von ihm sieben[2] Veröffentlichungen:

1. LA GRAMMAIRE LOGIQUE OU THÉORIE D'UNE NOUVELLE ANALYSE MATHÉMATIQUE RÉSOLVANT LES QUESTIONS LES PLUS DIFFICILES, Paris 1878
2. LA GRAMMAIRE LOGIQUE RÉSOLVANT TOUTES LES DIFFICULTÉS ET FAISANT CONNAÎTRE PAR L'ANALYSE DE LA PAROLE LA FORMATION DES LANGUES ET CELLE DU GENRE HUMAIN, Paris 1883
3. LE MYSTÈRE DE DIEU EST ACCOMPLI, Angers 1890
4. LA SCIENCE DE DIEU OU LA CRÉATION DE L'HOMME, Paris 1900
5. LA GRANDE NOUVELLE, Paris 1900
6. LES PROPHÉTIES ACCOMPLIES (DANIEL ET L'APOCALYPSE), Angers 1906
7. LES ORIGINES HUMAINES, Angers 1913

Zweitens: Brisset war Offizier der Gerichtspolizei. Er gab Unterricht in lebenden Fremdsprachen. Seinen Schülern diktierte er Sätze wie diesen: „Nachdem wir, Paul Perfekt, Infanteriegendarm, nach Kappendorf beordert worden sind, haben wir uns dahin begeben, angetan mit unseren Insignien."

Drittens: Er reichte LA GRAMMAIRE LOGIQUE zu einem Wettbewerb an der Akademie ein. Das Werk wurde von Renan verworfen.

Viertens: Als er eines Abends im Juni 1883 nach Hause kam, konzipierte er LE MYSTÈRE DE DIEU.

2 Inzwischen ist uns auch seine nullte Veröffentlichung bekannt geworden: METHODE ZUR ERLERNUNG DER FRANZÖSISCHEN SPRACHE, Magdeburg 1874.

Fünftens: Am 29. Juli 1904 veröffentlichte der *Petit Parisien* einen Artikel mit der überschrift BEI DEN IRREN. Darin war die Rede von einem Verrückten, „der auf ein System von Alliterationen und Gedankensprüngen einen ganzen Metaphysiktraktat mit dem Titel LA SCIENCE DE DIEU zu gründen behauptet hat … Es fehlt mir der Platz, um Passagen aus dieser närrischen Philosophie zu zitieren. Man bekommt übrigens von ihrer Lektüre eine wirkliche Verwirrung im Geist. Die Leser werden mir dankbar sein, daß ich sie ihnen erspare."

Sechstens: Brisset organisierte einen Vortrag für den 3. Juni 1906. In dem dafür verfaßten Programm stand geschrieben: „Der Erzengel der Auferstehung und der siebente Engel der Apokalypse, welche nur eins sind, werden durch den Mund des Vortragenden ihre Stimme erheben und die Trompete Gottes ertönen lassen.
In diesem Augenblick wird der siebente Engel seine Schale in die Luft ausgießen."
Brisset hatte nur etwa fünfzig Zuhörer. In seiner Entrüstung behauptete er, daß keiner von nun an mehr die Stimme des siebenten Engels vernehmen würde.

Siebentens: Gleichwohl schrieb er noch LES ORIGINES HUMAINES, deren Einleitung so anfängt: „Wir weisen zuerst darauf hin, daß wir alle unsere Kräfte aufgeboten haben und eine Stimme von Donner …".

Deutsch von Jean Pierre Brisset und Walter Seitter.

Aus: TUMULT. Zeitschrift für Verkehrswissenschaft, Heft 6: Engel.

Cathrin Pichler

:Engel :Engel

> Der Mensch ist weder Engel noch Tier, und das Unglück will,
> daß wer den Engel will, das Tier macht.
> *Blaise Pascal*

Der Engel ist mehrdeutig, er erscheint nicht definierbar, eine Art Zwischenwesen – zwischen den Zeiten, zwischen den Räumen, zwischen Himmel und Erde, Himmel und Hölle, zwischen Lebendigen und Toten, zwischen Geist und Materie … Der Engel ist etwas Fragliches:

> „Au delà des definitions, l'Ange est un être du questionnement. Tout son existence se joue dans la question: il n'est qu'un point d'interrogation auquel chacun tente de trouver une réponse, une clef, dans l'espoir qu'elle permettra d'appréhender les questions que se posent les hommes." [1]

III. Die Botschaft der Engelsgeschichte – der traditionellen Angelologie, der Apokryphen und der neueren Offenbarungen – zeigt sich labyrinthisch und geheimnisvoll, sie gibt über die Erfahrungen wie über ihre Phänomene Rätsel auf. Schon das zentrale Thema der Engelshierarchien des Pseudo-Dionysios (5./6. Jahrhundert) dokumentiert ein Geheimnis, das die Dimension eines begrenzten Vermögens menschlicher Erkenntnis enthält, auf ein (göttliches) Mehr verweist und eine unschaubare, nicht zu ergründende Differenz andeutet. Nach dem komplexen Entwurf der triadischen Engelshierarchien mahnt der Pseudo-Dionysios ganz direkt, „nicht gleich der Menge die unheilige Auffassung [mitzuteilen], als wären die himmlischen und gottähnlichen Geister Wesen mit Füßen und vielen Gesichtern und sie seien nach der tierischen Figur von Stieren und nach der Raubtiergestalt von Löwen gebildet, oder sie seien nach dem Bilde der Adler mit einem Krummschnabel oder wie die Vögel mit einem struppigen Gefieder ausgestattet […] und es gäbe gewisse buntscheckige Pferde und speertragende Kriegsoberste und was sonst alles von der Schrift in heiliger Plastik durch die bunte Fülle der bedeutungsreichen Sinnbilder uns überliefert ist. Denn ganz natürlich hat sich die Offenbarung bei den gestaltlosen Geistern der dichterischen heiligen Gebilde bedient, weil sie, wie gesagt, auf unser Erkenntnisvermögen

1 Anguéliki Garidis, LES ANGES DU DÉSIR, Paris 1996, S. 11: „Sieht man von Definitionen einmal ab, ist der Engel ein Wesen des In-Frage-Stellens. Seine gesamte Existenz spielt sich im Fragen ab; er ist nichts als ein Fragezeichen, auf das jeder eine Antwort, zu dem jeder einen Zugang sucht, in der Hoffnung, dadurch jene Fragen anzuschneiden, die die Menschheit bewegen."

Rücksicht nahm und für die ihm entsprechende und naturgemäße Emporführung Sorge trug und in Anpassung an dasselbe die anagogischen heiligen Darstellungen ausbildete."[2]

So liest sich die HIMMLISCHE HIERARCHIE des Pseudo-Dionysios wie auch alle weiteren Offenbarungen – immer behalten sie etwas für sich, das das menschlich Unerfahrbare, Undurchdringbare, über die gewöhnliche Erkenntnis Hinausreichende andeutet; man kann dies als das Spirituelle oder Transzendente bezeichnen und weiter unbefragt festschreiben, man kann aber diesen (enigmatischen) Angelpunkt der Entwürfe und Exegesen auch zum Thema machen.

Spätere Visionäre wiederholen in ihren christlichen Offenbarungen das Geheimnis und machen es manifest. Ein halbes Jahrtausend nach dem „großen System" des Pseudo-Dionysios dokumentiert Hildegard von Bingen ihre Visionen in der „Geheimschrift" SCIVIAS. Ihre sechste Vision beschreibt die Engelchöre: „Im ersten Chor hatten sie Flügel an der Brust und menschliche Antlitze, in denen sich, wie in klarem Wasser, Menschengesichter spiegelten. Im zweiten Chor hatten sie gleichfalls Flügel an der Brust und Menschenantlitze, in denen auch das Bild des Menschensohnes wie in einem Spiegel aufleuchtete [...] Diese Chöre aber umgaben wie ein Kranz fünf weitere Chöre. Im ersten Chor trugen die Geister ein Menschenantlitz und funkelten von der Schulter abwärts in hellem Glanz; im zweiten Chor zeigten sie sich von solcher Herrlichkeit, daß ich sie nicht anzuschauen vermochte. Im dritten erschienen sie wie weißer Marmor, hatten menschliche Häupter, über denen sich brennende Fackeln zeigten, und unterhalb der Schulter waren sie von einer eisenfarbenen Wolke umgeben. Im vierten Chor hatten sie ein menschliches Antlitz und Menschenfüße. Auf dem Kopf trugen sie einen Helm und waren mit einem marmorschimmernden Gewand bekleidet. Im fünften Chor hatten sie keine Menschengestalt und leuchteten wie Morgenrot. Mehr konnte ich von ihrer Gestalt nicht erkennen. Doch auch diese Chöre wurden in Kranzform von zwei weiteren umgeben. In dem einen erschienen die Geister voller Augen und Flügel, hatten in jedem Auge einen Spiegel, in dem ein Menschenantlitz aufleuchtete, und erhoben ihre Flügel gleichsam zum Emporschwingen in himmlische Höhen. Im anderen Chor brannten sie wie Feuer und hatten viele Flügel, auf denen wie in einem Spiegel alle Ränge der kirchlichen Stände zu erkennen waren."[3]

Im hierarchischen Aufstieg verlieren die Engel ihre einfache Bildhaftigkeit, sie nähern sich – spiegelhaft – Abstraktionen. Immer wieder wurde SCIVIAS als Geheimschrift interpretiert und eine Entschlüsselung versucht, wie esoterische und auch häretische Gelehrte schon in der heiligen Schrift einen Geheimcode,

2 Pseudo-Dionysios Areopagita, Über die himmlische Hierarchie (II,I), zit. nach: Pietro Bandini, DIE RÜCKKEHR DER ENGEL, Bern/München/Wien 1995, S. 158/159.

3 Hildegard von Bingen, SCIVIAS – WISSE DIE WEGE, zit. nach: Pietro Bandini, op. cit., S. 162–164.

der alle Welträtsel offenbaren könnte, vermutet hatten.[4] Hildegard von Bingen weist deutlich auf die Grenzen der Anschauung hin: „Deshalb siehst du in der Erhabenheit der himmlischen Geheimnisse zwei Chöre überirdischer Geister in großem Glanz erstrahlen: Denn so wird es dir in dieser erhabenen Verborgenheit, die kein menschlicher Blick, sondern das innere Auge des Menschen durchdringt, gezeigt."[5]

Emanuel Swedenborg, der „aufgeklärte Engelvisionär" (Bandini) des frühen 18. Jahrhunderts, entwirft eine idealisierende Projektion der irdischen Welt, in der sämtliche Engel wiederauferstandene Menschen sind; entsprechend ist die Hölle von den Menschen bevölkert, die sich „gegen den Himmel" entschieden haben. Auch Swedenborg zeigt einen rätselvollen und der Beschreibung unzugänglichen Charakter seiner visionären Mitteilungen auf: „Wer den Frieden im Himmel begreifen will, muß so beschaffen sein, daß sein Denken erhoben und er vom Körper weggeführt, in den Geist versetzt werden und dann bei den Engeln sein kann. Da ich nun auf diese Weise den Frieden des Himmels empfunden habe, kann ich ihn auch beschreiben – freilich nicht so, wie er *an sich* ist, denn menschliche Worte reichen dazu nicht aus."[6]

Der wahrscheinlich letzte Visionär, der eine Offenbarung darlegte, war Jakob Lorber, der Mitte des 19. Jahrhunderts einen umfassenden und vielschichtigen Schöpfungs- und Heilsplan protokollierte. In seiner NEUOFFENBARUNG wird kein angelologisches System entwickelt, sondern eine „Geist : Materie"-Konzeption entworfen, die den Kosmos bildet: „Alles, was nun Materie ist, war dereinst Geistiges, das da freiwillig aus der guten Ordnung Gottes getreten ist, sich in den verkehrten Anreizungen begründete und darin verhärtete. Die Materie ist demnach nichts anderes als ein gerichtetes und aus sich selbst verhärtetes Geistiges […]".[7] Alle Kreaturen auf Erden und im gesamten Universum sind gefallene Engel. Erst durch den „Sturz" vom Geistigen ins Materielle (der Schöpfung) gewinnen die Engel „Selbständigkeit", ohne die „höchste Seeligkeit" nicht erreichbar ist.[8]

Diesem Geistigen, das mit menschlichen Mitteln der Erkenntnis nicht zugänglich ist, ist die immer wiederkehrende Attraktivität der „Engel-Phänomene" ebenso verhaftet wie die Versuche der Moderne, die dieses Andere als etwas im Menschen Verborgenes und heilvoll wie unheilvoll ihn Besetzendes wahrnehmen und reflektieren. Die unglaublich reiche und phantastische Kartographie der Engelgeschichte kreist um ein Zentrum des Unergründlichen und um ein existentielles Fragen an sich.

4 op. cit., S. 164.

5 op. cit., S. 167.

6 Emanuel Swedenborg, HIMMEL UND HÖLLE, zit. nach: Pietro Bandini, op. cit., S. 174.

7 Pietro Bandini, op. cit., S. 181.

8 op. cit., S. 185.

Zwischen allen Geschichten bleibt ein Enigma, eines, das den Engel auch in unserem Jahrhundert zu einem Mythos werden läßt. Im Zwischenraum zwischen den Bildern und den Deutungen bleibt er als namenlose und begriffslose Kraft, ein „energon" ohne Anschauung. Dieses wird der moderne Engel, Abstraktum, Kristallisation des Menschenmöglichen außerhalb des Diktats der Rationalität. Der Engel wird Kreator, in neuer Deutung der „vis imaginativa", Darsteller und Repräsentant ästhetischer und philosophischer Möglichkeit.

In unserem Jahrhundert nimmt philosophisches Fragen die ästhetische Reflexion – abgelöst von einem Glauben an Geisterwesen – das Abstraktum des Unerkennbaren in ein Ringen um Erkenntnis auf, das um dieses Abstraktum als ein letztes Wissen um die Ordnung der Dinge zirkuliert. Das Wissen verlagert sich zuletzt in das Innere des Menschen, das das Unbekannte, Andere bedeutet.

Dies ist wohl auch der Grund, warum der Engel als Metapher des Geistigen – nicht mehr mit dem Flammenschwert vor dem Paradies –, als Signifikant eines zweiten, nicht (ganz) weltlichen Seins auftritt. Er steht für das „Andere", sei es in der Sehnsucht, sei es in der Imagination, sei es in der Kraft der Erkenntnis, ist aber auch Metapher für die Differenz, für das menschlich Andere, für die Zweideutigkeit, für Gut und Böse, für das „Fremde" in der Welt.

Für Michel Serres sind die Außenseiter, die Elenden dieser Welt die Erzengel. „Als Botin der Dritten und Vierten Welt enthüllt uns das Elend ein fundamentales Sein und eine Zeit, die uns die Geschichte hier bei uns niemals gelehrt hat. Mehr als arm und bedürftig, laufen die im Elend Lebenden Gefahr, durch diese schreckliche Aggression in ihnen und um sie her die Menschlichkeit schlechthin zerstört zu sehen. Sollte nur der ein Mensch werden, der solcherart der Gefahr einer Zerstörung des Menschseins in ihm die Stirn bietet? Ja und so ur-menschlich", daß er Erzengel genannt wird: „Archangelus, denn ‚arché' bedeutet Grund und Anfang. Im Elend geboren, werden wir alle dorthin zurückkehren."[9]

9 Michel Serres, DIE LEGENDE DER ENGEL, Frankfurt/Main und Leipzig 1995, S. 17.

II. Für Massimo Cacciari ist der Engel „notwendig", seine Dimension utopisch (ou-topia).

> „Sein Heim befindet sich im Land des Nirgendwo,
> jenseits der Koordinaten des sichtbaren Kosmos.
> Vierte Dimension nennt sich sein Heim, mundus imaginalis."[10]

Der Engel ist Übersetzer und Vermittler – aber nicht für die menschlichen Möglichkeiten der Wahrnehmung; vielmehr bezeugt er das „Mysterium als Mysterium", figuriert als Spiegel eines göttlichen Lichts. Er verleiht der lebendigen Gegenwart des Mysteriums *Gestalt*, aber allein in der Anschauung reiner *Theoria*. Vom Land des Nirgendwo etwas zu sehen, heißt sich zu verwandeln.[11]

Die neuplatonische Inspiration dieser angelologischen Mystik bedeutet Theorie als Enosis, „als Aufhebung der Unterscheidung von Subjekt und Objekt. Während die Erkenntnis ‚durch das Anderssein von ihrem Gegenstand unterschieden ist', führt der Engel zu einer Anschauung, in der Subjekt und Objekt in einer ‚Monade' zusammenfallen. Die Gestalt des Engels ist das Zeichen, da ‚wir in göttliche Gegenwärtigkeit gehüllt sind und daraus die Erfüllung unseres Seins ableiten' (Jamblichus)".[12]

Die Entstehung und die Untersuchung der tiefgreifenden „Krisis" zwischen Erkenntnis und dem „theorein" ist für Cacciari der eigentliche Inhalt der Angelologie. Die Verkündigung des Engels betrifft ein Sichtbarmachen des Unsichtbaren, jedoch nicht ein Überliefern an ein menschlich Wahrnehmbares, sondern „die Möglichkeit des Menschen, den Einklang mit dem Unsichtbaren [...] herzustellen, mit jenem Unsichtbaren, dessen Hüter der Engel ist; unermüdlicher Hüter des Unsichtbaren, selbst in dem Augenblick, in dem er es auf seine Weise mitteilt".[13] „Diese Sicht verwandelt der Engel in eine Schau des Nirgendwo. Dem mundus imaginalis, dem der Engel Gestalt verleiht, muß eine Sicht der Imaginatio entsprechen [...] nur im Geiste sind die Geheimnisse des Engels erfahrbar."[14]

Der Engel, über den in der Tradition in vielfacher und verschiedenartiger Weise gesprochen wird, „dieser Engel verkündet den unvorstellbaren Inhaltsreichtum des Unsichtbaren, die Unendlichkeit der Namen des Nirgendwo. Gleichzeitig erweckt er die ungeheuer große vis imaginativa, die dem Menschen innewohnt."[15] Nach Maimon ist der Engel der Name genau dieser imaginativen Fähigkeit.[16] Die Engel sind Boten des Logos, jener verhüllten Wahrheit, die, wie Gabriel zu Mohammed sagt, sich der Welt in siebzigtausend Schleiern aus Licht

10 Massimo Cacciari, DER NOTWENDIGE ENGEL, Klagenfurt 1987, S. 9.

11 op. cit., S. 10.

12 Jamblichus, DE MYSTERIIS AEGYPTIORUM, I 8, zit. nach: Massimo Cacciari, op. cit., S. 11.

13 op. cit., S. 11.

14 Ebd.

15 op. cit., S. 12.

16 Mose ben Maimon, FÜHRER DER UNSCHLÜSSIGEN, II 6, zit. nach: Massimo Cacciari, op. cit., S. 12.

und Dunkel zeigt. „Die Myriaden himmlischer Heerscharen, die die hebräische Mystik um den Thron des Allerheiligsten versammelt, die Hierarchien des Pseudo-Dionysios, die Engel des Islam, sie alle zeigen jedoch eine Notwendigkeit an. Daß sich die Wahrheit in den Namen [...] verhüllen muß, um dem theorein des Menschen zu entsprechen, damit der Mensch [...] ihr beipflichten kann."[17] Freilich aber bleibt der Name hinter allen Namen Mysterium, dieser Unfaßbarkeit gewidmet ist die islamische Angelologie: „Henry Corbin sieht im islamischen Engel genau jene Gestalt, auf die Rilke in seinem Brief an Witold von Hulewicz anspielt, der der Erläuterung seiner DUINESER ELEGIEN gewidmet ist. Jene ‚intime und dauernde Umwandlung des Sichtbaren in Unsichtbares', die für Rilke im Engel schon ‚vollkommen' scheint, stellt das höchste Ende der irdischen Wanderung dar [...] der Weg vom Erkennen zum theorein reicht für Avicenna bis hin zur Nachahmung des Engels als eine Hervorbringung des Unsichtbaren. Er verleiht der Seele die Kraft, sich dem Licht zu vereinen [...] aber er verleiht der Seele diese Fähigkeit nicht unvermittelt, sondern durch jenen Spiegel hindurch, der der Engel ist. Er spiegelt uns darin das ewige, unteilbare Licht, ‚so fein, daß die Augen des Körpers es gar nicht ertragen können' [...] Die unstillbare Sehnsucht aller Kreatur sammelt sich in diesem Licht."[18]

Die Frage der Erkenntnis, die Möglichkeit der „vis imaginativa" weist den Weg in die Moderne, die der großen Bezugssysteme verlustig – oder entledigt –, aber immer im Nachhall ihrer Mysterien einen „neuen" Engel definiert. Es ist der philosophische „Angelus Novus" Walter Benjamins, und es sind die Engel eines irdischen Dunkels und eines irdischen Lichts, die unser Jahrhundert bevölkern. „Der ‚Angel Novus' ist die letzte Gestalt des großen angelologischen Themas neuplatonischen Ursprungs, die der Moira, der Herrin der Dämonen, das Nous der Engel entgegenhält."[19]

„Ou-topia ist der Engel: weder Dämon noch bloße Potenz der Seele; dem pilgernden Menschen ähnlich, denkt er das Unmögliche [...] Dennoch ist er noch unlösbar mit jener Welt der Metaxy" – der Vermittlung – „verbunden, die von ungezählten Geistern beseelt ist, die als Ding den Moiren untertan sind. Der Engel ist ohne eigenes Heim, entortet – aber deswegen ist er die ‚notwendige' Figur des Augenblicks, der den flüchtigen Pfeil der Zeit anhält, das Kontinuum unterbricht [...]

Dieser Augenblick reißt eine Öffnung, die unschließbar, unauffüllbar, unwiederholbar-unwiedersagbar – frei vom Zyklus der Wiedergeburten ist. Die Freiheit dieses ‚armseligen' Augenblicks ist uns – mit leeren Händen – gegeben.

17 op. cit., S. 13.

18 op. cit., S. 15.

19 op. cit., S. 52.

Der letzte Engel erzieht uns zur Reife für ihn, der älteste und zugleich jüngste aller Engel leitet uns an: der Angelus Novus."[20]

Für Walter Benjamin ist dieser Engel ein Bild von Paul Klee, und er ist „sein" Engel der Geschichte. „Es gibt ein Bild von Klee, das Angelus Novus heißt. Ein Engel ist darauf dargestellt, der aussieht, als wäre er im Begriff, sich von etwas zu entfernen, worauf er starrt. Seine Augen sind aufgerissen, sein Mund steht offen, und seine Flügel sind ausgespannt. Der Engel der Geschichte muß so aussehen. Er hat das Antlitz der Vergangenheit zugewendet. Wo eine Kette von Begebenheiten vor uns erscheint, da sieht er eine einzige Katastrophe, die unablässig Trümmer auf Trümmer häuft und sie ihm vor die Füße schleudert. Er möchte wohl verweilen, die Toten wecken und das Zerschlagene zusammenfügen. Aber ein Sturm weht vom Paradiese her, der sich in seinen Flügeln verfangen hat und so stark ist, daß der Engel sie nicht mehr schließen kann."[21]

Das Aufsprengen des Kontinuums, „der Begriff einer Gegenwart, die nicht Übergang, sondern in der Zeit einsteht und zum Stillstand gekommen ist",[22] ist das projektive Thema, die Idee der Erlösung im Augenblick.

„Armseliger Engel, bruchstückhafter Engel, Engel, der in die Passion der Seele einbezogen wurde, gefallener Engel – Engel im schwierigen Gleichgewicht zwischen den ‚zwei Welten des Gefühls' [...] Engel, die in einer Welt begriffen sind, wo ‚uns ein Mord als ein Verbrechen oder eine heroische Tat erscheinen kann und die Stunde der Liebe als die Feder, die aus dem Flügel eines Engels oder einer Gans gefallen ist' (Robert Musil). In diesen Motiven schlägt sich die zeitgenössische Ikonographie des Engels deutlich nieder [...] das Paradies ging verloren, um gesucht zu werden, aber die Suche geht ‚ohne Licht für immer' (Rafael Alberti). Gute und böse Engel, unbekannte Engel und Engel ohne Namen, Moderengel, Geister, die die alten Eigenschaften in unfaßbaren Zusammensetzungen vermischen. Im Mysterium wimmern tote Engel. Sie sind Zeichen des Realissimum, das kein Wort erraten, ausdrücken kann [...] des Himmels benommen – betäubt, verwirrt, die Engel steigen herab, in unsere Seele, in ihre Namen."[23] Paul Klees ANGELUS NOVUS erscheint auch als bildliche Referenz für den Abstieg des Engels in die Seele, wie sie Walter Benjamin für sich in dem esoterischen Fragment von IBIZA (1933) beschreibt. Benjamin bezeichnet die Doppeldeutigkeit eines „neuen" Engels mit Bezug auf hebräische und neutestamentarische Texte mit dem Titel „Angesilaus Santander", einer anagrammatischen Umformung der Wendung „der Angelus Satanas".[24] Der Engel, „der Klauen hat und spitze, ja messerscharfe Schwingen, macht keine

20 op. cit., S. 60.

21 Walter Benjamin, Geschichtsphilosophische Thesen, in: Ders., ZUR KRITIK DER GEWALT UND ANDERE AUFSÄTZE, Frankfurt/Main 1978, S. 84, 85.

22 Massimo Cacciari, DER NOTWENDIGE ENGEL, S. 87.

23 op. cit., S. 60, 61.

24 Gershom Scholem, WALTER BENJAMIN UND SEIN ENGEL, Frankfurt/Main 1983, S. 51.

Miene, auf den, der gesichtet hat, zu stürzen. Er faßt ihn fest ins Auge – lange Zeit, dann weicht er stoßweis, aber unerbittlich zurück. Warum? Um ihn sich nachzuziehen, auf jenem Wege in die Zukunft, auf dem er kam und den er so gut kennt, daß er ihn durchmißt, ohne sich zu wenden und den, den er gewählt hat, aus dem Blick zu lassen. Er will das Glück: den Widerstreit, in dem die Verzückung des Einmaligen, Neuen, noch Ungelebten mit jener Seligkeit des Noch-einmal, des Wiederhabens, des Gelebten liegt."[25]

Den vielfachen Bezüglichkeiten jenes „ortlosen" Engels der Moderne entspricht nun ein philosophisches Abstraktum, das den Engel als Kraft und als Möglichkeit wiedererstehen läßt. Es ist ein Konzept der Repräsentation, „bei der es sich um die Darstellung der Ideen als ewige Konstellationen handelt, aber um eine Darstellung bar jeglicher theoretisch-intuitiv-gnostischer Hybris, um ‚sprachlich gebundene' Darstellung, die sich in der Figur des Engels konzentriert".[26] Wieder steht Walter Benjamins Denken als Schlüssel für diese Konzeption. „Die *Notwendigkeit des Engels* ergibt sich bei Benjamin aus dem Problem der Darstellung, als Darstellung der Ideen [...] Der Engel ist die Figur der Darstellung: sein Wort bedeutet ‚Darstellung', wenn es auf seinen Symbolgehalt befragt wird. Denn die Aufgabe des Philosophen besteht darin, fortwährend Darstellung zu versuchen und nicht nur die Forschung zu entwickeln, zur ‚gedrängten Positivität' der Darstellung zu gelangen [...] Deswegen hat auch der Philosoph (und nicht nur der Künstler mit seinen Bildern) notwendig mit dem Engel zu tun: sein Sagen muß auch Darstellung sein, Sorge um die Darstellung [...] Entweder ist die Idee absolut verborgen – und die Ebene der Wahrheit (die die Ideen in ihrem Nachhall bilden) besteht daher in einem unerforschlichen Mythos – oder es gibt einen Namen, der sie darstellt. Dieser Name ist engelsgleich, dieser Name ist ‚Theophanie' der ewigen Dimension der Ideen."[27]

„So enthüllt der Engel, was unenthüllt geblieben wäre (im Namen ist die Idee gegeben), aber das Verborgene enthält sich in dieser Enthüllung als wesentlich Unenthüllbares. Die Darstellung vernichtet das Geheimnis nicht; das Symbol ist nicht Erklärung, es be-greift sein Objekt nicht, es ist nicht Erkenntnisbegriff. Der Name des Engels enthüllt, und gleichzeitig verfolgt er das, was er enthüllt, wie Eros die Schönheit, die an den Altar der Wahrheit flüchtet."[28] Der neue Engel – Benjaminscher Lesart – symbolisiert die Sehnsucht nach dem Unenthüllbaren, zugleich ist dies sein Pathos. Fern vom „theophanen Triumphalismus" der traditionellen Engelsgeschichte steht der Engel nun für die „Bewahrung der Phänomene" und die „Darstellung der Ideen".

25 op. cit., S. 43.

26 Massimo Cacciari, ZEIT OHNE KRONOS, Klagenfurt 1986, S. 129.

27 op. cit., S. 129, 130.

28 op. cit., S. 130.

> „Hier bekennt der Engel eher seine Unvollkommenheit: unsterblich, aber in der Vergänglichkeit und Endlichkeit aller seiner Momente; er selbst unkundig des Prinzips, das er doch liebt und den Gläubigen zu lieben lassen sucht. Engel, die unlösbar mit dem Wandel der Völker und der Menschen verbunden sind, die dazu verurteilt sind, Freud und Leid mit ihnen zu teilen, Hüter, die niemals ruhen und dennoch beinahe ohnmächtig sind – Engel, die dem Menschen so ähnlich sind, daß sie oft als *gefallene* Engel bezeichnet werden."[29]

III. Die Moderne bewahrt sich den Engel in einer neuen/alten Vieldeutigkeit. Er steht für das philosophische Problem einer letzten Einsicht oder als Metapher für die Möglichkeit, den Ideen Präsenz und Wirklichkeit zu verleihen. Immer noch ist es eine Art von Kraft, die er verkörpert, die vis imaginativa, die profanisiert nun die Darstellung betrifft – sei es die der Kunst oder die der Philosophie. Der Engel wird auch metaphorischer Indikator für das Ich, Spiegelwerk, das die Abgründe des Inneren zum Vorschein bringt, wie es zum anderen die Bilder des Schönen und sogar solche eines dem Irdischen entrückten Wunderbaren zeigt.

Dies trifft die Ursprünge der Moderne und dort gerade die Krise des alten Glaubens und den neu entbrannten Kampf gegen herrschende Glaubenstraditionen und Weltordnungen.

> „[...] Er ergreift die Lampe, um sie hinauszutragen, aber sie sträubt sich und wächst. Er glaubt Flügel an ihren Seiten zu sehen, und der obere Teil nimmt die Gestalt einer Engelsbüste an. Das Ganze will sich in die Luft erheben und setzt zum Fluge an, er aber hält es mit starker Hand zurück. Eine Lampe und ein Engel zu einem Leib verschmolzen, so etwas sieht man nicht oft. Er erkennt die Form der Lampe; er erkennt die Form des Engels; aber in seinem Geist kann er sie nicht trennen; tatsächlich sind sie in Wirklichkeit unlösbar miteinander verbunden und bilden nur einen unabhängigen, freien Leib; er aber glaubt, eine Wolke hätte seine Augen verhüllt und ihn ein wenig seiner ausgezeichneten Sicht beraubt. Trotzdem rüstet er sich mutig zum Kampf, denn sein Gegner kennt keine Furcht. Naive Leute erzählen denen, die es glauben wollen, daß die heilige Pforte, sich in den traurigen Angeln drehend, von selbst zuschlug, damit niemand Zeuge dieses gottlosen Kampfes wäre, dessen Peripetien sich innerhalb der Mauern des geschändeten Heiligtums abspielen sollten. Der Mann im

29 op. cit., S. 131.

> Mantel, während ein unsichtbares Schwert ihm grausame Wunden beibringt, bemüht sich, seinen Mund dem Antlitz des Engels zu nähern; er denkt nur daran und sein ganzes Mühen ist auf dieses Ziel gerichtet. Die Kraft des Engels erlahmt und er scheint sein Schicksal zu ahnen. Er kämpft nur noch schwach und man sieht den Augenblick kommen, da sein Gegner ihn ganz nach Belieben küssen wird, wenn es das ist, was er tun will. Nun, der Augenblick ist gekommen. Mit seinen Muskeln würgt er die Kehle des Engels, der nicht mehr atmen kann, und reißt ihm das Antlitz herum, indem er es an seine gräßliche Brust drückt. Einen Augenblick rührt ihn das Schicksal, das dieses himmlische Wesen erwartet und dessen Freund er gern geworden wäre. Aber er sagt sich, es ist der Gesandte des Herrn und er kann seinen Zorn nicht meistern. Es ist geschehen; etwas Furchtbares kehrt in den Käfig der Zeit zurück. Er beugt sich hinab und legt die speicheltriefende Zunge auf diese engelgleiche Wange, die ihm flehende Blicke zuwirft. Er führt eine Weile seine Zunge über diese Wange. O! … Seht doch! … Seht! … Die weiß und rosa Wange ist schwarz geworden wie eine Kohle … Draußen angelangt, sieht er in den Lüften eine schwärzliche Gestalt mit verbrannten Flügeln, die mühsam ihren Flug den himmlischen Regionen entgegenlenkt.“[30]

Das Motiv des Engels bleibt. Es begleitet die Ausbrüche in ein „Überwirkliches“ (Hennecke), die nun auch Reisen ins Unbewußte und Abstiege in die Unterwelten der Vorstellungskraft werden. Wieder und wieder zeigt sich der Engel verbunden mit den Nachtzeiten, mit dem Schrecken, dem Grauen und dem Ekel der Wirklichkeit.

Engel erscheinen – vom Himmel gefallen – als die Konnotationen einer Poetik der „Übertretung“, als das „zweite Gesicht“. Sie künden von der Kontingenz des modernen Menschen und begleiten dessen Irrfahrt durch das Leben, sie bezeichnen das Andere, Fremde und Bedrohliche im Menschen selbst.

Selbst im Diminuitiv des Engelchens signalisiert die Figur des Engels die Übertretung; der Engel ist der entfremdete, der nonkonforme, ausgegrenzte, revoltierende, anarchische Andere.

30 Comte de Lautréamont, DIE GESÄNGE DES MALDOROR, München 1976, S. 77, 78.

L'Angelot Maudit

Toits bleuâtres et portes blanches
Comme en de nocturnes dimanches,

Au bout de la ville, sans bruit
La rue est blanche, et c'est la nuit.

La rue a des maisons étranges
Avec des persiennes d'anges.

Mais vers une borne, voici
Accourir, mauvais et transi,

Un noir angelot qui titube,
Ayant trop mangé de jujube.

Il fait caca: puis disparaît:
Mais son caca maudit paraît,

Sous la lune sainte qui vaque,
De sang sale un léger cloaque.[31]

Die Engelsgestalt findet in ihrer Doppeldeutigkeit und in dem „Anderen", das sie als Enigma enthält, auch ihre menschlich-verkörperten Entsprechungen. Das Androgyne oder ein „drittes Geschlecht" steht für einen ganzen Komplex von Phänomenen und Repräsentanzen, die von der frühen Moderne bis heute metaphorisch mit dem Engel verknüpft sind. Robert Musil läßt Clarisse in seinem Roman DER MANN OHNE EIGENSCHAFTEN Teufel und Engel mit Schwarz assoziieren, sie notiert Begriffe wie Mannweiber, Weibmänner, Doppelmensch oder Halbnatur.[32] In anderen Texten bevölkern solche Wesen der Differenz – Homosexuelle, Transvestiten, Hermaphroditen … – die Nächte, und ihr Schicksal liefert in einem Doppelbild von geheimnisvoller Schönheit und abgrundtiefem Schrecken ungeahnte und großartige Inspirationen.

Dieser „unbehauste Engel" (Anguéliki Garidis) ist der des Begehrens im Nirgendwo und in Todesnähe. „L'ange inhabité est proche de l'ange pétrifié, figure ouverte dans laquelle peuvent s'engouffrer le désir et la peur, statue creuse

31 Arthur Rimbaud, Album dit „Zutique" LV, in: OEUVRES COMPLÈTES, Paris 1959, S. 114: „Das geächtete Engelchen: dächer bläulicht & tore weiß, wie in amerikanischen nächten am rand der ausgelärmten stadt / ist die gasse weiß: und das heißt NACHT / merkwürdige häuser in der gasse mit engels=jalousien / aber auf einen prellstein kommt gerannt / bös verkorkst & bibbernd ein schwarzes ENGELCHEN: das schwankt: hat zuviel brustbeersaft getankt / es macht kacka / verschwindet dann / ABER; sein geächtetes kacka erscheint unterm heiligen mond der vakant – als lockre kloake dreckigen BLUTS /". Übers. von Hans Therre und Rainer G. Schmidt, in: Arthur Rimbaud, DAS TRUNKENE SCHIFF, München 1980, S. 251.

32 Vgl. Clarissens Gedankenwelt im Wahnsinn, in: Robert Musil, DER MANN OHNE EIGENSCHAFTEN – AUS DEM NACHLASS, Gesammelte Werke Bd. 6, Reinbek bei Hamburg 1978, S. 1784, 1785.

aussi, où se tient l'idée de la mort. Dans le roman de Djuna Barnes LE BOIS DE LA NUIT, la figure de l'androgyne – ou plutôt du ‚troisième sexe' – est liée à la mort et à la création poétique. La fusion de l'androgyne est vue comme une négation de la vie. L'intériorité de l'être appartenant au ‚troisième sexe' est dissimulée sous un visage qui se rapproche du masque mortuaire, sous un corps de mannequin. L'angoisse de la différence semble transparaître dans le caractère figé de ces visages aux traits de poupée, désincarnés, déshumanisés, rejoignant l'imaginaire des anges par leur absence de sexe."[33]

Das Zwielicht zwischen dem irritierenden Leuchten des Geheimnisses, seinen Posen und Verkleidungen und den Schatten des Leidens an der Differenz – das ist der Ort des modernen Engels. Die von Michel Foucault präsentierte Dokumentation HERCULINE BARBIN – DITE ALEXINA B erzählt in einem noch aus dem vergangenen Jahrhundert stammenden Selbstzeugnis eine solche Geschichte.[34] Die tragische Geschichte des androgynen Herculine Barbin, der in keinem Geschlecht eine Identität findet und mit Selbstmord endet, gibt Helen Chadwick die Idee und den Titel für eines ihrer Werke.

Für welche Phänomene oder Ideen und deren Repräsentation der Engel auch als Signifikant steht, immer bleibt – im philosophischen Diskurs wie in dem der Literatur – Rätselhaftes eingeschlossen. Dies gilt selbst für die generalisierenden Überlegungen, mit denen Michel Serres den Engel als Modell der gegenwärtigen Welt beschreibt. Begründet ist dies darin, daß „unsere Welt um Botschaften organisiert ist und die Engel Boten sind, noch zahlreicher, komplexer und raffinierter als der eine, falsche und diebische Hermes. Jeder Engel ist Träger einer oder mehrerer Relationen; nun gibt es aber Myriaden von Relationen, und jeden Tag erfinden wir Milliarden neue; was uns fehlt, ist eine Philosophie dieser Relationen. Statt Netze aus Dingen oder Lebewesen zu knüpfen, sollten wir Netzwerke aus Wegen entwerfen. Die Engel zeichnen unablässig Karten unseres neuen Universums."[35]

Der Engel soll der „Universalschlüssel" sein, der im Besitz des Wissens um die Bezüge ist und der die Wege beherrscht. – Ein Geheimnis des Wissens oder ein Geheimnis der Kraft (der Verbindungen)?

Das Geheimnis, das der Engel in Namen und Begriffen und in der Darstellung hält, ist wohl der Hintergrund und zugleich der Ursprung jener Mehrdeutigkeit und Vielfalt, in der er auftaucht und als Metapher figuriert. Der Engel ist Möglichkeit; er beflügelt den Sinn für das Mögliche, die Phantasien, die Imagination und er nährt die Sehnsucht nach Erkenntnis.

33 Anguéliki Garidis, LES ANGES DU DÉSIR, S. 250: „Der ‚unbehauste' Engel ist dem versteinerten Engel nahe, einer ‚offenen Figur', in der Lust und Angst aufgehen können, einer hohlen Statue, in der sich die Idee des Todes verbirgt. In Djuna Barnes' Roman NIGHTWOOD ist die Figur des Androgynen – oder eher die des ‚dritten Geschlechts' – mit dem Tod und mit der poetischen Kreativität verknüpft. Die Vereinigung mit dem Androgynen liest sich wie eine Verneinung des Lebens. Die Innenwelt des im ‚dritten Geschlecht' erscheinenden Wesens verbirgt sich hinter einem Gesicht, das einer Totenmaske ähnlich ist, und hinter dem Körper einer Schaufensterpuppe. Die Angst der Differenz scheint in den starren Zügen der puppenhaften Gesichter zum Ausdruck zu kommen; und weil die Figuren geschlechtslos sind, tritt durch das Körperlose, Nicht-Menschliche die imaginäre Natur der Engel wieder hervor." Vgl. Djuna Barnes, NIGHTWOOD, New York 1962, wo es heißt: „[...] the reason the doctor knows everything is because he's been everywhere at the wrong time and has now become anonymous", S. 71.

34 HERCULINE BARBIN DITE ALEXINA B, präsentiert von Michel Foucault, Paris 1978.

35 Michel Serres, DIE LEGENDE DER ENGEL, S. 293.

Harold Brodkey erzählt die Geschichte von der Erscheinung eines Engels an einem Nachmittag in Harvard; er nennt ihn den ENGEL des SCHWEIGENS und der INSPIRATION (zur WAHRHEIT). Der Engel, der Traumgegenständen ähnlich war, erschien am Himmel zunächst als ein „großes Gesicht, das zugleich Gestalt war"[36] und das alle Passanten, die zur Nachmittagsstunde unterwegs waren, in ein langes und tiefes Schweigen versetzte: „Ich nannte das Geschöpf AUS LICHT damals bei mir DEN SCHATTEN, vermutlich, weil ES von einem HELLEREN LICHT geworfen wurde – ES war ein MECHANISMUS oder APPARAT, kein Lebewesen [...]"[37]

Die Erscheinung bannte die Menschen, und für das, was sie war, scheinen all die vielen Begriffe und Wendungen – Seraph, höchster Glanz, weißes Licht, weißer Ofen seiner Herrlichkeit, Schönheit, Wahrheit, Lichtgebäude, Herrlichkeit, androgyne Macht ... – nur Wegzeichen zu sein; kein menschliches Wort kann den Engel in seiner Wirklichkeit begreifen.

36 Harold Brodkey, ENGEL, Reinbek bei Hamburg 1993, S. 453.

37 op. cit., S. 455.

Thomas Macho

Himmlisches Geflügel – Beobachtungen zu einer Motivgeschichte der Engel

„L'oiseau est une force soulevante qui éveille la nature entière.
[...] Ainsi l'oiseau est l'air libre personnifié."
Gaston Bachelard[1]

1. *Was ist ein Engel?* Wer eine Umfrage – etwa zur Erstellung einer aktuellen Säkularisierungsbilanz – veranstalten wollte, würde gewiß die verschiedensten Details in Erfahrung bringen: über Schutzengel, Kriegsengel, Todesengel, Engelchöre, Liebesengel, über Engel als Boten, als pausbäckige Knaben oder als himmlische Würdenträger. Vielleicht würde ihm dabei, angesichts der imponierenden Fülle von Hinweisen aus der Kunstgeschichte, der Religionswissenschaft, der Archäologie, der Kulturgeschichte oder der Ethnologie (von Belletristik und Esoterik ganz zu schweigen) ein Merkmal gar nicht auffallen, das noch die entferntesten und absonderlichsten Engelgattungen vereint – nämlich die Fähigkeit zu fliegen. Engel haben Flügel, so viel wissen schon die Kinder; und beinahe jede einschlägige Ikonographie beginnt mit unbekannten Gestalten aus dem alten Orient, die nur darum zur Genealogie der Engel gerechnet werden, weil sie Flügel tragen.[2] Engel sind Zwischenwesen, in deren Erscheinung Vögel und Menschen verschmelzen. Engel sind archaische Flugpioniere; sie können zum Himmel aufsteigen und über Land und Wasser schweben. Was übrig bleibt nach Abzug aller Metaphysik und scholastischen Spekulationskunst, sind Federn und Flügel.

Das ist nicht wenig. Die Faszinationskraft der Federn und Flügel sollte nicht unterschätzt werden. So viele Programme zur Optimierung des Menschengeschlechts wurden inzwischen erfolgreich abgeschlossen: Träume von beinahe unbegrenztem Wissen, von beispielloser Macht, Träume vom verlängerten Leben, von der Möglichkeit einer radikalen Verjüngung, vom „Schlaraffenland" und einer stets reichhaltig gedeckten Tafel, Träume von Schönheit, von kriegerischer Stärke, von märchenhaften Bauwerken, die über Nacht errichtet werden können, Träume von Gesundheit, von gesteigerten Sinnes- und Körperleistungen, ja selbst von der genetischen Korrektur aller potentiellen Krankheiten und Defizite. Wer besser sehen will, kann sich mit Brillen, mit implantierten Linsen, mit Nachtsichtgeräten, mit Kameras behelfen; wer besser (und weiter) hören

1 Gaston Bachelard, L'AIR ET LES SONGES. Essai sur l'imagination du mouvement, Paris 1987 [1943], S. 85 und 94.

2 Vgl. Alfons Rosenberg, ENGEL UND DÄMONEN. Gestaltwandel eines Urbilds, München 1992, S. 14–46. Vgl. auch Michel Serres, DIE LEGENDE DER ENGEL, Frankfurt/Main und Leipzig 1995, S. 44–45 und 160; Malcolm Godwin, ENGEL. EINE BEDROHTE ART, Frankfurt/Main 1991, S. 11, 20, 30, 89 und 218–219; Gottfried Knapp, ENGEL. EINE HIMMLISCHE KOMÖDIE, München/New York 1995, S. 8–9.

will, greift zu miniaturisierten Verstärkern, Recordern, Telefonapparaten. Einzig und allein unsere Flugträume sind bis heute unerfüllt geblieben; trotz Hubschraubern, Düsenjets oder Raketen hat sich die Sehnsucht erhalten, mit wenigen Flügelschlägen die platonische Definition des Menschen als des „zweibeinigen, ungefiederten Tiers“ zu widerlegen. Wer fliegen will, träumt ebensowenig von einem Airbus wie ein Taucher von einem Unterseeboot.

Denn Fliegen ist nicht einfach Fliegen. Wer hat wirklich die riesigen Stahlcontainer geplant, die mit außerordentlicher Geschwindigkeit Güter und Menschen transportieren können? Wer wollte jemals über Wolken gleiten, als ob sie aus fugenlos glattem Beton errichtet worden wären? Wer sehnte sich nach der alltäglichen Routine von Sicherheitskontrollen, Kerosindämpfen, Sitzgurten, Gepäckfächern und Bordlautsprechern? Seit wenigen Jahrzehnten fliegen wir (in einem technischen Sinne), um zugleich (im Sinne einer kulturellen Idee) nicht mehr zu fliegen. Vom Architekten Daidalos bis zu Otto Lilienthal, vom Schamanen im Federkleid bis zum Erzengel, vom Hexenritt bis zu Albrecht Ludwig Berblingers Flugversuchen über der Donau, von Simon Magus bis zu Superman wurde das Fliegen niemals imaginiert als ein Inbegriff von Luxus, Tempo oder Ferntransport; Fliegen sollte vielmehr stets, selbst um den Preis des möglichen Absturzes, bedeuten: den Geist der Freiheit, der Unabhängigkeit, der Erotik und einer (nicht immer frommen) Spiritualität. Wer fliegt, entflieht – und rebelliert gegen den Zwang zum Horizont, zur Schwerkraft, zur Erniedrigung, zum Boden. Der Fliegende bewegt sich in der Vertikalen: zwischen Himmel und Abgrund.

2. Engel sind personifizierte Flugträume. Aber just auf dieselbe Weise, in der zeitgenössische Fluglinien den Engel zum Signet erheben, reagierten die Engel auf ältere Wahrnehmungen. Sie gestalteten Flugträume, ohne sie selbst verursacht zu haben. Denn bevor die Menschen zu Engeln aufsteigen wollten, träumten sie wohl von einer näherliegenden Verwandlung. Was früh schon in mancher Zeichnung an den Wänden paläolithischer Höhlen zum Ausdruck gelangte,[3] war die Sehnsucht nach einer konkreteren Metamorphose: der Verwandlung in einen Vogel. Denn Vögel waren es, die den Flugträumen ihre erste Nahrung verschafften – unbegreifliche Lebewesen, zweimal geboren (einmal als Ei und einmal als Küken), vielgestaltige und ursprungsnahe Tiere. Nur Vögel konnten die Räume zwischen dem Oben und Unten, den Sternen und den Toten, mühelos durchqueren; in ihrer Bewegung verkörperten sie die vertikale Richtung der Fragen nach Herkunft und Zukunft, nach Geburt und Tod. Nicht umsonst

3 Eine berühmte, vielgedeutete Szene im Schacht der Höhle von Lascaux zeigt einen liegenden Menschen mit einem vogelartigen Kopf; neben ihm lehnt ein Stab mit einer Vogelgestalt an seiner Spitze. Merkwürdige Eulenvögel mit menschenähnlichen Gesichtern finden sich auch in der Höhle von Marsoulas. Vgl. André Leroi-Gourhan, PRÄHISTORISCHE KUNST. Die Ursprünge der Kunst in Europa, Freiburg/Brsg., Basel und Wien 1982, S. 574. Vgl. auch Ulmer Museum (Hg.), DER LÖWENMENSCH. Tier und Mensch in der Kunst der Eiszeit, Sigmaringen 1994, S. 77–115.

trugen die Schamanen nordamerikanischer oder eurasischer Jägerstämme Vogelkostüme, um ihre ekstatische Seelenreise antreten zu können;[4] nicht umsonst galt der Vogelflug den antiken Wahrsagern als ein bedeutsames Orakel. Der Vogel war – und ist bis heute – das metaphysische Tier schlechthin: Anlaß und Motiv zahlloser Mythen, symbolischer Ordnungen und magischer Kulte.

In gewisser Hinsicht verkörpern die Engel die metaphysischen Qualitäten der Vögel; sie überbieten die konkrete Empirie, ohne doch von ihr abgelöst werden zu können. Wie zahlreiche andere Ursprungs- und Zwischenwesen der alten Hochkulturen können sie als „Pseudomorphose"[5] real existierender Tiere und Organismen betrachtet werden. Anders gesagt: Engel repräsentieren ebensowenig die Vögel, wie die Kentauren bloße Reiter darstellen. Und doch ist es sehr wahrscheinlich, daß die Imagination der Kentauren auf die erschreckende Begegnung mit kriegerischen Reitervölkern reagierte.[6] Bildgeschichtlich bleibt ohnehin evident, wie viele Details die Engelgestalten den Vögeln verdanken: nicht allein Flügel und Federn, sondern auch die Bewegungsformen. Als Vogelschwärme bevölkern die Engel den Himmel mancher Fresken Giottos – etwa anläßlich der Geburt, der Kreuzigung oder der Beweinung Christi in der Capella della Scrovegni von Padua.[7] Auch der Luftkrieg zwischen Engeln und Teufeln um die Seelen der Verstorbenen, dargestellt auf einem Fresko im Campo Santo von Pisa, das dem Maler Francesco Traini zugeschrieben wird, erinnert an die Choreographie aufflatternder Vögel;[8] dagegen sehen die Engel in einer VERKÜNDIGUNG Tintorettos wie Vögel aus, die gerade zur Landung ansetzen.[9]

Den Blicken der Maler korrespondieren die Assoziationen der Dichter. Engel sind mit Vögeln verwandt; und also läßt Boccaccio seinen Prediger Cipolla das Volk mit einer Flügelfeder des Erzengels Gabriel beeindrucken, die in Wirklichkeit von einem Papagei stammt.[10] Der II. Gesang am „Läuterungsberg" der DIVINA COMEDIA erweckt ebensogut Vorstellungen von einem Meeresvogel wie von einem heranziehenden Engel: „Kein Ruder, keine Segel nimmst du wahr, nur seine Flügel trotz so ferner Strände. Wie er zum Himmel spreizt sein Flügelpaar, die Luft bewegend mit den ewigen Schwingen".[11] Was dem Poeten begegnet, wird prompt wenige Verse später zum „Gottesvogel" ernannt. Einen ähnlichen Vogel trifft Clemens Brentano, fast ein halbes Jahrtausend später, in der Wüste: „Da hört ich ein Flügelpaar klingen, da hört ich ein Schwanenlied singen" – und begrüßt den „geistlichen Pfau".[12] Als Vögel hat auch Rilke die Engel besungen – die Schutzengel: „Du bist der Vogel, dessen Flügel kamen, wenn ich erwachte in der Nacht und rief", die Engel im Garten Eden: „Nur wenn sie ihre Flügel breiten, sind sie die Wecker eines Winds", und die Erzengel

4 Vgl. Alfred Stolz, SCHAMANEN. Ekstase und Jenseitssymbolik, Köln 1988, S. 84–88.

5 Zum Ausdruck „Pseudomorphose" vgl. Oswald Spengler, DER UNTERGANG DES ABENDLANDES. Umrisse einer Morphologie der Weltgeschichte, München 1973, S. 748–751.

6 Vgl. zu diesem Punkt John Keegans brillante Analyse der Entstehungsgeschichte von Reiterkulturen in DIE KULTUR DES KRIEGES, Berlin 1995, S. 235–320.

7 Vgl. Heinz-Georg Held, ENGEL. Geschichte eines Bildmotivs, Köln 1995, S. 36. Vgl. auch Michel Serres, DIE LEGENDE DER ENGEL, S. 286; Nancy Grubb, Engel, München 1996, S. 189–193.

8 Vgl. Malcolm Godwin, ENGEL, S. 50-51.

9 Vgl. Heinz-Georg Held, ENGEL, S. 135.

10 Giovanni Boccaccio, Der Decamerone, zitiert nach Anne Marie Fröhlich (Hg.), ENGEL. TEXTE AUS DER WELTLITERATUR, Zürich 1991, S. 32.

11 Dante Alighieri, DIE GÖTTLICHE KOMÖDIE, München 1978, S. 164. Vgl. auch Gottfried Knapp, ENGEL, S. 34.

12 Clemens Brentano, ENGEL IN DER WÜSTE, zitiert nach Anne Marie Fröhlich (Hg.), ENGEL, S. 307 und 309.

in der ZWEITEN DUINESER ELEGIE: „Jeder Engel ist schrecklich. Und dennoch, weh mir, ansing ich euch, fast tödliche Vögel der Seele, wissend um euch."[13]

3. So wie die Piloten auf die Engel, so antworten die Engel auf die Vögel. Dabei ist die Rede von den Vögeln mitunter problematisch. Die abstrakte Kategorie läßt den Reichtum der wirklichen Gestalten, Praktiken und Ideen hinter einem singulären Gattungsbegriff verschwinden – als wäre es nicht stets um ganz bestimmte Vögel (und deren individuelles sakrales Prestige) gegangen: nämlich um Adler, Falke, Geier, Ibis, Pelikan, Kranich, Phönix, Taube, Wiedehopf, Reiher, Schwan, Rabe, Eule, Pfau, Storch, Zaunkönig, Meise oder Sperling. Ich hätte nicht wenig Lust, gemeinsam mit einem Ornithologen zu überprüfen, wie viele Details der abertausend Engelflügel in allen Kirchen der Welt der tatsächlichen Morphologie von Vogelflügeln korrespondieren: den Flügeln der Tauben, der Möwen, der Schwalben oder der Falken. Gelegentlich fällt der Vergleich nicht schwer: etwa wenn Engel und Vögel nebeneinander abgebildet werden wie im Trierer EGBERT-CODEX aus dem Jahre 1000,[14] in Garofalos[15] oder in Tizians[16] Verkündigungsdarstellungen aus der Mitte des 16. Jahrhunderts, in Pietro Peruginos TAUFE CHRISTI[17] von 1510 oder in Giottos STIGMATISIERUNG DES HEILIGEN FRANZISKUS von 1300, die das Thema der Tierpredigt und Vogelfütterung (am rechten unteren Bildrand) gleichsam ins Hauptbild transponiert, das die Verleihung der Wundmale durch einen taubengeflügelten Christus zeigt.[18]

Die Engel sind Nachfahren ehemaliger Tiergötter, Erben verschiedener Gestalten, Diener und Attributionen sakraler Mächte. In der altägyptischen Hochkultur erscheint Horus, der Himmelsgott, als Falke; Sonne und Mond bilden die beiden Augen des Himmelsvogels. Der Falke gilt als heiliges Tier des Sonnengottes Re; Thot, Gott der Schrift und der Zeitrechnung, wird häufig als Ibis dargestellt. Im RIGVEDA erhält Indra, die ranghöchste Gottheit, den Lebens- und Opfertrank – Soma – von einem Adler oder Falken. Der Adler zählt zu den Attributen des phönizischen Himmelsgottes Baal, er bezeugt die Macht Jupiters oder des griechischen Göttervaters Zeus. Die Eule, Symbol der Weisheit, begleitet Athene, die jungfräuliche Stadtgöttin der attischen Polis. „Ihr Beiname *glaukopis* („eulenäugig") läßt auch an eine ursprünglich vogelgestaltige Gottheit denken."[19] Der indische Gott Vishnu reitet auf dem Sonnenvogel Garuda, Brahma auf dem Hamsa, einer Gans oder – nach anderen Quellen – einem Schwan; in einen Schwan verwandelt sich auch Zeus, als er Leda schwängern will. Ein Specht – Picus – ist das Begleittier des Kriegsgottes Mars. Ein Rabe sitzt auf Odins Schultern, während Freya das Kleid eines Falken trägt. Die Taube

13 Rainer Maria Rilke, DIE GEDICHTE, Frankfurt/Main 1986, S. 327 und 633. Vgl. auch Massimo Cacciari, DER NOTWENDIGE ENGEL, Klagenfurt 1987, S. 137–150.

14 Vgl. Hilmar Hoffmann, DAS TAUBENBUCH, Frankfurt/Main 1982, S. 61.

15 Vgl. Nancy Grubb, ENGEL, S. 69.

16 Vgl. Heinz-Georg Held, ENGEL, S. 103.

17 Vgl. Nancy Grubb, ENGEL, S. 201.

18 Vgl. Heinz-Georg Held, ENGEL, S. 34.

19 Manfred Lurker, LEXIKON DER GÖTTER UND DÄMONEN, Stuttgart 1989, S. 50.

ist schließlich das Kulttier der antiken Muttergöttinnen: der babylonischen Ischtar, der semitischen Astarte, der griechischen Aphrodite.[20]

Heilige Vögel. Noch im frühchristlichen PHYSIOLOGUS werden ungefähr sechzig Tierarten, einschließlich der Fabelwesen, abgehandelt; davon sind nahezu zwanzig Tiere – also ein knappes Drittel! – Vögel. Christus wird als Pelikan vorgestellt oder als der Vogel Charadrius, dessen Kot die trüben Augen heilt – ganz im Gegensatz zu anderem Vogelmist, der die Menschen erblinden läßt wie in der biblischen Geschichte vom eifrigen Totengräber Tobit,[21] der durch Sperlingskot sein Augenlicht verliert und erst vom heilkundigen Engel Raphael kuriert wird: Auch hier folgt der (freilich noch flügellose) Engel einem Vogel. Christus ist das Käuzchen, der Adler, der Phönix, der Wiedehopf, der Geier, der Storch, die Turteltaube und die Schwalbe.[22] Bis heute wird der Heilige Geist in Gestalt einer Taube verehrt; und zum Fest der Auferstehung Christi werden Eier geweiht und verzehrt. Ausgerechnet die engelverliebte islamische Religion[23] entdeckte die Vögel auch als mystische Tiere, wie etwa die zauberhaften VOGELGESPRÄCHE[24] des persischen Parfumhändlers Farid ud-din Attar aus dem 12. Jahrhundert anschaulich dokumentieren; in Indien wurde dagegen jene Geschichte von den Göttervögeln erzählt, die Peter Sloterdijk im Rahmen seiner Frankfurter Poetikvorlesungen 1988 vorgetragen hat.[25]

4. Die Vögel werden metaphysisch geadelt, indem sie zu Tieren mit besonderer Kompetenz für Anfang und Ende erhoben werden. Als Verwalter von Ursprüngen sind sie zuständig für die Geburt; bis zum heutigen Tag wird den Störchen nachgesagt, daß sie die kleinen Kinder bringen. In Zusammenhang mit der verbreiteten kosmogonischen Vorstellung vom „Weltei“[26] galt den Ägyptern die Gans als demiurgisches Elementarwesen: „den Urgott Amun selbst dachte man sich in der Erscheinungsform einer Gans“.[27] Gänse wurden in Italien dem Gott der Zeugungskraft, Priapus, geopfert; und in der etruskischen Mythologie trat die Gans als Begleiterin der Geburtsgöttin Thalna auf. Von anderen Vögeln hieß es, sie könnten Ammendienste ausüben; so soll ein Adler den neugeborenen Zeus mit Nektar (und Indra – wie schon erwähnt – mit Soma, dem Lebenstrank) versorgt haben. In Grimms Märchen DIE WEISSE SCHLANGE sind es drei Raben, die einen goldenen Apfel vom Lebensbaum pflücken. Als Experten der temporalen Vertikalität haben ohnehin die Vögel seit mehreren Jahrtausenden den (plazentalen) Lebensbaum mit der (umbilikalen) Schlange bevölkert;[28] nicht zufällig hat sich das Bild vom Vogel auf dem Lebensbaum (etwa vom Adler auf der Weltesche Yggdrasil) als ikonisches Kürzel „Vogel auf der Stange“ in

20 Vgl. Buffie Johnson, LADY OF THE BEASTS. Ancient Images of the Goddess and Her Sacred Animals, San Francisco 1990, S. 7–97.

21 Vgl. Das Buch Tobit, in: NEUE JERUSALEMER BIBEL, Freiburg/Brsg. 1985, S. 596–609 (insbesondere Vers 2, 10, S. 598 und Vers 11, 11–12, S. 606).

22 Vgl. PHYSIOLOGUS. Naturkunde in frühchristlicher Deutung, übersetzt und herausgegeben von Ursula Treu, Hanau 1981.

23 Vgl. Shihâboddîn Yahyâ Sohravardî/Shaykh al-Ishrâq, L'ARCHANGE EMPOURPRÉ. Quinze traités et récits mystiques, übersetzt und herausgegeben von Henry Corbin, Paris 1976. Vgl. auch Al-Qazwînî, Die Bewohner der Himmelssphären: Die Engel, in: Anne Marie Fröhlich (Hg.), ENGEL, S. 194–212.

24 Vgl. Farid ud-din Attar, VOGELGESPRÄCHE, Interlaken 1988.

25 Vgl. Peter Sloterdijk, ZUR WELT KOMMEN – ZUR SPRACHE KOMMEN. Frankfurter Vorlesungen, Frankfurt/Main, 1988, S. 100–102.

26 Vgl. Jacques Lacarrière, LE LIVRE DES GENÈSES, Paris 1990, S. 19–24.

27 Manfred Lurker (Hg.), WÖRTERBUCH DER SYMBOLIK, Stuttgart 1991, S. 226.

28 Vgl. Buffie Johnson, LADY OF THE BEASTS, S. 51–61. Vgl. auch Roger Cook, THE TREE OF LIFE. Image for the Cosmos, London 1974.

weiten Teilen des alten Orients und Alteuropas durchgesetzt.[29] Wen sollte es überraschen: auch die Kompetenz für Anfang und Geburt verbindet die Engel mit den Vögeln. So galt der Erzengel Gabriel nicht nur als Bote Gottes in der Szene der Verkündigung (und gleichzeitigen Schwängerung) Mariens, sondern auch als eine Art Hebamme: vielleicht der einzige weibliche Engel neben zahlreichen männlichen und androgynen Himmelsverwandten. Von ihm (besser gesagt: von ihr) wurde berichtet, daß sie bei jeder Schwangerschaft die Paradiesaustreibung der allemal widerspenstigen Seele vornimmt, um sie im Mutterschoß neun Monate lang zu unterrichten und auf die Welt vorzubereiten.[30] Gabriel wirkte als Schutzengel der Gebärenden; und selbst der kriegerische Michael bewahrte am Berge Garganus eine hochschwangere Frau vor dem Tod im Meer.[31] Die Engelklasse der ehemals babylonischen und assyrischen Cherubim sollte schon in vorbiblischen Zeiten den Lebensbaum hüten; auf dem Palast des Assurnaßirpal II. in Kalchu (aus dem neunten vorchristlichen Jahrhundert) können geflügelte Kriegergenien und Vogelmenschen erkannt werden, die eine Reihe von Lebensbäumen pflegen.[32] Der Name „Kerub" läßt übrigens auf eine etymologische Verwandtschaft mit dem mythischen Vogel Greif schließen, der seinerseits ebenfalls mit dem Schutz des Lebensbaums betraut war.[33] Eine spekulativ enge Verknüpfung zwischen der Engellehre und der Vorstellung vom Lebensbaum entwickelten in späterer Zeit die Essener: „Mittelpunkt ihres Glaubens war der Baum des Lebens. Er hatte sieben Äste, die an die Himmel reichten, und sieben Wurzeln tief in der Erde. Diese standen in Beziehung zu den sieben Morgen und sieben Abenden der Woche und entsprachen den sieben Erzengeln der christlichen Hierarchie."[34]

Die geteilte Ursprungsnähe von Vögeln und Engeln, ihre gemeinsame gründungsmythische Bedeutsamkeit, läßt sich auch an genealogischen Symbolen und Herrschaftszeichen ablesen. Im Zuge der Konversion des Lebensbaums zum (systematisierten) Stammbaum wurden die Vögel (spätestens ab dem 12. Jahrhundert) häufig als Wappentiere und heraldische Symbole eingesetzt. Insbesondere der Adler erlangte bereits im römischen Kaiserreich imperialen Status. Konrad II. führte ihn erstmals im Thronsiegel; etwa ab 1200 galt der schwarze Adler im goldenen Schild als Symbol des deutschen Königtums, während der unter Friedrich II. aufkommende Doppeladler als Herrschaftszeichen des römischen Kaisertums und schließlich des „Heiligen Römischen Reiches Deutscher Nation" etabliert wurde. Der Doppeladler wurde im 19. Jahrhundert von der österreichischen Monarchie und von den russischen Zaren übernommen. Nicht wenige Staaten führen heute noch ein- oder doppelköpfige Adler in

29 Vgl. Manfred Lurker (Hg.), WÖRTERBUCH DER SYMBOLIK, S. 797.

30 Vgl. Malcolm Godwin, ENGEL, S. 43.

31 Vgl. Jacobus de Voragine, DIE LEGENDA AUREA, Darmstadt 1997, S. 745.

32 Vgl. Heinz Mode, FABELTIERE UND DÄMONEN. Die phantastische Welt der Mischwesen, Leipzig 1983, S. 52–53.

33 Vgl. Peter Armour, Greifen, in: John Cherry (Hg.), FABELTIERE. Von Drachen, Einhörnern und anderen mythischen Wesen, Stuttgart 1997, S. 117.

34 Malcolm Godwin, ENGEL, S. 62.

ihrem Wappen: Deutschland, Österreich, Polen, die USA, Mexiko, Ägypten oder der Irak.[35] Aber nicht nur der Raubvogel, sondern auch manche geflügelte Gestalt hat sich als nationaler Schutzengel und personifiziertes Zugehörigkeitsversprechen durchgesetzt: beispielsweise die zahllosen Töchter der antiken Siegesgöttinnen Nike und Victoria.

5. Der Verantwortung für Ursprung und Geburt korrespondiert die Zuständigkeit für Untergang und Tod. Während dem Klapperstorch in Bildern und Scherzen bis heute nachgesagt wird, er bringe die kleinen Kinder zu ihren Eltern, wird der Schrei des Käuzchens immer noch als Sterbeankündigung gedeutet. Der lateinische Name der Eule – „noctua" – verweist auf ihre Beziehungen zur Dunkelheit; die Eule wurde übrigens nicht nur in Rom, sondern auch in Arabien, Indien oder Äthiopien als Totenvogel angesehen. Vom Kiebitz hieß es in Norddeutschland, sein merkwürdiger Ruf – *Kiwitt,* „Komm mit" – locke die Wanderer in die Sümpfe;[36] seltener wurde sogar die Taube zum Totenvogel ernannt, da sich ihr Gurren als „Tutenfru, Tutenfru" übersetzen ließ.[37] Unter bestimmten Umständen traten auch Leinfink, Rabe, Elster, Krähe, Schwalbe, Uhu, Kuckuck, Hahn oder Henne als Totenvögel auf; generell wurde also zahlreichen Vogelarten eine Sonderbeziehung zum Sterben unterstellt.[38] Freilich ließ sich diese Beziehung auch mit der Hoffnung auf Todesüberwindung, Auferstehung und Unsterblichkeit assoziieren: Der orientalisch-ägyptische Vogel Phönix (in älteren Darstellungen stets als Bachstelze oder Reiher) verkörperte den zyklischen Prozeß von Tod und Wiedergeburt; er war der „Herr der Jubiläen".[39] Der hebräische Vogel Milcham dagegen wurde nach dem Sündenfall des ersten Menschenpaars ausdrücklich verschont und nicht mit der Sterblichkeit bestraft, weil er das verführerische Angebot, ebenfalls von den Früchten des Paradiesbaums zu naschen, abgelehnt hatte.[40]

Die Annahme einer engen Verwandtschaft zwischen den Vögeln und dem Tod kann schlicht auf den empirisch evidenten Sachverhalt gestützt werden, daß manche Vögel ganz von selbst eine originäre Beziehung zu den Toten herzustellen pflegen: nämlich die Aasvögel. Deren Beitrag zum Ahnenkult, zu einer Bestattungspraxis, die vorwiegend nicht hygienische, sondern genealogisch-sakrale Gesichtspunkte berücksichtigen mußte, wurde offenbar bereits im sechsten vorchristlichen Jahrtausend geschätzt; bei den Ausgrabungen der anatolischen Großsiedlung Çatal Hüyük entdeckte der Archäologe James Mellaart mehrere Kultzentren mit Geierdarstellungen. „Aus einer Wand stehen zwei aus Gips modellierte Brüste hervor, die statt Brustwarzen Löcher aufweisen, aus

35 Vgl. Manfred Lurker (Hg.), WÖRTERBUCH DER SYMBOLIK, S. 813–814.

36 Vgl. Hanns Bächtold-Stäubli (Hg.), HANDWÖRTERBUCH DES DEUTSCHEN ABERGLAUBENS, Band IV, Berlin/New York 1987 [1932], Spalte 1303.

37 Vgl. op. cit., Band VIII, Spalte 995.

38 Vgl. op. cit., Band IX, Spalte 1673.

39 Vgl. Manfred Lurker (Hg.), WÖRTERBUCH DER SYMBOLIK, S. 574.

40 Vgl. Robert von Ranke-Graves / Raphael Patai, HEBRÄISCHE MYTHOLOGIE. Über die Schöpfungsgeschichte und andere Mythen aus dem Alten Testament, Reinbek bei Hamburg 1986. S. 95. Vgl. auch Micha Josef Bin Gorion, Der Vogel Milcham, in: Anne Marie Fröhlich (Hg.), ENGEL, S. 247–248.

denen Geierschnäbel ragen. In jeder dieser Brüste fand man die vollständigen Schädel des größten Vogels Anatoliens, des Greifengeiers *(gyps fulvus)*"; darüber hinaus wurden Wandmalereien freigelegt, auf denen Geier zu sehen sind, die auf kopflose Menschen herabstoßen. Bei diesen kopflosen Menschen scheint es sich um Leichname zu handeln, denn in Çatal Hüyük wurden (ähnlich wie in Jericho) „mit Zinnober oder mit rotem Ocker bemalte, vom Leib abgetrennte Schädel sowie schädellose Skelette beerdigt". Wahrscheinlich wurden die Toten „den Geiern vorgeworfen, die das Fleisch und die Innereien entfernten, wonach man die Skelette in gekrümmter ‚Embryonalstellung' im Boden der Häuser und Schreine beerdigte."[41] Vergleichbare Rituale wurden auf den parsischen „Türmen des Schweigens" durchgeführt; bis zum heutigen Tag werden sie auch im Rahmen der tibetischen „Himmelsbestattungen" praktiziert.[42]

Die Kompetenz für Tod und Ende spiegelt sich in der Kompetenz für Ursprung und Wiedergeburt: In Ägypten wurde der Geier als weibliches Prinzip, als Verkörperung der oberägyptischen Landesgöttin Nechbet und der Göttin Mut, verehrt, als Prinzip des Todes – und zugleich der Fruchtbarkeit und Geburt. Umgekehrt wurde dem Erzengel Gabriel nicht nur die Stellung des (weiblichen) Geburtsengels eingeräumt, sondern – zumindest in den Traditionen jüdischer Apokalyptik – auch die Position des Straf- und Todesengels; im Buch Daniel (8, 19) erscheint Gabriel beispielsweise als Prophet der Endzeit. Das apokryphe Buch Henoch nennt dagegen Uriel den Engel, der über das Engelheer und die Unterwelt gebietet, Raphael den Engel, „der über die Geister der Menschen gesetzt ist", Raguel den Engel, „der Rache übt an der Welt der Lichter", Michael den Engel, der „den besten Teil der Menschen" regiere, nämlich das Volk Israel, Sariel den Engel, der für die Geister zuständig sei, „die gegen den Geist sündigen", und schließlich Gabriel den Engel, der über „das Paradies, die Schlangen und die Kerube" herrscht.[43] Andere Quellen nennen alternative Ressortverteilungen, die etwa Michael als Todesengel auftreten lassen.[44] Doch „obwohl es für die zweifelhafte Ehre, der Todesengel zu sein, viele würdige Mitbewerber gibt", läßt sich resümieren, daß weder Gabriel noch Michael oder Uriel, sondern der Erzengel Sariel als aussichtsreichster Kandidat für dieses düstere Amt betrachtet werden muß.[45]

6. Nicht umsonst lassen sich so viele Kandidaten für das Amt des Todesengels benennen. An zahlreichen Stellen der Heiligen Schrift werden Engel ins Spiel gebracht, sobald es um Rache, Mord und Totschlag, Krieg und apokalyptische Vernichtung geht. Die Engel werden nach Heeren gezählt; sie sind die „himm-

41 Hans Peter Duerr, SEDNA ODER DIE LIEBE ZUM LEBEN, Frankfurt/Main 1984, S. 102. Vgl. auch Leon Festinger, ARCHÄOLOGIE DES FORTSCHRITTS, Frankfurt/Main und New York 1985, S. 171–174.

42 Vgl. Manfred Lurker (Hg.), WÖRTERBUCH DER SYMBOLIK., S. 234–235. Zur Frage der Sekundärbestattungen vgl. auch Elisabeth Biasio/Verena Münzer (Hg.), ÜBERGÄNGE IM MENSCHLICHEN LEBEN. Geburt, Initiation, Hochzeit und Tod in außereuropäischen Gesellschaften, Winterthur 1980, S. 162–167. Vgl. auch Sigrid Lechner-Knecht, Totenkult bei den Toba-Batak in Nordsumatra, in: Dorothea Sich/Horst H. Figge/Paul Hinderling (Hg.), STERBEN UND TOD. Eine kulturvergleichende Analyse. Verhandlungen der VII. Internationalen Fachkonferenz Ethnomedizin in Heidelberg, Braunschweig/Wiesbaden 1986, S. 165–175.

43 Vgl. Buch Henoch 20, 1–7, zit. nach Emil Kautzsch (Hg.), DIE APOKRYPHEN UND PSEUDEPIGRAPHEN DES ALTEN TESTAMENTS,. Band II, Darmstadt 1975 [1900], S. 250.

44 Vgl. Robert von Ranke-Graves / Raphael Patai, HEBRÄISCHE MYTHOLOGIE, S. 241–242.

45 Vgl. Malcolm Godwin, ENGEL, S. 51.

lische Miliz", die Armee Gottes, mit der er Schlachten schlägt gegen die Menschen und gegen die Feinde seiner Verbündeten. Engel sind es, die in Gottes Auftrag die Vernichtung Sodoms und Gomorras ankündigen und den treuen Lot erretten; ihre Mitwirkung an der Sintflut und an den katastrophalen Plagen, mit denen die Ägypter vor dem Exodus der Hebräer heimgesucht wurden, gilt als wahrscheinlich.[46] Ein Engel Jahwes beruft Gideon zum Feldzug gegen Midian; ein anderer Engel wird gegen Jerusalem eingesetzt. „Gott sandte einen Engel nach Jerusalem, um es ins Verderben zu stürzen. Doch als er mit der Vernichtung begann, sah es der Herr, und das Unheil reute ihn. Er sagte zu dem Engel des Verderbens: Es ist jetzt genug, laß deine Hand sinken! Der Engel des Herrn stand gerade bei der Tenne des Jebusiters Arauna. Als David aufblickte, sah er den Engel des Herrn zwischen Erde und Himmel stehen. Er hielt das gezückte Schwert in der Hand gegen Jerusalem gerichtet." (1 Chronik 21, 15–16) Der Gott der Propheten ist der „Herr der Heere"; seine Engelstruppen werden gefürchtet, auch wenn sie zum Zeitenende den endgültigen Sieg Israels, die Unterwerfung der feindlichen Besatzungsmächte und die Errichtung der himmlischen Stadt Jerusalem bewerkstelligen sollen.

Der Erzengel Michael ist unbestreitbar der Feldherr Gottes; zu seinen Bildattributen zählt das blanke Schwert. Michael ist der Heerführer im Krieg mit den gefallenen Engeln; er wird auch den apokalyptischen Endkampf mit dem „großen Drachen" (Geheime Offenbarung 12, 7–9) befehligen. Von ihm heißt es, er habe in einer Nacht „ganz allein 185 000 Mann der Armee des assyrischen Königs Sanherib ausgelöscht, der im Jahre 701 v. Chr. Jerusalem bedrohte".[47] Als die Städte Sypontus und Beneventum in der Nähe des Engelbergs Garganus von einem neapolitanischen Heer bedroht wurden, forderte der Bischof von Sypontus die Einwohner auf, einen dreitägigen Waffenstillstand zu erwirken und während dieser Frist zu ihrem Schutzpatron Michael zu beten. „In der dritten Nacht erschien Sanct Michael dem Bischof und sprach, er habe ihre Bitten erhört, und gelobte ihnen den Sieg; und gebot ihnen, daß sie um die vierte Stunde des Tages wider die Feinde führen. Da sie zu Felde kamen, ward der Berg Garganus erschüttert mit großem Beben, und fuhren viel Blitze hernieder, und Finsternis umzog den Gipfel des Berges; also daß 600 von den Heiden durch die feurigen Pfeile umkamen und durch das Schwert der Feinde." Der Sieg Michaels über die Neapolitaner wird nach wie vor am 8. Mai gefeiert; dieser Tag soll darüber hinaus an die Niederschlagung der Pest in Rom erinnern, als Papst Gregor einen Engel auf der Hadriansburg – und späteren Engelsburg – erblickte, der, besänftigt durch die Gebete des Volks, ein blutiges Schwert in

46 Vgl. Jacobus von Voragine, DIE LEGENDA AUREA, S. 743.

47 Malcolm Godwin, ENGEL, S. 37.

seine Scheide steckte. Am 8. Mai sollen auch alle anderen Engel geehrt werden, „weil sie des ewigen Königs edelste Ritter sind".[48]

Das Vorbild für Engelheere und heilige Luftgeschwader mögen weniger die Vögel abgegeben haben als vielmehr die in den biblischen Geschichten häufig erwähnten Wanderheuschrecken – ganz abgesehen von imponierenden Naturerscheinungen wie dem zitierten Erdbeben mit Gewitter am Berge Garganus. Daß die Heuschreckenschwärme – der übliche Ausdruck für „Heuschrekke" lautete übrigens „'arbe", *Schwarm*[49] – eschatologisch aufgeladen werden konnten, läßt sich nicht nur dem Buch Exodus entnehmen, sondern auch dem prophetischen Buch Joël aus dem vierten vorchristlichen Jahrhundert. Da werden die Heuschrecken als apokalyptische Himmelsheere beschrieben, als monströse Verkörperungen der „edelsten Ritter". „Wie Rosse sehen sie aus, wie Reiter stürmen sie dahin. Wie rasselnde Streitwagen springen sie über die Kuppen der Berge, wie eine prasselnde Feuerflamme, die die Stoppeln frißt, wie ein mächtiges Heer, gerüstet zur Schlacht. Bei ihrem Anblick winden sich Völker, alle Gesichter glühen vor Angst. Wie Helden stürmen sie dahin, wie Krieger erklettern sie die Mauer. [...] Mitten durch die Wurfspeere stürmen sie vor, ihre Reihen nehmen kein Ende. [...] Und der Herr läßt vor seinem Heer seine Stimme dröhnen; sein Heer ist gewaltig, mächtig ist der Vollstrecker seines Befehls." (Joël 2, 4–11) Von einem Vogelheer – gleichsam im Bündnis mit den Engeln – wird hingegen in der Johannesapokalypse gesprochen; da wird ein Engel zitiert, „der in der Sonne stand. Er rief mit lauter Stimme allen Vögeln zu, die hoch am Himmel flogen: *Kommt her! Versammelt euch zum großen Mahl* Gottes. *Freßt Fleisch* von Königen, von Heerführern und *von Helden,* Fleisch *von Pferden* und ihren *Reitern,* Fleisch von allen, von Freien und Sklaven, von Großen und Kleinen!" (Geheime Offenbarung 19, 17–18)

7. Just die zuletzt zitierten Verse aus der kanonisierten „Geheimen Offenbarung" des Johannes lassen abermals an die Totenvögel denken, die womöglich seit den Tagen von Çatal Hüyük in rituell regulierbarer Form das Fleisch von den Knochen der Verstorbenen entfernen sollten. Die imaginierte Szene verschafft sich immer noch Respekt, was nicht zuletzt Filmregisseure wie Alfred Hitchcock (mit THE BIRDS von 1963, nach einer Romanvorlage von Daphne du Maurier) oder George A. Romero (mit STARK von 1992, nach einer Romanvorlage von Stephen King) bezeugen. Wer weiß, vielleicht präfiguriert die Szene eine der wichtigsten Todesvorstellungen überhaupt: den Dualismus von Leib und Seele. Der Leib bleibt zurück: als Materie, Staub, Knochen. Zur Erde wird

48 Jacobus von Voragine, DIE LEGENDA AUREA, S. 748 und 755.

49 Vgl. NEUE JERUSALEMER BIBEL, S. 1301. Anmerkung zu Buch Joël 1, 4.

gebracht, was seiner Art nach von der Erde ist – also gerade nicht das Fleisch! Die Seele hingegen steigt zum Himmel auf: sie inkorporiert sich im Vogel, der das Fleisch der Toten abgenagt hat – ganz im Einklang mit der verbreiteten Phantasie, daß die Stärke, Weisheit oder Schnelligkeit eines tierischen oder menschlichen Lebewesens durch dessen rituellen Verzehr angeeignet werden kann. Das Fleisch – als die Seele – des Toten verwandelt sich buchstäblich in einen Vogel, während der Leib skelettiert wird; der Seelenvogel fliegt davon, um seine neue Heimat im Himmel der Geister oder in der Unterwelt aufzusuchen.

Lange vor allen Vogelgöttern wurden Seelenvögel gekannt und verehrt. Schon in Altmesopotamien glaubten die Menschen, daß die Toten in der Unterwelt ein Federkleid tragen wie die Vögel; und auch die Ägypter waren davon überzeugt, daß die Seele als Vogel das Grab verlassen und weiterleben kann. Nicht selten wurde das altägyptische „Ba" – dieses anonyme, geistige (göttliche oder seelische) *Double* zumindest des Königs – als menschenköpfiger Vogel dargestellt, oft auch mit einem typischen Götterbart.[50] In Indien bildeten die Gandharvas eine Klasse von vogelgestaltigen Geistwesen, die als Musikanten und Sänger – ähnlich wie die abendländischen Engelchöre – den Hof Indras bevölkerten.[51] Ein altindischer Rechtstext verlangte, beim Totenopfer den Vögeln Nahrung hinzuwerfen, da es wahrscheinlich sei, daß die Ahnen als Vögel der Zeremonie beiwohnen. Homers ODYSSEE ließ die toten Freier als Vögel in den Hades fliegen; und in Japan dachte man, daß die Seelen als Vögel über einen Fluß zum Jenseits gelangen.[52] Zur Gattung der Seelenvögel gehörten auch die dämonischen Harpyen oder die Sirenen, die eulenartigen, gefräßigen Strigen Ovids und schließlich die slawischen Navi, düstere Erscheinungen der Seelen ungetaufter, totgeborener oder im Schlaf erdrückter Kinder, die als riesige Vögel, in Kroatien und Serbien mit einem Kinderkopf, vorgestellt wurden; ihr Name läßt sich vielleicht auf russisch „nav'", „nav'je", „navei" zurückführen – was nichts anderes bedeutet als: *der Tote.*[53]

Manche Seelenvögel bezeichneten nicht die Position des Toten, sondern verschiedene Arten möglicher Selbstbeziehung (im Sinne reflexiver Doublierung). Die Metamorphose zum Vogel, die Ausbildung eines zweiten, flugfähigen Ichs, konnte im Traum oder im Rausch glücken: So mochten Schamanen, Priester oder weise Frauen ihre Seelenreisen und Himmelfahrten antreten; sie konnte ebensogut auf dem Boden kontemplativer Übungen und asketischer Disziplin gedeihen. Die UPANISHADEN nannten den „inneren Lenker" und „Zeugen", den „unsterblichen Geistesschwan", Purusha, und sie verglichen ihn mit einem Adler oder Falken;[54] die griechische Tradition sprach von „daimones",

50 Vgl. Jan Assmann, MA'AT. Gerechtigkeit und Unsterblichkeit im Alten Ägypten, München 1990, S. 114–119.

51 Vgl. Manfred Lurker, LEXIKON DER GÖTTER UND DÄMONEN, S. 57 und 143.

52 Vgl. Alfred Bertholet, WÖRTERBUCH DER RELIGIONEN, hrsg. von Kurt Goldammer, Stuttgart 1962, S. 503.

53 Vgl. Manfred Lurker, LEXIKON DER GÖTTER UND DÄMONEN, S. 289.

54 Vgl. UPANISHADEN. Die Geheimlehre der Inder, München 1977, S. 78–79.

persönlichen Schutzgeistern, die ebenfalls das „höhere Selbst“ der Individuen, ihre göttlichen Kräfte und Wesensanteile, repräsentierten. Im Unglücksfall konnten diese „Dämonen“ zu quälenden Rachegeistern mutieren, zu aufstachelnden Stimmen des Vorwurfs und der Beschuldigung; folgerichtig mußte dem *guten Geist*, dem „ágadòs daimon“, regelmäßig gedankt und geopfert werden, nämlich zu jedem Geburtstag, den die Griechen monatlich feierten.[55] Als geflügelter Genius (exemplarisch in der etruskischen und römischen Mythologie) wurde der „daimon“ schließlich zum Vorbild des christlichen Schutzengels, der die einzelnen Gläubigen auf ihren Lebenswegen begleitet und als ein himmlischer „body-soul-guard“ vor mancher physischen oder spirituellen Gefahr errettet. Die Figur des Schutzengels blieb unvermindert populär; sie erwies sich in den letzten beiden Jahrhunderten als besonders aufklärungsresistent, was leicht an einer Fülle aktueller esoterischer Literatur dokumentiert werden könnte.[56] In gewisser Hinsicht hielt sogar die Philosophie an der Personifikation des Reflexionsvermögens fest; aus ideengeschichtlicher Perspektive überlebte das sokratische „daimonion“ in der „intellektuellen Anschauung“ Fichtes oder im transzendentalen „Ich denke“ des Königsbergers, das wie der indische Purusha, ein römischer Genius oder ein christlicher Schutzengel „alle meine Vorstellungen begleiten können [muß]“.[57]

8. Die verblüffende Modernität der Engel ließe sich demnach aus dem Aufschwung des deutschen Idealismus, besser gesagt: der Kunst- und Geniereligionen des 19. und frühen 20. Jahrhunderts ableiten.[58] Michel Serres hat in seiner LÉGENDE DES ANGES von 1993 dagegen behauptet, das unvermindert hohe Prestige der Engel hänge mit der aktuellen Erfahrung neuer Informations- und Kommunikationsordnungen zusammen. Sein Plädoyer für die Angelologie lautet daher: „Leser: Warum sollten wir uns heute für die Engel interessieren? Autor: Weil unsere Welt um Botschaften organisiert ist und die Engel Boten sind, noch zahlreicher, komplexer und raffinierter als der eine, falsche und diebische Hermes“ (über den Michel Serres bereits mehrere Bücher geschrieben hat). Die Engel sind Boten, Übertragungs- und Propagandamedien in einem traditionellen Sinne, deren Auftritt stets einen Auftrag voraussetzt. Sie sind gleichsam die Herolde, Briefträger, Waffensysteme eines abwesenden Herrschers, und ihre Gestalt läßt sich von ihrer Mission nicht trennen. Serres versichert: „Diese alten Mittler versinnbildlichen unsere Telegrafisten, Postboten, Übersetzer, Repräsentanten, Kommentatoren ... die Vielzahl unserer neuen Arbeiten.“[59] Schon Ferdinand Gregorovius hatte 1874, anläßlich seines Besuchs

55 Vgl. Thomas H. Macho, Himmel als Abgrund. Fragment über den Geburtstag, in: MANUSKRIPTE 100/1988, Graz 1988, S. 223–230.

56 Vgl. als beliebig herausgegriffenes Beispiel Rex Hauck (Hg.), ENGEL – DIE UNSICHTBAREN BOTEN. Berichte und Interviews über Begegnungen der seelischen Art, München 1995.

57 Immanuel Kant, KRITIK DER REINEN VERNUNFT. Werkausgabe Band III, hrsg. von Wilhelm Weischedel, Frankfurt/Main 1976, S. 136 [= B 132].

58 Vgl. die höchst instruktive Untersuchung von Edgar Zilsel, DIE GENIERELIGION. Ein kritischer Versuch über das moderne Persönlichkeitsideal, mit einer historischen Begründung, hrsg. von Johann Dvorak, Frankfurt/Main 1990 [1918].

59 Michel Serres, DIE LEGENDE DER ENGEL, S. 293 und 296.

der Engelgrotte auf dem Garganus, geschrieben: Die Bergstraße „zieht sich an schneeweißen Felsenwänden im Zickzack aufwärts, begleitet von Telegraphendrähten. Der Anblick dieser steht im schärfsten Gegensatz zu der mysteriösen Pilgerwelt des wilden Vorgebirgs und ihrer tausendjährigen Legende. Stellen diese einfachen Apparate, diese häßlichen Stangen und zusammengeknüpften Eisendrähte nicht ein Wunder der menschlichen Kultur dar, größer und wunderbarer als alle legendären Werke Sankt Michaels? Doch erzürnen wir den himmlischen Heros nicht, der den Typhon der Finsternis bezwungen hat. Diese Drähte stehen ja im Dienste des Lichts. Geister des Lichts und des Friedens gleiten an ihnen als unsichtbare Blitze hin und her."[60]

Die Engel sind Lichtblitze, codierte Nachrichten, Botschaften und Boten zugleich. Nicht umsonst erinnern ältere Anleitungen zur Engelbeschwörung, wie sie beispielsweise Petrus de Abano im 13. Jahrhundert – mit seinem HEPTAMERON – verfaßte, an zeitgenössische Telephonbücher.[61] Engel sind Boten und Medien;[62] doch gerade als Boten und Medien stehen sie abermals in der Schuld der Vögel. Denn die Praxis der Brieftaubenzucht ist mutmaßlich älter als die seltsamen Flügelwesen aus dem alten Orient, die zumeist als Vorfahren der Engel gewürdigt werden. Die Kulturgeschichte der Taube „umfaßt etwa 7000 Jahre und erstreckt sich räumlich über die ganze Welt. Sowohl in China wie auch in der assyrischen Sphäre, in Phönizien, Indien und Ägypten kannte man die reisefähige Taube, das Tier, das wir laienhaft ungenau ‚Brieftaube' nennen, weil es in der Lage war und ist, Nachrichten über weite Entfernungen zielsicher zurück zu ihrem Schlag zu transportieren."[63] Schon der ägyptische Pharao Djoser setzte systematisch und strategisch Brieftauben ein: „Aus viereinhalb Jahrtausende alten Inschriften wissen wir zuverlässig, daß unter seiner Herrschaft entlang den Grenzen seines Reichs Brieftauben in hohen Wachtürmen stationiert wurden, um das Heranrücken rebellischer Stämme rasch ins Hinterland melden zu können. Djoser hat offenbar nicht nur an den Grenzlinien ein Nachrichtensystem für seine Verwaltung entwickelt, das wie in keinem anderen Land der damaligen Zeit auch schnell funktioniert haben soll."[64] Was der Pharao als Vogelleistung nutzen konnte, wirkt nach wie vor erstaunlich, auch für ein gegenwärtiges Bewußtsein: Immerhin fliegen trainierte Brieftauben „trotz kurzer Zwischenlandungen mit einer Durchschnittsgeschwindigkeit von etwa 100 Stundenkilometern über Distanzen bis zu 1000 Kilometern. Das ist eine beachtliche Informationsgeschwindigkeit"[65].

Kein Wunder war es darum, daß die Brieftauben rasch militärisch eingesetzt wurden. Erst vor wenigen Jahren wurde die letzte Brieftaubenkompanie

60 Ferdinand Gregorovius, Der Erzengel auf dem Berge Garganus, zit. nach Anne Marie Fröhlich (Hg.), ENGEL, S. 124.

61 Vgl. Wolfgang Bauer/ Irmtraud Dümotz/Sergius Golowin/Herbert Röttgen, BILDLEXIKON DER SYMBOLE, München 1980, S. 408–411.

62 Vgl. Bernhard Siegert, Vögel, Engel und Gesandte. Alteuropas Übertragungsmedien, in: Horst Wenzel (Hg.), GESPRÄCHE – BOTEN – BRIEFE. Körpergedächtnis und Schriftgedächtnis im Mittelalter [Philologische Studien und Quellen Band 143], Berlin 1997, S. 45–62.

63 Ansgar Häfner, Das Sehnsuchtstier, in: Klaus Beyrer/ Hans-Christian Täubrich (Hg.), DER BRIEF. Eine Kulturgeschichte der schriftlichen Kommunikation, Heidelberg 1996, S. 96.

64 Hilmar Hoffmann, DAS TAUBENBUCH, S. 103.

65 Ansgar Häfner, DAS SEHNSUCHTSTIER, S. 99–100.

der Schweizer Armee außer Dienst gestellt; doch schon vor mehr als zweitausend Jahren schickte der von Marc Anton in der Stadt Mutina, dem heutigen Modena, eingekesselte Feldherr Decimus Brutus strategische Nachrichten an seine entfernten Verbündeten Aulus Hirtius und Vibius Pansa; diese Nachrichten wurden den Tauben um den Hals gebunden, und Plinius fragte zu Recht: „Wozu sind die Höhe der Wälle dem Antonius von Nutzen, die Wachsamkeit der Truppen, die in voller Breite des Flusses gespannten Netze, wenn die Botschafter ihren Weg durch die Luft nehmen?"[66] Brieftauben bewährten sich in den Kreuzzügen oder im Unabhängigkeitskrieg zwischen Spanien und den Niederlanden: Als nämlich die Truppen Herzog Albas „die Küstenstadt Haarlem und ein Jahr später auch Leyden im Polderland belagerten, konnte Prinz Wilhelm von Oranien mit Hilfe von Brieftauben, die zu dieser Zeit schon viele versierte Züchter hatten, den Kontakt mit den eingekesselten Landsleuten aufrechterhalten". Aus ähnlichen Gründen wurde im Deutsch-Französischen Krieg von 1870/71, knapp vor der Einschließung der Hauptstadt Paris, zur Requirierung sämtlicher Brieftauben bis nach Lille und Roubaix aufgerufen; zugleich wurde an der Miniaturisierung jener differenzierten Pläne und Nachrichten über Feindesstellungen gearbeitet, die den Tauben anvertraut werden sollten. Eine zeitgenössische Darstellung des Pariser Malers Pierre Puvis de Chavannes zeigt jedenfalls die Freiheitsheldin Marianne, wie sie eine weiße Brieftaube an die Brust drückt, um mit der anderen Hand einen angreifenden Adler, das Wappentier Preußens, abzuwehren.[67] Die Brieftauben – auf die nicht einmal Napoleon Bonaparte, allen optischen Telegraphen zum Trotz, verzichten wollte – wurden gelegentlich mit Heißluftballons transportiert; eigene Kriegsgesetze regelten ihre Ausbildung und Mobilmachung. 1909 publizierte der Apotheker Julius Neubronner (aus Kronberg im Taunus) seine Erfindung einer Kamera für Brieftauben zum Zwecke der photographischen Aufklärung aus der Vogelperspektive unter dem Titel DIE BRIEFTAUBENPHOTOGRAPHIE UND IHRE BEDEUTUNG FÜR DIE KRIEGSKUNST.[68] Im Ersten Weltkrieg mußte man sich freilich bald weniger um die Möglichkeiten optischer Feindaufklärung durch Brieftauben als vielmehr um wirksame Gasmasken für die tapferen Vögel kümmern.[69]

9. Die Brieftaube ist also der ältere Botenengel. Nicht ohne Raffinesse hat der venezianische Maler Carlo Crivelli in seiner VERKÜNDIGUNG AN MARIA MIT DEM HEILIGEN EMIDIUS (1486) den städtischen Posttaubenschlag (neben einem dekorativen Pfau) in das obere Bilddrittel gesetzt: als ob er auf ein zweites „Modell" der Verkündigung – im besonderen Fall wohl der „Libertas ecclesiastica" –

66 Vgl. Hilmar Hoffmann, DAS TAUBENBUCH, S. 105.

67 Vgl. op. cit., S. 112, 113.

68 Vgl. op. cit., S. 119.

69 Vgl. Martin Monestier, LES ANIMAUX-SOLDATS. Histoire militaire des animaux des origines à nos jours, Paris 1996, S. 99.

anspielen wollte.[70] Die Taube inkarniert eine Vielzahl jener Eigenschaften, die den Engeln zugeschrieben werden: als traditionell heiliges Tier (auch und gerade der christlichen Religion), als Symbol des Friedens und der Befreiung (wie bei Crivelli), als verläßliche und tapfere Botin und nicht zuletzt als Symbol der Zuneigung und der Treue. Die Taube ist das exemplarische „Sehnsuchtstier“: Ihr Langstreckenflug ist allemal Rückflug, Heimkehr ins Nest – zum heißgeliebten Männchen oder Weibchen; das monogame Begehren bildet den Schlüssel zu jeder Brieftaubendressur. Die Technik einer Steigerung des Verlangens nach dem Partnertier (im Interesse beschleunigter Rückflüge) wurde schon früh, beispielsweise zum Ende des 14. Jahrhunderts, beschrieben, als ein bayrischer Edelmann namens Hans Schiltberger im Verlauf eines Feldzugs gegen die Türken bis nach Ägypten gelangte und dort die Taubendressur miterlebte: „Haben sich die Vögel innig aneinander gewöhnt, bringt man den Täuberich zum Sultan und die Täubin bleibt allein zurück. Der Täuberich bekommt ein Zeichen angehängt, das kenntlich macht, aus welcher Stadt er stammt. Dann schließt man ihn in einem besonderen Raum ein und gibt ihm keine Gefährtin mehr. Damit will man erreichen, daß er sich nach der Stätte sehnt, wo er aufgezogen wurde, und um so gewisser später dorthin zurückkehrt. Ehe er wieder losgelassen wird, bindet man ihm den Brief unter den Flügeln fest. Kaum ist er frei, fliegt er geradewegs auf den Ort und das Haus zu, das er von früher kennt. Man ergreift ihn dort und nimmt ihm den Brief ab.“[71]

Kurzum: „Liebe verleiht Flügel“, und alle Botschaften der Brieftauben sind (selbst unter kriegerischem Beschuß) von vornherein Liebesbotschaften; oft genug haben sie ja wohl tatsächlich Liebesbriefe transportiert. „Kommt ein Vogerl geflogen ...“ So sehr verkörpert sich das Begehren im Vogel, daß Eros selbst – Urgott mit goldenen Flügeln – aus einem Ei schlüpfen mußte;[72] wer immer von Eros ergriffen wurde, konnte den Wunsch, seiner Seele ihr verlorenes Gefieder nachwachsen zu lassen, nicht mehr vergessen. „Die Kraft des Gefieders besteht darin, das Schwere emporhebend hinaufzuführen, wo das Geschlecht der Götter wohnt“,[73] kommentiert Sokrates. Die Liebe beschleunigt, und sie trägt den Liebenden „wie auf Flügeln“ zum Ziel seiner Sehnsucht. Seit der griechischen Antike gilt freilich, daß diese Sehnsucht ebenso zu den Göttern führt wie zum irdischen Geliebten; himmlische und irdische Liebe vermischten sich häufig. Nicht umsonst trugen die steinernen Phalloi auf der Insel Delos Flügel; und auch Zeus wußte genau, warum er sich just in einen Schwan verwandelte, als er die reizende Leda begehrte. Er „wählte nicht ohne Grund einen Schwan. Bei den meisten Vögeln ist die Paarung nichts, worauf man eifersüchtig sein

70 Den Hinweis auf dieses Bild verdanke ich Eleonora Louis.

71 Zit. nach Hilmar Hoffmann, DAS TAUBENBUCH, S. 28.

72 Vgl. Robert von Ranke-Graves, GRIECHISCHE MYTHOLOGIE. Quellen und Deutung. Band I, Reinbek bei Hamburg 1960, S. 48–49.

73 Platon, Phaidros, in: SÄMTLICHE WERKE, Band IV, Reinbek bei Hamburg 1958, S. 28 [= 246 d]. Vgl. auch Walter Seitter, Der Körper der Malerei oder viel mehr die Federn der Engel, in: TUMULT. Zeitschrift für Verkehrswissenschaft, Heft 6: Engel, Wetzlar 1983, S. 89.

müßte – dieses Geflatter, dann die beiden Hinterteile, die aufeinander gedrückt werden wie Lippen bei einem Kinderkuß, und dann das Gezappel, um nicht gleich wieder herunterzufallen. Der Schwan ist da eine Ausnahme: Er hat einen Penis. Ein schönes, großes Glied, so schön und groß wie der Vogel selbst, eine königliche Ausführung, um jedem Verlangen Genüge zu tun. [...] In den Augen der Götter war der Schwan, was er ist: der Stier unter den Vögeln."[74]

Die Liebe verleiht Flügel. Auch die angeblich so reinen, körperlosen Engel verfielen gelegentlich jenem Wunsch, der die Brieftauben zu ihren Marathonflügen antreibt. Im Buch Henoch wird vom Sündenfall der „Gottesvögel" berichtet: „Nachdem die Menschenkinder sich gemehrt hatten, wurden ihnen in jenen Tagen schöne und liebliche Töchter geboren. Als aber die Engel, die Himmelssöhne, sie sahen, gelüstete es sie nach ihnen, und sie sprachen untereinander: ‚Wohlan, wir wollen uns Weiber unter den Menschentöchtern wählen und uns Kinder zeugen'."[75] Den prompt folgenden *Fehltritten* einer zweihundertköpfigen Engelschar, die auf dem Berge Hermon *landete*, entsprang bekanntlich das Geschlecht der Riesen – und in weiterer Konsequenz die Sintflut. Was die Tauben wußten, konnten auch die Engel nicht völlig vergessen. Vielleicht müssen sie darum von Zeit zu Zeit auf die Erde kommen, um die Menschenkinder – Frauen und Männer – zu verführen und zu lieben: wie in Pier Paolo Pasolinis Roman und Film TEOREMA.[76] Oder in einer Geschichte des Wiener Schauspielers Alexander Girardi, die den Philosophen Ernst Bloch so faszinierte, daß er sie in seine SPUREN aufnahm: die Geschichte von einem nächtlichen Heimweg durch Wien, auf welchem der Schauspieler, in einer versteckten, altertümlich wirkenden Gasse, von einer geheimnisvollen Dirne angerufen wird: „Schau, sei net blöd, komm doch her, i mach dirs mexikanisch." Gasse, Haus und Frau vermochte der Mime später nie mehr zu finden, ganz im Gegensatz zu folgender Erklärung:

„Es gibt einen Engel, der kann es nicht länger mitansehen, wie falsch es die Menschen machen. Hat aber die Erlaubnis, alle hundert Jahre in Gestalt einer Hure auf die Erde, in die Wiener Gasse, in das sonst nicht vorhandene schmale, feine Haus zu kommen. Darf indes nur ein einziges Mal mit einem Mann, der vorübergeht, anbandeln, um ihm das ganz anders zu machende Glück zu offenbaren. Und das verschlüsselte Wort lautet: Schau, i mach dirs mexikanisch. Kommt dann keiner auf den nur einmal vergönnten Ruf hin, dann muß der Engel wieder verschwinden, hundert Jahre lang. Noch keiner aber hat den Ruf bisher verstanden, als noch Zeit dazu war, auch ich nicht, der Letzte bisher, und vielleicht der Letzte überhaupt. Denn wenn niemand folgt,

74 Midas Dekkers, GELIEBTES TIER. Die Geschichte einer innigen Beziehung, München/Wien 1994, S. 13 und 15.

75 Buch Henoch 6, 1–2, zit. nach: Emil Kautzsch (Hg.), DIE APOKRYPHEN UND PSEUDEPIGRAPHEN DES ALTEN TESTAMENTS. Band II, S. 238.

76 Vgl. Pier Paolo Pasolini, TEOREMA ODER DIE NACKTEN FÜSSE, München 1969.

wird der Engel sich sagen: Die Menschen verdienens halt nit besser, und kehrt niemals wieder.“[77]

10. Das Glück, das niemals wiederkehrt, liegt in der Zukunft, der die Engel entstammen; so hätte Bloch vielleicht die Erzählung Girardis weitergeführt. Und Walter Benjamin hätte – mit einem Blick auf Paul Klees ANGELUS NOVUS – ergänzt, daß der Engel in die Zukunft treibt, ohne seinen Blick von der katastrophischen Vergangenheit abwenden zu können.[78] *Was aber ist ein Engel?* Und worin besteht die Pointe des viel zu knapp skizzierten Versuchs, Vögel und Engel zu gemeinsamen Flügen zu überreden? Methodisch geht es mir um eine vorsichtige Erinnerung, die angesichts der großen Spekulationen über die Engel – sei es in der neueren Medientheorie oder in der älteren Geschichtsphilosophie – leicht in Vergessenheit gerät: die Erinnerung nämlich an die gegenwärtigen „Engel“, die unseren Alltag bevölkern. Zu diesen gegenwärtigen Engeln zählen die Statuen, Signets, Flugzeuge, Werbebilder, Filme und viele andere kulturelltechnische Errungenschaften; zu diesen gegenwärtigen Engeln tragen Ausstellungen oder Konzerte bei – und vielleicht sogar die Berliner *Siegessäule,* die meine Tochter im Alter von zwei Jahren hartnäckig als „das große Gackgack“ zu titulieren pflegte. Ihre Wahrnehmung fand ich nicht unpassend, zumal seit mehreren Jahren Photographien solcher und ähnlicher Denkmäler publiziert werden, auf denen die Engel aus Stein oder Stahl von Taubenscharen umgeben, mitunter geradezu „besetzt“ erscheinen. Zu den gegenwärtigen Engeln zählen eben nicht nur Monumente, Reklamebilder oder Filmschauspieler (Ifflandringträger Bruno Ganz über dem Himmel der geteilten Stadt), sondern auch die Vögel, die den Großraum städtischer Metropolen in rasch wachsender Anzahl besiedeln.

Nach neuesten stadtökologischen Befunden leben in Hamburg und München, in Saarbrücken und Wien „mehr Vögel pro Quadratkilometer Stadtgebiet als in den Auen am Oberrhein, in den einsamen Wäldern um die Müritz oder im Bergwald des Berchtesgadener Landes. Die meisten gibt es in Berlin: 500 Vogelbrutpaare pro Quadratkilometer sind ermittelt worden!“ Aus dieser Quote läßt sich hochrechnen, daß eine halbe Million Vögel, Nachwuchs nicht eingeschlossen, allein im rund 480 Quadratkilometer großen Gebiet des ehemaligen Westteils der deutschen Hauptstadt leben. „Das Artenspektrum umfaßt 120 verschiedene Brutvogelarten. Es dürfte ziemlich schwer sein, anderswo in Mitteleuropa eine solche Vogelvielfalt in so großen Beständen zu finden. Nicht einmal Naturschutzgebiete bieten mehr.“ Obendrein läßt sich nachweisen, daß die

77 Ernst Bloch, SPUREN. Gesamtausgabe, Band I, Frankfurt/Main 1969, S. 80.

78 Vgl. Walter Benjamins berühmte neunte These „Über den Begriff der Geschichte“, in: GESAMMELTE SCHRIFTEN. Band I/2, hrsg. von Rolf Tiedemann und Hermann Schweppenhäuser, Frankfurt/Main 1974. S. 697–698. Vgl. Gershom Scholem, WALTER BENJAMIN UND SEIN ENGEL. Vierzehn Aufsätze und kleine Beiträge, Frankfurt/Main 1983. Vgl. auch Stéphane Mosès, Der Engel der Geschichte, in: DER ENGEL DER GESCHICHTE. Franz Rosenzweig, Walter Benjamin, Gershom Scholem, Frankfurt/Main 1994, S. 134–160.

„Zahl der Vogelarten mit zunehmender Größe der Stadt zunimmt"; der Trend lautet schlicht und einfach: „Je größer die Stadt, desto mehr Brutvogelarten".[79] Der Satz gilt freilich nicht nur für die Tauben – die schon als „Ratten der Lüfte" charakterisiert wurden –, sondern auch für die Falken, die neuerdings gerne in New York nisten, wo sie die Wolkenkratzer als Felswände benutzen können, für Amseln, Meisen, Finken, Haubenlerchen, Pirole, Gartenrotschwänze, Möwen oder Uhus. „Alle Vögel sind schon da ..."

Die Gegenwart der Vögel *erklärt* indes keine Engel; und natürlich läßt sich die Angelologie nicht einfach zur Ornithologie konvertieren. Der Vogelgesang wird von keinem Engelskonzert erwidert; und der himmlischen Hierarchie des Dionysios Areopagita korrespondiert keine Hackordnung auf einem Hühnerhof. Der „fliegende Maulwurf"[80] ist nicht fromm; und wer sich heutzutage komplizierte Engelstalismane schmiedet, weiß nichts mehr von der Verwendung des Taubenbluts als Medikament.[81] Dennoch haben die Vögel die Wahrnehmbarkeit der Engel spürbar erhöht – und die Engel haben die Aufmerksamkeit für das schlichte Rätsel des Vogelflugs geschärft. Kultur ist ein synergetisches System, ein System von Paradoxien und unwahrscheinlichen Konstruktionen, logisch und kontingent zugleich – ein System, das uns erlaubt, ja vielmehr dazu zwingt, die Konstruktionen von Zuchtvögeln, Engelbildern und Flugmaschinen aufeinander zu beziehen. Im selben Himmel (oder Luftraum) fliegen Vögel, Engel und Piloten, die einander sogar gelegentlich begegnen: etwa im Zweiten Weltkrieg, als der Engel von Lübeck plötzlich „zum Leben erwachte", um die Funkkontakte unter den Piloten einer englischen Bomberstaffel – vor dem dramatischen Phosphorangriff auf die Stadt – zu stören.[82] Ein Krieg gegen die Engel? *Aber was ist ein Engel?* Massimo Cacciari, Philosoph und Bürgermeister der „Taubenstadt" Venedig, schreibt zum Ende seines subtilen Essays über den L'ANGELO NECESSARIO (1986): „Das Geschöpf, das sich auf der Erde eigentümlich jenem Zug des Engels beigesellt, weswegen er in seiner Entscheidung *entschlossen* erscheint, ist das Tier. Der Engel nennt sich dieser Ähnlichkeit wegen Cherubin und Schmetterling und Biene. Er verherrlicht (oder verteufelt) das Tier. MEHR VOGEL nannte Klee eine seiner Zeichnungen zum Thema des Engels: *Mehr Vogel* als Engel."[83]

79 Josef H. Reichholf, Die Attraktivität der Stadt. Erstaunliche Befunde der Stadtökologie, in: TUMULT. Zeitschrift für Verkehrswissenschaft, Heft 19: Synanthropen, Wien 1994, S. 5.

80 Vgl. Hans-Georg Soeffner, Der fliegende Maulwurf (Der taubenzüchtende Bergmann im Ruhrgebiet). Totemistische Verzauberung der Realität und technologische Entzauberung der Sehnsucht, in: DIE ORDNUNG DER RITUALE. Die Auslegung des Alltags 2, Frankfurt/Main 1992, S. 131–156.

81 Vgl. Hilmar Hoffmann, DAS TAUBENBUCH, S. 46–47.

82 Diese Geschichte erzählt Thomas Pynchon in: DIE ENDEN DER PARABEL [Gravity's Rainbow], Reinbek bei Hamburg 1982, S. 236–237 und 243–245. Den Hinweis auf die Stelle verdanke ich Friedrich Kittler.

83 Massimo Cacciari, DER NOTWENDIGE ENGEL, S. 131 und 137.

Walter Seitter

Menschenwesen, Wesensbegriffe, Begriffspolitiken

1. Aus was ist der Mensch?

Vor einiger Zeit an einem dunklen Novembernachmittag in der hellerleuchteten Schatzkammer stehe ich vor der Krone, die aus acht Goldplatten erbaut ist, welche mit Dutzenden von Perlen und Steinen übersät und mit vier Menschenbildern geschmückt sind. Wenige Meter von mir entfernt steht A. S. ebenfalls da und betrachtet die Krone. So sah ich gleichzeitig zwei Häupter: die golden und in vielen anderen Farben glänzende Krone, die ihrerseits von einem Kreuz und einem Bügel gekrönt wird; und den Kopf der jungen Frau – das helle Gesicht mit den dunkelglänzenden Augen, ein kleines Steingeglitzer am Ohr, darüber das sorgfältig aufgetürmte Haar.

Vor kurzem im Bus 57A sitzt ein ganz junges Mädchen mir gegenüber. Sie scheint es darauf abgesehen zu haben, mir ihr frisches Piercing vorzuführen. Glänzende Metallkugeln an Nase und Lippe. Sie schiebt ihre Zunge so weit aus dem Mund, daß ich die Metallkugel auf der Mitte ihrer Zunge sehe. Doch scheint diese Kugel auf einem durch die Zunge gestochenen Metalldraht aufzusitzen. Denn das Mädchen schiebt sie mehrmals auf die Zungenspitze vor.

Zwei oder drei Beispiele dafür, daß anorganische, mineralische Aggregate von Menschen als Inkrustate oder Intarsien angelegt oder einverleibt worden sind oder werden. Nun mag man sagen, daß es sich bei derlei Einlegearbeiten um pure Kontingenzen oder bloße Spielereien handelt, die die Frage nach dem Was des Menschen nicht einmal berühren. Oder verweisen sie doch auf Kontingenz-, d. h. Berührungsdimensionen, welche ins Wesen des Menschen eingreifen: es mitbestimmen oder entgrenzen? Anderen *Fremdkörpereinlagerungen* kann nicht einmal die biologische Notwendigkeit abgesprochen werden. Wasser-, Pflanzen- oder Tierkörper müssen vom Menschenkörper aufgenommen und verarbeitet werden, damit dieser existieren kann, und zwar in einer Zusammengesetztheit, die viele Stoffe, auch Mineralien, enthält. Luft muß aufgenommen und chemisch analysiert werden. Der Mensch muß Analytiker – oder wie man noch im 18. Jahrhundert gesagt hat: Analyst[1] – sein.

1 So Immanuel Kant, Kritik der reinen Vernunft, B35.

Wörter müssen aufgenommen und gespeichert werden, damit sie ausgewählt, kombiniert, geäußert werden können. *Wörter sind die fremdesten Fremdkörper*, die vom Menschen einverleibt werden müssen. Jedem Baby müssen bzw. können persische oder deutsche oder isländische Wörter so eingeflößt werden, daß sie ihm später als „Muttersprache“ gelten. Mein eigener Name, der aus dem 13. bzw. aus dem 6. Jahrhundert stammt(?)[2] ist das hartnäckige Steinwerk, das ich immer mit mir, in mir, über mir herumtragen muß: ein musivisches Stück, eine „pettia gemmata“: aus dem weichen wässrigen W, dem dunkelblau hallenden A, das vom L eine gewisse Aufhellung und vom T seinen harten Schnitt bekommt ... Ein Geschmeide, ein Schwert oder ein Wort.

Wenn der Mensch, wie Lacan sagt, von der Sprache bewohnt wird[3], wenn die Sprache die *Intimtechnik* ist, die den Menschen bis in sein Innerstes durchdringt[4] – so erhebt sich die Frage, ob das Wesen des Menschen durch diese und durch andere Fremdkörpereinlagerungen bestimmt oder ins Unbestimmte aufgelöst wird. Ist der Mensch ein Wesen im Garten der Arten oder ist er ein Mehr?

2. Artbestimmtheit oder Allesseiendheit

Unter dem Gesichtspunkt dieser Frage lassen sich in der Philosophiegeschichte zwei Aussagelinien feststellen. Die eine verpaßt dem Menschen eine einigermaßen feste Wesensbestimmung, auch wenn diese sich aus disparaten Bestimmungsstücken zusammensetzt: etwa „zóon“ und „lógos“. Wobei jedes dieser Stücke auf weitläufige Gattungsgemeinschaften bzw. Aktionsformen verweist, die übers Menschenhafte weit hinausreichen. Demselben Aristoteles, der diese Menschendefinition aufgestellt hat, unterläuft es aber auch, von dem mittleren menschlichen Erkenntnisorgan, von der Seele, zu sagen, sie sei „irgendwie alles“: sie müsse jeweils das, was von ihr erkannt wird, selbst werden bzw. sein. Die zentrale menschliche Wesensform bestehe also in einer proteushaften, chamäleonhaften Verwandlungsfähigkeit. Der Erkenntnischarakter der menschlichen Wesensform macht – selbst bei Aristoteles – Aussagen über den Menschen möglich, die tendenziell *transessentialistisch* sind. Aber auch seine *essentialistische* Menschendefinition, die den Menschen als *Tier mit Logos* bestimmt, schließt den Menschen an weit über ihn hinausreichende Körper-, Seelen-, Verstandesrealitäten an. Die Artbestimmung des Menschen liegt in seiner spezifischen Anteilhabe an transhumanen Dimensionen. So wird ihm doch ein Platz im Garten der Arten angewiesen.

Erst in der Renaissance gewinnt die transessentialistische Aussagelinie die Überhand: Es wird üblich, den Menschen wie einen Kosmos oder wie einen

2 Zur Herkunft des Namens siehe Walter Seitter, DISTANTE SIEGFRIED-PARAPHRASEN: JESUS, HELMBRECHT, DIETRICH, Berlin 1993, S. 368 ff.

3 Zu diesem Bewohnungsverhältnis wie auch zu dem gegenläufigen siehe Walter Seitter, JACQUES LACAN UND, Berlin 1984, S. 34f.

4 Siehe Walter Seitter, Das Radikale, das Unbewußte, das Politische. Überlegungen nach Plessner und Lacan, in: D. Hombach (Hg.), MIT LACAN, Berlin 1982, S. 72 ff.

Schöpfer-Gott zu bestimmen. Aber neben diesen Wesensüberschreitungsversuchen bleibt das Wort „Mensch" auch bei den Philosophen noch in festem Gebrauch und sorgt dafür, daß man die Zugehörigkeit der Menschen zu einer bestimmten Art nicht vergißt. Es kommt zu einem Schwebezustand oder vielleicht zu einer Schizophrenie zwischen dem Überschwang einer Wesensüberschreitung und dem Festhalten an der Artbestimmtheit: für den Menschen. Seit Fichte, der vielleicht der erste professionelle Philosoph war, wird die Artbezeichnung „Mensch" systematisch eliminiert – und ersetzt durch „Ich", „Bewußtsein", „Geist", „Gesellschaft", „Dasein" ... So bis Husserl und Freud und Heidegger. Zwar gibt es gerade bei diesen Denkern bemerkenswerte Anstrengungen, faktisch-eidetische Bestimmungen des Menschenwesens herauszuarbeiten. Aber mit ihrer *Begriffspolitik* setzen sie die Strategie des Deutschen Idealismus fort, die das Menschenwesen transessentialistisch überspringt und „unter" diesem Übersprung einen massiven *Anthropozentrismus-Narzißmus* durchschmuggelt: Ich, Über-Ich, Übermensch ... Die sich absolut setzende Philosophie führt einen Erkenntnisanspruch ein, der das Wesen des Menschen sprengt – und unter der Hand die *Einbildung*[5] und den „Humanismus" kultiviert, den Foucault „anthropologischer Zirkel" und „Schlummer" genannt hat.[6]

Es ist das Verdienst der Philosophischen Anthropologie (deren theoretischer Hauptkopf Helmuth Plessner ist), daß sie in die philosophische Erkenntnis, die – fast – immer von und bei Menschen realisiert wird, den Begriff und den Platz des Menschen wieder ausdrücklich eingeführt hat. Die Erforschung des Menschlichen, die sich um seine Benennung nicht herumdrückt, ist eine Voraussetzung dafür, daß das menschliche *Einbildungswesen* erkannt, gestellt und gestutzt wird. Bemerkenswerterweise hat die anthropologische Themenstellung der Philosophischen Anthropologie nicht zu einer disziplinären Einengung der Forschung geführt: So wie sie von einer biologischen (zoologischen) Komparatistik ausgelöst worden ist, hat sie andererseits den Raum zur Historischen Anthropologie eröffnet. Und ihre theoretische Offenheit war so groß, daß sie von ausdrücklich *antianthropologischen* Ansätzen, die sich bei Heidegger, Lacan, Foucault finden und die mit Begriffen wie „Sprache", „Technik", „Struktur", „System", „Ereignis" operieren, am fruchtbarsten weitergeführt worden ist.

Als Wesensbestimmung des Menschen, die von der Philosophischen Anthropologie vorgeschlagen worden ist, könnte man die Formeln wie „Der Mensch ist von Natur aus ein Kulturwesen" oder „Unbestimmtheit und Bestimmungszwang" ansehen. Sowohl durch derartige Formeln wie auch die durch die Existenz der Philosophischen Anthropologie wiederhergestellte Balance

5 Zum *Imaginären*, das bereits der *Radikalhumanismus* des 17. Jahrhunderts voll ausgebildet hat, siehe Walter Seitter, MENSCHENFASSUNGEN. STUDIEN ZUR ERKENNTNISPOLITIKWISSENSCHAFT, München 1985, S. 55 ff., 144 ff.

6 Michel Foucault, HISTOIRE DE LA FOLIE À L'ÂGE CLASSIQUE, Paris 1972, S. 531 ff; Ders., LES MOTS ET LES CHOSES. UNE ARCHÉOLOGIE DES SCIENCES HUMAINES, Paris 1966, S. 531 ff.

zwischen anthropozentrischem und anthropofugalem Philosophieren ist ins Philosophieren wieder eine richtige oder „klassische" Balance hineingekommen – die vom späten Heidegger, von Lacan, Foucault und Deleuze als Widerstreit thematisiert wird: als antihumanistische Positionierung. Helmuth Plessner hat sie bereits 1931 in angestrengter und erkenntnisfördernder Reflexion durchdacht und weitergedacht. Und zwar dahingehend, daß er zur Gegenstellung zwischen Philosophie und Anthropologie eine zusätzliche Dimension bzw. einen dritten Pol hinzugedacht hat: die Politik: den Anteil von Entscheidung und Macht.[7] Auf diese Weise hat Plessner schon damals die gegenwärtige historistische wie auch die augenblickliche konstruktivistische Aufgeregtheit eigentlich überflüssig gemacht.

3. Humanistische oder essentialistische Begriffspolitik

Ich habe schon davon gesprochen, daß seit ziemlich genau 200 Jahren die Philosophen dazu neigen, den Begriff „Mensch" durch andere Begriffe zu ersetzen. Das geht so weit, daß manche Philosophen bzw. Philosophie-Schulen geradezu daran zu erkennen sind, welchen Ersatzbegriff für „Mensch" sie praktizieren: Bewußtsein, Ich, Existenz, Dasein, Person, Subjekt … Nicht daß die Verwendung oder auch Erfindung solcher Zusatzbegriffe grundsätzlich abzulehnen ist, will ich jetzt behaupten. Sie mögen nützlich sein, wenn bestimmte Aspekte des Menschseins hervorgehoben werden sollen, und dann mögen sie fallweise auch aus der Prädikat-Position in die Subjekt-Position rutschen („Subjekt" hier im Sinn der Grammatik).[8]

Je mehr die Philosophen von dem gewöhnlichen Umgangssprachbegriff „Mensch" ihre Finger lassen, um so mehr blüht in der Umgangssprache ein rein narzißtischer Gebrauch des Wortes „menschlich" in der Bedeutung von *gut, gerecht, freundlich, nett.* In diesem Sprachgebrauch liegt – unabhängig vom Meinen der Sprecher – die Implikation, daß Menschen eigentlich gute Wesen sind und eigentlich immer gut handeln. Dabei bleibt allerdings die Frage offen, woher denn das *Ungute* kommt – das eben dieser narzißtische Sprachgebrauch „unmenschlich" nennt. Und zwar nennt er regelmäßig so dasjenige Ungute, das ausgerechnet von Menschen verursacht wird. Zum Beispiel nennt man die von den Nationalsozialisten errichteten und betriebenen Konzentrationslager „unmenschlich". Natürlich meint man damit etwas durchaus Zutreffendes: nämlich, daß jene Konzentrationslager bzw. die von ihren Errichtern und Betreibern gemachte Politik böse, grausam, abscheulich, bekämpfenswert gewesen sind. Aber sie wurden von Menschen und leider auch „für" Menschen betrieben.

7 Helmuth Plessner, Macht und menschliche Natur. Ein Versuch zur Anthropologie der geschichtlichen Weltansicht, (1931), in: Ders., GESAMMELTE SCHRIFTEN V, Frankfurt/Main 1981.

8 Als Groteske erwähne ich die Tatsache, daß die deutsche „Subjekt"-Mode ausgerechnet durch das Lacansche „sujet" angeheizt wird – obwohl „sujet" nicht nur *Subjekt* bedeutet, sondern auch alle dessen Gegenteile wie *Objekt, Thema, Untertan.*

Nicht etwa von „Unmenschen" und keineswegs von *Nicht-Menschen.* Dieser banale Tatbestand wird von der humanistisch-narzißtischen Begriffspolitik entdeutlicht, die sich erlaubt, den Fakten zum Trotz den Titel „menschlich" so zu verteilen, wie es ihr paßt.

Die Philosophie hat die Pflicht, den Begriff „Mensch" und das dazugehörige Begriffsfeld nicht irgendwelchen Menschen guten Willens völlig zu überlassen, sondern selber wahrzunehmen, zu bearbeiten und zu verwenden. Wenn sie das aufmerksam und selbstkritisch tun will, wird sie sich kaum der Option eines gewissen *Essentialismus* (horribile dictu!) ganz entziehen können. Nicht irgendein gutgemeinter *Humanismus*, sondern ein kühler Essentialismus vermag dafür einzustehen, daß klar bleibt, daß alle Menschen Menschen sind – auch die, die einem nicht passen.

Es liegt auf der Hand, daß ein derartiger Essentialismus ein Damm – nur ein theoretischer Damm – gegen politische Katastrophen ist, die unser Jahrhundert schon gekannt hat. Insonderheit eben gegen die theoretische Katastrophenwurzel, die darin besteht, daß gewissen Menschen das Menschsein abgesprochen wird.[9] Diese „theoretische" Katastrophenwurzel agiert wohlgemerkt immer nur wider besseres Wissen und ist somit eigentlich gar nicht rein theoretisch. Aber sie formuliert sich gelegentlich quasi-theoretisch. Gegen diese Formulierungsmöglichkeit hat die Philosophie ihre bescheidene Aktionsmöglichkeit einzusetzen.

4. Die Werden, die Treffen

Ich weiß, daß mit diesem Essentialismus die interessanten Fragen und Perspektiven, die sich ans Menschsein knüpfen, noch nicht einmal angeschnitten sind. Die interessanten Fragen und Perspektiven knüpfen sich ans Menschsein, weil das Wesen des Menschen ist: Fraglichkeit und Perspektivenbedarf; Unbestimmtheit und Bestimmungszwang; natürliche Notwendigkeit nicht nur von Kultur, sondern von *Ereignis, Zufall, Treffen.*[10]

Wir Menschen müssen nicht nur entwicklungsmäßig, sondern geschichtlich, d. h. ereignishaft, *werden. Alles mögliche* (im umgangssprachlichen Sinn) *werden.* Das Denken solcher Werden findet sich in den Büchern von Gilles Deleuze. Experimentell wird es derzeit von *posthumanistischen* oder *transhumanistischen* Künstlern erprobt. In den letzten Schriften von Michel Foucault wird die Notwendigkeit des Werdens in Richtung *Askese, Spiritualität, Selbstverbesserung* gedacht – und zwar in engem Zusammenhang mit einem Treffen, einer Begegnung. Unmodischerweise meint er nicht nur soziale Treffen, sondern auch

9 Die Aberkennung der gemeinsamen Wesenheit scheint eine eher „menschliche" Fehlleistung zu sein. Im Jahre 1945 hat Jacques Lacan zur Kommentierung dieser Menschenmöglichkeit ein in vielen Mathematikbüchern kursierendes Rätsel aufgegriffen und durchdiskutiert. Jacques Lacan, Die logische Zeit und die Assertion der antizipierten Gewißheit. Ein neues Sophisma, in: Ders., SCHRIFTEN III, Olten 1980, S. 101 ff.

10 Jacques Lacan hat das unter der Bezeichnung des Tychischen in die philosophische Anthropologie eingeführt. Jacques Lacan, SEMINAR XI: DIE VIER GRUNDBEGRIFFE DER PSYCHOANALYSE, Olten 1980, S. 75, 84, 86. Die Kunst besteht darin, „den Zufall bei den Haaren zu packen" (Formulierung von Angela Stief). Vielleicht läßt sich der Psychoanalyse eine *Tych(o)-analyse* an die Seite stellen.

ein eher manchmal asoziales Treffen: Treffen mit der „Wahrheit". Konstruktivisten und Soziologen empfehle ich meine diesbezüglichen Erklärungen.[11]

Mein Plädoyer geht begriffspolitisch in Richtung Essentialismus, damit der banalsten Wahrheit und damit überhaupt der Präzision Genüge getan wird. Lebenspraktisch geht mein Plädoyer in die Richtung der Werden und der Treffen. Wir sollen gut leben: präzis und poetisch.

Zum Beispiel sieht jemand ein Krönlein, kauft es sich und legt es sich an. Oder zum Beispiel erblickt jemand eine Krone und nähert sich ihr. Eine Krone oder ein anderes Haupt.

11 Michel Foucault/Walter Seitter, DAS SPEKTRUM DER GENEALOGIE, Bodenheim 1996, S. 118 ff.

Enenkel
– Wolfgang Dr/Johanna, UnivProf, 19, Grinzinger Allee 19, Stg 2 **32 25 12…-0 (320 25 12…-0)**
Mobiltelefonnetz D 0663 **920 09 38**
Enenkel & Eiter GesmbH, 1, Wipplingerstr 15 **535 23 71**
FAX **535 23 72**
535 23 73
Enepekides Polychronis, Dr, UnivProf, 13, Hietz Kai 127 **876 41 11**
Energeia Verein zur Förderung künstlerischen & wissenschaftlichen Interesses, 9, Pramerg 5
Mobiltelefonnetz A1 0664 **301 52 99**
Energetisches Beratungszentrum, 10, Davidg Nr97 **604 49 30**
Energie 2000 Ges f Energiesparmaßnahmen GesmbH, Vösendorf, Ortsstr 150
Mobiltelefonnetz D 0663 **82 97 70**
Energie-Plan Technisches Büro GesmbH, 19, Sieveringer Str 131
32 13 78…-0 (320 13 78…-0)
32 13 70…-0 (320 13 70…-0)
Mobiltelefonnetz A1 0664 **301 02 51**
Energie-u Umwelttechnik Zivilingenieurbüro Dr Schütz, 14, Mauerbachstr 42, Haus 12 **979 57 10**
Energiekonsumenten-Verband, Österr, 7, Museumstr 5 **523 75 11…-0**
FAX **526 36 09**
Energiemanagement GesmbH, 6, Mariahilfer Str 33 (Eingang Capistrang 5) **586 94 14**
FAX **586 94 12**
Energiesparservice für Heizungsanlagen GesmbH, 15, Reindorfg 9 **894 72 32**
Energietechnik Urbanich GesmbH, 15, Eduard Sueß-G 10 **982 70 65**
Energieverwertungsagentur-Verein z Förderung der sinnvollen Verwertung von Energie (EVA), 6, Linke Wienzeile 18 **586 15 24**
FAX **586 94 88**
Energy Trading GesmbH, 4, Wohllebeng 19 **504 77 32…-0**
FAX **504 75 73**
Enerplan Ges f Systemanalyse u Planungsstudien in Energie u Umwelt GesmbH, 6, Mariahilfer Str 1a **586 85 95**
Enertec IsoliermittelgesmbH, 4, Mommseng Nr21 **505 41 19…-0**
Mobiltelefonnetz C 0663 **205 46**
Enerwitschläger Emilie 19, Budinskyg 9 **365 43 05**
Enescu Gheorghe, Dipl-Ing, 20, Leystr 108 **332 12 76**
Enev Boris, 6, Aniling 2 **597 41 36**
Enex Computer Leasing GesmbH, 18, Martinstr Nr1 **406 57 14**
Enfield Elisabeth, 19, Heiligenstädter Str Nr15, Stg 10 **340 02 42 (369 38 02)**
Eng Angelika, 12, Erlg 19 **817 33 53**
– Elisabeth, 2, Praterstr 26 **212 99 53**
Eng & Co GesmbH, 12, Meidlinger Hauptstr 1 **813 55 60**
Eng Chheng Nak, 22, Markomannenstr 27, Stg 2 **257 51 41**
Engagierte Kartografie, Alfred Hengl, 19, Sickenbergg 6A **318 51 90**
Engber Günter-Alfred, 21, Schwaigerg 4 **278 66 26**
– Margareta, 10, Sonnwendg 38 **648 78 65**
– Peter, 10, Sonnwendg 38 **604 65 13**
– Walter/Irmgard, Ang, 10, Herzg 74 **648 53 43**
Enge Elfriede, RegR, 17, KGV Predigtstuhl, Gottfried Krenn Weg 155 **480 06 49**
– Erna, 20, Treustr 65, Stg 8 **332 48 74**
– Franziska, 16, Wurlitzerg 51 **450 37 87 (480 37 87)**
– Friedl/Richard, RegR, Fl, Prof, 7, Hermanng Nr16 **526 65 73**
– Wolfgang, Systemprogramierer, 18, Eckperg Nr8 **479 74 07**
Mobiltelefonnetz D 0663 **01 90 75**
Engeborg Elisabeth, 4, Johann Strauß-G 21 **504 07 26**
Engel Adalberta, Autotaxiuntern, 4, Heumühlg Nr15 **581 72 84**
– Agnes/Johann, 12, Lichtensterng 3–21, Stg 1 **667 66 79**
– Agnes, Mag art, 19, Strehlg 26B **479 26 89**
– Albert, Mag, 22, Josef Frank-G,Reihe 9, Haus 28 **280 12 56**
– Alexander, 1, Franz Josefs-Kai 29 **532 14 05**
– Alfred, Dr, UnivDoz, FA f Orthopädie u Orthopädische Chirurgie, Whg: Mag Barbara, 3, Ziehrerpl 10 **713 78 54**
Ord n Voranm, 3, Barichg 22 **714 93 30…-0**
– Alfred, 10, Ernst Ludwig-G 8, Stg 1 **646 79 24**
– Alfredo, 14, Goldschlagstr 148–158, Stg 13 **982 41 98**
– Andrea, 22, Heinrich Lefler-G 17–19 **283 72 49**
– Andreas, 7, Seideng 44 **522 44 13**
– Andreas/Susanne, 18, Kreuzg 75 **479 29 05**

Engel
– Annemarie/Kurt Dr Prim, 13, Fichtnerg 7 **876 53 86**
– Anton, GdeBed, 19, Boschstr 24, Stg 15 **318 99 36**
– Bernhard, 3, Blattg 8 **715 81 39**
– Bernhard/Helga, 21, Lammaschg 1 **257 46 36**
– Berta, Dipl-Krankenschwester, 17, Fraueng 21 **480 95 47**
– Bettina, 10, Kiurinag 18 **665 41 05**
– Bettina, 12, Aichholzg 11 **813 12 64**
– Bettina, 19, Gunoldstr 3 **368 19 67**
– Birgit, 4, Florag 4, Stg 2 **504 95 88**
– Brigitte/Matthias, 9, Tendlerg 15 **408 67 71**
– Bruno, Dr, 9, Tendlerg 15 **402 39 66**
– Christian Mag/Karin, Perchtoldsdorf, Hyrtlallee 40 **865 29 79**
– Christine, 21, Jedlersdorfer Str 98 **292 08 18**
– Christine, 21, Peter Kaiser-G 15 **382 68 95**
– Claudia, Werbeagentur, 22, Quadenstr 73 **283 10 01**
– Dieter, Dipl-Ing/Gerda, 23, Akazieng 4 **69 64 53**
Mobiltelefonnetz D 0663 **979 42 19**
– Eckart, Ing, 14, Gottfried Sennholzer-G 2 **979 17 97**
– Eduard, 18, Schöffelg 30 **478 18 08**
17, Anton Haidl-G 10, KG Schafberg, Gr E 2, Parz 14 **475 96 74**
– Eduard, 18, Schöffelg 30 **470 62 75**
Mobiltelefonnetz D 0663 **910 25 86**
– Edwin, Dipl-Ing, Drtechn, o Univ Prof Ing-Konsulent f Bauwesen,/Johanna, 13, In der Hagenau 6 **804 86 68**
804 73 44
16, Liebhartstalstr 70, Stg 2 **911 18 68**
– Elfriede, 15, Akkonpl 4 **928 53 73**
– Elfriede, 18, Kreuzg 13 **433 91 25**
– Elfriede, Supervisorin, 19, Döblinger Hauptstr Nr70 **366 84 52**
– Elisabeth, 4, Goldegg 34 **505 62 77**
– Elisabeth, 19, Billrothstr 55 **364 75 45**
– Elise, 16, Deinhardsteing 29 **460 07 42 (485 74 89)**
– Elise, 17, Jörgerstr 24 **438 79 75**
– Elise, Immobilien-Treuhänder, 23, Roißg 9 **888 74 22**
Mobiltelefonnetz D 0663 **01 59 80**
– Erich, 10, Gudrunstr 168 **607 71 83**
– Erik, Sonnenzugskomitee, 4, Florag 4 **505 74 24**
FAX **504 41 64**
– Erik jun, 4, Florag 4, Stg 1 **504 95 90**
– Erna, 15, Nobileg 35 **954 60 03**
– Erwin, 17, Fraueng 6 **485 72 92**
– Esther, 20, Brigittenauer Lände 18 **356 43 32**
– Eva/Ladislaus, 4, Faulmanng 6 **587 36 91**
– Eva Maria, 8, Florianig 30–32 **405 70 91**
– Friedrich/Brunhilde, 8, Laudong 46 **405 77 61**
– Friedrike, 21, Jedleseer Str 66, Stg 14 **278 51 24**
– Gabriela, 1, Maria Theresien Str 30 **310 70 26**
– Gabriele, 17, Hernalser Hauptstr 114, Haus A **450 16 55…-0 (480 16 55…-0)**
489 24 11…-0
– Gabriele, 23, Hochwasserg 18–20, Stg 10 **616 38 64**
Mobiltelefonnetz D 0663 **979 20 50**
– Georg, 19, Pfarrwieseng 11 **318 44 51**
– Gerda, 2, Rueppg 5 **214 91 35**
– Gerda, 11, Pretschg 21, Stg 5 **769 80 38**
– Gerhard/Christine, 20, Handelskai 88, Stg 3 **333 03 14**
– Gerhard/Ingeborg, Vösendorf, Franz Gruber-G 6 **69 76 10**
– Grete, Schwechat, Himbergerstr 81, Stg 13 **707 10 59**
– Günter, Mag, 14, Linzer Str 202, Stg 2 **911 16 57**
– Günther, 3, Gerlg 9–13, Stg 8 **798 30 46**
– Günther, Dkfm, Wirtschaftsprüfer u Steuerberater, 9, Alserbachstr 5 **319 65 29…-0**
310 49 63…-0
FAX **310 23 45**
– Günther, Dipl-Ing, 13, Wattmanng 43 **876 53 13**
– Hans, 21, Dunantg 15, Stg 13 **278 57 52**
– Harald/Juliana, Perchtoldsdorf, Birkenweg 24 **869 62 49**
Perchtoldsdorf, Eichenweg 11 **865 09 85**
– Hedwig, 4, Margaretenstr 23, Stg 2 **587 18 41**
– Heidrun, 6, Gumpendorfer Str 87 **597 40 92**
– Heinz Peter, 7, Neustiftg 67–69 **524 48 19**
– Heinz Peter, 23, Anton Baumgartner-Str Nr44, Stg B 2 **667 13 35**
– Helene Ruth, 14, Leeg 6 **894 85 28**
– Helene, 17, Rosensteing 77 **461 00 24**
– Helga, Steuerberater, 9, Alserbachstr 5 **319 65 29…-0**
– Helmut, Dipl-Ing/Anneliese, 23, Rodaun, Feldg 17 **888 74 99**

Engel
– Herbert, 14, Pfadenhauerg 18 **985 18 31**
– Herbert, 15, Leydoltg 4, Stg 1 **892 22 22**
– Herbert, Dipl-Ing, 18, Haizingerg 11
Mobiltelefonnetz D 0663 **911 31 48**
– Hermann, 10, Laxenburger Str 215, Stg 9 **674 76 03 (615 91 47)**
Mobiltelefonnetz D 0663 **921 13 13**
– Hermine, 17, Hern Hauptstr 206 **486 76 69**
– Hilde, 12, Erlg 48 **839 81 93**
– Hildegard, 6, Linke Wienzeile 36 **581 42 39**
19, Ludwig Gruber-Weg 14 **440 46 51**
– Inge, 19, Heiligenstädter Str 137 **37 48 64**
– Jacek, Dr techn, 10, Leebg 43 **602 39 64**
– Jacek, Dipl-Ing, Drtechn, 19, Kahlenbergerdorf 28 **372 09 42**
– Johann, Bonbons, Schokoladen, 8, Alser Str Nr21 **406 42 68**
– Johanna, Dipl Physiko Ass, 2, Ob Donaustr 97 **212 20 52**
– Johanna, 20, Brigittapl 1–2, Stg 4 **353 68 54**
– Jolanta, Mag, 10, Leebg 43 **602 26 35**
– Josef/Berta, 14, Prochstr 23 **947 82 72**
– Josef, 17, Gräfferg 5, Stg 2 **485 19 24**
– Josefa, 18, Antonig 36 **436 34 82**
– Julius, Dr, prakt Arzt, Ord: 3, Kundmanng 29 **712 24 18**
Whg: 19, Hammerschmidtg 18 **37 51 86**
– Jürgen, 21, Siegfriedg 28
Mobiltelefonnetz D 0663 **910 04 28**
– Karen Yolanda, 20, Petraschg 3 **332 17 13**
– Karl, 20, Leystr 69 **338 86 23**
– Karl, 22, Lieblg 2, Stg 33 **256 47 20**
– Karoline, 15, Oeverseestr 13–19, Stg 14 **985 14 10**
– Klaus, 21, Siegfriedg 28, Stg 10 **271 02 20**
– Kriemhilde, 19, Formanekg 3 **368 14 72**
– Kurt, Elektrotechn, 1, Wollzeile 25 **513 64 15**
– Kurt, 22, Ultzmanng 87
Mobiltelefonnetz D 0663 **01 88 22**
– Laszlo, Dr, 9, Rummelhardtg 2 **408 15 02**
– Leopoldine, 22, Bernoullistr 4–6, Stg 46 **232 70 64**
– Livia, 2, Rotensterng 33–45, Stg 3 **241 94 82**
– Ludwig/Anna, 21, Oswald Redlich-Str Nr32–34, Stg 49 **257 28 13**
– Manfred, 2, Vorgartenstr 188 **265 71 65**
– Margareta, 12, Schallerg 43 **839 76 53**
– Margarete, Dr, 19, Strehlg 26, Haus B **479 31 53**
– Margarethe, 9, Nußdorfer Str 73 **342 85 04**
– Margit, 19, Hofzeile 10–12 **365 02 44**
– Margrit, Perchtoldsdorf, Aspettenstr 32 **865 09 32**
– Maria, 2, Engerthstr 255 **729 52 40**
– Maria, 16, Wattg 59
Mobiltelefonnetz D 0663 **02 31 92**
– Maria, 19, Boschstr 20–22, Stg 7 **318 93 95**
– Marianne, 21, Herzmanovsky-Orlando-G Nr9, Stg 28 **259 55 75**
– Marie K, 9, Porzellang 26 **310 36 61**
– Marjeta, 18, Staudg 70 **402 82 58**
– Markus, 15, Goldschlagstr 27 **983 68 53**
– Martha, Magphil, OStR, 20, Hannoverg Nr13, Stg 1 **352 38 63**
– Martha, 22, Heinrich Lefler-G 23, Stg 5 **225 52 92**
– Martina, 15, Loeschenkohlg 20 **985 43 98**
– Martina/Jakob Peter, Sekr, 18, Währinger Str Nr200 **479 41 37**
– Martina, 19, Hohe Warte 7a **368 83 19**
– Michael, 6, Grabnerg 11–13, Stg 3 **563 94 45**
– Michael, Mag, Dipl-Ing, Zauberkünstler, 10, Arnold Holm-G 2, Stg 36 **608 33 40 (689 33 40)**
– Michael, Ing, 13, Schloßbergstr 6C **876 62 61**
– Michael, 16, Wattg 59 **480 45 10**
– Michaela, 6, Bürgerspitalg 5 **596 06 31**
– Monika/Dr Alfred, 3, Gerlg 23 **799 08 39**
– Monika/Günther, 10, Bucheng 178 **604 75 79**
– Monika/Peter, 18, Starkfriedg 47 **479 32 65**
– Nikolaus, Dr, 19, Ettingshauseng 8 **32 53 80 (320 53 80)**
– Nikolaus, KomR, 23, Stuhlhoferg 19 **888 32 29**
– Nora, 13, Premreinerg 32 **876 65 73**
– Otto/Johanna 7, Seideng 44 **522 44 12**
– Peter, Dkfm/Ingrid, 16, Franz Eichert-Weg 9 **948 70 65**
– Peter, 18, Weimarer Str 17 **470 08 88**
Mobiltelefonnetz D 0663 **01 05 41**
– Peter, Mag, 19, Formanekg 3
Mobiltelefonnetz A1 0664 **301 37 78**
– Peter, 20, Engerthstr 82, Stg 11 **338 84 94**
– Peter, 22, Murrstr 2, Stg 64 **258 57 73**
Mobiltelefonnetz A1 0664 **340 69 38**
– Peter, Perchtoldsdorf, Haydng 7 **865 23 22**
Mobiltelefonnetz D 0663 **89 84 23**
– Raimund, Lebensm, 15, Ullmannstr 29 **893 67 16**
Ingeborg, 21, Ederg 1–3, Stg 5 **392 18 43**

Engel
– Raimund, Therapiebedarf, 19, Sieveringer Str Nr126 **440 30 08**
FAX **440 42 51**
ISDN **440 45 03**
Whg: Monika, 19, Leopold Steiner-G Nr52, Stg 2 **32 21 73 (320 21 73)**
– Rainer, 9, Tendlerg 12 **402 95 46**
– Reinhard, Dr, Journalist, 7, Bandg 20 **523 92 95**
522 42 95
Mobiltelefonnetz D 0663 **80 12 49**
– Renate, 12, Altmannsdorfer Str 95, Stg 5 **802 41 59**
– Renate, 23, Putzendoplerg 3, Stg 64 **667 47 22**
– Richard/Anna, 4, Walterg 5, Stg 2 **656 82 24**
– Richard/Nitsche Claudia, 22, Zschokkeg Nr91, Stg 11 **283 67 97**
– Robert, Musikinstrumentenerz, 16, Koppstr Nr94 **492 66 10**
– Robert, Handelsges, 20, Wallensteinstr 42 **334 04 31**
– Robert, 22, Quadenstr 73
Mobiltelefonnetz D 0663 **08 40 87**
– Roland, 12, Schönbrunner Str 187 **817 38 77**
– Rosa, 15, Heinickeg 4 **893 87 33**
– Rosa, 21, Jedleseer Str 79–95, Stg 40 **272 32 23**
– Rudolf James, Dr/Margit, 9, Pramerg Nr8–10, Stg 2 **317 67 43**
– Rudolf/Anka, 9, Roßauer Lände 29 **317 43 16**
– Rudolf, 18, Waldeckg 5, Stg 8 **479 79 01**
– Rudolf/Elfriede, Kfz-Mechaniker, 21, Prager Str 93–99, Stg 18 **270 27 06**
– Rudolf, 21, Ruthnerg 56–60, Stg 26 **391 07 53**
– Rupert, 18, Gersthofer Str 75–77 **474 88 03**
– Susanne, 22, Ultzmanng 87 **774 38 50**
– Thomas, Mag, 23, Ruzickag 13, Stg 2 **888 06 54**
– Ulrike, 6, Fallg 1 **596 48 30**
– Ulrike, 13, Linienamtsg 4 **802 61 95**
– Walter, 3, Marxerg 26–28, Stg 3 **713 38 62**
– Walter, 5, Einsiedlerg 13 **545 30 30**
– Walter, Mag/Hertha, 12, Tivolig 34 **812 43 74**
– Walter, 22, KGV Heidjöchl, Parz 42 **287 06 06**
– Walter, 23, Anton Krieger-G 1–23 **889 73 84**
– Werner, 13, Elßlerg 12 **877 64 84**
– Wolfgang, 6, Stumperg 31 **596 67 13**
– Wolfgang/Brigitte, 14, Pierrong 15 **914 07 81**
Mobiltelefonnetz A1 0664 **302 04 18**
– Wolfgang, Mag, 23, Pfitznerg 1
Mobiltelefonnetz D 0663 **81 48 61**
– Zoltan/Resi, 1, Singerstr 4 **512 33 07**
Engel FilmverleihgesmbH, 7, Neubaug 4 **523 76 60**
Engel Ludwig & Co, 1, Naglerg 8 **533 91 29**
Engel Timber-Helga Euler GesmbH, Austrian Timber, 1, Babenbergerstr 9 **587 63 43…-0**
587 39 36
Mobiltelefonnetz D 0663 **82 05 34**
Mobiltelefonnetz A1 0664 **202 84 40**
Mobiltelefonnetz A1 0664 **204 83 00**
Engel VertriebsgesmbH, 13, Auhofstr 17A **877 31 80…-0**
877 35 86
Mobiltelefonnetz D 0663 **80 08 36**
Engel W & P HandelsgesmbH, Perchtoldsdorf, Haydng 7 **865 22 65**
FAX **865 22 65-10**
Engel-Janosi Christiane/DDr Friedrich, 19, Weinbergg 67 **318 32 95**
22, An der unteren Alten Donau 9 **238 24 34**
Engel-Raschke Marielouise, Perchtoldsdorf, Stücklweg 9 **869 75 87**
Engelbaum Marc, 19, Rudolf Kassner-G 27 **32 89 78 (320 89 78)**
Engelberg Petra, Mag, 3, Landstraßer Hauptstr Nr40 **715 45 09**
– Samuel, 7, Schottenfeldg 63 **93 47 58**
Engelberger Alfred, 22, Hardegg 67, Stg 11 **22 03 43 (282 03 43)**
– Angela/Günter, 16, Sulmg 13A **493 77 19**
– Anne-Marie, 23, Ellmingerg 8, Stg 5 **674 94 83**
– Anton, 21, Dodererg 2–4, Stg 6 **259 70 51**
– Armin, 15, Schweglerstr 5
Mobiltelefonnetz D 0663 **918 35 77**
– Carl, 16, Brunneng 12 **492 03 96**
– Elsa, 18, Scherffenbergg 3 **479 19 43**
– Else/Josef, 7, Bernardg 26, Stg 1 **522 65 32**
– Erich, 10, Pernerstorferg 13 **607 76 84**
– Franz, 15, Märzstr 26 **982 09 44**
– Gerald, 16, Haymerleg 36, Stg 1 **495 54 74**
– Günter, Verkaufsberater, 16, Sulmg Nr13A/2/14–16
Mobiltelefonnetz C 0663 **511 17**

Die Engel von Wien (Stand 1996/97), Amtliches Telefonbuch, Band A – H

August Ruhs

Der Engel, ganz Stimme

> Der Mensch muß wieder nach unten mit den Tieren,
> den Pflanzen, der Natur und nach oben mit den Engeln
> und Geistern in Beziehung treten.
> *Joseph Beuys*

Eine Verwandlung

Angelika G. betrachtete wohlgefällig und zufrieden im großen Spiegel ihres Zimmers das Bild ihres mehr und mehr verschwindenden Körpers. Aus den durch die Schatten der knöchernen Umrandung dunkelgetönten Augenhöhlungen hervorkommend, verfing sich der Blick zunächst im schütteren Haar, glitt aber alsbald ab ins Gesicht und gelangte, die weit vorspringenden Backenknochen überquerend, über die hohlen Wangen voran zum dünnen Hals und von da zum Rumpf, wo er sich weniger an dessen kaum noch vorhandener Vorderseite als vielmehr an dessen Rückenpartien aufhielt, um vorübergehend und nicht ohne Genugtuung auf den kleinen Flügeln der von Tag zu Tag stärker herausragenden Schulterblätter auszuruhen. Denn auch ihr Blick war müder und träger geworden und konnte nur noch mit einiger Mühe die Betrachtung des restlichen Körpers und der Körperreste fortsetzen. Schlaff faltete sich die Haut über dem hohlen Bauch und kleidete wie zartes Pergament sowohl die Innenseite als auch die Außenseite des Beckens aus, das nun tatsächlich auch äußerlich als solches sichtbar geworden war. Noch verdeckte ein Haarbüschel mühsam und verlegen die Öffnung ihrer wie trotzig hervortretenden Scham, neben welcher auf beiden Seiten die dünnen Beine, denen glücklicherweise nur noch wenig Last zu tragen auferlegt war, nach unten hingen. So ergab sich, daß ihre Füße, beinahe schon Krallen, nur noch bedingt auf den Boden zu stehen kamen, was die weiteren Stadien der nun einsetzenden rascheren Verwandlung erheblich erleichterte. Denn sie begann nun das ihr schon bekannte Kribbeln am ganzen Leib zu spüren, welches stets das bald danach einsetzende Wachsen und Wuchern eines weißen Flaums ankündigte, der sich, von den Fesseln aufwärts, verhältnismäßig rasch über den ganzen Körper verbreitete, auf den Schulterblättern aber zur Herausbildung eines regelrechten Federkleides führte. An diesem Punkt angekommen, hatte sich auch Angelikas Stimmung bis zur Verzückung gesteigert und langsam, dem Fortgang des Rituals entsprechend, öffnete sich ihr Mund und fing zunächst ganz leise, dann immer lauter werdend und immer stärker modulierend zu summen an. Alsbald verdichteten sich die Töne zu einem vielstimmigen Klang und erfüllten den Raum mehr und mehr, so daß schließlich nichts mehr von ihm übrigblieb. Aber auch Angelika selbst wurde von diesem harmonischen Rauschen und Klingen aufgesaugt und aufgenommen, und so geschah es, daß niemand und nicht einmal sie selbst sah, wie sie, ganz Klang und Stimme, durch das offene Fenster und von da aus in die offene Luft flog. Nur ein kleiner Vogel wunderte sich über den plötzlichen warmen Lufthauch, der kurz sein kaltes Gefieder streifte.

Übergangssubjekt Engel

Es ist nicht unbedingt offensichtlich, daß im Streben nach Auslöschung des Körpers und im Trachten nach seiner Auflösung in Geist und Stimme, dem sich ein Subjekt in der Magersucht so hingebungsvoll widmet, ein Phantasma am Werk zu sehen ist, das im christlichen Mythos des Engels und verwandter Gestalten aus anderen Mythensystemen durchaus seine Entsprechung findet. Im Realen verwurzelt zeigen Mythen auch aus Gründen ihrer Existenzsicherung die Neigung, immer wieder zu ihren Ursprüngen zurückzukehren, weshalb sie sich bisweilen, in der einen oder anderen Form, im Faktischen zu verwirklichen suchen. In solchen Inkarnationen gelingt es den mythischen Wesen, Subjektstatus zu erlangen und jenen Raum zu verlassen, den sie ansonsten nur als Übergangssubjekte bewohnen. Als Übergangssubjekte lassen sich jene höheren und niedrigeren außermenschlichen Bildungen bezeichnen und beschreiben, die der Mensch zu seiner Identitätssicherung als Gattung um sich herum zu versammeln pflegt, Leitfiguren aber auch auf dem Weg seiner phylogenetischen und ontogenetischen Evolution, die ihm die quälende Ungewißheit seiner Bestimmung erleichtern und die Phasen seiner Entwicklung anschaulicher und begreiflicher machen.

Grundsätzlich immateriell, intermediär und relational sind die Engel den religiös verfaßten Erscheinungsweisen des Nichts zuzuordnen. In ihrer Funktion als Vermittler – figurativ: als Boten – dienen sie den Menschen dazu, eine Verbindung zur Schöpfung aufzunehmen, werden aber ihrerseits in den Dienst des jeweils als solchen anerkannten Schöpfers gestellt. Da sie hauptsächlich einer monotheistischen Vorstellungswelt angehören, somit vor allem im Judentum, im Christentum und im Islam verbreitet sind, ist ihre Erscheinungsweise relativ monomorph, wenngleich man sich ihre materielosen Körper aus Licht, Äther oder Feuer gemacht vorstellt. Einleuchtender allerdings ist es, die Körperhaftigkeit der Engel auf die Materialität/Immaterialität des Signifikanten zu reduzieren und ihnen einen Platz relationaler Elemente in Bedeutungssystemen zuzuweisen.

Dies ergibt sich aus der Perspektive der Genesis, welche zwar sagen kann, daß vor dem Wort nichts ist, aber auch nicht behaupten kann, daß davor nicht nichts ist, was aber die Tatsache nicht außer Kraft setzt, daß sich erst mit dem Sprechen eine Welt konstituiert, in der sich Anwesendes von Abwesendem sondern kann. So ist also die Existenz des Engels im Sprechen begründet. Da er aber auch dort nur in den Zwischenräumen lebt, weil er, wie noch zu erläutern sein wird, auf das Subjekt des Sprechens und auf dessen Träger, die Stimme, verweist, kann man weniger von seinem Existieren als von seinem Insistieren sprechen. In einem solchen Insistieren wirkt der Zwang der Bedeutungsverweisung entsprechend der Artikulations- und Kontextualitätsstruktur der menschlichen Sprache, wodurch ein Zeichen, um Bedeutung zu erlangen, wesentlich von den es umgebenden Zeichen abhängt und weniger von einem Referenten, auf den es sich bezieht, was zu einer Unabschließbarkeit der symbolischen Ordnung führt. Signifikantentheoretisch gesprochen ist der Engelsignifikant dem Herrnsignifikanten – figurativ: Gott – am nächsten und gewährleistet von dorther die Verbindung zur gesamten Kette der Signifikanten. Weil er jedoch nicht wie jener von einem Bilderverbot – eigentlich: Abbildungsunmöglichkeit, weil der Herrnsignifikant nur sich selbst bedeutet – belegt ist, ist es nicht nur erlaubt, sondern auch möglich, sich von ihm ein Bild zu machen, zumal er sich auf ein tatsächliches Urobjekt, die Stimme eben, berufen kann. Der Neigung des Menschen, sich von allem ein Bild machen zu wollen, gesellt sich hier eine zweite Neigung hinzu, nämlich die, sich vor allem visuelle Bilder zu erzeugen, was dem sinnesphysiologischen Primat des Auges zuzurechnen ist.

Deshalb ist die verbreitetste Erscheinungsform des Engels als Stimme und Verkünder des Wortes Gottes ikonisch oder glyptisch, so daß er in allen Bildergalerien und in allen Skulpturengärten zu finden ist. Dadurch wird verschleiert, daß das Phänomen des Engels eben eher der Kategorie des Vokal-Akustischen als dem Bereich des Bildhaft-Visuellen zuzurechnen ist, was auch bezüglich der Ontologie des Subjekts der Vorrangigkeit des Akustischen gegenüber dem Visuellen entspricht. Dabei ist aber die primäre Äußerungsform des Engels das Schweigen, allerdings nicht aphonisch, sondern antiphonisch, weil die Stille dieses Schweigens dem tönenden Laut einen gegentönigen Hintergrund bietet. Dieser Sachverhalt zeigt sich sinnfällig in jener bekannten und dem Unheimlichen zugehörigen Erfahrung, wenn eine Gruppe, die sich gerade noch angeregt unterhalten hat, plötzlich und aus schwer feststellbaren Gründen von einem hörbaren Schweigen heimgesucht wird. „Jetzt ist ein Engel durchs Zimmer gegangen", pflegt man in solchen Augenblicken zu sagen.

In der ikonographischen und glyptographischen Allegorisierung der Engel sind die Spuren einer ursprünglichen Verhaftung an die Welt der Stimmen, des Hörens und Vernehmens festgehalten. So insbesondere dort, wo die versinnbildlichte Materialisierung ihrer materielosen Körper in einer Reduzierung auf einzelne Teile des menschlichen Körpers, vornehmlich des Kopfes, vorgenommen worden ist und sich andererseits durch die nahezu durchgängige Ausstattung der Engel mit Flügeln vollzieht, wodurch sie den Vögeln angenähert werden, welchen die Schöpfung, wie es heißt, die Funktion übertragen hat, der Stimme und dem Klang der Natur Ausdruck zu verleihen.

In der Umkehrung der religiösen Metaphysik in Metapsychologie erscheinen somit die Engel als vom Menschen hervorgebrachte Sprechmaschinen, deren Stimmwunder sich als Wunderstimmen vernehmen lassen, womit sich eine Verbindung der Engel zu anderen mythischen Erscheinungen herstellen läßt, vor allem zu jenen der Sirenen und der Nymphe Echo, wenn wir von einer anderen verwandtschaftlichen Linie absehen, die sich zwischen den Engeln und den Genien herstellt, welch letztere zusammen mit Juno die Schutzgeister darstellen, die den Menschen von der Geburt an durchs Leben geleiten, seine Ehe beschützen und an allen seinen Freuden und Leiden Anteil nehmen und die das Vorbild für die Gestaltung der Ikonologie der Engel in der frühchristlichen Zeit abgaben.

Anti-Engel Sirenen

Eine Zusammenfassung der Geschichte der Sirenen[1] zeigt diese in der Antike einerseits als Sängerinnen „wilder Hadesweisen"; andererseits soll das harmonische Zusammenklingen der Sphären des Kosmos in ihrem Gesang begründet liegen. Damit stehen sie sowohl innerhalb als auch außerhalb der Welt, was auch zusammen mit ihren gegensätzlichen Wirkungsweisen ihr Erscheinungsbild bestimmt.

In ihrer beseelten und dem Irdischen zugeneigten Seite sind sie ursprünglich mit einem Vogelkörper ausgestattet, nehmen aber bald auch fisch- und schlangenschwänzige Leiber an, so daß sie nicht nur den Himmel, sondern auch die Wasser der Meere und sogar die Einöden der Wüste bevölkern. In diesen Formen finden sie ihren Einzug in das christliche Mittelalter, wo sie in Literatur und Kunst auch als Nixen, Merminnen und Meerjungfrauen, als Dämonen,

1 Eine ausgezeichnete Darstellung der Sirenen finden wir bei G. Steiner, WOGE, SCHWELLE UND SCHWEIGEN: MYTHEN VON MEERFRAUEN UND SIRENEN BIS ZUM AUSGANG DES MITTELALTERS, in: Stuttgarter Arbeiten zur Germanistik Nr. 243, Stuttgart 1990, S. 89–103.

Gryllen und Fabelfrauen figurieren und sich den analogen Bildungen der Melusinen, Schwanfrauen und Walküren hinzugesellen.

Was sich aber bei diesem Transfer immer stärker in den Vordergrund drängt, ist ihre unheilvolle und todbringende Erotik, die die nunmehr hauptsächlich ins Meer verbannten, teils zoologisch, teils mythologisch gefaßten Sirenen mit ihren Stimmen vornehmlich auf abenteuernde Schiffer auf ihren Reisen ins Jenseits und auf ihren Unterweltsfahrten, die sich mehr und mehr über das Geographische hinaus auf das Moralische erstrecken, ausüben. In diesem kultivierten Nachhall alter Schiffermärchen, welchen sich auch die Homerische ODYSSEE verdankt und welche ihrerseits wieder ihre Resonanz sowohl in Dantes INFERNO als auch im Joyceschen ULYSSES mit seiner vollständig profanisierten Unterwelt findet, schwindet mehr und mehr jener Charakter des „guten“ Sirenengesanges, der die Stimme und Klage der Natur und den sphärischen Klang des ewigen Kreislaufs des Universums trägt. Es scheint, als würde die Dominanz der männer-verderbenden und todbringenden Wirkung der Sirenen in der allegorischen Welt des akustischen Alls jenen fruchtbaren Boden bilden, auf dem das Bild des purifizierten Engels besonders üppig gedeihen kann.

Ist die antike Sirene in ihrer klanglichen und stimmlichen Vielfalt noch Integrationsgestalt einer topologischen Ordnung, indem sie das Überirdische, das Irdische und das Unterirdische in sich zusammenschließt und verbindet, damit auch das Gute und das Böse, Tod und Verderben, Leben und Verheißung, den Tod im Leben und das Leben im Tod in sich vereinigt, so ist nunmehr ihre schützende, stützende, beseelende und beseligende Kraft fast gänzlich auf den Engel übergegangen. In ihrem Rückzug auf die Gewässer und Meere bewahrt sich die Sirene hier und da noch einen Rest von Wohlwollen, Anmut, Harmonie und Lieblichkeit. Aber indem sie den Vogelteil ihres weiblichen Körpers mit dem Fischschwanz vertauscht, wird auch ihr betörender Gesang schwächer, bevor er, mit Reformation und Humanismus, fast völlig verstummt und bevor er mit den Luftkriegen der Neuzeit um so grausamer wieder zurückkehrt. Im Engel aber, nun ganz Flügel und sublimer Gesang geworden, betont und verfestigt sich die Wirkung einer uralten Spaltung von Gut und Böse, welche dereinst im Bild der gefallenen Engel ihren bevorzugten Ausdruck gefunden hat.

Ins Wasser verbannt erinnert sich hingegen Sirene traurig an ihre glanzvollsten Zeiten, als sie noch Herrscherin der spiegelnden Oberfläche des Meeres war und wovon ihr Attribut des Spiegels zeugt, den sie wie ein Souvenir weiterführt. Würde sie weniger Angst verspüren, in den Spiegel zu blicken, und würde ihr dabei der Engel über die Schulter schauen, so würden beide nichts anderes sehen als das Gesicht des Narziß, womit sie gleichzeitig auf die Strukturbedingungen ihrer Existenz und auf die leidvolle Geschichte einer Verdrängung stoßen würden.

Echos Echo

Denn es ist nicht oft genug zu wiederholen, wie die scheinbare Übermacht des Auges und die besondere Sinnfälligkeit des Visuellen dazu führt, daß in der Struktur des Narzißmythos, welcher die Vorzeit der Konstituierung des menschlichen Subjekts erfassen möchte, das Schicksal der Echo so konsequent unterschlagen wird. Tragische Verdoppelung auf einer Seite einer zweifachen Tragödie, in der zunächst die innige Liebe der Nymphe zum schönen Jüngling Narziß verschmäht wird, worauf sie sich in Liebesgram verzehrt. Nur Echos Stimme, der Widerhall, lebt noch in den Bergen und Wäldern fort, während sich der eitle Narziß in sein eigenes Bild verliebt und dahinschmachtet, bis er in eine Blume verwandelt wird.

In diesen Metamorphosen des Eros scheinen auch die Sirenen und Engel ihren Part zu spielen, wo sie, Echo zur Seite, Gerechtigkeit fordern und Eigenständigkeit beanspruchen, wo sie aber auch auf Rache nicht verzichten und der Liebe nicht entsagen möchten. Im Kampf um Anerkennung soll zunächst dem Primat des Optischen und der Vorrangigkeit des Visuellen die Vorgängigkeit des Akustischen gegenübergestellt werden. Denn tatsächlich geht in der Entwicklung des Subjekts und in seiner Naturgeschichte der Sinne das Universum des Hörbaren der Welt des Sichtbaren eindeutig voraus, wenngleich diese aufgrund der größeren Gier des Auges und der Materialität und Gegenständlichkeit seiner Objekte jene auf Immaterialität und Intensität angewiesene stets in den Hintergrund zu drängen trachtet. Schließlich ist nicht zu vergessen, daß es der hauptsächlich von der Stimme getragene Diskurs ist, der die Neigung des Spiegels bestimmt, welcher uns einen Ausschnitt aus der Unendlichkeit des Sichtbaren liefert, weil er sagt, was zu sehen ist. Und weil so die Ordnung der Bilder stillschweigend von der Ordnung der Wörter organisiert wird, sind wir, inmitten des Sichtbaren stehend, auch immer dazu verführt, in ihm ein Unsichtbares zu suchen. Ein solches Begehren ist indes nicht nur darauf gerichtet, jenen verlorenen Urgegenstand, jenes Ding wiederzufinden, von welchem alle Gegenstände nur Substitute darstellen. Es ist auch davon buchstäblich bestimmt, daß es in diesem stets abwesenden Referenten auch den Referierenden sucht, den also, der nicht nur alles Anwesende und Abwesende, sondern auch das Subjekt selbst benannt hat, womit das Begehren auch das sucht, was diesen Taufakt der inneren und äußeren Welt vollzogen hat: das Objekt der Stimme. Im Mythos der Echo zeigt sich die Struktur dieses Vorganges: Die Aneignung der Symbolisierung liegt in der Wiederholung, im Widerhall begründet, weshalb in der Regel die ersten Worte, die das Menschenkind zu sprechen lernt, aus echoartig verdoppelten Silben bestehen.

Da aber die gekränkte Echo liebt und haßt, sind die Stimmen nicht nur führend, sondern auch verführend, sind sie immer Engel und Sirenen. Auf Bilder bezogen gibt die von der Stimme geführte Neigung des Spiegels die Stimmung und Tönung des Bildes an. Während die Sirenen uns zu den Bildern locken, geben die Engel den Bildern ihren Klang. Wie mir scheint, ist letzterer nirgendwo anders intensiver hörbar als in monochromen Bildern.

Aufdringliche Schlußüberlegung

Wenn wir dazu aufgefordert werden, nach oben eine wieder intensivere Verbindung zu den Engeln aufzunehmen, könnte dies auf den Versuch hinzielen, Narziß zu verführen, sein Begehren für Echo zu erwecken, Echo zu versöhnen und ihr zu ihrem Recht zu verhelfen und der Bilderflut mit einem Tonschwall Einhalt zu gebieten. Es gibt allerdings sublimere Möglichkeiten, die Präsenz von Echo und Compagnie zu unterstreichen, als es die Lösung unserer Magersüchtigen ist. Die Konstruktion von Apparaten, an welche wir die Propagierung der Kontakte delegieren können, hat schon eingesetzt, am Bau des Panakustikums gleich neben dem Panoptikum wird fleißig gearbeitet. In allen Straßen und an allen Plätzen vernehmen wir die Stimmen der Engel und Sirenen, kurz: überall dort, wo heutzutage so emsig telephoniert wird.

Sylvère Lotringer

Engelsex

„Engel spreizten ihre Beine, und die Himmel wurden feucht."
Jack Smith

„Daß die Frau beim Orgasmus das Gesicht verzerrt, macht anschaulich, daß sich zusätzlich die Muskeln des gesamten Körpers kontrahieren. Im allgemeinen ziehen sich die Halsmuskeln und die langen Muskeln der Arme und Beine in unkontrollierbaren Krämpfen zusammen. [...] Das physiologische Einsetzen des Orgasmus kündigt sich durch Kontraktionen der Zielorgane an und beginnt im äußeren Drittel der Scheide an der sogenannten orgastischen Manschette. [...] Sowohl mittels intrauterin als auch abdominal angebrachter Elektroden wurden orgastische Kontraktionen der Gebärmutter festgestellt. Beide Methoden lassen darauf schließen, daß diese fast gleichzeitig mit den Kontraktionen der orgastischen Manschette einsetzen."

Mit Kamera und Elektroden sind Masters und Johnson, unsere unerschrokkenen Reporter, zur Stelle und messen und nehmen auf, was sich abspielt. Das sei, so behaupten sie im Vorwort ihrer Buchs HUMAN SEXUAL RESPONSE „der erste Schritt in Richtung einer Politik der offenen Tür".

Wie ein offenes Buch liegt der Sex endlich vor uns.

Die Patientin wartet mit angezogenen Knien. Penisse aus Plastik, die mit Strom versorgt werden, liegen bereit. Sie sind ihrer Größe angepaßt worden. Und sie führen immer zum Erfolg.

Sie sind nicht menschlich.

Der menschliche Aspekt ist aber nicht vollständig verschwunden: Stoßtiefe und -frequenz werden noch immer von den individuellen Bedürfnissen bestimmt. Mit dem Steigen der Spannung nimmt die Stoßgeschwindigkeit zu.

Die Maschine hat keinen Orgasmus.

Künstliche Koitaltechniken sind von Radiophysikern erheblich verbessert worden. Plastikpenisse funktionieren wie Fensterglas. Kaltes Licht erlaubt ein unverzerrtes Beobachten und Aufnehmen. Jetzt kann man beginnen, sich dem menschlichen Sexualverhalten unvoreingenommen zu nähern.

Was aber bedeutet eine unvoreingenommene Annäherung für die menschliche Sexualität? Welche Folgen hat es, sich ihr wie jedem anderen Phänomen zu nähern, ja sie überhaupt im kalten Licht des Sexuallaboratoriums durch eine kleine Blende und aus dem besonderen Blickwinkel des fensterglasartigen Penis als Phänomen für sich zu betrachten?

Wenn man die menschliche Sexualität wie eine Ratte, wie eine tote Ratte einem Test unterziehen kann, mit Roboterhengsten und technisch herbeigeführten Orgasmen operiert, ist die gesamte Welt zu einem Laboratorium geworden. Es läßt sich an diesem Punkt der Entwicklung schwer sagen, zu welchen Ergebnissen dieses ungeheure kulturelle Experiment führen wird. Wir wissen heute alles über Sex, und wir haben vor Fragen keine Angst. Aber lohnt es sich überhaupt zu fragen, wenn das gesamte Wissen über Sex diesen weiter verdinglicht? Erektion, klitorale Stimulation, oraler Sex, vorzeitiger Samenerguß, vaginaler Orgasmus, Analverkehr – das kennen wir doch alles. Wir sind zu Experten auf diesem Gebiet geworden. Wir verbergen nichts, schon gar nicht vor Fremden. Wir begrüßen es, öffentlich begutachtet zu werden.

„Man sieht, wie sich der rektale Schließmuskel des weiblichen Exemplars zusammenzieht und entspannt, wie die Warzenhöfe der Brüste – hier lang, bitte! – nach dem Orgasmus kleiner werden, während das sexuelle Empfinden verebbt und die Atemfrequenz allmählich zurückgeht [...]."

Unsere Gesellschaft ist von Sex durchtränkt. Aber ist unsere Sexualität wirklich sexuell?

Die Sexualität ist schließlich ein junges Phänomen. Sie wurde erst vor 200 Jahren zum Gegenstand einer eigenen Disziplin (Biologie der Reproduktion, Neuropathologie sexueller Abweichungen usw.), für den man sich eingehend zu interessieren begann. Gegen Ende des 19. Jahrhunderts hob Krafft-Ebing im Vorwort zu seiner PSYCHOPATHIA SEXUALIS hervor, daß sich nur wenige des tiefen Einflusses des Geschlechtslebens auf Empfinden, Denken und Handeln des Menschen in seinen gesellschaftlichen Beziehungen zu anderen Menschen bewußt seien. Wer könnte das heute noch sagen?

J. G. Ballard brachte die Sache schon eher auf den Punkt, als er in THE ATROCITY EXHIBITION eine seiner Figuren die „interessante Frage" aufwerfen ließ, „inwiefern der Verkehr mit einer weiblichen Scheide stimulierender ist als etwa mit einem Aschenbecher oder zwei zusammenstoßenden Wänden". – „Sex", so heißt es weiter, „ist heute ein konzeptueller Akt. Wahrscheinlich können wir nur über die Perversion mit anderen in Beziehung treten. Perversionen sind völlig neutral, haben mit Psychopathologie nicht das Geringste zu tun – und einige ihrer Spielarten, die ich versucht habe, sind sogar schon veraltet. Wir müssen eine Reihe imaginärer Perversionen erfinden, nur um weiter geschlechtlich aktiv sein zu können [...]."

Es gab eine Zeit, in der die Sexualität von anderen ritualisierten Handlungen, die dem kollektiven Leben zuträglich sein sollten, nicht getrennt war. Noch vor einem Jahrhundert waren Charcots Versuche mit hysterischen Patienten in der Salpêtrière in Paris ein öffentliches Ereignis, ein Fest, das eher mit Artauds Theater der Grausamkeit zu tun hatte als mit einem Hospital oder Laboratorium, wenn es auch eindeutig beiden Institutionen verpflichtet war. Sex stand nicht einmal im ausdrücklichen Mittelpunkt jener „Zurschaustellung von Greueln" und wurde nur aus der Existenz anderer eigentümlicher Phänomene abgeleitet, die Anatomikern wie Physiologen weiterhin Rätsel aufgaben.

Charcot verwendete keine Plastikpenisse, doch seine „Sexstäbe" hatten eine ähnliche Funktion. Durch direkten Druck auf die Eierstöcke der Frauen beschleunigte oder minderte er je nach Gutdünken deren stärkste Zuckungen. (Vor einigen Jahrzehnten steuerte Dr. Jose Delgado, ein „Bioideologe" der Yale University, auf ähnliche Weise zum Angriff übergehende Stiere durch ins Gehirn eingepflanzte Elektroden; er wollte das Experiment an Menschen fortsetzen.) Die gewagten Eingriffe an der Salpêtrière waren noch von einer Aura des Magischen umgeben, und Charcot selbst hielt die abrupte Unterbrechung der Zuckungen, die er ja selbst erzeugte, „gewissermaßen für ein Wunder".

Im Unterschied zu Freud gab Charcot nie vor, seine Patienten heilen zu können. Er wollte nur auf experimentellem Wege herstellen, was er als „natürliche", an der Hysterie beispielhaft zutage tretende „Symptome" ansah. Die betreffende Technik war bereits im frühen 18. Jahrhundert eingesetzt worden, um der ungebärdigen Menge der „Konvulsiven" von Saint-Medard in verschiedener Hinsicht Erleichterungen („secours") zu verschaffen.

Es gab im wesentlichen zwei Formen: Die sogenannten „kleinen Erleichterungen" bestanden darin, Teile des Körpers zu berühren, zu drücken oder leicht auf sie einzuschlagen, wobei es sich vor allem um die später von Charcot als „hysterogene Zonen" bezeichneten Bereiche handelte: Charcot hatte erkannt, daß man dadurch „wollüstige Triebe befriedigen" konnte. Die „großen Erleichterungen" waren etwas ganz anderes; nicht zufällig begegnet man oft auch dem Begriff „mörderische Erleichterungen". Man versuchte die besessenen Patienten aus ihrer häufig auftretenden allgemeinen Betäubung zu reißen, indem man mit Prügeln, Eisenstangen, Hämmern und großen Steinen auf sie einschlug oder sie mit spitzen Instrumenten wie Nadeln, Nägeln und Schwertern aufspießte. Auch in der Salpêtrière ließ man unverwüstlichen Insassen gelegentlich diese „secours" zuteil werden. Einer Hysterikerin namens Celina, die Charcots Mitarbeiter wegen ihres vulgären Benehmens, ihres übermäßigen „geschlechtlichen Appetits", endlosen Geschreis und beharrlichen Weigerns, sich ein Spekulum einführen zu lassen, brandmarkten, wurde der Gebärmuttermund mehrmals mit heißen Eisen verbrannt. Dennoch widersetzte sie sich standhaft allen Versuchen, sie mit Hilfe kalter Duschen, mittels Chloroform, durch die Injektion verschiedener Drogen usw. gefügig zu machen. Die „Erleichterung" durch diese Behandlung war tatsächlich ungemein; den Aufzeichnungen zufolge starb sie auf „unerklärliche Weise".

Im Unterschied zu den zeitgenössischen Sexuallaboratorien, in denen man die Menschen in einer sterilen Umgebung isoliert und sich ausschließlich auf die Genitalien konzentriert, befaßten sich Charcots Untersuchungen mit dem gesamten Körper und wurden mit der Üppigkeit eines barocken Schauspiels in Szene gesetzt. Die Frauen – die Mehrzahl der Patienten war weiblich – führte man normalerweise „in einem ganz schlichten Gewand" dem Publikum vor, nachdem man ihnen eine Dosis Amylnitrat injiziert hatte, die das gewünschte Verhalten auslöste. Was dann geschah, muß den jungen Freud stark beeindruckt haben, wurde er doch zu einem eifrigen Besucher dieser bestürzenden Vorführungen. „Der Besucher, dem diese Szenen noch nicht vertraut sind", schreibt Charcot 1876, „ist vom Anblick der schrecklichen Grimassen und dem Ausdruck der extremen Lüsternheit verblüfft. [...] Die Patientin läßt ihren Körper aufs Bett zurückfallen, schiebt ihren Rock hoch und öffnet die Schenkel [...]."

Charcot ist eher als Künstler und Visionär denn als leidenschaftsloser Erforscher der menschlichen Physiologie anzusehen. Seinem „bohrenden Blick", so heißt es, blieb keine noch so geringfügige Anomalie des nackt vor ihm stehenden Patienten verborgen, und er ließ zu Vergleichszwecken oft sofort andere „leidende Körper" herbeischaffen. Er machte sich Notizen, wies auf Details hin, imitierte für die Anwesenden die hervorstechendsten Symptome seiner Patienten, fertigte typologische Zeichnungen der verschiedenen Haltungen an und gelangte so allmählich zu einem klinischen Bild des Grand mal, indem er Phasen feststellte und die Regelmäßigkeit des Auftretens der Anfälle durchschaute.

Charcot wurde vor allem von feministischen Kritikerinnen zurecht vorgeworfen, daß er aus seinen Forschungen Freakshows gemacht habe. Aber sind die klinischen mechanischen Behelfe moderner Laboratorien weniger grausam? Charcots Entscheidung, seine Untersuchungen als Schauspiel zu inszenieren, war eine im zeitgenössischen Kontext vor allem der Spitäler unglaubliche Neuerung und hatte mehrfache Gründe. Zum einen spiegelten seine Vorstellungen gemeinschaftliche Ereignisse wieder, in deren Rahmen Priester und Heilige bis ins 18. Jahrhundert hinein „von Krämpfen und Dämonen befallene“ Menschen exorzierten. Die ursprüngliche Absicht dieser Versammlungen war es, den Gläubigen ein Wunder *vorzuführen* – der Bezug zur Bühne war gewollt – und sie zu gemahnen, die Beweise der Religion anzuerkennen. Charcot hatte andere Beweise im Sinn, und er suchte überall in der Geschichte und in der Kunst, der sakralen wie der volkstümlichen, nach Darstellungen der Besessenheit und des Exorzismus. Er war sich des *epidemischen* Charakters konvulsiver Erscheinungen bewußt, hatte er doch selbst oft festgestellt, wie seine Patienten als Reaktion auf die Anwesenheit des Publikums von neuem zu schreien und zu gestikulieren begannen. Er sammelte Darstellungen von religiösem Fanatismus, vertiefte sich in Bilder von „Ekstatikern“ im Augenblick ihrer Kreuzigung – ein ihm von seinen eigenen Patienten vertrautes Phänomen – und der öffentlichen Zurschaustellung von „Dämonen Besessener“, die von Heiligen exorziert wurden, sowie von Nonnen, die vom „Teufel besessen“ waren (der oft als kleine schwarze Gestalt mit Flügeln aus dem Mund oder dem Kopf des Exorzierten ausfuhr), und war dadurch in der Lage, auf den religiösen Charakter des festgestellten Symptomzusammenhangs zu schließen. Vielleicht gelang es Charcot sogar, diesen mit der tiefen Krise in Verbindung zu bringen, die die Besessenheit in den Beichttechniken des 18. Jahrhunderts ausgelöst hatte. Dennoch war er weiterhin überzeugt, daß alle Beispiele kollektiver Anfälle, auf die er stieß, bloß historische Vorformen seiner „großen Neurose“ und der „retrospektiven Diagnose einer Nervenkrankheit [waren], die man damals mißverstand und einem übernatürlichen Grund zuschrieb“.[1]

Charcot glaubte daran, daß diese Störungen etwas mit den „hysterogenen Zonen“ des Körpers zu tun hatten, doch er beschränkte seine Untersuchungen nie auf die Sexualität, ging nie zu objektiven Messungen sexueller Reaktionen über. Wie Masters und Johnson versetzte Charcot seine großen hysterischen Patienten in ein erotisches „Delirium“, entzog sie seinem Publikum aber schnell, bevor sie zum Höhepunkt gelangten. Für ihn ging es darum, den Körper im hysterischen Zustand vorzuführen – und nicht nur die Sexualität. Masters und Johnson hingegen isolieren ihre Patienten und zwingen ihnen die Sexualität ab: Insofern stellt sich ihr verhaltenstheoretischer Ansatz als extremster Versuch der Verwandlung der Sexualität in etwas Gegenständliches dar.

Foucault hat uns an die gegen Ende des 18. Jahrhunderts epidemisch um sich greifende Überwachung erinnert, die Eltern, Lehrer und Ärzte, ja den gesamten Gesellschaftskörper mobilisierte, um zu unterbinden, daß Kinder

1 Jean Martin Charcot / Paul Richter, LES DÉMONIAQUES DANS L'ART, Paris 1984.

masturbierten, weil das für die Zukunft der neuen bürgerlichen Klasse als Gefahr angesehen wurde. Diese Hexenjagd hat Freud in vielfacher Hinsicht umgekehrt, indem er aus den kleinen masturbierenden Bürgern teilnahmsvolle Betrachter eines privaten geschlechtlichen Schauspiels machte. Kein sich mit noch so vielen Diplomen ausweisender Sexologe könnte je soviel klinischen Einfallsreichtum an den Tag legen wie diese „Engel des Heims", die von ihren Bettchen aus die sexuellen Verhaltensweisen ihrer Eltern überwachen. Der Wolfsmann, einer der bekanntesten Fälle Freuds, überraschte seine Zeuger wiederholt „in einer für gewisse Beobachtungen äußerst günstigen Stellung", nachdem er festgestellt hatte, daß der „coitus a tergo" einen uneingeschränkten Blick auf die Genitalien des Paares bot. Nachdem er den Akt „in *allen* Einzelheiten" verfolgt und das übrige aus „ähnlichen Beobachtungen" läufiger Schäferhunde in der Nachbarschaft erschlossen hatte, verfiel der Wolfsmann auf eine Reihe kühner Thesen über geschlechtliche Unterschiede und Kastrationsangst, die auf unheimliche Weise jenen seines Analytikers entsprechen. (War der Wolfsmann vieleicht gar dessen Lehrer?)

Freud leitete die „humanistische" Epoche der sexuellen Forschung ein, in der sich die unterdrückte Sinnlichkeit als Liebe zur Wissenschaft gebärdet. Die ersten Sexuallaboratorien, die im Gefolge der Psychoanalyse entstanden, waren keineswegs kalt und klinisch, sondern schuldbeladen und geheimnisvoll. Sie entstanden in bürgerlichen Schlafzimmern und arbeiteten mit Kindern, die durch eine mächtige Mischung aus Verboten und Lockungen gefügig gemacht wurden. Wie Foucault unterstrich, disqualifizierte das Bürgertum – entgegen der landläufigen Meinung – den Sex nicht, „um die von ihm Beherrschten zur Arbeit anzuhalten". Er sei vielmehr „jenes Element seiner selbst, das es mehr als irgend etwas beunruhigt und beschäftigt hat [...] und das es in einer Mischung aus Angst, Ergötzen und Fieber kultiviert hat".[2] Es ist diese Angst und dieses Fieber, die bürgerliche Überzeugung, einen Körper zu haben, „den es zu pflegen, zu schützen, zu kultivieren, vor allen Gefahren und Berührungen zu bewahren und von den anderen zu isolieren galt, damit er seinen eigenen Wert behalte"[3], die die zeitgenössischen Laboratorien vernichten, indem sie uns in eine Welt der Vermarktung des Körpers und des Infosex einführen, der wir mit großen Augen gegenübertreten. Während die Gesellschaft die Sexualität einerseits zu einer unabhängigen Funktion macht, die sich zynisch dazu benützen läßt, eine unüberschaubare Menge an Produkten zu bewerben, stellt sie sie andererseits paradoxerweise – und frömmelnd – noch immer als den *privatesten* Bereich des Individuums dar. Kein Wunder also, daß die Sexualität wie das Indi-

2 Michel Foucault, DER WILLE ZUM WISSEN, SEXUALITÄT UND WAHRHEIT 1, Frankfurt/Main 1983, S. 149.

3 op. cit., S. 148.

viduum, dieser Wechselbalg des Kapitals, selbst zu einem dermaßen rätselhaften Gegenstand verkommen ist. Genau diese Frage stellt in den achtziger Jahren der Song einer Bostoner Band, die sich passenderweise HUMAN SEXUAL RESPONSE nannte:

> What does sex mean to me?
> What does sex mean to society?

Casey Cameron, einer der Sänger der Band, hat erzählt, wie er auf den Namen kam: Er arbeitete in einer Buchhandlung, als die Studie von Masters und Johnson ein Bestseller war: „Viele Leute, die in die Buchhandlung kamen, fragten ganz verstohlen nach dem Titel. [...] Wenn sie ihn durchzublättern begannen, konnte man ihnen die Enttäuschung darüber, daß das Buch so langweilig war, richtig ansehen. Ich empfand das als einen wirklich lustigen Einblick in die Gesellschaft: ein derartiges Kultbuch, das erste mit dem Wort Sex im Titel, das überall lag – und die Menschen konnten nichts damit anfangen."[4]

Doch nicht nur den Sexualforschern fiel die Langweiligkeit ihrer Experimente auf. Amerikanische Therapeuten entwickelten auf Grundlage eines Verfahrens, das in den späten fünfziger Jahren in der tschechoslowakischen Armee zur Identifizierung homosexueller Rekruten gedient hatte, eine neue Methode der Behandlung von Sexualtätern (Vergewaltigern, Exhibitionisten, Voyeuren, Pädophilen, Fetischisten usw.), die darauf beruht, deren geheimste sexuelle Wunschvorstellungen explizit zu machen. Man diskutiert die Phantasien nicht nur, sondern versucht deren Anschaulichkeit und Reiz zu verstärken.

Noch vor 20, 30 Jahren hatte man Sexualtäter – und darunter verstand man damals auch Homosexuelle – in repressiver Weise konditioniert. Abweichende Regungen wurden durch die Koppelung erregender Bilder mit Elektroschocks zerstört. Diese Abschreckungsmethoden sollten das Verlangen umbringen; die Überbelichtung abweichender Triebe scheint auf umgekehrtem Weg ähnliche Ergebnisse zu erzielen. Sie gibt Sexualtätern mehr von dem, was sie wollen.

Die psychische Technologie, die man zu diesem Zweck entwickelt hat, ist einfach, aber wirkungsvoll. Wer sich eines sexuellen Vergehens schuldig gemacht hat und in einer solchen Klinik behandelt wird, muß jeden Tag zu Hause eine Stunde zu Roboterphantasien masturbieren, um den Vorstellungen jeden Reiz zu nehmen. Der Schlüssel der Behandlung liegt allerdings nicht in der bloßen Wiederholung, sondern in dem massiven Verbalisierungsprozeß, der jeden

4 Don Shewey, Human Sexual Response, in: THE SOHO NEWS, 14. Januar 1981.

Schritt begleitet. Die betreffenden Personen werden nicht nur gezwungen, sich zu ihren eigenen Vorstellungen zu Tode zu befriedigen, sondern auch dazu gebracht, ihr Tun gleichzeitig in Worte zu fassen und diese auf Kassetten aufzunehmen. Stichproben dieser Aufnahmen werden dann im Detail in regelmäßigen Sitzungen mit dem Sexualtherapeuten besprochen. Die Therapie beruht auf der Annahme, daß in unserer Kultur die Aura des Geheimnisvollen das Erotische bewahrt. Das Reden über Sex „desensibilisiert" die Sexualität; sie noch expliziter zu machen, zerstört überhaupt das Verlangen. Es ist noch ungeklärt, ob diese Methode zu Ergebnissen führt oder nicht. Doch überall in den Vereinigten Staaten sind inzwischen neue verhaltenstherapeutische Kliniken aus dem Boden geschossen, die entschlossen sind, störende Begierden auszulöschen. Je schuldiger die „Perversen" sich von Anfang an fühlen, desto besser scheint die Behandlung zu greifen; Pädophile sind ziemlich immun, während Vergewaltiger, die ihre Tat oft bereuen, eher Anzeichen der Besserung erkennen lassen. Je *unmenschlicher* man also der Sexualität begegnet, desto *menschlicher* (schuldiger) muß der Patient sich fühlen, damit die Behandlung funktioniert – ein für den verwirrenden Status der Sexualität in der modernen Konsumgesellschaft charakteristischer Zusammenhang.[5]

Diese Therapie der Langeweile beleuchtet das merkwürdige Dilemma der Postmoderne: Vergnügen und nicht Leid, Konsum und nicht Verbot sind zur Strafe geworden. Wiederholung ist Norm und Heilung. Das Ende der Welt bleibt eine offene Frage, aber etwas haben wir erledigt: das „Geheimnis" der Sexualität. Sexualität wird nicht länger unterdrückt, ist aber nicht mehr begehrenswert. Sie ist, was zu begehren übrig bleibt, wenn das Begehren nichts mehr taugt.

Die Sättigungstherapie zeigt beispielhaft, daß die Körperlichkeit des Sex wie alles andere zu einer Abstraktion geworden ist. Endlos besprochen, getestet und untersucht, wird die Sexualität nun in Massenproduktion als natürlicher Instinkt hergestellt. Durch die kollektive „Behandlung" zerstört sich die individuelle Sexualität tatsächlich selbst. Vergnügen nach Anleitung ist schal – „Sex ist harte Arbeit wie alles andere", hat Andy Warhol einmal grinsend fallen lassen. Sie macht uns zu Hunden und trägt nichts zu den tiefsten Geheimnissen des Menschlichen bei.

„Ist meine Generation die letzte, die die bittersüßen Erinnerungen kennt, die damit verbunden sind, daß man sich der Schwelle des Wissens nähert, ins ungewisse Dunkel vordringt, das Gefühl erlebt hat, wenn Haut eine andere Haut berührt, nicht den Vollzug, sondern das Klopfen des Herzens, das Erröten, weil man meint, zu weit gegangen zu sein?" klagt ein Leser der NEW YORK TIMES. In

5 Vgl. Sylvère Lotringer, OVEREXPOSED: TREATING SEXUAL PERVERSION IN AMERICA, New York 1991, S. 352.

den letzten Jahren dieses Jahrhunderts besinnt man sich eines Hinweises von Paul Cézanne zu Beginn dieses Jahrhunderts: „Es gibt nichts, was nicht bald verschwunden sein wird. Man muß sich beeilen, wenn man noch etwas sehen will."

Irgendwo im kalten Licht der Wissenschaft versagen Menschen, erleben in den Händen professioneller Surrogate und anderer gut eingestellter mechanischer Partner vielfache Orgasmen. Wenn diese Technik wenigstens wirklich *unmenschlich* und nicht bloß langweilig objektiv oder therapeutisch wäre, hätte dieses Vorhaben sich irgendwie aufregend gestalten können. Vielleicht löst die Technologie in uns verschiedenste primitive Regungen aus, die einmal mit Sex und Religion verbunden waren. Einen Schritt weiter, und unsere tapferen neuen Sexologen hätten jenen Kontinent des Technosex erobert, der gerade auftaucht. Aber bis zu dem Punkt, an dem sich die menschliche Identität in den Händen von Maschinen zu verflüchtigen beginnt, sind sie nicht vorgedrungen.

In seinen 1903 erschienenen DENKWÜRDIGKEITEN EINES NERVENKRANKEN – dem Text, der Freud als Grundlage zu seiner gefeierten Psychosedeutung diente – beschreibt der sächsische Senatspräsident und ehemalige Bewerber um einen Sitz im Reichstag Daniel Paul Schreber, wie sich Gottes „Strahlen" direkt in seinen Körper gebohrt und dadurch die Distanz aufgehoben hätten, die Gott von der Welt trenne. Das Eindringen der himmlischen „Nervenfäden" in seinen Kopf zeitige ungeheure Wirkungen: es sprenge die „Vorhöfe des Himmels", die normalerweise die beiden Bereiche auseinanderhielten und setze eine Schar von Engeln und „geprüften Seelen" frei, die ihn fortwährend peinigten wie „sprechende Vögel". Dann fülle sich die Erde mit Wundern, was auch seine inneren Organe in Mitleidenschaft ziehe: die Lungen aufsauge, auf die Brust drücke, die Eingeweide zerreiße, die Genitalien zusammenziehe und ihn auf vielfältige Weise „entmanne". Als Ausgleich für all diese Beschwerden würden sich die „Wollustnerven", die sich bei Männern sonst auf den Genitalbereich beschränkten, in seinem Fall über den ganzen Körper erstrecken und ihm dadurch ein intensives „sinnliches Behagen verschaffen, das eine ziemlich deutliche Vorahnung von dem weiblichen Geschlechtsgenusse beim Beischlafe gewährt". Da seine ungebrochene Wollust der einzige Weg sei, Gott weiterhin an die Menschheit zu binden, sah Schreber keinen anderen Weg, als selbst zu einer Frau zu werden. Im Kampf zwischen Gott und ihm stehe Gott auf seiner Seite, schreibt Schreber – Hölderlin fand für den Kampf Jakobs mit dem Engel ähnliche Worte.[6]

Zugestandenermaßen ist ein Großteil dessen, was man heute als virtuelle Realität bezeichnet, noch virtuell und die Cybersextechnologie viel zu umständ-

6 Vgl. Daniel Paul Schreber, DENKWÜRDIGKEITEN EINES NERVENKRANKEN, mit einem Nachwort von Martin Burckhardt, Berlin 1995.

lich, um wirklich attraktiv zu sein.[7] Doch der Sprung zur Cloningtechnologie, der jetzt stattgefunden hat, ist eine deutliche Warnung. Es ist nur mehr eine Frage der Zeit, bis die „interaktive taktile Telepräsenz“ Wirklichkeit werden wird. Und das ist doch nichts anderes als das visuelle/taktile Äquivalent von Telefonsex.

Paul Virilio beklagte kürzlich am Internet, daß die neue Technologie einen Versuch darstelle, gottgleich zu sein und wie Gott zu handeln, „der alles ist, sieht und hört“.[8] Dem hätte sich Senatspräsident Schreber gewiß angeschlossen, hielt er doch fest, daß alles um ihn herum in tödliches Schweigen getaucht sei, solange er sich Gott zuwende – ihn überkomme dann oft das Gefühl, daß er sich zwischen dahinschlendernden Leichen bewege.[9] Virtueller Sex würde das Verhältnis auf den Kopf stellen, indem er den an die Maschine angeschlossenen menschlichen Körper disqualifiziert. Wenn die Welt der elektromagnetischen Nerven weit wirklicher werde als die reale, so Virilios Warnung, verwandle sich das menschliche Wesen in eine Art Nachbild oder Geist, „who has sex at a distance.“[10] Doch wenn die Cyberwirklichkeit, wie er behauptet, tatsächlich dazu führt, daß der Mensch die Welt in sich verkörpert, der Körper der Welt und der Körper des Menschen eins werden, bedeutet das notwendigerweise auch, daß das den Zerfall der Welt nach sich zieht? Wahrscheinlich zum ersten Mal seit der Privatisierung unserer Organe durch das Bürgertum, die Sex zu einem explosiven Geheimnis gemacht hat, bietet der Technosex die Möglichkeit einer virtuellen Wiedereingliederung körperlichen Vergnügens in den Bereich des Nichtprivaten. Ist das nicht genau, was die Schwulenkultur für sich erreichen wollte, bevor AIDS seinen Zoll zu fordern begann? Zu Engeln werden…

7 So die persönliche Auskunft Myron Krugers, des Erfinders der virtuellen Wirklichkeit. Vgl. auch Howard Rheingold, VIRTUAL REALITY, New York 1991.

8 Interview von Louise Wilson mit Paul Virilio, CYBERWAR, GOD AND TELEVISION, http://english.hss.cmu.edu/ctheory/a-cyberwar¨god.html.

9 Vgl. D. P. Schreber, DENKWÜRDIGKEITEN EINES NERVENKRANKEN.

10 CYBERWAR, GOD AND TELEVISION.

Christian Reder

Nachkriegsengel, Indianer und Piloten

Erinnerungen an Nscho-tschi, die Rote Schlange und Lauren Bacall

Daß irgendwer wirklich ein Engel, also Heiligem ganz nah sein will, ist mir bisher nicht untergekommen; offenbar geht es eher darum, ob andere einen so sehen. Engelsgleiche Jünglinge sind der speziellere Fall, obwohl himmlische Engel primär männlich sind, allerdings von ewiger Jugend gezeichnet. Geläufiger ist die Übertragung auf Kinder, auf Mädchen, auf Frauen. Die Anrede „mein Engel" betont Besitzverhältnisse; das englisch-amerikanische „angel" ist demgegenüber neutraler, dafür inflationär in der Verwendung, bis hin zu den Hell's Angels. Letztere erinnern daran, daß Buben die längste Zeit Indianer und Piloten werden wollten. Der nomadische Grundzug solcher Wünsche hat weitere Dimensionen als bloße Fluchtphantasien. Auffallend ist, daß richtige Engel ebenfalls etwas Nomadisches repräsentieren; mit grenzenloser Bewegungsfreiheit, im Himmel und über Land und Meer schwebend.

Den WUNSCH, INDIANER ZU WERDEN, hat schon Kafka wichtig genommen, und die Sozialwissenschaften haben ihre entscheidenden Grundlagen geschaffen, als die Situation österreichischer Arbeitsloser, einschließlich der Träume von Kindern, erhoben worden ist. „Ich will ein Flieger, Unterseebootkapitän, Indianerhäuptling und ein Mechaniker werden", schrieb ein Zwölfjähriger für diese berühmt gewordene Studie (Jahoda, Lazarsfeld, Zeisel, DIE ARBEITSLOSEN VON MARIENTHAL, 1933). „Aber ich fürchte", so setzt er fort, „es wird schwer sein, einen guten Posten zu finden." Den zuerst in den USA populär werdenden Superman (Jerry Siegel, Joseph Shuter, 1934) hat er noch nicht kennen können. Daß sich derartiges mit eigenen Kindheitserinnerungen deckt, dürfte eine geläufige Erfahrung sein, selbst wenn sie später und unter besseren Bedingungen stattgefunden hat. Solche Übereinstimmungen und Abweichungen ineinander verfließender, idealisierter, in vielen Elementen konstant bleibender Vorstellungen, die irgendwann mit unkontrollierbaren Reaktionen in Zusammenhang gebracht werden können, schaffen Probleme und Arbeit für Spezialisten. Die hätten, wenn damit befaßt, viel zu tun, weil Männerphantasien mit ihren festgefügten Entstehungsmechanismen eine Ablösung von diesem und jenem fast unmöglich machen. Engel sind die diffusen Gegenbilder.

Als engelhaft angesehene Wesen können jedenfalls nichts dafür, daß es Bewunderern so leicht fällt, sich immer wieder als ihr Opfer darzustellen, bloß weil bereits Kindern so oft Vorstellungen von Engeln mitgegeben worden sind, die, sobald sie auf Personen übertragen werden, natürlich auf weibliche, offenbar ein Durchdringen von Idealisierung und Enttäuschung, von Anbetung und Bestrafung provozieren. Gerade weil schon mit naivem Zugang Engel immer als mysteriöse Zwischenwesen erscheinen, bei denen nicht einmal das Geschlecht klar ist, paßt es nicht ins Bild, wenn in ihrem Namen solche Extrempositionen beliebig vertauscht und gegeneinander ausgespielt werden; Überhöhung gegen Geringschätzung, sich nicht mehr auszahlende Bewunderung gegen Verachtung. Die Verhaltensraster für Unterwerfung, für den Umgang von Starkem und Schwachem, von sich stark Fühlenden mit schwach Gehaltenen, sind trotzdem davon geprägt. Irdische und überirdische Engel werden zur Ästhetisierung von Zuständen gebraucht; sie sind Form, zugehörige Inhalte könnten auch anders entstehen. Allgemein verehrte „Engel der Armen“ (Mutter Teresa) aber unterscheiden sich, als Bild, deutlich von jenen, die von vornherein Figuren mit dämonisch-erotischen Kräften sind. Werden die Regeln für Faszination nicht eingehalten, geht die zugeschriebene Macht verloren. Ausnahmen beweisen bloß, daß sich Ansprüche zu verschieben beginnen. Vom Religiösen her kommende Prägungen tauchen also überall wieder auf. Den Vatikan und Warner Brothers verbindet mehr, als es den Anschein hat. Biblische Muster, wie der Aufstieg und Fall der Stadt Mahagonny, haben sich in ein unauffälliges Dauergeschehen verwandelt (Jenny, auch ein gefallener Engel, warnt ihre Freunde: „Segelt unter keinen Umständen gegen den Wind und versucht jetzt nichts Neues!“).

Die Begriffe leben aber weiterhin mit ihren gewohnten Schichtungen: Freude heißt Aufsteigen, ein Orgasmus heißt Gipfel, das Unglück heißt Abstürzen wie in den Bergen. Ein Fallen, ein Abstürzen setzt Höhe voraus. Gleichzeitig ist es mit dem Fliegen eng verwandt. Oben, näher dem Himmel, ist es wunderbar. Der gefallene Engel erniedrigt sich, der gefallene Soldat ist geopfert worden. Der abgestürzte Börsenkurs vernichtet Geld und gute Laune. Gefallener Luftdruck bedeutet Schlechtwetter. Ein Luzifer allerdings mußte sogar Kindern unverständlich bleiben, weil er es doch so gut hätte haben können. Gefallen läßt sich aber auch an etwas finden. Als bewundernder Ausdruck korrespondiert er mit Endpunkten, mit dem Tödlichen. Ein Verfallen wiederum beinhaltet Leidenschaft und Destruktion, jemand verfällt jemandem, Verfallendes wird zur Ruine.

Mit dem Tod hat das alles sehr viel zu tun. Jedes Kind bekommt mit, daß tote Kinder zu Engeln werden und Engel oft als Kinder abgebildet sind. Nur stimmt dieser Inbegriff von Unschuld mit den ständigen Strafandrohungen überhaupt nicht zusammen. Ein Wunsch zu sterben ist stillschweigend mitprogrammiert, denn die vielen kindlichen Engel in der Kirche sind ja tote Kinder; und ihnen geht es offenbar bestens. In den Ausdrücken „Engel machen" und „Engelmacherin" (immer eine Frau) haben sich solche Bezüge erhalten. Die Engel auf Friedhöfen wiederum konnten sogar angefaßt werden, ihre Todesnähe bleibt in Erinnerung, bevor man ahnt, worum es geht. Warum aber die wirklich heiligen Personen nicht ebenfalls Flügel brauchen, Flügel, die jeder selbst gern hätte, wird nie erklärt. Die Engel singen hören, ist, als Redewendung, ebenfalls in eine Doppelbedeutung aufgespaltet. Weihnachtsengel sind Vorboten, die sich beim Fest dann im Hintergrund halten; das macht sie Kindern besonders sympathisch. Sie waren einem näher als die Heilige Familie, weil sie bei der Beschaffung der Geschenke mitgeholfen haben. Vielleicht kommen die gegenüber Ärzten verständlicheren Sympathiewerte für Krankenschwestern auch von solchen Vorstellungen her. Selbst Nachlässigkeiten der Schutzengel ergeben Chancen, als Erleichterung darüber, Gefahren selbst meistern zu können.

Daß Kriegsprägungen und Kampfphantasien Schübe solcher Idealisierungen erzeugt haben, macht nicht nur das Bild vom ständig anwesenden Todesengel plausibel. Warum Karl May zu solchem Einfluß gelangt ist – bei seinem letzten Vortrag, EMPOR INS REICH DER EDELMENSCHEN, am 22. März 1912 in Wien, eine Woche vor seinem Tod, waren Bertha von Suttner und Adolf Hitler im Publikum –, hat Arno Schmidt, Hans Wollschläger und Hans-Jürgen Syberberg beschäftigt. Mich beschäftigt es in diesem Zusammenhang auch, weil meine Kindheitserinnerungen an die unmittelbare Nachkriegszeit wie Wiederholungen und Variationen von immer gleichem gespeichert sind. Weit zurückliegendes Ministrantenwissen über Engel kann das bloß einkreisen. In dem Umfeld, das diesen Erfahrungsraum gebildet hat, sind Helden und Idole verschwunden gewesen; also auch die schützenden Engel. Gefehlt hat einem niemand, weil alles unbekannt und neu erschienen ist. Nach der Märchenphase sind daher die üblichen Ersatzhelden aufgetaucht; es waren wiederum Indianer, die in den Weiten der Prärie unterwegs waren und Flieger, die hoch über den Wolken schweben konnten. Gefährlich ist das erwünschte Leben in beiden Fällen gewesen. Ein durch Heldentum aufgewertetes Sterben hat also in Kinderphantasien erneut einen Platz erhalten, fast so, als sollten wiederum Todessehnsüchte aufgebaut werden. In späteren Wünschen, gefährlich zu leben, ist das wiedergekommen.

Daß zu Helden Engel gehören und es Glücksmomente nur in Parallelwelten geben kann, hat sich aus solchen Konstellationen wie von selbst ergeben, nur mußten sie nichts mehr mit Geschöpfen aus dem Religionsunterricht zu tun haben. Einsame Männer haben anderes gebraucht. Offenbar ist jede Art von Fortbewegung und ein Miterleben von Gefahr bald interessanter gewesen als Schutz und Geborgenheit. Winnetous Schwester Nscho-tschi („Schöner Tag") war ein erstes dazu passendes Wunderwesen, edel, rein, heiliger und wirklicher als die wenigen, sonst irgendwann erwähnten außergewöhnlichen Frauen. Ein wiederaufgesuchtes Zitat dazu: „Ich stand zwischen Winnetou und seiner Schwester. Die große Ähnlichkeit der Geschwister trat heute besonders hervor, weil Nscho-tschi Männerkleidung angelegt hatte. Ihr Anzug glich dem ihres Bruders. Auch sie hatte keine Kopfbedeckung, und ihr Haar war in einen Schopf geordnet, grad wie das seinige. Am Gürtel hatte sie mehrere Beutel mit verschiedenen Inhalten befestigt. Ein Messer und eine Pistole steckten darin, und über ihrem Rücken hing ein Gewehr. Ihr Anzug war neu und mit bunten Fransen und Stickereien verziert. Sie sah sehr kriegerisch und dabei doch so mädchenhaft und reizend aus, daß alle Blicke auf sie gerichtet waren." Hundert Seiten nach ihrem ersten Auftreten ist sie umgebracht worden. Ein weiteres, nicht so bekanntes Beispiel aus dem eigenen Archiv: die Rote Schlange, geheimnisvolle Partnerin des Kapuzenmannes (G. I. Hipkiss). Sie hat ihren Kampf für das Gute unter kompliziert-kriminellen Bedingungen geführt, mit modernen Mitteln, und ist einem besonders lebensnah erschienen, vielleicht weil sie bloß in Schundheften vorgekommen ist. Textproben: „Einen Augenblick spielte ein Lichtschein über sie hin, und zu meinem großen Erstaunen bemerkte ich, daß jene Frau nicht mehr schwarz gekleidet war. Es war die Rote Schlange. Sie trug wieder ihr rotes Kleid ..." Ihre Identität ist die ganze Zeit geheimnisvoll geblieben. „Da hob die Rote Schlange langsam ihre Hand zum Gesicht ... hob einen Augenblick ihre Maske und ließ sie wieder fallen. Nun war der Mann der Überraschte. Seine Lippen zitterten, ich war gewiß, daß er nun einen Namen aussprechen würde. Aber er hielt sich zurück, wahrscheinlich über einen warnenden Blick der Frau. Deshalb sagte er nur: ‚Du ... du bist die Rote Schlange?'" Vom Namen her hätte sie auch Indianerin sein können. Im Grunde ist es auch die gleiche Faszination gewesen: entrückte Wesen, die jenseits von allem Bekannten existieren, Objekte totaler Bewunderung, Einschlafvisionen, Tagträume, ostentative Konzentrate für alles, was einem im geheimen erstrebenswert erschienen, also abgegangen ist. Engel und alle engelähnlichen Wesen waren bald eindeutig weiblich, aber ohne die Attribute, die Weiblichem ständig – trotz unbekannter

Einzelheiten – als problematisch zugeschrieben worden sind. Wie ihnen näher zu kommen wäre, ist noch nicht das Problem gewesen. Anfangs waren sie ohnedies nichts Reales, manchmal vielleicht als Ahnung, als Geruch; später dann als Bilder, vor einem noch verbotenen Kino und schließlich in den ersten ernstzunehmenden Filmen. Mit dem Körper hat das alles nichts zu tun gehabt. Wer behauptet hätte, solche Engel müssen aufs Klo gehen, wäre für völlig gestört gehalten worden. Daß gleichzeitig jede Emotion dem anderen Geschlecht gegenüber geächtet war, hat offenbar solche geheim bleibenden Übersteigerungen, konfuse Brüche mit Idealbildern und latente Rückfälle begünstigt, mit allen Absicherungen als kollektive Neurose, aber häufigen Langzeitwirkungen für inzwischen Erwachsene. Als kollektive Neurose oder Schlimmeres hat sich auch fortgesetzt, wie stark über einsickernde Beeinflussungen diverse Formen von Reinheit und Unberührtheit als lebbare Ideale hingestellt worden sind, ausgerechnet eine Reinheit, wie sie zuvor, als individuelles und kollektives Muster, zur Programmatik des Entsetzlichen gehört hat. Aber bis das begriffen werden konnte, hat es unter den gegebenen Umständen noch lange gedauert. Selbst aus der Welt der Bilder und der Musik sind Impulse für ein anderes Lebensgefühl erst Schritt für Schritt zugänglicher geworden.

Ein von ganz wo anders her kommender Engel ist Lauren Bacall gewesen, aber jemand, der 1944 geboren wurde (als TO HAVE AND HAVE NOT, ihr erster Film, gedreht wurde, der sie, in ihren eigenen Worten, „von einem Nichts in eine erlesene Mischung aus Greta Garbo, Marlene Dietrich, Mae West und Katharine Hepburn“ verwandelte), hat noch viele Jahre warten müssen, bis er solche Engel der anderen Art bewundern konnte.

standing
apart

---

facing
faces

George Quasha und Charles Stein

Gary Hills Projektive Zwillingsinstallation

> Nicht alle Engel fliegen – zumindest nicht mehr. Engel schauen. Sie machen eine Welt aus und schauen hinein. Alles darüber hinaus ist sozial – Grad des Kontakts, Folgen der Verbindung oder das Fehlen einer solchen. Wenn das gesichtete Gesicht der Engel des Engels ist, dann zeigt sich die Wirklichkeit als unser Spiegel, und wir selbst sind widergespiegelte Wirklichkeit.
>
> *Ontononymus der Sonderbare*

Das Werk:[1] Lassen Sie uns fürs erste, in Würdigung des gegenwärtigen Kontexts, „deklarieren", daß das Kunstwerk *Engelswirken* ist. Anstatt so zu tun, als wüßten wir, was die Funktion von Kunst ist, können wir sie durch eine Frage aufs neue betrachten: Was ist dieses Engelswirken? Und nun lassen Sie uns rasch eine Arbeitshypothese aufstellen: Engelswirken ist, was die *subversive Logik* des Engels augenfällig macht. Damit ist alles, was uns zu tun bleibt, in erster Linie Bekanntschaft mit dieser besonderen Logik und ihrem subversiven Wirken zu machen.

Damit haben wir einen Vorwand, parataktisch vorzugehen, nach dem Ordnungsprinzip der Nachbarschaftlichkeit, das erfahrener Sprache gestattet, ihre Aussagen „Seite an Seite" zu stellen. Immerhin umfaßt die Arbeit von Gary Hill, die wir vor uns haben, die Projektion einer Person Seite an Seite mit sich selbst.[2] Und durch einen Zufall, der wert wäre, poetische Gerechtigkeit genannt zu werden, ist der Titel unserer Austellung – unser „deklarierter" Kontext – ENGEL, ENGEL.[3] Außerdem kann der Versuch, Engel *logisch* zu erklären, nur damit enden, daß wir außer uns geraten. Vielleicht ist das eine angemessene Ortsveränderung, schon allein der Aussicht wegen – Randsicht, das Gefühl des Ausblicks und die weite Bedeutung von *Ortsveränderung,* die die Erfahrung komplexer Identität in vollem Unfang in sich einschließt.

Wenn die Frage, „wo wir sein sollten", für das Werk Gary Hills, das wir hier in Augenschein nehmen, relevant ist, werden wir nicht überrascht sein festzustellen, daß wir dabei wieder und wieder zum Thema der *Verdoppelung* zurückkehren, oder vielleicht kann man sagen, der *Verzwillingung.* In einer alten Engelstradition ist das, was man sieht, nicht der Engel, männlich oder weiblich, selbst, sondern sein oder ihr Zwilling, ein irdischer Doppelgänger, das Kunstselbst. Und wenn man ihn oder sie überhaupt sieht, dann, weil die eigene imaginative

Projektion eines Kunstselbst (oder Kunstbetrachters) sich der Herausforderung gewachsen zeigt, das Engelhafte, das radikal Andere als Informationsquelle zu sehen oder sich (ein-) zu bilden. In diesem Sinn ist es nicht bloß eine Frage von „was man sieht, ist, was man kriegt", sondern von was man sieht, ist, was man ist.

Freilich sollten wir uns nicht zu weit von der *Frage* entfernen, denn der Engel als Bote ist möglicherweise nicht so sehr der Träger einer Botschaft, sondern eine Art der Fragestellung: Was, wenn man der Wirklichkeit *so* ins Auge blickt? Was ist diese Engelswirklichkeit? Geben wir ihm den Namen Martin. Und ungeachtet der etymologischen Implikation, daß der Träger dieses Namens vom Mars [engl. *martian*=Marsmensch, Anm. d. Ü.] stammen könnte, was den sichtbaren Beweis erhärten würde, daß er das Schicksal eines *Alien* erleidet, ist er durchaus von und aus der Erde. Bezeichnenderweise.

> ...Ich bin der notwendige Engel der Erde,
> Da du in meinem Blick die Erde wiedersiehst.
> *Wallace Stevens, „Angel Surrounded by Paysans"*

Um die Dinge für den Moment zu vereinfachen, sagen wir mal, daß wir an den Ort der Kunst kommen in der Hoffnung auf eine Nahbegegnung, ob *sozialer* Art, Körper an Körper am Eröffnungsabend, oder *sublimer/subliminaler* Art, Kopf an Kopf, oder einer Art dazwischen, die gleichwohl der sozialen wie der sublimen *liminal*[4] ist, Auge in Auge. Die Kunststätte ist ein Ort für Menschen – und *mit* Menschen – und eine besondere Aufforderung: andere zu treffen, die auf uns zu warten scheinen, oder auf etwas, das auch wir sein können. Wir treffen *ihn* sofort, wenn wir hereinkommen, er steht da und schaut – von der Wand herunter. *Er sieht uns an, wir sehen ihn an.* Das ist ein üblicher Anfang, vielleicht *der* übliche Anfang – so funktioniert die Welt. Menschen treffen auf Menschen, und dann tun sie, was sie eben tun, und das *markiert* den Abstand, schafft die *erste Unterscheidung.* Und die Geschichte entwickelt sich:

> Ein Mann starrt sich an, wie er Sie, den Betrachter, anstarrt. Was ist los? Ein Mann starrt auf ein Videobild seiner selbst, das Ihnen direkt in die Augen starrt. Aber [*bemerkt man und tritt zum Rückzug aus dieser unerbetenen, unwahrscheinlichen Intimität an*] natürlich ist der Mann kein Mann. Er ist ein Videobild.

Als Alternative: Er ist ein *Engel* – das Codewort für eine *liminale Identität*, das Gesicht des Mediums oder im Medium, die Gestalt des Grenzgängers, der an der Schwelle steht (entweder auf dem Sprung zu einem kühnen Eintritt oder um in die Kälte hinausgesperrt zu werden), in beide Richtungen blickt, Verbinder der Welten, Mittler zwischen unvereinbaren Wirklichkeiten, Übermittler des *einen* zum *anderen* oder Mitte zwischen zwei Seiten der Gleichung/Ungleichung (Heiliger/Unheiliger, Heiler/Anstecker, Retter/Zerstörer usw.) … Wenn die Geschichte sich parataktisch entwickelt, finden sich das Bekannte und das Unbekannte nicht mehr als Gegensätze wieder, sondern plötzlich als Nachbarn.

„Normalerweise" – in einem vertrauten Zusammenhang – sieht ein Mann auf ein Bild von sich (im Gegensatz zu einem unverzerrten Spiegelbild), auf Video oder sonstwie, und durch das Wesen des Mediums sieht das Bild anders aus als er selbst. (Das kommt der Erfahrung nahe, eine Aufnahme der eigenen Stimme zu hören, die durch jedes andere Medium als den eigenen Körper fremd klingt.) Hier sind der „Mann" und sein „Bild" in ein und demselben Medium gegenwärtig, in dem er sozusagen mit seinem Bild auf gleichem Fuß steht. Je länger man auf der Spitze eines unsichtbaren Dreiecks mit diesen „beiden" (Martin, Martin) steht, desto seltsamer wird es. Schließlich ist dies jenes Medium, dessen Echtzeitcharakter so intensiv, ja aufdringlich, eine Erfahrung von Gegenwart vermittelt. Ein solcher Grad an erfahrener Gegenwart (wagen wir zu sagen: „scheinbarer Gegenwart"?[5]) könnte leicht unheimlich wirken, wäre das Medium nicht durch übergroße Vertrautheit *unsichtbar* (es ist, wie wenn man in ein Zimmer kommt, in dem der Fernseher läuft, und nicht merkt, an welchem Punkt er den Verstand in Beschlag nimmt). Es sieht also so aus, als würde hier etwas Unmögliches geschehen. Das heißt, ein Mann ist sich selbst als ein anderer äußerlich gegenwärtig.

Dieser subversiven Logik nach kann er nur ein Engel sein. Und daraus „folgt": Jeder, der einen Engel sieht, ist sich selbst ein Anderer.

> Und hier sind wir alle, gemeinschaftlich Zeugen
> auf eine dunkelnde Lichtung gestellt,
> und fangen das umgebende Licht mit einem Notsegel ein.
>
> *Ontononymus der Sonderbare*

Die Begegnung: Man betritt den Raum, in dessen Ecke sich eine zweifache Präsenz befindet, zwei Männergestalten in voller Lebensgröße, von denen der erste Sie ansieht – sein Blick scheint Ihnen beim Nähertreten zu folgen – und der andere den ersten. Sie sind offensichtlich „dieselbe Person". Kein Laut, kein Wort – vielleicht nur der stille Widerhall eines Titels, der keinen Hinweis gibt, nicht Stellung bezieht zu dieser unaufgeregten und doch evidenten Störung der Logik der Identität. Nach einigen Minuten eine Aktion: Die Rollen wechseln – die beiden Köpfe drehen sich um etwa 45 Grad, wodurch der, der *hinaus*schaut, zu dem wird, der *an*schaut, und umgekehrt. Einige Minuten später wiederholt sich die Aktion, und die Rollen wechseln wieder zurück. Gefangen in einem Dreieck wechselnder Blickwinkel, steht man am Scheitelpunkt einer langsamen Hin-und-her-Bewegung, in der man selbst eine nicht näher bestimmte Rolle als Zeuge eines performativen Ereignisses spielt: eine Art von räumlich-grammatikalischer Verschiebung, die ebenso synaptisch wie syntaktisch ist, eine Umkehrung des Energieflusses, eine periodische Neuausrichtung im kommunikativen Ansatz ... – Könnte das ein Grundmodell für perfomative menschliche Kommunikation sein, als direkte Projektion, etwa wie die Übertragung einer Aufladung oder einer Emotion oder einer Substanz oder einer Krankheit oder eines Zustands ...? Dennoch manifestiert sich darin keine evidente Intention oder Botschaft oder „Sprache". Trotzdem, etwas kommt darin zum Vorschein, etwas Menschliches, etwas wie reiner menschlicher Raum und dann auch noch etwas wie der leere und doch sanft *pulsierende* Untergrund der Sprache, ihr Im*puls,* ihr *Urpuls*, von dem sie unbestimmbar periodisch ihren Ausgang nimmt.

Das Unterscheidungsmal:[6] Bei diesem performativen Ereignis präsent zu sein heißt, die darin inhärente, wenn auch unausgesprochene Frage aufzunehmen, was es für sich selbst und für seine Welt ist. Sie sehen Martin in die Augen, und die erzählen von sich und fragen nach Ihnen. Er begegnet Ihnen in dem Raum dazwischen. Er ist immer nur *dazwischen* – sich und sich, sich und Ihnen und der Welt. Wie der Engel steht er in der Mitte. Abgesondert. Dies ist eine Unterscheidung, an der Sie, in gewissem Sinne ungewollt, Anteil haben, eine Unterscheidung, die durch Ihre Präsenz im Raum entsteht. Die Abgesondertheit ist vor Ihnen da, wie der Sturz. Sie können sich nicht daran erinnern, sie geschaffen oder ihr zugestimmt zu haben, und doch hätte es keinen Sinn, nicht zu akzeptieren, daß man zu ihr gehört. Es ist, als *ob* Sie sie geschaffen hätten und als ob ein bestimmtes Maß an Nachforschung Ihre Rolle bei der Entstehung zutage bringen könnte. Sie sind davon gezeichnet, und sie trägt Ihr Zeichen. Jetzt schon. *Von wem* abgesondert ist nicht ganz klar, und darum geht es auch nicht, doch um die Abgesondertheit zu erkennen, müssen Sie an der Getrenntheit Anteil haben, ein Außenstehender, der auf seine eigene verschobene Welt schaut. Es ist, als wäre dies ein Erbteil von Vertreibung, Entfremdung, von etwas dem Land tragisch Eingeborenem. Etwas Greifbarem, wie etwas, in dem man wühlen kann. Und sich die Hände schmutzig machen.

Abgesondert stehen ist eine Funktion dieser Gemeinschaft mit dem Betrachter[7], ein tiefer und von Grund auf entfremdeter Austausch. Es birgt eine Frage in sich, so drängend wie die Identität selbst. Vielleicht ist es diese Frage, diese Suche, die wir mit dem Engel und seinem subversiven Wirken verbinden, das an den Nerv unserer Mitteilungsweisen rührt. Was sich daran zeigt, ist das wir in unserer Abgesondertheit etwas gemeinsam haben, und das ist womöglich das Seltsamste daran. Eine direkte Botschaft von der nicht-fliegenden Art des *erdgebundenen Engels:* daß, so anders er auch sein mag, dieser Mensch Martin, so still, so bar jeder selbstsicheren Gebärde, so entlegen seine besondere Existenzproblematik und seine das Selbst unterbrechende Präsenz auch sein mag, er doch eine Weisung überbringt, prophetisch in ihrer Art, mehr chthonisch als „verbal" in ihrer Aussage. Sie sagt mehr, als wir hören wollen.

Mit Engeln handelt man sich immer mehr ein, als man erwartet; wenn man nicht aufpaßt, bekommt man die Botschaft aufgebürdet, anstatt sie bloß zu empfangen oder zu kennen, was uns klarerweise lieber wäre. (Rilke formulierte es harscher: „Ein jeder Engel ist schrecklich."[8]) Der „engelhaft erdgebundene" Künstler wagt mehr, als er weiß, und so gefahrvoll das als Lebensform ist, es weist auf ein Prinzip hin, das seiner geheimen Macht zugrunde liegt: Werke zu schaffen, die mehr sagen als er. Das Werk trifft auf eine Quelle, wo immer diese Quelle auch an die Oberfläche treten mag. Dabei geht es natürlich nicht um den persönlichen Glauben des Künstlers oder seine bewußte Intention oder philosophisch-religiöse Ausrichtung – bestenfalls krude Unterscheidungen –, sondern um die Macht seines Zugriffs auf das enthüllende Besondere. Die andere Seite der Abgesondertheit ist die *Retention der „Wesenheit"* (fertige Begriffe sind hier keine Hilfe, wir bitten daher um Nachsicht, wenn wir das Unwahrscheinliche zu benennen versuchen) und die daraus folgende *projektive Möglichkeit*, die sich von selbst aus dem *Standort* ergibt. Nicht bei, sondern wahrhaft *in* dem zu stehen, der abgesondert steht, heißt seine nicht realisierte Möglichkeit annehmen, sie vielleicht im dunklen Licht ihrer Wunde noch zu nähren, ihren ungenannten Engel kennen, die Arbeit dieses Engels tun, die sie für sich nicht tun kann – das ist Engelswirken, ein Satz über die Kluft ihrer historischen Entfernung, ihres verfallenen gesellschaftlichen Lehens, ihrer tragischen Unvollendetheit, die ihre Martins auf verlorenem Posten stehen läßt, weil die toten Künstler in uns die Macht verloren haben, solch einem Anderen neu entgegenzutreten.

Das Versagen unserer Sprache – ihre Abgesondertheit von sich selbst und von allem auf der Welt, was uns für sich sprechen lassen will – ist nicht so sehr Thema in den projektiven Arbeiten Gary Hills, die in letzter Zeit darauf verzichten, Verbalsprache als solche zu benutzen[10], sondern implizite Bedingung ihrer erkennbar werdenden Funktionsprinzipien, die diese Erörterung in den Blick zu nehmen versucht. Er scheint ein Verfahren entdeckt zu haben, den Raum des „Versagens" der Sprache anzuzapfen, indem er sie bis auf einen verbleibenden Kern an Macht entblößt und das Linguistische in den Raum seiner eigenen und wirklichen Stille stellt. Martin „spricht", selbst wenn er nichts „sagt". Die Verbindung zwischen der aktuellen Installation und Gary Hills früherer Arbeit, TALL SHIPS, ist die Art, wie er die Sprachfunktion auf den Betrachter verlagert, auf dessen Teilnahme und tatsächliche Anwesenheit, indem er eine Zusammenkunft in Schweigen zwischen einem projizierten Wesen und einem selbst (dem Betrachter) veranlaßt. Hier ruft das Werk sozusagen Zwischenmenschlichkeit hervor – von etwas wie der *Nullstufe der Humanität*[10] aus – und führt einen Kontakt mit dem *optimalen Minimum* herbei, dem präzisen Punkt, an dem die menschlichen Sinne sich neu ansetzen lassen (wie man Joghurt in einer Kultur ansetzt). Das ist subversives Wirken. Es beseitigt die Vorkehrungen gegen die Freisetzung des unkontrollierbaren möglichen Menschlichen, das der „Engelslogik" nach, ursprünglich – aber selten wirklich – frei ist. Martin ist der Anblick des Engels, der im Baum der Geschichte gefangen sitzt. Seine Welt ist eine gigantische Flugverbotszone.

standig apart ist eine Relaisstation für ungefilterte Signale – Nachrichten von den Landstraßen des erdgebundenen engelhaften Amerika und seiner verstummten Eingeborenenschaft. Wir als Betrachter markieren den Raum, indem wir die Signale aufnehmen, und an einem beliebigen Moment unsere eigenen Unterscheidungsmale sich im Raum der Arbeit festsetzen lassen. Wenn wir ihr auf der Ebene ihres und unseres eigenen Potentials begegnen, schaffen wir ein optimales Ereignis, eine „Auffassung", und wir betreiben engelhaft das *Weiterleben des Werkes.* Wir begegnen Martin, dem Mann auf dem Grat, draußen auf dem Grat – an dem Punkt der einzigen bekannten Möglichkeit für ihn, über den Punkt hinauszugehen, an dem er ist. Gary Hill mag nicht voll realisiert haben, worauf er sich einließ, als er es schuf, doch er folgte gewissen unartikulierten Instinkten und griff über seine Welt hinaus in eine andere. Er hat an etwas gerührt, das wesentlich *für* und *an* dem Land ist.[11] Es ist interessant, sich eine solche Arbeit in Wien installiert vorzustellen – als ob man Kojoten importieren würde.

–Scheinheiliger Leser, – meinesgleichen, – mein Bruder!
Charles Baudelaire, „Au Lecteur"

... und er stand
in diesem Raum – der ausschickt
auf den Weg voraus den Engel
der ihm begegnen wird ...
Charles Olson, „The Maximus Poems"

Uns ist der Gedanke gekommen, daß Gary Hill sich, tief in seinem Inneren, nach seinem unbekannten Zwilling sehnt. Natürlich meinen wir das nicht buchstäblich so, doch über die Jahre haben wir festgestellt, daß seine Zwillingsfaszination sich da und dort immer wieder bemerkbar macht.[12] Es ist beinahe wie eine Nostalgie nach dem verrufenen „Seinesgleichen" – dem genauen Gegenstück, ohne das man sich nie ganz „bei sich" fühlt. In seinen projektiven Installationen hat der Künstler eine strukturelle Orientierung entdeckt – einen Aufenthalt für den Doppelgänger –, die im Betrachter ein Gefühl des Verlustes seines oder ihres Doppelgängers hervorzurufen vermag, als wäre es eine Funktion der Kunst, den Mangel merklich zu machen. Bei angemessener Aufmerksamkeit erschließt sich aus diesem Fehlen der Raum des *möglichen Zwillings.* Es gibt kein besseres Paradigma für das strukturelle/funktionale Prinzip, das in diesen projektiven Installationen wirksam wird, als die tiefe Zeit und den tiefen Raum der *Möglichkeit der Verzwillingung.* Und das ist das Engelswirken, das das Werk durch das Mittel unserer direkten Teilnahme entstehen läßt.

Der Zwilling ist keine narzißtische Phantasie, sondern ein Ausweg aus dem geschlossenen Bannkreis, der die oberflächliche Klarheit eines unpersönlichen „Objekts" und die intime und enthüllende Wahrheit des „Subjekts" zusammenschließt. *Ich werde* durch einen Prozeß der bewußten Ausrichtung sozusagen *mein eigener Zwilling.* Ich umfasse mein „Fast-Ich" durch Erkenntnis. Die aktive Haltung der verschobenen Selbstspiegelung ersetzt die beinahe mechanische Reproduktion des genauen Spiegelbilds.

Die Arbeit *facing faces* läuft auf eine „beteiligte Alternative" hinaus, auf das subversive Gegenteil dessen, was William Blake „furchtsame Symmetrie" genannt hat. Der Titel fungiert als ein „Axialgedicht"[13], wie wir es genannt haben – ein Sprachakt, der den reflektierenden Verstand „sich um die eigene Achse drehen" läßt, eine Art poetischer Metanoia, die das Bewußtsein in den Transformationsmodus versetzt. Der Titel läßt sich auf mehrerlei Weise lesen: „Gesichter, die einander gegenüberstehen", „Sich [dem Wort] *er, sie, es wendet sich zu* zuwenden", „Andern ins Gesicht sehen". Die vieldeutige Grammatik oder verdrehbare Syntax ist, um den Dichter Wallace Stevens zu paraphrasieren, „akkurat" im Hinblick auf die Struktur der Realität *hier, in diesem Raum.* Das heißt, der Raum hier direkt vor uns hat eine Auswirkung auf uns – in gewissem Sinne, wird der Raum mit seiner initiatorischen Kraft unser Zwilling. Was ihm die Macht dazu gibt, ist die tiefere Macht, Kontexte zu deklarieren. Und, zur Engelslogik zurückkehrend, diese Macht ist vielleicht die subversivste von allen. Sie richtet den Raum radikal aus und neu aus, den Raum, die Zeit, die Sprache, Gedanken, selbst Träume und Visionen – schlicht durch Deklaration.[14] Ich vollziehe eine Handlung, indem ich sie ausspreche, und sie bezieht sich nur auf sich selbst. *Engel. Martin?* Dieser Weg ist selbst eine offene Frage, er führt nach draußen …

1 *standing apart/facing faces* (1996), erstmals gezeigt in der Barbara Gladstone Gallery in New York (Eröffnung: 17. November 1996) ist eine Vierkanal-Videoinstallation mit zwei Farbvideoprojektoren, zwei 20-Zoll-Monitoren, vier Laserdisc-Playern und einem Synchronizer. Wir sprechen von „einer" Installation mit zwei Komponenten (in einem rechteckigen Raum diagonal positioniert), wie sie in New York zu sehen war und nun in Wien zu sehen ist, sie kann und wird aber auch als zwei Arbeiten gezeigt werden. Dieser Aufsatz entwickelt Material weiter, das in anderer Zusammenstellung bereits in einem informellen Katalog zur Eröffnung der New Yorker Ausstellung erschienen ist und in einer erweiterten Fassung in dem Buch VIEWERS: GARY HILL'S PROJECTIVE INSTALLATIONS, NUMBER 3 (Station Hill Arts of Barrytown, 1997) erscheinen wird, als Teil einer von den gleichen Autoren dialogisch verfaßten Serie, die noch GARY HILL: HAND HEARD/LIMINAL OBJECTS [GARY HILL'S PROJECTIVE INSTALLATIONS, NUMBER 1] und TALL SHIPS: GARY HILL'S PROJECTIVE INSTALLATIONS, NUMBER 2 umfaßt. Informationen erhältlich bei Station Hill Arts, Barrytown, NY 12507 oder e-mail: Publishers@stationhill.org oder Wordwide-Web: www.stationhill.org.

2 In beiden Arbeiten erscheint dieselbe Person: ein Mann, eingeborener Amerikaner (Sioux/Yakima), „eines bestimmten Alters", ein Fischer, der zeitweise als Taglöhner in Seattle arbeitet und von der Straße weg engagiert wurde. In einem anderen Zusammenhang, etwa beim Porträtieren, könnten wir die Bezeichnung „Modell" für ein „Subjekt" verwenden, das stundenweise zum Posieren engagiert wird. Hier geht es, wie wir sehen werden, über den Status eines Modells oder Subjekts hinaus. Er wurde in Gary Hills Studio in Seattle von vier Kameras gleichzeitig aufgenommen, zwei für jedes Projekt – Totale der stehenden Gestalt für *standing apart* und Nahaufnahmen von Kopf und Schultern für *facing faces*. Der Effekt ist, daß eine Figur den Betrachter ansieht, während gleichzeitig die zweite Figur die erste ansieht. Danach tauschen sie die Positionen – die zweite Figur sieht den Betrachter an, während die erste die zweite ansieht. Der Betrachter steht sozusagen auf der Spitze eines Dreiecks sich verschiebender Blickwinkel. In *standing apart* wird die ganze Gestalt gezeigt, stehend in Projektionen auf zwei Wänden, die eine Ecke bilden, während er in *facing faces* nur von den Schultern aufwärts zu sehen ist, auf zwei 20-Zoll-Bildschirmen, die in einem Winkel von etwas über 90 Grad aufgestellt sind.
Für technisch Interessierte: Die Reihenfolge der Aufnahmen ist wie folgt: erstens, er steht mit dem Gesicht direkt zur Kamera gewandt und dreht nach ein paar Minuten den Kopf um 45 Grad nach rechts; zweitens, nach einigen weiteren Minuten wendet er den Kopf zurück zur Kamera. Nebeneinandergestellt und synchronisiert, für *facing faces* auf Videomonitoren und für *standing apart* als Wandprojektionen, bewirkt das den Effekt, daß in jeder Arbeit zwei Figuren abwechselnd den Betrachter und die andere Figur ansehen.

3 Natürlich berücksichtigte der Künstler bei der Auswahl der Installation den von der Kuratorin Cathrin Pichler gewählten Ausstellungstitel; allerdings entstand die Arbeit bereits einige Monate zuvor, sozusagen vorgefertigt für die Gelegenheit.

4 „Limen bedeutet im Lateinischen eine Schwelle. Während der Begriff gegenwärtig vor allem in der Verhaltensforschung verwendet wird, im Hinblick auf physiologische oder psychologische Reaktionsschwellen, liegen in Wahrheit liminale oder Borderline-Zustände überall vor, wo etwas am Anfang eines phasenweisen Überganges steht oder sich in etwas anderes verwandelt. Das reicht vom Gewöhnlichen bis zum Außergewöhnlichen …" Für eine ausführlichere Diskussion der Liminalität als bewußte Wahl, um sich frei im Auftauchenden zu bewegen, siehe: GARY HILL: HAND HEARD/LIMINAL OBJECTS [GARY HILL'S PROJECTIVE INSTALLATIONS, NUMBER 1].

5 Was an dieser Infragestellung des Status der Gegenwart erinnert uns nur an die berühmte Antwort Yogi Berras auf die Frage: „Wie spät ist es?" – „Sie meinen, jetzt?"?

6 Wir wollen gewissen Fachbegriffen wie „Unterscheidung" und „performativ" eine Reihe von Bedeutungen zumessen, von denen manche nicht offensichtlich sind: „Beim faszinierenden Indikationskalkül des Mathematikers G. Spencer-Brown gilt der *Akt der Unterscheidung* als Gründungsakt für die Entstehung einer jeglichen Welt, ob

sie nun ein Diskurs sei, ein Kosmos oder ein Wahrnehmungszusammenhang. Die Art, wie die *Erstunterscheidung* getroffen wird, bestimmt und verheißt das Wesen der Welt, die sie entstehen läßt." „Performativ ist ein von dem Philosophen J. L. Austin geprägter Begriff und bezeichnet Äußerungen, die *buchstäblich das ausführen, was sie besagen*, z. B. ‚Ich verspreche', ‚Ich wünsche', ‚Ich beschuldige', ‚Ich nenne' – Handlungen, die durch das Sagen selbst ausgeführt werden. Worauf es uns ankommt, ist daß solche Sprachakte die Lücke zwischen Wort und Bedeutung schließen, doch können performative Äußerungen ihren Zweck nur in den spezifischen Kontexten erfüllen, die sie hervorrufen: *Performative Sprache ist immer orts-/gelegenheitsspezifisch und konkret*." Offenkundig verwenden wir den Begriff in Zusammenhängen wie dem obenstehenden in erweiterter Bedeutung. Näheres zu beiden Begriffen siehe in unserem Aufsatz „Cut to the Radical of Orientation: Twin Notes on Being in Touch in Gary Hill's [Videosomatic] Installation *Cut Pipe*", in: PUBLIC #13: TOUCH IN CONTEMPORARY ART (Toronto 1996).

7 Bei der Erstausstellung in der Gladstone Gallery wurde in einem angrenzenden Raum Gary Hills VIEWER gezeigt, das eine Reihe von 17 Taglöhnern auf Video präsentiert: dieser Mann stand abgesondert von den anderen; ein Einzelgänger; ein Mensch, unterschieden vom Kollektiv, vom Gemeinschaftlichen, von der Allgemeinheit der Menschen – selbst von „seiner eigenen Art." (Tatsache ist: Seine Anwesenheit an dieser Straßenecke an jenem Morgen, als Gary Hill vorbeikam, war etwas ungewöhnlich: Er ist von Beruf Fischer, und nur die schiere Geldnot führte ihn dorthin.) Wo diese 17 anderen nicht dazu da sind, den Hintergrund für seine Einzigartigkeit abzugeben, scheint seine Abgesondertheit absolut oder besteht in einem eher inneren Bereich und kündigt eine andere, seltsamer angesiedelte Gemeinschaftlichkeit an.

8 „Ein jeder Engel ist schrecklich" (Erste Duineser Elegie). Der Dichter Robert Duncan erzählt, daß er, als er kurz vor der Niederschrift seines späteren ersten Hauptwerkes, THE OPENING OF THE FIELD, stand, zweimal Engelsheimsuchungen erlebte – etwas wie Angebote, von denen man nicht glaubt, daß man sie ablehnen könne – und er sie abwies. Er war nicht bereit, sein Leben und seine Arbeit dem Engel zu überantworten, und das große Werk, das aus dieser Abweisung entstand, war der notwendige Kompromiß mit dem notwendigen Engel.

9 Die Reihe von „projektiven" Arbeiten vor der aktuellen umfaßt BEACON (TWO VERSIONS OF THE IMAGINARY) (1990), TALL SHIPS (1992), HAND HEARD (1996) und VIEWER (1996), und wie oben in Anmerkung 1 erwähnt, ist diese Diskussion Teil einer Serie von Abhandlungen zu Themen wie Projektivität, Liminalität, das Prozessuale, das Performative usw. Wir können diese und verwandte Themen hier nur kurz streifen; für eine ausführlichere Erörterung siehe unser demnächst erscheinende Arbeit VIEWER: GARY HILL'S PROJECTIVE INSTALLATIONS, NUMMER 3.

10 Der Begriff „Nullstufe" ist der deskriptiven Terminologie für bestimmte morphologische Porzesse in der indoeuropäischen Etymologie entlehnt, wo die „Nullstufenform" jene mit null Vokalismus ist – die „offenste", weil einfachste und am wenigsten „interpretierte", Minimalform – der letzte Punkt, ehe die Wurzel sich überhaupt verliert.

11 Man könnte an Joseph Beuys' Begegnung mit dem Kojoten – oder sollten wir sagen: Kojoten! – denken.

12 In der Welt von Gary Hill steht der Zwilling oft bloß hinter den Kulissen. Das Buch von Maurice Blanchot, dessen Titel engnachbarschaftlich an standing *aPart* anklingt, heißt – abweichend vom französischen Originaltitel CELUI QUI NE M'ACCOMPAGNAIT PAS – auf Englisch THE ONE WHO WAS STANDING APART FROM ME (Station Hill of Barrytown, Ltd., Barrytown 1993 u. 1997) und handelt von einem „Doppelgägner" oder „alter ego" von ungewissem Status. Blanchots THOMAS THE OBSCURE ist der Kerntext für Gary Hills INCIDENCE OF CATASTROPHE: Blanchots Thomas erscheint den „dunklen Worten des Zwillings" im gnostischen Thomasevangelium verwandt, das 1988 in der Installation im Centre Pompidou, DISTURBANCE (AMONG THE JARS), eine zentrale Rolle spielte.

13 Auch „Drehgedichte" genannt; dies sind George Quashas Bezeichnungen für die Art Gedichte, die er schreibt und auf denen seine Titelschöpfungen in Zusammenarbeit mit Gary Hill basieren, darunter standing *aPart*, *facing faces*, HAND HEARD und LIMINAL OBJECTS. In diesem Zusammenhang sollte erwähnt werden, daß Gary Hills eigenes Schreiben – seine Verwendung von Sprache in seinen Arbeiten – ebenso sehr der Welt der Poetik (und Metapoetik) angehört wie der von Video und Installationskunst.

14 Dies ist eine etwas spezielle Verwendung von *deklarieren* (zur Quelle siehe Anmerkung 6): „Eine erahnte Möglichkeit mit der Absicht der Aktualisierung öffentlich derart zu affirmieren, daß ihre Virtualität (die Reichweite der Möglichkeit) nicht verlorengeht. Was ich deklariere, erstarrt nicht einfach in statischer Konkretisierung; vielmehr wird die Quelle meiner Intuition, die meiner Deklaration Kraft verliehen hat, zur Manifestation und einer ständigen Ressource erhoben. Was nun wirklich wird, bleibt im Einklang mit der ihm zugrundeliegenden Möglichkeit. Eine Deklaration gründet auf der Erkenntnis, daß das Erahnte bereits der Fall ist." Den tiefen Raum, aus dem die Macht, Kontexte zu deklarieren, kommt, nennen wir „Parakontextualität" – den radikal offenen Kontext der Kontexte.

Christian Theo Steiner

Über Sinnliches

Johnny, tu n'es pas un ange.
Ne crois pas que ça me derange.
Vaya con dios, 1988

Am Horizont

Engel heute? Sind die nicht längst ausgestorben? Zum allseits anerkannten Verdikt war doch geworden, daß Engel nur noch in historischer Perspektive in den Blick geraten können. Der scholastische Diskurs kreiste noch um paradigmatische Fragen wie etwa diejenige, wie viele Engel denn auf einer Nadelspitze Platz hätten. Nicht ohne polemische Häme haben wir dieses Beispiel immer dann zitiert, wenn wir einen anschaulichen, unmittelbar evidenten Hinweis auf die Absurdität theologischer Spitzfindigkeit, auf Scheinprobleme gesucht haben.

Wenn nun also plötzlich von Engeln die Rede sein soll, müssen wir uns erst nach den Rahmenbedingungen für einen solchen Diskurs erkundigen. Haben wir es mit der Wiederauferstehung einer theoretisch obsoleten Spezies zu tun? Wir befinden uns, wie Hans Blumenberg feststellte, immer noch „im Auslaufhorizont"[1] des Prozesses der Säkularisierung, weshalb wir wie selbstverständlich weiterhin theologisch vorgeprägte Begriffsorientierungen verwenden. In diesem Sinne wird es also im folgenden um metaphorische Anwendungen des Engelkonzepts im Zusammenhang mit ästhetischen Parametern wie Unberührbarkeit und Erscheinung gehen: erstens um Yves Kleins unberührbare „Ikonen" in ihrer unerreichbaren visuellen Distanziertheit und zweitens um „Parias" in den Zeiten von AIDS, um die Dialektik von Distanz und Engagement und um den Kontrast zwischen der kunstweltlichen Utopie der Antibanalität und der lebensweltlichen Utopie der Banalität, des kleinen Glücks.

Im Himmel

Vorerst kurz etwas zur Erinnerung an jene Eigenschaften, die man diesen fiktiven Figuren zugeschrieben hat und die für den Kontext einer aktuellen Ästhetik relevant sein können:[2] Engel figurierten als himmlische Boten, das heißt: Sie offenbarten den Menschen und anderen Geschöpfen die göttlichen Eingebungen. Abgesehen von dieser naheliegenden und allseits bekannten Vermittlerrolle interessiert uns hier stärker die Frage, wie die Engel selbst sich vermittelten, also

1 Hans Blumenberg, SÄKULARISIERUNG UND SELBSTBEHAUPTUNG, Frankfurt/Main 1983, S. 10. Blumenberg geht davon aus, daß jede Verweltlichungsthese die christlichen Modelle immer noch impliziert, da sie die Konstatierung eines Verlustes ist.

2 Die folgenden Angaben stützen sich auf das REALLEXIKON FÜR ANTIKE UND CHRISTENTUM.

wie ihre phänotypische Präsenz oder Präsentation beschaffen sein sollte. Sie traten etwa im Neuen Testament in Gestalt junger Männer mit leuchtend weißen Gewändern auf. Neben Gott, dem ersten Licht, ist in der Hierarchie der Engel jedenfalls das zweite und der Mensch das dritte Licht. Helligkeit ist jedoch keine durchgängige Eigenschaft, es gibt zwar Engel des Lichts, aber auch Engel des Teufels. Ihre Erschaffung erfolgte – wie die der sie implizierenden Entitäten Himmel und Licht – auf einen Schlag am ersten Schöpfungstag (gelegentlich wird auch angenommen, daß sie sich erst nach und nach „in einer nicht sexuellen, für Menschen freilich unausdenkbaren Weise“ vermehrten).

Man stellte sie sich ohne Leib und ohne Form vor, leiblos im Sinne der Freiheit von einem menschlichen, fleischlichen Leib, nicht aber frei von jeder Art eines Leibes, womit also relative Geistigkeit im Gegensatz zu irgendeiner Körperlichkeit gemeint war. Da sie allerdings gelegentlich sichtbar sind, mußte man ihnen auf jeden Fall einen Körper zuschreiben – den der guten Engel nannte man „corpus aethereum“ (bzw. „igneum“), den der schlechten Engel „corpus aerium“. Im Vergleich zur Geistigkeit Gottes – die scholastische Volte rückwärts folgt sogleich – sollte sich diejenige der Engel aber noch wie ein Leib ausnehmen. In den Engeln sei ein (besonderer) Lebensgeist, sie sind von luftförmiger Art („Winde“) und von feuriger Natur. Dabei muß jedoch jegliche materielle Vorstellung vermieden werden: Durch diese Nichtstofflichkeit soll ihre Fähigkeit zur Reinigung der Seelen symbolisiert werden. Eine zweite Funktion ihres ätherischen Wesens üben sie für die kosmische Harmonie aus. Kurt Flasch sprach bezüglich der mittelalterlichen Verortung der Engel von einer „Zweistockwerkphysik“[3], die zwischen einer sublunarischen Sphäre aus Feuer, Wasser, Luft und Erde und einem supranlunarischen Bereich unterscheidet, der mit Äther ausgefüllt sein sollte. Die theologisch relevanten Akteure (Gott, Engel etc.) wurden in diesem so charakterisierten Kosmos angesiedelt, um dessen Sphären in harmonischer Weise zu bewegen.

Leidenschaftslosigkeit war ein weiteres Wesensmerkmal der Engel. Sie seien über Leidenschaften erhaben und geschlechtslos, jedenfalls niemals weiblich, an sich unsichtbar, nur mit dem Verstand, nicht durch sinnliche Wahrnehmung erfaßbar. Wenn es jedoch ihrem Wunsche entsprach, konnten sie von Menschen berührt werden. Sie waren alles in allem erhaben über die Menschen, ihnen überlegen. Wenn ein Mensch durch seine Macht die übrigen Menschen überragt, wird er deshalb volkstümlich als Engel betrachtet. Der Volksglaube fürchtete jedoch umgekehrt auch, die Berührung durch einen Engel könne den Menschen Schaden zufügen. Ansonsten sollen sie selbstverständlich den Menschen

3 Kurt Flasch, DAS PHILOSOPHISCHE DENKEN IM MITTELALTER VON AUGUSTIN BIS MACCHIAVELLI, Stuttgart 1986, S. 301.

dienen (vor allem natürlich den Christen – unter der Voraussetzung, daß diese den Glauben in sich haben). Jeder (getaufte) Mensch verfüge über einen Schutzengel (während der noch nicht Getaufte einen Engel Satans bei sich habe). Für christliche Jungfrauen fungierten die Engel als Brautführer ihrer Jungfräulichkeit und als ihre Wächter. Jeder Mensch habe einen Engel der Gerechtigkeit und einen der Schlechtigkeit bei sich; der eine schreibe seine gerechten Werke auf, der andere seine Sünden. Die Engel züchtigten wie Erzieher die Christen zum Behufe der Besserung ihres Lebens, christliches Leben sollte eng'lisches Leben werden. Der jungfräuliche Mensch, die nicht wiederverheiratete Witwe, allgemein der keusche Mensch (Mönche, Patriarchen, Bischöfe, heilige Menschen, Verklärte, Gesandte Gottes, Prediger, Priester, ja jeder Gläubige, wenn er sich eines irrenden Nebenmenschen erbarmt) galt als Engel.

In der Kunstwelt (Para-Ästhetik)

Welche Faktizität im Sinne von lebensweltlicher Relevanz kann es in einer aufgeklärten, säkularisierten Welt für ein derart antiquiertes Mythologem geben? Für den Alltag wird es über das Nadelöhr der Moral eingeschleust. Die Übersteigerung oder genauer: Transfiguration des Alltags, den Eintritt in eine paraästhetische, para-normale Sphäre. Das Gedächtnis der Sprache hat für uns Modelle und Konzepte aufbewahrt, mit deren Hilfe wir Nichtalltägliches markieren können so etwa den Engelsbegriff. Im Sinne Blumenbergs können wir dies auch als Daseinsmetapher bezeichnen.[4] Und in der Kunst? So sehr wir uns mittlerweile daran gewöhnt haben, daß die Grenzen zwischen Kunst und Leben verwischt seien, sind die Zuweisungen in den einen oder anderen Bereich doch nur um so strikter geworden. Gerade indem sie in Frage gestellt worden waren, hat man auf die Grenzziehung besonderes Augenmerk gerichtet.

Yves Kleins Farbwunder mit dem patentierten International Klein Blue (IKB) sind ein jüngeres Beispiel für einen Aufstand der Kunst gegen die Banalisierungstendenzen. Nicht erst wenn der Künstler damit eine Engelsstatuette koloriert, stellt das ein Aufbegehren gegen die Alltäglichkeit dar. Das tiefe, leuchtende Blau seiner Bilder und Objekte sollte auf höhere Dimensionen, auf Jenseitigkeit verweisen. In den wertvollsten, aussage- und farbkräftigsten Arbeiten hat Klein dieses Pigment ohne Bindemittel aufgetragen. Lose, nicht fixiert gehören diese farbigen Oberflächen zweifellos zum Stärksten und gleichzeitig zum Verletzlichsten in der modernen Kunst. Wir kennen alle jene Impulse, eine Skulptur zu berühren, die Lust, die Hand auszustrecken und mit den Fingern über die Oberfläche des Kunstwerks zu streichen. Ob es sich nun um Bauschutt

4 Vgl. Hans Blumenberg, SCHIFFBRUCH MIT ZUSCHAUER. PARADIGMA EINER DASEINSMETAPHER, Frankfurt/Main 1979.

oder Bronze handelt, in dem Moment, in dem etwas zum Material für ein Kunstwerk geworden ist, strahlt es eine ungeheure Anziehungskraft aus. Die Attraktivität beruht in vielen Fällen sicherlich auf der Materialsprache, dem Reiz der Oberfläche, in erster Linie jedoch wollen wir es berühren, weil es ein Kunstwerk ist. Ein Ding – banal oder außergewöhnlich – hat durch seine Transfiguration in die Kunstwelt einen Sonderstatus erhalten – wie ein Popstar oder eine Reliquie. Das Berührungsverbot tut natürlich noch ein übriges, um die Attraktivität zu erhöhen.

Im Falle einer Bronzestatue wird eine solche klammheimliche Berührung hinter dem Rücken des Aufsichtspersonals „lediglich" zu einem oberflächlichen Eingriff ins Kunstwerk führen. Einige Jahre und zahllose Touristenbusse später wird sich mit bloßem Auge eine blankpolierte, abgenutzte Stelle bemerkbar machen. Anders sieht die Sache bei Yves Kleins erwähnten Skulpturen aus. Schon ein Atemhauch würde genügen, um das lose Pigment aufzuwirbeln und die originale Oberfläche zu zerstören.

Es gibt Kunstwerke, bei denen Klein anderen Menschen erlaubt hat, sein Pigment zu berühren, ja wo dies sogar konstitutiv für das jeweilige Werk war: seine Performances mit nackten Frauen, deren Körper er teilweise mit Farbe bestrich, so daß die Akteurinnen Abdrücke auf Leinwänden oder Papierbahnen hinterließen (diese eindeutig weiblich konnotierten Bilder nannte er dann erstaunlicherweise universalisierend „Anthropometrien"). Der Künstler stand im Zuge dieser Aktionen als unbeteiligter Zuschauer am Rande und trug bei dieser Gelegenheit weiße Handschuhe.[5] Ich weiß nicht, ob in den sechziger Jahren die restauratorischen Standards bereits so hoch waren, daß man Kunstwerke nicht mehr mit bloßen Fingern berühren durfte. Doch selbst, wenn man nichts über die brisante Mischung aus Schweiß und Säuren im Schutzfilm der menschlichen Haut weiß, welche für Materialien wie Papier oder Metall fatal sein können, leuchtet einem die aseptische Jungfräulichkeitssymbolik der Berührungsvermeidung durch Handschuhe sofort ein. Man muß sich aber nicht auf die frauenfeindlichen Aspekte dieser Symbolik beschränken, sondern kann darin durchaus einen allgemeinen Hinweis des Künstlers auf die Problematik des Haptischen in der Kunst und speziell in seinen heiklen Arbeiten sehen. Ein Kunstwerk muß nicht erst die Fragilität eines IKB-Objekts haben, um für seine Rezipienten in dieser Hinsicht tabu zu sein. Dennoch ist es, glaube ich, kein Zufall, wenn Klein ausgerechnet Frauen in direkten Kontakt treten läßt. Abgesehen vom unleugbaren voyeuristischen Motiv steht der Künstler damit in einer Tradition, die Frauenkörper (respektive deren Darstellung) benutzt, um das Andere zu

5 Vgl. Isabelle Graw, Techniken sind Privilegien, in: TEXTE ZUR KUNST, Februar 1995, 5. Jg., Nr. 17, S. 128–135.

symbolisieren. Dieses Andere ist ihm allerdings in der Darstellung ferner denn je, off limits, nur in der unerreichbaren Nähe des Schauens gegenwärtig.

In der Lebenswelt (Paria-Ästhetik)

„Para-normal" – das kann „außergewöhnlich" heißen, aber auch „außerhalb der Norm". Überschreitung der Norm, Übertretung, Exzeß oder schlicht Außenseitertum, das könnten aktuelle Lesarten für den Engelsstatus sein. Exemplarisch können dafür die HIV-Positiven stehen. Die soziale Ächtung und Ausgrenzung von AIDS-Kranken wird ja auch häufig mit der Metapher des Paria umschrieben, des Unberührbaren, der am unteren Ende des indischen Kastensystems steht.[6]

Der amerikanische Arzt Mahlon Johnson verletzte sich 1992 bei der Autopsie eines AIDS-Toten mit seinem Skalpell und infizierte sich dabei. Einer der „Götter in Weiß", nicht ein „gefallener Engel" also wurde durch einen Arbeitsunfall zum HIV-Positiven: „Ich hab's nicht vom Sex, okay? Ich hab's von einem Skalpell."[7] Sein 1997 auf Deutsch erschienenes Buch ARBEIT AN EINEM WUNDER schildert diese Geschichte, vor allem den Kampf ums Überleben, um neue Präparate und schließlich den Triumph, durch kombinierte Therapien die Viruslast unter die Nachweisbarkeitsschwelle gedrückt zu haben. Exemplarisch zeigt sich in dieser Erzählung nicht nur, daß AIDS Übertragungsphantasien freisetzt, sondern vor allem, daß die Trennlinie zwischen Infizierten und Nichtinfizierten sich am Topos der Unversehrtheit der menschlichen Haut festmacht. Mechanische Verletzung und die Benetzung mit Körpersäften können die Barriere überwinden.

Der Arzt und Patient Johnson schildert sich als jemand, der vor der Serokonversion sein Leben fast ausschließlich dem Beruf widmete – also eine „Laborratte".[8] Diese selbstgewählte Einsamkeit, seine „Bindungslosigkeit"[9], wird durch die tödliche Bedrohung durch die HIV-Infektion zu einer Belastung, wobei Johnson seine Sehnsucht nach menschlicher Nähe unter ebenso strikte moralische Bedingungen stellt wie die medizinische Arbeit als Arzt und als Patient. „Zu dem Zeitpunkt konnte ich mir nicht vorstellen, mich mit einer Frau auch nur zu verabreden, ohne meinen sexuellen Schwebezustand zu offenbaren";[10] moralische Bedenken hemmen ihn: „Was würde zum Beispiel passieren, wenn ich mit einer Frau ausging und plötzlich Nasenbluten bekam?"[11] Angstphantasien führen ihn schließlich zu dem Versuch, über eine Selbsthilfegruppe für HIV-positive Frauen zu einem unbedenklichen Rendezvous zu kommen. So lernt er Dawn kennen, die von ihrem Ehemann infiziert worden ist und sich gegenüber Männern entsprechend reserviert verhält. Kurz nach der ersten intimen

6 Mahlon Johnson (mit Joseph Olshan), ARBEIT AN EINEM WUNDER, Berlin 1997, S. 45.

7 op. cit., S. 77.

8 op. cit., S. 24.

9 op. cit., S. 51.

10 op. cit., S. 40.

11 Vgl. auch op. cit., S. 153.

Begegnung kommt es jedoch aufgrund charakterlicher Divergenzen zum Bruch. Wie in jedem guten Buch, das einer ethischen Schwarzweißmetaphysik verpflichtet ist, tritt hier kurze Zeit später eine neue Frauengestalt auf, das positiv besetzte Gegenstück zu Dawn: „eine bemerkenswerte Frau namens Vickie McCray, die sich unwissentlich durch ihren Ehemann infiziert hatte und es dennoch über sich brachte, ihm zu verzeihen und ihn bis zu seinem Tod aufopferungsvoll zu pflegen".[12] Beide Frauen wurden also unwissentlich zu Opfern, die zweite übertrifft die erste jedoch in Johnsons ethischer Sicht, da sie zum Verzeihen bereit ist. So erfüllt sie die klassischen Frauenstereotypen der Fürsorglichkeit und Opferbereitschaft und qualifiziert sich als die ideale Ergänzung für den allzu rationalen Wissenschaftler.

Zu einer Zeit, da seine eigenen therapeutischen Experimente bereits seine Untersuchungsergebnisse verbessert haben, bemüht Johnson sich sehr, die neuen Mittel auch seiner neuen Freundin Vickie zugänglich zu machen. Als seine eigene Viruslast bereits stark gesunken ist, spricht er jedoch nicht mit ihr darüber und betont weiterhin, daß er die HIV-Infektion immer noch übertragen könne.[13] Zum einen plagt ihn „die Furcht, daß die wichtigste seelische Bindung, die ich hatte, zerstört werden könnte, sobald Sex ins Spiel kam";[14] zum anderen besteht selbstverständlich die reale Bedrohung, sich durch ein solches Rendezvous mit fremden Virusstämmen zusätzlich oder neu zu infizieren. Neben der bereits vorhandenen Isolation gegenüber den Nichtinfizierten kommt also de facto auch noch die Isolation der Betroffenen untereinander hinzu. Für die „engelhafte" Keuschheit gibt es also ganz banale, d. h. äußerst verständliche, handgreifliche Gründe, nämlich den Selbsterhaltungstrieb, die Angst. Und die Moral von der Geschichte? Unter den extremen Bedingungen dieser Krankheit kann er das Banalste, das schiere Überleben als Wunder ansehen.

Soweit in Johnsons Report explizit von Engeln die Rede ist, sind diese von ihrem metaphorischen Gehalt her meist relativ banal; schlicht und ergreifend ist überhaupt die gesamte Moral von Dr. Johnsons Geschichte: Ein „einsamer Mann, der in einer Welt aus Arbeit und Forschung verdorrte"[15], findet durch eine engelsgleiche Frau zu der Erkenntnis, „daß der eigentliche Zweck unseres Lebens die anderen sind – unsere Zugehörigkeit zu anderen Menschen".[16] Dazu gehört allerdings auch – ungeachtet verschärfter Bedingungen wie Infektionsrisiko – der haptische Kontakt. Zugehörigkeit wäre vielleicht eine beschauliche Formel, aber was hilft es, wenn man sie nicht spüren kann? Johnsons Angstphantasien und die somästhetische Isolation eines HIV-Infizierten im allgemeinen sind leicht nachvollziehbare Reaktionen, spannend ist aber auch, in welchen

12 op. cit., 184.

13 op. cit., 249 f.

14 op. cit., 267.

15 op. cit., S. 292.

16 op. cit., S. 219.

narrativen Rastern er diese präsentiert. Zum einen werden die erwähnten Klischees in seinem autobiographischen Roman sicherlich von der gängigen Soap-Opera-Dramaturgie nahegelegt. Zum anderen wirken Dr. Johnsons Hollywood-Maximen aber natürlich gerade in diesem Zusammenhang befremdlich. Bei aller Empathie (Mitleid und Mitfreude) muß man sie doch als abgetragene Altherrenüberheblichkeit bezeichnen: Der wissenschaftliche Kopf bekommt Probleme mit dem Körper und holt sich deshalb eine Spezialistin fürs Gefühl in sein Team, wobei offensichtlich die zweitwichtigste Aufnahmebedingung nach der HIV-Infektion darin besteht, daß man sich unverschuldetermaßen angesteckt hat. In einer bestimmten Hinsicht läßt sich Mahlon Johnsons Report mit den Performances von Yves Klein vergleichen: Inszenierte dieser Frauen live, so liefert Johnson epische Arrangements. Klein trug bei seinen Aktionen weiße Theater- oder Konservatorenhandschuhe, und Johnson, der mit einem Skalpell seine Gummihandschuhe durchschnitt und sich so infizierte, trägt beim Schreiben gewissermaßen die weißen Überzieher der Anständigkeit.

Postskript

Es gab auch Wesen, die zwar unsterblich waren wie Gott und dennoch voll von menschlichen Leidenschaften – die Dämonen. Waren die Engel die Boten des göttlichen Willens, so dienten die Gespenster als Vorboten des Unheils – Pest, Unwetter, oder die Rache der Verstorbenen. Als das lebendige Gedächtnis der Vergangenheit bedrohten sie die Gegenwart. LE LIVRE D'EGIDIUS, ein Exorzistenhandbuch aus der Mitte des 15. Jahrhunderts, präsentierte deshalb unter anderem Serien von Fragen, die man stellen sollte, wenn einem Seelen aus dem Fegefeuer oder von Verdammten erschienen: „Ist die ewige Verdammnis, das heißt nie wieder Gott zu schauen, schlimmer als die Qualen des Körpers?“[17]

17 LE LIVRE D'EGIDIUS, zit. nach: Jean Delumeau, ANGST IM ABENDLAND. DIE GESCHICHTE KOLLEKTIVER ÄNGSTE IM EUROPA DES 14. BIS 18. JAHRHUNDERTS, Reinbek bei Hamburg 1985, Bd. 1, S. 114.

Jean Paul

Menschen sind Maschinen der Engel

Wenn wir sehr aufgekläret sein musten, um die stolze Einbildung aufzugeben, daß die ganze Welt blos unsertwegen existire und daß die Sterne in der That nichts anders als die messingen Himmelknöpfe wären, welche an der Himmelhaut der Kutsche oder Welt, die uns fähret, glänzten: so mag es noch weit mehr Erhellung unserer Köpfe bedürfen, eh' wir uns bereden lassen, daß wir blos gewisser höherer Geschöpfe wegen hienieden leben, die wir Engel nennen und daß diese die wahren Bewohner dieser Erde, wir aber nur der Hausrath derselben sind. Inzwischen ist es meine Absicht, von diesem leztern Saz so gut als möglich Beweise darzulegen: ich wünsche wahrhaftig, daß eine Behauptung iedem einleuchte, die so sehr geschikt ist, unsere wahre Bestimmung ans Licht zu bringen, unserm Stolze zu gebieten und den Begrif vielleicht ein wenig zu erhöhen, den die Welt von mir hat.

Die Thätigkeit, in der wir auf dieser Erde sind, die Handlungen, die wir zu Stande bringen, tragen insgesamt so wenig zu unserm Wole bei, daß man längst hätte zweifeln sollen, ob denn unsere Geschäftigkeit blos unsern eignen Absichten diene: wie augenscheinlich ist es, daß diese Ämsigkeit, die wider unser Glük anläuft, dem Glükke anderer Wesen fröhnet, deren Hände uns als Werkzeuge führen! Als ich vor einigen Jahren in meine Schreibtafel schrieb: „du kraftloser Schatte, armes Menschengeschlecht, in der Welt, wo du allein zu schalten wähnst, drängen und bewegen sich tausend unsichtbare Hände, welche die deinigen nur stat der Handschuhe gebrauchen!" so sah ich noch nicht ein, welch ein weiterer und wahrerer Sin in dieser Metapher liege! Denn es ist keine poetische Redensart, sondern kahle nakte Wahrheit, daß wir Menschen blosse *Maschinen* sind, deren sich höhere Wesen, denen diese Erde zum Wohnplaz beschieden worden, bedienen.

Als die Engel unsere Erde zuerst betraten: so hatten sie noch bei weitem die unzähligen Menschenmaschinen nicht, zu denen sie sich iezt Glük wünschen können; nach und nach erst erfanden sie [bald] diese bald iene Maschine

Abb. linke Seite: Eileen Agar, Angel of Anarchy, 1940

oder wie wir zu sagen pflegen, Menschen, bis almählig die Zahl ihrer Maschinen so heran wuchs, daß sie iezt für alle Bedürfnisse die herlichsten Maschinen oder Menschen zeigen.

Ein Engel verfertigte auch, wiewol mehr der Seltenheit und des Vergnügens als des Nuzens wegen, herliche Schachmaschinen und ieder meiner Leser mus dergleichen Wesen gesehen haben, die das Schach, ohne das geringste Zuthun eines Engels, blos durch einen Mechanismus, der in ihrem Kopfe angebracht ist, spielen können; sie bewegen den rechten Arm von selbst, sie schütteln sogar – das ist unerhört – den Kopf zu einem falschen Zuge des Gegners und thun, wenn der König schach mat ist, um alles in der Welt keinen Zug mehr. Der Leser wird leicht wahrnehmen, wie ähnlich diesen Schachmaschinen die bekante ist, die H. v. Kempele erfand und die man wol gar bewundert; ich glaube aber, es ist ausserordentlich leicht, etwas nachzumachen, wenn man ein volkommenes Model schon vor sich hat und den Ruhm einer Erfindung an sich zu reissen, wenn ein anderer ihn erworben. H. v. Kempele war so glüklich, sich an lebendige Schachmaschinen, die die Engel schon ganz ausgearbeitet hatten, halten und sie in der seinigen nachkopiren zu können, was Wunder, daß es ihm gerieth, da es ein Wunder gewesen wäre, hätte es ihm fehlgeschlagen. Demungeachtet bleibt auch immer ein gewaltiger Unterschied unter beiden Maschinen und das Werk des Engels sticht über das eines Menschen bei weitem hervor. Jenes besteht aus Fleisch und Blut – das Blut kan kein Chymiker nachmachen, dieses aus blossem Holz und einem Metalle.

Die Engel waren es lange überdrüssig, s[elbst] zu beten; sie sahen wol alle ein, daß es einerlei wäre, ob man mit seiner eignen oder einer fremden Stimme, ob man mit seinen Sprachwerkzeugen oder mit einer andern Maschine betete; allein sie konten die Maschine [nicht] erfinden, die an ihrer stat betete. Endlich brachte einer – wiewol einige mehrere angeben und Leibniz und Newton streiten noch um die Ehre des ersten Einfals – eine zusammen, die noch besser war als man sie verlanget hatte. Ein Engel, der beten wil, giebt blos dieser Maschine einen Stos, so fängt sie an, ein schönes Gebet abzutönen, das der Engel sich zurechnet. Ich wil übrigens damit nicht von den Kalmükken stilschweigends behaupten, daß sie die Erfindung der Betmaschine von den Engeln gestohlen: sie können gar wol auf denselben Einfal gerathen sein, ungeachtet er schon tausend Jahr in der Welt war, wie wir das Pulver erfanden, ungeachtet es die Sineser schon hatten.

Vor einigen Jahren wurde von H. Changeux in Paris (Magazin des Buch- und Kunsthandels 12 St. 1780) der sogenante Barometrograph erfunden, der die

Veränderungen der Schwere der Luft nicht blos wie ein gewöhnliches Barometer angiebt, sondern sie auch auf eine Woche lang Tag und Nacht aufschreibet: diese Maschine sol, wie es nur zu deutlich scheint, die Gelehrten brodlos und entbehrlich machen, die bisher die Buchhalter der Atmosphäre waren und von iedem Tage eine Biographie ausfertigten. Ich glaube aber schwerlich, daß der Barometrograph des Changeux den Barometrograph der Engel verdrängt. Denn diese Barometrographen, die sich von den Engeln herschreiben – die Gelehrten – sind viel besser. Die Maschine des Ch. führet über die Veränderungen der Luft das Protokol nur 8 Tage lange; die Maschinen der Engel hingegen sezen diese Niederschriften so lange, als sie zusammengefügt verbleiben, fort und man hat Gelehrte aufzuweisen, die noch im achtzigsten Jahre d[em] Barometer nachschrieben. Dazu geben die Gelehrten – welches die [Maschinen des Ch.] offenbar nicht können – die Wetterbeobachtungen hernach in den Druk.

Die Maschinen der Erde müssen fast alzeit den Maschinen der Engel den Vorrang lassen und man thut ienen nicht zu viel, wenn man behauptet, daß sie, so wie die Schönheiten der Erde nach Plato blosse Abdrükke der Schönheiten im Himmel sind, blosse Nachahmungen und schwache Kopien der Maschinen sind, die die Engel erdacht: ienes Frauenzimmer z. B., das Klavier [spielt], ist höchstens eine glükliche Kopie der weiblichen Maschinen, die das Klavier schlagen und die Töne mit Bewegungen begleiten, die offenbar Rührung zu verrathen scheinen.

Jorge Luis Borges

Die verhüllten Spiegel

Der Islam versichert, daß am unwiderruflichen Tage des Gerichts derjenige, der sich an einem lebendigen Geschöpf durch ein Bild vergangen hat, mit seinen Werken auferstehen und daß man ihn heißen wird, ihnen Leben einzuhauchen, und daß er es nicht vermögen wird und daß man ihn samt dem Bild dem Feuer der Buße überantworten wird. Schon als Kind war ich mit diesem Grauen vor einer Verdoppelung oder gespenstischen Vervielfältigung der Wirklichkeit innig vertraut, doch befiel es mich vor den großen Spiegeln. Ihr unfehlbares und beständiges Funktionieren, ihre Verfolgung meiner Handlungen, ihre kosmische Pantomime waren damals übernatürlicher Art, sobald es zu dunkeln begann. Eine meiner inständigen Bitten zu Gott und zu meinem Schutzengel war die, mich nicht von Spiegeln träumen zu lassen. Ich weiß noch, daß ich sie mit Bangen im Auge behielt. Manchmal fürchtete ich, sie könnten anfangen, von der Wirklichkeit abzuweichen, zu anderen Malen, ich könnte in ihnen mein Gesicht durch sonderbare Widrigkeiten entstellt sehen. Ich habe erfahren, daß diese Furcht abermals auf übermächtige Art in der Welt ist. Die Geschichte ist höchst einfach und unliebsam.

Um das Jahr 1927 lernte ich ein verschattetes Mädchen kennen: zuerst am Telefon (denn im Anfang war Julia für mich eine Stimme ohne Namen und Gesicht), dann an einer Straßenecke gegen Abend; sie hatte erschreckend große Augen, schwarzes glattes Haar, einen strengen Körper. Sie war die Enkelin und Urenkelin von Föderalen, so wie ich von Unitariern, und dieser alte, im Blut liegende Zwist war zwischen uns ein Band, schuf eine enge Zugehörigkeit zu unserem Vaterland. Sie lebte mit ihren Angehörigen in einem verkommenen Kavalierhaus mit übermäßig hohem, kahlem Plafond, in dem Groll und der Fadenscheinigkeit armen Anstands. Abends – einige wenige Male auch bei Nacht – gingen wir aus und in ihrem Viertel spazieren, dem Balvanera-Viertel. Wir folgten dem Eisenbahndamm; über Sarmiento erreichten wir einmal sogar die Abhänge des Parque Centenario. Zwischen uns war keine Liebe, nicht einmal der

Anschein von Liebe; ich ahnte bei ihr eine leidenschaftliche Anspannung, die dem Erotischen völlig fernstand, und fürchtete mich vor ihr. Gemeinhin erzählt man Frauen, um näher mit ihnen bekannt zu werden, echte oder apokryphe Streiche aus der Knabenzeit; ich muß ihr einmal die Sache mit den Spiegeln erzählt haben und gab damit im Jahr 1928 das Stichwort zu Wahnvorstellungen, die im Jahr 1931 ausbrechen sollten. Heute weiß ich, daß sie wahnsinnig geworden ist, und daß in ihrem Schlafzimmer die Spiegel verhüllt sind, weil sie meinen Widerschein in ihnen erblickt, der ihr sagt, ich verfolge sie magisch.

Verwünschte Sklaverei, in der mein Gesicht, eines meiner früheren Gesichter, mich gefangen hält. Durch dieses verhaßte Los meiner Züge muß ich selber verhaßt werden, aber daran liegt mir schon nichts mehr.

Jorge Luis Borges

Das geheime Wunder

> Und Gott ließ ihn hundert Jahre lang sterben; dann hauchte er ihm Leben ein
> und sprach zu ihm: „Wie lange bist du hier gewesen?"
> „Einen Tag oder den Bruchteil eines Tags", antwortete er.
> *Koran, II, 261*

Jaromir Hladik, Autor der unvollendeten Tragödie DIE FEINDE, einer EHRENRETTUNG DER EWIGKEIT und einer Untersuchung der indirekten jüdischen Quellen bei Jakob Böhme, träumte in der Nacht des 14. März 1939 in einer Wohnung in der Zeltnergasse in Prag von einer großen Schachpartie. Sie wurde nicht von zwei Personen, sondern von zwei berühmten Familien gespielt; die Partie hatte schon vor vielen Jahrhunderten begonnen; niemand kannte mehr den Einsatz, um den gespielt wurde, aber man munkelte, er sei ungeheuer, ja vielleicht unendlich groß; die Figuren und das Schachbrett standen in einem geheimen Turm; Jaromir war (im Traum) der Erstgeborene einer der verfeindeten Familien; auf den Uhrtürmen schlug die Stunde der unaufschiebbaren Partie; der Träumer lief durch die Sanddünen einer regnerischen Einöde und wußte sich weder der Figuren noch der Regeln des Schachspiels zu erinnern. An diesem Punkt wachte er auf. Das donnernde Geräusch des Regens und der furchtbaren Uhren hörte auf. Ein rhythmischer, einmütiger Lärm, von Kommandostimmen unterbrochen, drang von der Zeltnergasse herauf. Es war früher Morgen; die gepanzerte Vorhut des Dritten Reichs rückte in Prag ein.

Am neunzehnten ging bei den Behörden eine Denunziation ein; am gleichen neunzehnten gegen Abend wurde Jaromir Hladik verhaftet. Man schaffte ihn in eine aseptische und weiße Kaserne am anderen Ufer der Moldau. Er konnte keine einzige Anschuldigung der Gestapo widerlegen: der Familienname seiner Mutter war Jaroslawski, er war jüdischen Blutes, seine Untersuchung über Böhme war judaisierend, seine Unterschrift verlängerte eine Liste von Proteststimmen gegen den Anschluß. 1928 hatte er das SEPHER YEZIRA für den Verlag Herman Barsdorf übersetzt; der überschwengliche Prospekt dieses Hauses hatte aus Geschäftsgründen den Namen des Übersetzers in den Himmel gehoben; diesen Prospekt hatte Julius Rothe, einer der Gestapoführer, in dessen Händen Hladiks Schicksal lag, durchgeblättert. Es gibt keinen Menschen, der nicht außerhalb seines Spezialgebiets leichtgläubig ist; zwei oder drei Adjektive in gotischen Lettern genügten, um Julius Rothe von Hladiks Bedeutung zu überzeugen, und er befahl, ihn zum Tode zu verurteilen, *pour encourager les autres.* Die Hinrichtung wurde auf den neunundzwanzigsten März, neun Uhr morgens, festgesetzt. Dieser Aufschub (dessen Bedeutung der Leser später würdigen wird) war dem behördlichen Wunsch zu verdanken, ganz unpersönlich und ohne Übereilung vorzugehen, wie die Pflanzen und die Planeten.

Hladiks erste Empfindung war schieres Entsetzen. Er meinte, daß der Galgen, die Enthauptung oder die Garrotte ihn nicht so in Schrecken versetzt haben würden, daß aber der Tod durch Erschießen unerträglich sei. Vergeblich sagte er sich immer wieder, daß die schlichte und allgemeine Tatsache des Sterbens das Furchterregende sei, nicht die konkreten Umstände. Unaufhörlich stellte er sich diese Umstände vor: unsinnigerweise suchte er alle Varianten zu erschöpfen. Unzählige Male nahm er den ganzen Hergang vorweg, vom schlaflosen Morgengrauen bis zu der geheimnisvollen Salve. Vor dem von Julius Rothe festgesetzten Tag war er schon Hunderte von Toden gestorben, in Höfen, deren Winkel die Geometrie überforderten, niedergestreckt von veränderlichen Soldaten in wechselnder Anzahl, die ihn manchmal aus der Ferne auslöschten, andere Male ganz aus der Nähe. Er bot diesen eingebildeten Hinrichtungen mit wirklicher Angst die Stirn (vielleicht mit wirklichem Mut); jedes Trugbild dauerte wenige Sekunden; hatte der Kreis sich geschlossen, so kehrte Jaromir endlos zu den bebenden Vorabenden seines Todes zurück. Dann überlegte er, daß die Wirklichkeit nicht mit dem Vorausgeschehen übereinzustimmen pflegt; mit perverser Logik folgerte er daraus, daß einen Nebenumstand vorhersehen soviel heißt wie verhindern, daß er eintrifft. Getreu dieser schwächlichen Magie erfand er, damit sie nicht geschähen, gräßliche Einzelheiten; selbstverständlich fürchtete er zum Schluß, diese Einzelheiten seien prophetisch. In diesen Elendsnächten suchte er auf irgendeine Weise in der flüchtigen Substanz der Zeit Halt zu finden. Er wußte, daß diese auf die Morgendämmerung des neunundzwanzigsten zustürzte; laut mit sich selber sprechend überlegte er: „Jetzt lebe ich in der Nacht des zweiundzwanzigsten; solange diese Nacht dauert (und noch weitere sechs Nächte), bin ich unverwundbar, unsterblich.“ Er stellte sich seine Traumnächte als tiefe dunkle Brunnenschächte vor, in die er sich versenken konnte. Manchmal ersehnte er mit Ungeduld die endgültige Salve, die ihn wohl oder übel von seiner vergeblichen Einbildungsmühe erlösen würde. Am achtundzwanzigsten, als der letzte Sonnenuntergang von den hohen Eisengittern widerstrahlte, lenkte ihn der Gedanke an sein Drama DIE FEINDE von diesen erbärmlichen Erwägungen ab.

Hladik hatte die Vierzig überschritten. Abgesehen von einigen Freundschaften und vielen Gewohnheiten machte die problematische literarische Betätigung sein Leben aus; wie alle Schriftsteller maß er die Fähigkeiten der anderen an dem, was sie geleistet hatten, und erwartete, daß die anderen ihn nach dem beurteilten, was er erträumte oder plante. Alle Bücher, die er in Druck gegeben hatte, flößten ihm ein komplexes Reuegefühl ein. Bei seinen Untersuchungen der Werke Böhmes, Ibn Esras, Fludds war vorwiegend der bloße Fleiß maßgebend gewesen, bei seiner Übersetzung des SEPHER YEZIRA die Nachlässigkeit, die Mühsal und die bloße Mutmaßung. Für weniger mangelhaft hielt er möglicherweise seine EHRENRETTUNG DER EWIGKEIT; der erste Band schilderte die verschiedenen Ewigkeiten, die die Menschen ersonnen haben, vom unbeweglichen Sein des Parmenides bis zur veränderlichen Vergangenheit Hintons; der zweite leugnet (mit Francis Bradley), daß alle Vorfälle des Universums eine zeitliche Reihenfolge bilden. Er argumentiert, daß die Zahl der möglichen Erfahrungen des Menschen nicht unendlich ist, und daß eine einzige ‚Wiederholung' genügt, um zu beweisen, daß die Zeit ein Trug ist ... Unglücklicherweise sind die Argumente, mit denen dieser Trug bewiesen wird, nicht minder trügerisch. Hladik pflegte sie mit einer Art geringschätziger Betroffenheit durchzugehen. Auch hatte er eine Reihe expressionistischer Gedichte verfaßt; diese erschienen, zur Verwirrung des Dichters, in einer Anthologie von 1924, und es gab keine spätere Anthologie, die sie nicht erbte. Von dieser ganzen zweideutigen und kümmerlichen Vergangenheit wollte Hladik sich mit dem Versdrama DIE FEINDE loskaufen. (Hladik pries den Vers, weil er verhindert, daß die Zuschauer die Irrealität, die Voraussetzung der Kunst ist, vergessen.)

Dieses Drama wahrte die Einheit der Zeit, des Orts und der Handlung; es spielte in Hradčany, in der Bibliothek des Barons von Roemerstadt, an einem der letzten Abende des 19. Jahrhunderts. In der ersten Szene des ersten Aktes besucht ein Unbekannter Roemerstadt. (Eine Uhr schlägt sieben, das Feuer der scheidenden Sonne läßt die hohen Glasfenster erglühen, der Wind trägt die deutlich erkennbaren Klänge einer leidenschaftlichen ungarischen Musik heran.) Diesem Besuch folgen andere; Roemerstadt kennt die Personen, die ihn behelligen, nicht, hat aber das unbehagliche Gefühl, sie schon einmal gesehen zu haben, vielleicht in einem Traum. Alle sagen ihm übertriebene Schmeicheleien, aber es ist klar, zuerst dem Zuschauer, dann ihm selbst, daß sie geheime Feinde sind, die sich verschworen haben, ihn zu verderben. Roemerstadt gelingt es, ihre verzwickten Intrigen zu durchkreuzen oder zu vereiteln; im Gespräch wird auf seine Verlobte, Julia von Weidenau, angespielt, sowie auf einen gewissen

Jaroslav Kubin, der sie früher einmal mit seiner Liebe belästigt hat. Inzwischen ist dieser Kubin wahnsinnig geworden und hält sich für Roemerstadt ... Die Gefahren mehren sich; am Ende des zweiten Akts sieht sich Roemerstadt gezwungen, einen Verschwörer zu töten. Der dritte Akt, der letzte, beginnt. Allmählich häufen sich die Widersinnigkeiten: Schauspieler, die aus der Handlung bereits ausgeschieden zu sein schienen, treten wieder auf; für einen Augenblick kehrt der von Roemerstadt Getötete zurück. Jemand macht darauf aufmerksam, daß es nicht Abend geworden ist; die Uhr schlägt sieben, in den hohen Glasfenstern spiegelt sich von Westen her die Sonne; der Wind trägt eine leidenschaftliche ungarische Musik heran. Es tritt der erste Gesprächspartner auf und wiederholt die Worte, die er in der ersten Szene des ersten Aktes gesprochen hat. Roemerstadt spricht mit ihm ohne Erstaunen; der Zuschauer begreift, daß Roemerstadt der elende Jaroslav Kubin ist. Das Drama hat sich nicht ereignet: es ist die kreisende Wahnvorstellung, die Kubin unaufhörlich und immer von neuem lebt.

Nie hatte Hladik sich gefragt, ob diese Tragikomödie der Irrungen banal oder bewundernswert, folgerichtig oder zufällig sei. In dem Handlungsschema, das ich skizziert habe, erkannte er ahnungsweise die Erfindung, die am geeignetsten war, seine Mängel zu verbergen und seine glücklichsten Seiten spiegeln zu lassen, die Gelegenheit, (auf symbolische Art) das Grundgefühl seines Lebens einzulösen. Er hatte den ersten Akt schon beendet, auch ein paar Szenen des dritten; der metrische Charakter des Werks erlaubte ihm, es ständig zu überprüfen, die Hexameter zu verbessern, ohne das Manuskript vor Augen zu haben. Er dachte daran, daß noch zwei Akte fehlten, und daß er sehr bald sterben würde. Im Dunkeln redete er mit Gott. „Wenn ich auf irgendeine Weise existiere, wenn ich nicht eine Deiner Wiederholungen und Fehler bin, so existiere ich als Autor von DIE FEINDE. Um dieses Drama zu vollenden, das mich und Dich rechtfertigen kann, brauche ich noch ein Jahr. Gewähre mir diese Tage, Du, dessen die Jahrhunderte sind und die Zeit.“ Es war Nacht, die gräßlichste, aber zehn Minuten später spülte der Schlaf ihn hinweg wie ein dunkles Wasser.

Gegen Morgen träumte ihm, er hätte sich in der Bibliothek des Clementinums verborgen. Ein Bibliothekar mit schwarzer Brille fragte ihn: „Was suchen Sie?“ Hladik antwortete: „Ich suche Gott.“ Der Bibliothekar antwortete: „Gott ist in einem der Buchstaben auf einer der Seiten eines der vierhunderttausend Bände des Clementinums. Meine Eltern und die Eltern meiner Eltern haben diesen Buchstaben gesucht. Ich habe mich blind danach gesucht.“ Er nahm die Brille ab, und Hladik sah die Augen, die tot waren. Ein Leser kam herein, um einen Atlas zurückzugeben. „Dieser Atlas taugt nichts“, sagte er und reichte ihn Hladik. Der öffnete ihn aufs Geratewohl. Er sah eine Landkarte von Indien; ihm schwindelte. Mit plötzlicher Gewißheit berührte er einen der winzig kleinen Buchstaben. Eine allgegenwärtige Stimme sprach zu ihm: „Die Zeit für deine Arbeit ist dir gewährt.“ Hier erwachte Hladik.

Er erinnerte sich daran, daß die Träume der Menschen Gott angehören, und daß Maimonides geschrieben hat, die Worte eines Traums seien göttlicher Art, wenn sie klar und deutlich vernehmbar sind und man nicht den sehen kann, der sie spricht. Er kleidete sich an; zwei Soldaten betraten die Zelle und befahlen ihm, ihnen zu folgen.

Jenseits der Tür hatte Hladik sich ein Labyrinth von Galerien, Treppen und Nebengebäuden vorgestellt. Die Wirklichkeit war nicht so reich; sie stiegen über eine einzige Eisentreppe in einen Hinterhof hinab. Mehrere Soldaten – einer in aufgeknöpftem Uniformrock – untersuchten ein Motorrad und diskutierten darüber. Der Feldwebel sah auf die Uhr: es war acht Uhr vierundvierzig. Es hieß warten, bis es neun schlug. Hladik setzte sich, mehr unbedeutend als unglücklich, auf einen Holzstoß. Er bemerkte, daß die Augen der Soldaten seinen auswichen. Um ihm das Warten zu erleichtern, streckte der Feldwebel ihm eine Zigarette hin. Hladik rauchte nicht; aus Höflichkeit oder Demut nahm er sie. Als er sie anzündete, merkte er, daß seine Hände zitterten. Der Tag bewölkte sich; die Soldaten sprachen gedämpft, als sei er schon tot. Vergeblich versuchte er, sich an die Frau zu erinnen, deren Symbol Julia von Weidenau war ...

Das Kommando formierte sich, richtete sich aus. Hladik erwartete aufrecht vor der Kasernenwand die Salve. Jemand äußerte Besorgnis, die Wand könne Blutspritzer abbekommen; da befahl man dem Delinquenten, ein paar Schritte vorzutreten. Absurderweise mußte Hladik an die langwierigen Vorbereitungen beim Fotografen denken. Ein schwerer Regentropfen streifte Hladiks Schläfe und rollte langsam die Wange herab. Der Feldwebel schrie den letzten Befehl.

Das physische Universum blieb stehen.

Die Gewehre waren auf Hladik gerichtet, aber die Männer, die ihn töten sollten, waren unbeweglich. Der Arm des Feldwebels verewigte eine unabgeschlossene Gebärde. Auf eine Fliese des Hofs warf eine Biene einen festen Schatten. Wie auf einem Bild hatte der Wind zu wehen aufgehört. Hladik versuchte einen Schrei, eine Silbe, eine Handbewegung. Er begriff, daß er paralysiert war. Kein noch so schwacher Laut erreichte ihn mehr aus der gelähmten Welt. Er dachte: „Ich bin in der Hölle, ich bin tot.“ Er dachte: „Ich bin wahnsinnig.“ Er dachte: „Die Zeit ist stehengeblieben." Dann überlegte er, daß in diesem Fall ja auch sein Denken mit stehengeblieben wäre. Er wollte die Probe machen: ohne die Lippen zu bewegen, sagte er sich die geheimnisvolle vierte Ekloge von Vergil vor. Er meinte, die schon ferngerückten Soldaten müßten sein Angstgefühl teilen; es drängte ihn, sich mit ihnen ins Benehmen zu setzen. Es erstaunte ihn, daß er keinerlei Ermüdung empfand, nicht einmal ein Schwindelgefühl durch das lange unbewegliche Stehen. Nach einer unbestimmten Zeit schlief er ein. Als er aufwachte, war die Welt noch immer unbeweglich und stumm. Auf seiner Wange dauerte der Wassertropfen, im Hof der Schatten der Biene; der Rauch der Zigarette, die er fortgeworfen hatte, kam nicht dazu, sich zu verflüchtigen. Es verging ein weiterer „Tag", bevor Hladik begriff.

Ein volles Jahr hatte er von Gott erbeten, um sein Werk zu beenden: ein Jahr gewährte ihm seine Allmacht. Gott vollbrachte für ihn ein geheimes Wunder: das Blei der Deutschen würde ihn zur bestimmten Stunde töten, aber in seinem Geist würde ein Jahr vergehen zwischen dem Befehl zum Feuern und der Ausführung des Befehls. Von der Bestürzung ging er zu fassungslosem Staunen, von dem Staunen zu Ergebung, von der Ergebung zu plötzlicher Dankbarkeit über.

Er verfügte über kein Dokumentenmaterial als sein Gedächtnis. Das Abwägen jeden Hexameters, den er hinzufügte, nötigte ihn zu einer vorteilhaften Strenge, von der jene nichts ahnen, die vorläufige und verwaschene Sätze aufs Geratewohl hinsudeln und vergessen. Er arbeitete nicht für die Nachwelt, nicht einmal für Gott, über dessen literarische Vorlieben er wenig wußte. Peinlich genau, unbeweglich, geheim spann er in der Zeit sein hohes unsichtbares Labyrinth. Zweimal überarbeitete er den dritten Akt. Er tilgte das eine oder andere allzu deutliche Symbol: die wiederkehrenden Glockenschläge, die Musik. Kein Einzelumstand machte ihm zu schaffen. Er ließ fort, kürzte, erweiterte; in einem Fall kam er auf die erste Fassung zurück. Er gewann schließlich den Hof, die Kaserne lieb; eines der Gesichter ihm gegenüber änderte seine Auffassung vom Charakter Roemerstadts. Er entdeckte, daß die grellen Mißklänge, die Flaubert so erschreckten, bloßer Augenaberglaube sind: Schwächen und Beschwerden des geschriebenen, nicht des klingenden Wortes ... Er beendete sein Drama; nur die Frage eines einzigen Beiworts galt es noch zu lösen. Er fand es; der Wassertropfen rollte über seine Wange herab. Er stieß einen verrückten Schrei aus, wandte sein Gesicht, die vierfache Salve warf ihn nieder.

Jaromir Hladik starb am neunundzwanzigsten März, um neun Uhr zwei Minuten.

Yukio Mishima, Ivan Morris und Harry Scott Stokes: Im Sturz

Auswahl, Übersetzung und Kommentar von
Ulrich Raulff

1. Yukio Mishima: Ein Glück ohne Worte

... Es ist eine riskante Sache, von einem Glück zu sprechen, das keiner Worte bedarf.

Eines allerdings, so denke ich, geht aus dem, was ich geschrieben habe, mit Sicherheit hervor: Um das, was ich hier als Glück bezeichne, hervorzurufen, muß eine Anzahl heikelster Bedingungen erfüllt und eine Reihe kompliziertester Veranstaltungen getroffen sein.

Die kurze Zeit – anderthalb Monate – militärischen Lebens, die ich durchgemacht habe, bescherten mir zwar manch glitzerndes Stück Glück, eins aber war darunter, ein so unverlierbares, allumfassendes Gefühl von Glück, daß ich es hier beschreiben will. Obgleich ich in der Armee als Teil einer Gruppe lebte, überkam mich eine Glückseligkeit, wie ich sie früher nur empfunden hatte, wenn ich ganz allein war.

Es geschah in der Abenddämmerung des 25. Mai, eines schönen Frühsommertages. Ich gehörte einer Fallschirmjägereinheit an; das Training war für den Tag beendet; ich hatte ein Bad genommen und war auf dem Weg zurück zu den Unterkünften.

Der Himmel des Spätnachmittags überzog sich mit Schattierungen von Blau und Rosa, und unten der Rasen war gleichmäßige, schimmernde Jade. Hier und da zu beiden Seiten meines Pfades standen die alternden, robusten Holzhäuser, wehmütige Erinnerungen einer Zeit, als dies die Kavallerieschule gewesen war: der überdachte Reitplatz, jetzt ein Gymnasium, die Ställe, jetzt ein Postamt ...

Ich trug noch meine Sportsachen: lange weiße Trainingshosen aus Baumwolle, die an diesem Tage erst ausgegeben worden waren, Sportschuhe aus Gummi, ein Turnhemd. Selbst der Dreck, der sich bereits am Hosensaum festzusetzen begann, trug zu meinem Gefühl von Wohlsein bei.

Die morgendliche Ausbildung in der Handhabung der Fallschirme, das seltsam köstliche Gefühl, wenn man sich zum ersten Mal ins Leere fallen ließ, klangen noch in mir nach, ein transparenter Rückstand, zart wie eine medizinische Oblate. Das tiefe, rasche Atmen vom Zirkeltraining und dem anschließenden Lauf hatte meinen ganzen Körper mit angenehmer Lethargie erfüllt. Gewehre, Waffen aller Art waren zur Hand. Meine Schulter war bereit, jederzeit ein Gewehr zu tragen. Ich war nach Herzenslust über das grüne Gras gelaufen, hatte gespürt, wie die Sonne goldenes Braun in meine Haut brannte; zwölf Meter unter mir, in der Sommersonne, hatte ich die Schatten der Menschen gesehen, scharf umrissen und fest an ihren Füßen haftend. Von der Spitze des silbernen Turms war ich hinausgesprungen, im Absprung wissend, daß der Schatten, den ich im nächsten Augenblick unter sie würfe, isoliert wie eine schwarze Lache auf der Erde läge, gelöst von meinem Körper. In dem Augenblick war ich unzweifelhaft befreit von meinem Schatten, von meinem Selbstbewußtsein.

Mein Tag war randvoll von Körper und Tatendrang gewesen. Es gab körperliche Erregung und Kraft und Schweiß und Muskel; überall war das sommerlich grüne Gras, eine Brise wirbelte den Staub auf dem Pfad, den ich ging, die Sonnenstrahlen fielen immer schräger, und in meinen Trainingshosen und Sportschuhen ging ich ganz natürlich mitten unter ihnen. Da schmeckte ich die einzigartige, derbe Lust des Sportlehrers, der zwischen dem alten Schulhaus und dem Gebüsch hintrabte, nachdem er sich in der Schönheit des Körpertrainings an einem Sommerabend verloren hatte.

Ich empfand darin eine absolute Ruhe für den Geist, eine Beseligung des Fleisches. Sommer, weiße Wolken, das leere Blau des Himmels nach der letzten Lektion des Tages und der Anflug sehnsuchtsvoller Trauer, der das durch die Bäume glitzernde Sonnenlicht tönte, erzeugten ein Gefühl von Rausch. Ich existierte ... Wie kompliziert die Vorkehrungen waren, um diese Existenz zu erreichen! Eine Menge von Begriffen gehörte dazu, die, gleichsam Fetische für mich, direkte Verbindung mit meinem Körper und meinen Sinnen herstellten, ohne der Vermittlung durch Worte zu bedürfen. Die Armee, Körpertraining, Sommer, Wolken, Sonnenuntergang, das Grün von Sommergräsern, der weiße Trainingsanzug, Schweiß, Muskel und ein unmerklicher Hauch von Tod ... Es fehlte nichts; alle Stücke des Mosaiks waren zur Stelle.

Weiter brauchte ich keine mehr, und daher auch keine Worte. Die Welt, in der ich mich befand, bestand aus begrifflichen Elementen rein wie Engel; alle fremden Elemente waren augenblicklich ausgemerzt, und ich floß über von unendlicher Freude, eins zu sein mit der Welt, einer Freude wie der von kaltem Wasser auf sommersonnenwarmer Haut.

… Mag sein, daß das, was ich Glück nenne, sich deckt mit dem, was andere den Augenblick drohender Gefahr nennen. Denn jene Welt, in die ich frei der Vermittlung von Worten einschmolz und die mich mit Glück durchströmte, war keine andere als die tragische Welt.[1]

1977, ein Jahr vor SUN & STEEL (TAIYO TO TETSU), das Mishima als „eine Art Kreuzung aus Bekenntnis und Kritik" bezeichnete und in dem seine Kunst & Lebensphilosophie samt ihren fatalen Konsequenzen voll entfaltet ist, erschien aus seiner Feder AN INTRODUCTION TO HAGAKURE (HAGAKURE NYUMON), ein aktueller Kommentar zu einem Haupttext der Samurai-Ethik des 17. Jahrhunderts.

2. Yukio Mishima: Das japanische Bild des Todes

„Ich entdeckte, daß der Weg des Samurai Tod heißt."
Hagakure, Zweites Buch

Ich weiß nicht, ob und in welcher Absicht HAGAKURE heute überhaupt noch gelesen wird. Sofern es noch einen Grund dafür gibt, so kann er nur völlig konträr zu denen sein, aus denen das Buch während des Krieges gelesen wurde. Unsere ungeheure Frustration darüber, daß wir nicht fähig sind zu sterben, wächst rasch. Wenn alle anderen Bedürfnisse befriedigt sind, wird der Tod unser einziges Verlangen. Und gleichgültig wie immer man den Tod verschönt, steht es doch außer Zweifel, daß er existiert und uns unaufhaltsam überwindet. …

Die Japaner waren stets ein Volk, das sich mit grausamer Schärfe des Todes unter der Oberfläche ihres täglichen Lebens bewußt war. Aber die japanische Vorstellung vom Tod ist deutlich und klar, und eben darin unterscheidet sie sich von jenem ekelhaften, furchtverhüllten Tod, wie der Westen ihn sieht. Aber das japanische Bild des Todes unterscheidet sich auch von dem eines Landes wie Mexiko, in dessen modernen Städten sich noch die Ruinen der Azteken und Tolteken türmen, unwiderrufliche Beute des Todes, von wucherdem Grün verschlungen. Nicht diese Art von rauhem wildem Tode, sondern ein Bild des Todes an einem Springquell reinen Wassers, von dem unablässig feine Strahlen sich in die Welt ergießen, hat lange Zeit die japanische Kunst inspiriert.

1 Yukio Mishima, SUN & STEEL, Tokio 1970, S. 59–62.

Wir haben viele Philosophien des Lebens vom Westen übernommen. Letztlich befriedigen aber konnten uns Lebensphilosophien nicht. So wenig wie die buddhistische Philosophie mit ihrer trüben Auffassung von Sünde und Karma, der zufolge man geboren und wiedergeboren wird bis in alle Ewigkeit.

Für Jōchō (den Autor des HAGAKURE) hat der Tod die klare, frische Helle von blauem Himmel zwischen den Wolken. Ein Bild, das sich, modernisiert man es, merkwürdigerweise mit dem der Kamikaze-Staffel deckt, die man die tragischte Kampfweise des letzten Krieges genannt hat.

Man hat die Selbstmord-Staffeln als die inhumanste Form des Kampfes bezeichnet, und nach dem Krieg wurden die jungen Männer, die auf diese Weise gefallen waren, entehrt. Und doch kommt in der langen Geschichte Japans kaum etwas anderes dem klaren Ideal von Handeln und Tod, das HAGAKURE bietet, näher als der Geist dieser jungen Männer, die sich um ihres Landes willen in den sicheren Tod gestürzt haben, auch wenn man, untersuchte man ihre Motive individuell, gewiß auf Ängste und Bedrängnisse stoßen würde. Vermutlich gibt es Leute, die sagen, trotz ihres erhabenen Namens seien die Kamikaze-Piloten in den Tod gezwungen worden. Und gewiß wurden diese kaum aus der Schule entlassenen Jugendlichen von den Staatsorganen wider ihren Willen auf tödlichen Kurs gebracht. Selbst wenn sie freiwillig gingen, wurden sie wie unter Zwang von den Kampfstaffeln aufgesogen und in den Tod geschickt. Daran ist nicht zu rütteln.

Ist dann aber nicht der Tod, den Jōchō nennt, das gerade Gegenteil, nämlich frei gewählter Tod? Ich glaube nicht. Wohl spricht er zunächst vom Tod als einen Weg, den man wählen kann, und er drängt uns zu der Entscheidung zum Sterben. Aber unter der Oberfläche dieses Mannes, dem beim Tode seines „daimyo“ verboten wurde, Selbstmord zu begehen, blieben tiefe Flutgräben des Nihilismus zurück, nachdem der Tod sich zurückgezogen und ihn verschmäht hatte. Da der Mensch nicht vollkommen frei ist, den Tod zu wählen, kann er auch nicht vollständig dazu gezwungen werden. Selbst die Todesstrafe, die extremste Form erzwungenen Todes, wird, wenn der Verurteilte versucht, dem Tod geistig zu widerstehen, etwas anderes als bloß erzwungener Tod. Sogar der Tod durch eine Atombombe, dieser übermächtige Zwangstod, war für die Opfer selbst ein schicksalhafter Tod. Wir sind solange unfähig, dem Tod Aug' in Auge gegenüberzutreten, bis wir in die Enge getrieben sind zwischen Schicksal und unserer eigenen Wahl. An jeder, noch der letzten Art des Todes haftet insgeheim der Kampf zwischen menschlicher Wahl und übermenschlichem Schicksal. Bisweilen mag es so aussehen, als sei ein Mensch nach seiner eigenen Wahl gestorben. Selbstmord ist ein solcher Fall. Bisweilen mag ein Tod vollkommen erzwungen aussehen. Tod durch einen Luftangriff gehört dazu. Aber auch beim Selbstmord, dem scheinbar höchsten Ausdruck freien Willens, spielt in dem Prozeß, der unweigerlich zum Tode führt, das Schicksal, über das man keine Gewalt hat, eine Rolle. Und auch im Fall eines scheinbar natürlichen Todes, wie er durch eine Krankheit verursacht sein mag, kommt es nicht selten vor, daß in dem Prozeß, der zu jener Krankheit führt, etwas ist, das diesen Tod einem Selbstmord naherückt. Die Bedingungen für die Entscheidung zum Sterben, zu der HAGAKURE zu ermutigen scheint, werden uns nicht immer restlos deutlich mitgeteilt. Der Feind tritt auf, man stellt sich zum Kampf, und dann, vor der Wahl von Leben oder Tod, entscheidet man sich zu sterben: Solche Bedingungen finden nicht ohne weiteres Zustimmung, fanden sie nicht einmal zu einer Zeit, als es keine schrecklicheren Waffen gab als das japanische Schwert. Jōchō selbst wurde schließlich 61 Jahre alt.

Mit anderen Worten, niemand hat ein Recht, über HAGAKURE und die Kamikaze-Staffeln zu sagen, im einen Falle handele es sich um freien Tod, im anderen um erzwungenen. Die Unterscheidung läßt sich nur treffen in der glatten, grimmigen Realität eines Individuums angesichts des Todes; es ist eine Frage des menschlichen Geistes im Zustand äußerster Anspannung.

An dieser Stelle müssen wir das schwierigste, den Tod berührende Problem angehen. Kann es wirklich einen *richtigen* Tod, einen Tod um eines selbstgewählten richtigen Zieles willen, geben? Viele junge Leute sagen heute, sie wollen nicht in einem ungerechten Kriege wie dem Vietnamkrieg sterben, würde man aber von ihnen verlangen, für eine gerechte nationale Sache oder für das Heil der Menschheit zu sterben, so gingen sie bereitwillig in den Tod. Diese Einstellung ist zu einem Teil Ergebnis der Nachkriegserziehung, die gelehrt hat, nicht in die Fehler derer zu verfallen, die während des Krieges für vermeintliche nationale Ziele gestorben sind, und künftig allenfalls für Ziele zu sterben, die man für gerecht hält.

Aber können menschliche Wesen, solange sie ihre Leben im Gefüge einer Nation führen, sich wirklich auf solche richtigen Ziele beschränken? Und selbst wenn man nicht die Nation zur Existenzbedingung macht, wenn man als Individuum lebt, das die Nation transzendiert – wird man die Gelegenheit haben, für ein gerechtes Menschheitsziel zu sterben? Stets wird sich hier eine Diskrepanz auftun zwischen dem absoluten Begriff des Todes und dem menschengemachten, relativistischen Begriff der Richtigkeit. Und die Gerechtigkeit der Ziele, für die wir jetzt sterben, mag in ein paar Dekaden, in hundert oder auch zweihundert Jahren, von der Geschichte überrollt und aufgehoben sein. Gegen die Kleinlichkeit und Vermessenheit menschlichen Moralurteils setzt HAGAKURE eine vollkommen andere Kategorie von Tod. Letzten Endes können wir den Tod nicht wählen. Deshalb empfiehlt Jōchō in einer Krise auf Leben und Tod den Tod. Freilich behauptet HAGAKURE nicht, damit *wählten* wir den Tod: Es steht nicht in unserer Gewalt, den Tod zu wählen.[2]

3. Ivan Morris: Ach daß wir fielen ...

Ach daß wir fielen
Wie Kirschblüten im Frühling –
So rein und strahlend![3]

Die Bauweise des Flugapparats war einfach und zweckmäßig. Das Triebwerk enthielt drei Feststoff-Raketenmotoren, die in der Endphase des Fluges eingeschaltet wurden. Gewöhnlich wurde das Gerät von einem zweimotorigen Mitsubishi-Bomber getragen und in einiger Entfernung vom Ziel in großer Höhe ausgeklinkt. In Reichweite des Ziels angekommen, wurden die Raketenmotoren gezündet, um im Sturzflug mit höchster Geschwindigkeit den Verteidigungsschirm des Gegners zu durchstoßen.

Beschreibung Einsitziger Monoplan. Holz-Stahl-Konstruktion. Spannweite 16' 15"; Länge 19' 18 ½"; Leergewicht 970 lbs., in beladenem Zustand 4700 lbs., Gewicht des Sprengstoffs in der Spitze 2650 lbs.

Leistung Nach dem Ausklinken vom Mutterflugzeug konnte der Apparat 50 Meilen mit 230 m.p.h. gleiten. Mit eingeschalteten Motoren erreichte er im Sturzflug 570 m.p.h.

Antrieb 3 Feststoff-Raketenmotoren mit einem Gesamtschub von 1764 lbs. während einer Dauer von 9 Sek.

In dieser Weise wird der Besucher des Science Museum in London mit einer der seltsamsten und verwegensten Waffen in der Geschichte des Kriegswesens bekannt gemacht. „Ōka" nannten die Japaner sie, „Kirschblüte" – das alte Symbol der Reinheit und der Vergänglichkeit. Die Amerikaner, gegen die dieses winzige Flugzeug ersonnen war, tauften es „bakabomb", Idiotenbombe, so als könnte man das Unbehagen, das diese unheimliche Waffe auslöste, vertreiben,

2 Yukio Mishima, ON HAGAKURE. THE SAMURAI ETHIC AND MODERN JAPAN, London 1977, S. 99 ff.

3 Haiku eines Kamikaze-Piloten der Sieben-Leben-Einheit, der im Februar 1945 im Alter von 22 Jahren fiel.

indem man sie verdummteufelte. Dem gesunden Menschenverstand mußte sie in der Tat abstrus erscheinen. Daß Hunderte junger Piloten in diese Gestelle – bloße Holztorpedos mit Spielzeugantrieb und Stummelflügeln – klettern sollten, um sich in die leviathanischen Leiber der amerikanischen Flugzeugträger und Schlachtschiffe zu bohren, mußte jedem idiotisch, ja unglaublich erscheinen, der nicht mit der alten japanischen Heldentradition und deren hohem Sinn für aussichtslose, um der Aufrichtigkeit willen unternommene Einsätze vertraut war ...

Die Ōka war so gebaut, daß sie unter dem Triebwerk des Mutterflugzeuges, meist eines umgebauten Mitsubishi G4 M2-Bombers oder, in der Nomenklatur des Gegners, einer „Betty“ versteckt werden konnte. Während des Anflugs saß der Kamikaze-Kämpfer bei dem Piloten des Trägerflugzeuges. Bei Annäherung an die Zone, in der amerikanische Schiffe gesichtet worden waren, verabschiedete er sich, grüßte und kletterte durch den Bombenschacht des Mutterflugzeugs in das enge Cockpit des fliegenden Sarges, in dem er die verbleibenden Minuten seines Lebens verbringen sollte. Die Ausstattung war auf das Allernotwendigste beschränkt. Sie umfaßte eine Lenkanlage und ein Sprachrohr, über das er sich bis zum Augenblick des Ausklinkens mit dem Piloten verständigen konnte. War das Ziel ausgemacht, gewöhnlich in einer Entfernung von etwa 25 Meilen, zog der Kamikaze-Kämpfer den Lösegriff. Daraufhin löste sich seine Kapsel vom Bauch des Mutterflugzeugs und erreichte im Gleitflug etwa 230 m/h. Das feindliche Schiff, ein rasch wachsender Punkt im Ozean vor Augen, zündete er die Raketen, die ohne jegliche Schutzvorrichtung direkt hinter seinem Sitz angebracht waren. Sie beschleunigten ihn binnen kurzem auf 600 m/h (eine für die damalige Zeit phantastische Geschwindigkeit), die seine kostbare Last vor feindlichen Jägern und Flugabwehrfeuer schützen sollte. In der letzten Phase, im Übergang zum suizidialen Sturz, schlug er einen Winkel von ungefähr fünfzig Grad ein, und während er auf seine Beute niederschoß, mußte er bis zur letzten Sekunde die Augen offenhalten, um eventuelle Kurskorrekturen vornehmen zu können ...

So irrsinnig die Kamikaze-Taktik nach außen hin erscheinen mochte, so wenig chaotisch oder hektisch war ihre Umsetzung. Für gewöhnlich wurden die Piloten, die für einen speziellen Suizid-Auftrag ausgewählt worden waren, am Vortag davon in Kenntnis gesetzt, gelegentlich auch schon einige Zeit früher. Die Ankündigung der Namen löste heftige Gefühlsbewegungen aus. Die wenigen Erwählten wußten nun, daß ihr großer Augenblick bevorstand und konnten sich als wahrhafte Helden betrachten, „Götter ohn' irdisches Verlangen“; die anderen Piloten, die sich ebenfalls demselben Selbstopfer geweiht hatten und nun auf einen späteren Auftrag warten mußten, reagierten oft mit bitterer, ja hysterischer Enttäuschung. Normalerweise hatten die jetzt Startenden ihre kurze Ausbildung und technische Einweisung abgeschlossen, und während ihres letzten Tages oder ihrer letzten Tage weilten sie ruhig in ihren Baracken, lasen, spielten Karten, hörten Musik und schrieben ihre letzten Briefe und Abschiedsgedichte.

... In ihrer letzten Nacht schliefen die meisten von ihnen friedlich. Kurz nach Sonnenaufgang erhoben sie sich von ihren Schlafstätten, wuschen sich sorgfältig und legten zum letzten Mal ihre Fliegeruniformen an; um ihre Helme knoteten sie ein weißes Tuch, das – je nach Einheit – eine Kikusui-Chrysantheme, eine aufgehende Sonne oder ein sinnträchtiges Wort wie „Sieben Leben" zeigte ... Die knappen Abschiedszeremonien fanden gewöhnlich vor den Baracken oder auf dem Flugfeld selbst statt, wo lange Tische mit weißen Tüchern gedeckt waren, auf denen Flaschen mit kaltem Sake und Teller mit frugalen Gerichten wie getrocknetem Tintenfisch standen. Der kommandierende Offizier der Einheit schenkte nacheinander jedem der startenden Piloten einen Becher ein. Der Pilot nahm seinen Becher, verbeugte sich, hob ihn feierlich mit beiden Händen an die Lippen und trank; was er hier empfing, war weniger der „scharfe Schluck" nach westlicher Art als vielmehr eine Art Abendmahl ...

Der Tod erfolgte augenblicklich beim Aufschlag. Eine gewaltige Explosion zerfetzte das Flugzeug mitsamt dem Piloten. Dies war die Flamme des Ruhms, der *strahlende Tod* („rippa na shi"), von dem sie so oft in ihren Briefen und Tagebüchern gesprochen hatten. Das tatsächliche Resultat freilich sah weniger schön aus. Typisch für die grausigen Szenen nach einem Angriff waren die an Bord des leichten Kreuzers *Montpellier*, der am Morgen des 27. November 1944 das Ziel von nicht weniger als acht Kamikaze-Fliegern von Mabalacat wurde und trotzdem nicht versenkt wurde. Kaum war die Entwarnung gekommen, machte sich die Mannschaft an die gräßliche Arbeit, die Decks zu säubern.

> Nachdem die Leute die Metallteile, die von den Flugzeugen übriggeblieben waren, über Bord geworfen hatten, begannen sie die Decks abzuspritzen, und bald war das Wasser rot von Blut. Hier und da stießen sie auf Fetzen Fleisch und andere Stücke von den Körpern der japanischen Piloten – Zungen, Büschel schwarzen Haares, ein Gehirn, Arme, ein Bein. Ein Matrose hackte triumphierend einen Finger ab und zog einen Ring davon. Binnen kurzer Zeit waren die Decks wieder klar.[4]

4 Ivan Morris, THE NOBILITY OF FAILURE. TRAGIC HEROES IN THE HISTORY OF JAPAN, London 1975, S. 276 ff.

4. Yukio Mishima: Hondas Traum

Etwa zur gleichen Zeit hatte Honda in seinem Haus in Hongō einen Traum.

Müde vom Tage war er früh zu Bett gegangen und bald eingeschlafen. Vielleicht kam es von dem Pinienhain, den er an diesem Tage gesehen hatte, daß sein Traum mit Engeln zu tun hatte.

Über dem Pinienhain von Mio schwebte nicht ein Engel, sondern eine Unzahl von Engeln, männliche und weibliche. So ziemlich alles, was Honda von der buddhistischen Lehre wußte, kam in seinem Traum vor.

Im Traum sagte sich Honda, daß die Schrift recht hatte. Reines Glück erfüllte ihn. Es gibt da die Engel der Sechs Welten des Verlangens und die fühlenden Wesen der verschiedenen Welten der Form. Die ersten sind die besser bekannten. Da die Engel in Hondas Traum sich miteinander amüsierten, die männlichen mit den weiblichen, schienen sie den Welten des Verlangens zu entstammen.

Sie tragen Lichter von sieben Farben: Feuer, Gold, Blau, Rot, Weiß, Gelb und Schwarz. Es ist, als wogten riesige Kolibris mit Regenbogengefieder ein und aus. Das Haar ist blau, die Zähne blitzen weiß, wenn sie lächeln. Die Körper sind schiere Weichheit und Reinheit. Ihre Augen blinzeln nicht.

Die männlichen und weiblichen Engel der Welten des Verlangens umschlingen einander beständig; die Engel aber der Dritten Welt halten sich nur bei den Händen, die der Vierten tauschen Gedanken, die der Fünften wechseln Blicke, die der Sechsten und höchsten wechseln Worte.

Solch eine Versammlung mußte es sein, sagte sich Honda. Blüten waren in der Luft, köstliche Düfte und Musik. Honda war entzückt von dieser Einführung in ihre verschiedenen Welten. Er wußte, daß Engel, wenn sie auch höhere als menschliche Wesen sind, doch dem Kreislauf von Geburt und Wiedergeburt nicht entronnen sind.

Es schien Nacht, und doch war es heller Nachmittag, es schien Tag, und doch leuchteten Sterne und ein liegender Halbmond. Menschen waren außer Honda selbst keine zu sehen. Er fragte sich, ob er nicht der Fischer wäre, der in Mio versuchte, des Engels Kleid zu stehlen. Die buddhistische Schrift besagt:

> „Männliche Engel werden auf den Knien von männlichen Erzengeln geboren und weibliche Engel auf den Schultern von weiblichen Erzengeln; und sie wissen von ihren früheren Stätten der Geburt, und sie trinken vom himmlischen Strom der Heiligung."

Aufsteigend und niederfahrend, schienen die Engel mit Honda Scherze zu treiben. Mit angezogenen Füßen huschten sie ihm dicht vor der Nase her. Er spürte ihre weißen Blumenfinger, und andere steckten hinter dem Antlitz, das ihm zulächelte – es war das Antlitz der Thai-Prinzessin Ying Chan, gekrönt von Blumen.

Die Engel kümmerten sich weniger um Honda. Bei den Dünen am Meer angekommen, tauchten sie unter die niedrigen Zweige der Pinien.

Honda vermochte nicht alles aufzunehmen. Er war geblendet von dem glitzernden Wirbel. Ein Regen weißer Blüten ging unablässig nieder. Der Klang von himmlischen Schalmeien und Lauten. Blaues Haar und Tuch und Ärmel und Schärpen aus Seide, fallend von den Schultern über die Arme, wehten im leichten Wind. Einen Augenblick lang schwebte ein makellos weißer Busen vor seinen Augen, die helle Sohle eines Fußes schwand in die Ferne. Erleuchtet von einem Regenbogen, fuhr ein schöner weißer Arm vor seinen Augen her, als ergriffe er etwas. In dem Augenblick sah er die Kehlung eines sacht gekrümmten Fingers und darin schwebend den Mond. Volle weiße Arme, himmlischen Duft verströmend, öffneten sich weit und fuhren himmelwärts. Die zarten Linien von Hüften, deutlich abgezeichnet gegen das Blau, trieben am Himmel wie Wolkenbündel. Aus der Ferne fuhr ein Paar starrer schwarzer Augen auf ihn nieder, und mit dem leichten Nicken einer weißen Stirn, in der die Sterne sich spiegelten, versank vor ihm die Gestalt.

Unter den männlichen Engeln konnte er deutlich Kiyoaki und einen finsteren Isao ausmachen. Er suchte ihnen zu folgen, doch in dem Geflimmer der Regenbogenlichter vermochte er keiner Gestalt länger als einen Augenblick zu folgen, wie sachte auch ihr Gang war.

Den Blick auf den Punkt gerichtet, an dem er Ying Chan gesehen hatte, fragte er sich, ob wohl in den Welten des Verlangens die Zeit komplizierter wäre und ob Vergangenheit und Gegenwart in phantasmagorischem Formwechsel denselben Raum einnähmen. Die stumme kleine Tragödie schwand zögernd, während sich eben neue Glieder zu bilden schienen.

Einzig die Pinien waren von dieser Welt. Jede ihrer Nadeln war scharf zu sehen, der Stamm der Rotpinie, gegen die Honda lehnte, fühlte sich rauh und hart an.

Allmählich fand Honda das ständige Auf und Ab irritierend und lästig. Er sah noch hin, so als stünde er unter einer riesigen Deodar in einem Park. Ein Park der Demütigung. Autohupen in der Nacht. Er schaute und schaute und brachte alles in eins, das Heiligste mit dem Gemeinsten. Er machte alles zu ein und demselben. Alles war ein und dasselbe. Von Anfang bis Ende. In tiefer Niedergeschlagenheit öffnete Honda die Augen und schüttelte den Traum ab wie ein Mann, der im Meer geschwommen ist, den Seetang von sich schüttelt und auf den Strand wirft.

Er hörte das leise Ticken seiner Uhr in dem Korb neben seinem Kissen. Er knipste das Licht an. Halb zwei.

Er fürchtete, bis zum Tagesanbruch wachzuliegen.[5]

THE DECAY OF THE ANGEL, der abschließende Band der Tetralogie THE SEA OF FERTILITY, ist Mishimas letztes Werk. Am Morgen der Abgabe des letzten Manuskriptbogens, am 25. November 1970, überwältigte Mishima, begleitet von vier Mitgliedern seiner zumeist aus Studenten rekrutierten „Tatenokai" (Schildgarde), die die Restauration eines kaiserlichen Japan anstrebte, den Kommandeur der Eastern Army, General Mashita, nahm ihn als Geisel und verlangte, von den versammelten Soldaten der Garnison angehört zu werden. In seiner Rede, die großenteils in Motorenlärm, Geschrei, Pfiffen und Flüchen unterging, hielt Mishima (zu Recht) den versammelten „Jieitai" die Verfassungswidrigkeit ihrer Existenz vor und forderte sie (wie zu erwarten, vergeblich) zum Aufstand gegen diese Verfassung und gegen die Amerikanisierung Japans auf.

5 Yukio Mishima, THE DECAY OF THE ANGEL, New York 1974.

5. Henry Scott Stokes: Hara-kiri

Mishima kam die Stufen einer kleinen, mit einem roten Teppich ausgelegten Treppe herab, die in das Büro des Generals führte.

„Sie haben mich nicht sehr gut gehört", bemerkte er zu den Studenten. Hinter ihm trat Morita in den Raum. Mishima begann seinen Rock aufzuknöpfen. Er befand sich in einem Teil des Raumes nahe der Tür zum Büro des Stabchefs, wo ihn die Männer im Korridor durch das zerbrochene Fenster nicht sehen konnten.

Man hatte dem General den Knebel abgenommen. Er sah zu, wie Mishima seine Jacke auszog. Mishima war nackt bis zur Taille; er trug kein Hemd.

„Aufhören!" schrie Mashita. „Das ist sinnlos."

„Ich bin dazu verpflichtet", versetzte Mishima.

„Sie werden meinem Beispiel nicht folgen.

Sie tragen keine Verantwortung hierfür."

„Aufhören!" befahl Mashita.

Mishima störte sich nicht daran.

Er schnürte seine Stiefel auf und warf sie zur Seite.

Morita trat vor und hob das Schwert auf.

„Aufhören!" schrie Mashita von neuem.

Mishima löste seine Armbanduhr und gab sie einem der Studenten. Dann kniete er sich auf den roten Teppich, zwei Meter von Mashitas Stuhl. Er öffnete seine Hosen und schob sie auf die Beine hinab. Darunter kam das weiße „fundoshi" zum Vorschein. Mishima war nahezu nackt. Seine kleine, starke Brust hob sich.

Morita stellte sich mit dem Schwert hinter ihm auf. Mit der rechten Hand ergriff Mishima ein „yoroidoshi", einen etwa dreißig Zentimeter langen, geraden Dolch mit scharfer Spitze. Ogawa trat zu ihm und reichte ihm ein „mohitsu", einen Pinsel, und ein Stück Papier. Mishima hatte geplant, mit seinem eigenen Blut eine letzte Botschaft zu schreiben.

„Nein, ich brauche das nicht", sagte Mishima. Mit der linken Hand rieb er einen Punkt auf der linken Seite seines Unterleibes. Dann stach er mit der Rechten das Messer gegen den Punkt.

Morita hob das Schwert hoch in die Luft, den Blick auf Mishimas Nacken gerichtet. Auf der Stirn des Studenten stand der Schweiß. Die Spitze des Schwertes zitterte, seine Hände bebten.

Mishima rief einen letzten Salut auf den Kaiser.

„Tenno Heika Banzai! Tenno Heika Banzai! Tenno Heika Banzai!" Er krümmte die Schultern und stieß die Luft aus seiner Brust.

Dann atmete er tief ein.

„Haa ... ou!" Mit einem letzten, wilden Schrei stieß Mishima alle Luft aus seinem Körper. Dann trieb er mit aller Kraft den Dolch in seinen Leib. Der Druck ließ sein Gesicht erblassen, und die rechte Hand fing an zu zittern. Mishima spannte den Rücken und setzte zu einem Schnitt quer durch seinen Magen an. Als er an dem Messer zog, drückte sein Körper gewaltsam die Klinge nach außen; die Hand, die den Dolch hielt, zitterte heftig. Er nahm die linke Hand hinzu und preßte mit aller Kraft auf die rechte. Das Messer blieb in der Wunde und drang weiter durch den Leib. Blut spritzte aus dem Schnitt, lief den Bauch hinab in den Schoß und rötete das „fundoshi". Mit letzter Kraftanstrengung vollendete Mishima den Schnitt. Sein Kopf war gesenkt, der Nacken gespannt.

Morita stand mit dem Schwert bereit, ihm den Kopf abzuschlagen. „Laß mich nicht zu lange leiden", hatte Mishima ihm vorher gesagt.

Der Student klammerte seine Fäuste um das Heft des Schwertes. Während er noch zielte, stürzte Mishima vornüber auf den roten Teppich. Morita ließ das Schwert niedersausen. Zu spät. Der Streich war mit Wucht geführt, aber das Schwert drang neben Mishima in den Teppich und hatte ihm einen tiefen Schnitt in Rücken und Schulter versetzt.

„Noch mal!" schrien die anderen Studenten.

Mishima wand sich stöhnend auf dem Teppich,

erstickt von seinem eigenen Blut.

Gedärm glitt aus seinem Leib.

Morita schlug zum zweiten Mal.

Wieder hatte er schlecht gezielt.

Er traf Mishimas Körper, nicht den Nacken.

Die Wunde war gräßlich.

„Noch mal!" kam es von den anderen.

Morita hatte kaum noch Kraft in den Händen. Er hob das blanke Schwert zum dritten Mal und schlug mit aller Gewalt auf Mishimas Kopf und Hals. Der Hieb drang tief ein und spaltete den Nacken. Mishimas Kopf hing schief herab; Blut schoß aus seinem Hals.

Furu-Koga trat näher.

Er besaß Erfahrung im „kendo"-Fechten.

„Gib mir das Schwert!" sagte er zu Morita.

Mit einem Streich trennte er den Kopf vom Leibe.

Die Studenten knieten nieder.

„Betet für ihn“, sagte Mashita und beugte sich so weit er konnte, um den Kopf zu senken. Stumm sagten die Studenten ein buddhistisches Gebet. Der einzige Laut im Raum war das Schluchzen der jungen Männer. Tränen rannen über ihre Wangen. Von der Leiche kam ein sprudelndes Geräusch; stoßweise quoll Blut aus dem Rumpf in den Teppich. Das geplatzte Gedärm erfüllte die Luft mit scharfem Gestank.

Mashita hob den Kopf. Die Studenten waren noch nicht fertig. Morita riß sich die Jacke vom Leib. Ein weiterer Student nahm aus Mishimas Hand, die in einer Blutpfütze lag, das „yoroidoshi“, mit dem er sich entleibt hatte. Er reichte die Waffe Morita.

Morita kniete hin, löste seine Hosen und brachte denselben Salut aus wie Mishima: „Tenno Heika Banzai! Tenno Heika Banzai! Tenno Heika Banzai!“ Dann versuchte er vergeblich, sich den Dolch in den Magen zu treiben. Er machte einen flachen Schnitt über seinen Bauch.

Furu-Koga stand hinter ihm, das Schwert hoch in der Luft.

„Los!“ sagte Morita.

Mit einem Schwerthieb schlug Furu-Koga Moritas Kopf ab, der über den Boden rollte. Aus dem Rumpf schossen rhythmisch Strahlen von Blut, der Körper war vornüber gesackt. Die Studenten beteten schluchzend.

Mashita sah ihnen zu. „Das ist das Ende“, sagte er.[6]

Die Nachricht vom spektakulären Tod Mishimas ging durch die Weltpresse. LIFE INTERNATIONAL vom 11.12.1970 veröffentlichte ein Photo des verwüsteten Kommandeursbüros, auf dem unten links die abgeschlagenen Köpfe der beiden Suizidenten zu sehen sind. Die erste Reaktion des damaligen japanischen Premiers, Sato, bestand darin, Mishima für verrückt zu erklären. DER SPIEGEL 49/1970 bezeichnete ihn als „dandyhaften Narziß“ mit „Rechtsneigung“, andere Kommentare sprachen von einem homosexuellen Liebesdoppelselbstmord. Der Regisseur Oshima bescheinigte Mishima sowohl „Mangel an politischem Bewußtsein“ als auch „mangelnden Sinn für Kunst“. Von dieser postumen Denunziation abgesehen, werden alle anderen Hypothesen im letzten Kapitel des Buches von Henry Scott Stokes eingehend diskutiert.

6 Henry Scott Stokes, THE LIFE AND DEATH OF YUKIO MISHIMA, London 1975, S. 47–49.

Patrick McGrath

Der Engel

Sie kennen die Bowery, oder? Jedenfalls ist mir Harry Talboys dort zum ersten Mal aufgefallen. Ich war in jenen Tagen Schriftsteller und lebte in einem fünfstöckigen Mietshaus ohne Aufzug in der Nähe des Männerheims. Damals war mir noch nicht klar, daß Harry Talboys im selben Haus wohnte wie ich, obwohl ich natürlich mit dem Weihrauchgeruch vertraut war, der die ganzen unteren Stockwerke verpestete. Es war Hochsommer, als ich ihn kennenlernte, Hochsommer in Manhattan, eine Zeit, in der flüssige Hitze sich über den Leib der Stadt legt wie ein Inkubus und sämtliche Aktivitäten sich auf einen ermatteten Austausch zwischen Fleisch und Flüssigkeiten beschränken, auf die Verdauung und Ausscheidung des einen durch das andere, und alle vernunftbegabten Wesen schlicht und einfach ihren Sommerschlaf halten. Ich hielt auf jeden Fall Sommerschlaf; ich stand erst spät auf und schlug nach gewissen minimalen ritualistischen Gesten der schriftstellerischen Art den Weg zum Schnapsladen ein. Bei einem dieser Gänge, auf einem dreckübersäten, urinstinkenden Bürgersteig, unter einer gleißenden Sonne, glitschig von meinem eigenen Schweiß, begegnete ich Harry Talboys zum ersten Mal.

Auf einen Stock gestützt kam er majestätischen Schritts die Bowery herunter. Ich will ihn kurz beschreiben: eine hochgewachsene, magere Gestalt in einem blauen Nadelstreifenanzug, dessen Schmierigkeit, abgestoßene Ärmelaufschläge, Brandlöcher und verblaßter rötlicher Weinfleck auf dem Latz die Qualität des Materials und die Eleganz des Schnitts nicht völlig verbergen konnten. Sehr gerade, sehr groß, sehr langsam, auf dem Kopf einen Panamahut; und das Gesicht ein wahrer Atlas menschlicher Erfahrungen, die Nase ein großer krummer Haken, vorspringend wie ein Schiffsbug, und der Mund – nun ja, der Mund wirkte etwas abgetakelt, dafür aber belebte der alte Herr ihn mit Lippenstift! Er muß mindestens achtzig gewesen sein. Der Kragen seines Hemdes war nicht sauber, und er trug eine Seidenkrawatte in irgendeinem Pastellton – blaßlila oder mauve, meine ich, und in seinem Knopfloch eine frische weiße Lilie.

(Ich habe Harry Talboys nie ohne eine frische Blume im Knopfloch gesehen.) Wie ich bereits sagte, kam er die Bowery herunter, und die Männer aus dem Männerheim, die immer an der Ecke Third Street stehen und trinken, begrüßten ihn herzlich: „He, Harry!“ riefen sie, „Hallo, Harry!“; und er schritt mit der huldvollen Herablassung eines Königs durch sie hindurch, seinen Panama lüpfend, unter dem ein leberfleckiger Schädel zum Vorschein kam, kahl bis auf ein paar letzte zarte Strähnen schneeweißen Haars. Ich beobachtete dieses Schauspiel und war sehr eingenommen von der Würde des alten Knaben, und von seinem Lippenstift. War hier, fragte ich mich, eine Story zu holen?

Unsere Freundschaft ließ sich gut an: er lud mich auf einen Drink in seine Wohnung ein. So ein heißer Tag, sagte er, hängte seinen Panama im Flur auf und lehnte seinen Stock in eine Ecke; an produktive Aktivität, sagte er, nicht zu denken. Zu meiner Überraschung hatte er einen Alt-Bostoner Akzent. (Ich selbst stamme aus dem North End.) Der Weihrauchgeruch war stark, wie auch das Parfüm, das er trug. Er war sehr verschwenderisch einparfümiert, und er roch genau wie eine alte Dame, aber es lag, ich entdeckte es damals schon, auch etwas Unangenehmes in diesem Geruch, ein Hauch nur, eine Andeutung von Überreife im Bouquet.

Kennen Sie die Wohnungen in der Lower East Side? Als Aufbewahranstalten für Lohnarbeiter gedacht, kann man ihnen nur selten den Vorwurf der Geräumigkeit machen. Wir betraten Harrys Wohnzimmer. Vollgestopfte Bücherregale, zwei tiefe, schäbige Sessel vor den Fenstern mit freiem Blick nach Norden auf das Chrysler Building, und zwischen den Fenstern, auf einem runden, schwarzlackierten Holztisch mit zierlichen Beinen, eine Vase voller Lilien. Direkt über den Lilien, und zwischen den Fenstern, hing ein großes Kreuz aus weißem Elfenbein, an das der Erlöser mit Perlmuttknöpfen genagelt war. In der hinteren Ecke des Zimmers baumelte an einer Kupferkette das Weihrauchfaß von der Decke, von dem die Rauchschwaden aufstiegen. Keine Klimaanlage, kein Ventilator. Es gab jedoch Eis in der Küche, und Harry machte jedem von uns einen großen Gin-Tonic zurecht. Dann ließ er sich steif in einen Sessel hinab, wobei die letzte Phase dieser Operation eine Art haltloser Plumpser war, gefolgt von einem langen Seufzer. „Zigaretten“, murmelte er und kramte in den Taschen seines Jacketts herum.

„Sie haben keine Katzen“, sagte ich.

„Schreckliche Kreaturen“, sagte er. „Kann sie nicht ausstehen. Auf Ihr ganz persönliches Wohl, Bernard Finnegan!“

Wir tranken. Er erkundigte sich nach meiner Schriftstellerei. Ich fing an zu erklären, aber er verlor bald darauf das Interesse. Sein Blick wanderte zum Fenster, zu der glitzernden Klinge, in die das Chrysler Building sich in der schimmerndblauen Hitze mancher Sommertage verwandelt. Seine Bücher beeindruckten mich. Eine ganze Reihe klassischer Autoren – Petronius war vertreten, Apuleius und Lactantius und einige der frühchristlichen Schriftsteller, unter anderem Beda und Augustinus. Als ich aufstand um zu gehen, bat er mich um meine Telefonnummer. Würde ich, fragte er, noch einmal auf einen Drink vorbeikommen? Ja, sagte ich, mit Vergnügen.

„Gin?"

Wie zuvor qualmte das Weihrauchfaß an seiner Kette gemächlich vor sich hin. Es erinnerte mich an meine Kindheit, an Kapellen und Kirchen, in denen ich ungeduldig unzählige, endlose Messen durchzappelt hatte. An Harrys Parfüm, so andeutungsweise vergammelt es auch roch, konnte man sich gewöhnen. Nicht jedoch an den Weihrauch. Der Gestank stieg einem in die Nase, sobald man das Haus betrat. Ich fragte ihn, weshalb er ihn verbrannte.

„Ist es Ihnen unangenehm?" fragte er zurück. Er stand an der Arbeitsplatte in der Küche und schnitt, sehr langsam, eine Zitrone in Scheiben. Ich war im anderen Zimmer. Das Chrysler Building glühte in der Dämmerung, und im Westen, über dem Hudson, waren rote Streifen.

„Ich komme mir dabei vor wie ein Schuljunge."

Er sah mich prüfend an, die wäßrig-blauen Augen
auf mich gerichtet wie zwei Autoscheinwerfer.

„Sind Sie Katholik?" fragte er.

„Ein entlaufener."

„Ich auch."

Er seufzte. Er verlor sich in Gedanken, schien über unsere gemeinsame Verbindung zum römischen Glauben nachzudenken. „Als ich ein junger Mann war", sagte er, als wir in unseren Sesseln saßen, „habe ich mich zwar als Katholiken bezeichnet, aber gelebt habe ich wie ein Heide. Oh, was konnte ich damals trinken, Bernard! Bis es hell wurde. Und heute bin ich, wie Sie sehen, schon nach einem Gin" – hier lächelte er mit sanfter Ironie – „hoffnungslos angesäuselt. Aber damals! Ich war glücklich mit meinen Göttern, so wie die alten Griechen und Römer. Wissen Sie, als was wir den Körper betrachteten, Bernard? Damals, in den Zwanzigern? Als einen Tempel, an dem es nichts Unsauberes gab. Als einen Schrein, der für das Ritual der Liebe geschmückt werden wollte. Wir lebten für den Augenblick, Bernard – der Sinn des Lebens bestand darin, sich selbst Ausdruck zu verleihen, und wenn man unglücklich war, so nur deshalb, weil man sich nicht darauf einstellte, und wenn man sich nicht darauf einstellte, so nur deshalb, weil man gehemmt war. Wir waren leicht zu begeistern, wissen Sie, und wenn es etwas gab, was wir nicht tolerieren konnten –" er drehte sich in seinem Sessel zu mir um – „dann war das Langeweile! Stumpfsinn! Anathema!" Sein Blick wanderte in die Nacht hinaus. Er schwieg.

„Sprechen Sie weiter", sagte ich.

„Es hielt nicht an. Ich weiß noch, wie ich 1929 nach New York zurückkam ... Mir kam es vor, als wären meine Freunde alle tot, oder verheiratet, oder Alkoholiker ..." Er hielt wieder inne. „Kennen Sie die RHAPSODY IN BLUE? Wahrscheinlich nicht." Er summte die Eröffnungstakte, und plötzlich war da in der schweren, duftgeschwängerten Dämmerung ein Ton, eine tiefe Melancholie, die durch den langsamen, stockenden Rhythmus der Melodie des alten Mannes eine zusätzliche schmerzliche Note erhielt. An diesem Abend sagte er nicht mehr viel, und als ich aufstand, um zu gehen, wirkte er gedankenverloren und in sich gekehrt. Aber er entschuldigte sich dafür, „so ein miserabler Gastgeber" zu sein.

Der Sommer nahm seinen Lauf. In einem ginumnebelten Hitzeschleier glitten wir in den August. Ich verbrachte zwei oder drei Stunden am Tag an meinem Schreibtisch und redete mir selbst ein, daß ich arbeitete. Tatsächlich verfaßte ich mehrere Sprachskizzen über Harry Talboys; wozu ich sie einmal verwenden würde, davon hatte ich zum damaligen Zeitpunkt jedoch keine klare Vorstellung.

Die Gewitter setzten ein – kurze Schauer heftigen Regens, begleitet von Blitz und Donner, die nichts dazu taten, das Leichentuch abgestandener Hitze zu lüften, das über der stinkenden Stadt klebte. Sie hörten ebenso plötzlich auf, wie sie angefangen hatten, und ließen die Straßen dampfend und immer noch stinkend zurück. Mir kam der Gedanke, daß ich Harry vielleicht aktiver dazu drängen sollte, aus seinen Erinnerungen zu erzählen, und ich fragte mich, ob wir nicht gemeinsam eine Denkschrift an die zwanziger Jahre produzieren könnten? Wir würden sie ERINNERUNGEN EINES ALTEN MANNES AN DAS JAZZ-ZEITALTER oder so ähnlich nennen; großzügig mit Photos aus der damaligen Zeit illustriert, würde sie dastehen als eindringliches, persönliches Dokument des modernen Amerika im unschuldigen Überschwang seiner goldenen Jugend. Je mehr ich darüber nachdachte, desto sicherer war ich mir, daß genau so ein Buch gebraucht wurde. Als ich Harry das nächste Mal sah, erzählte ich ihm von meiner Idee. „Ich kannte einmal einen Engel“, sagte er leise. „Das war in den Zwanzigern.“

Alle sagten, es sei der heißeste Sommer seit dreißig Jahren, und es war höchst wahrscheinlich, daß die Männer von der Müllabfuhr streiken würden. In einem verlassenen Gebäude drüben an der Avenue C geschah ein ziemlich grausiger Mord; man hatte die Leiche verstümmelt und ihr alles Blut abgezapft. Die New York Post mutmaßte, ein Vampir laufe frei herum. Meine eigenen Gewohnheiten wurden zunehmend nächtlicher, und meine Produktivität sank immer mehr ab. Ich schaffte es jedoch, einen Nachmittag in der Stadtbibliothek zu verbringen und mir Material aus den Zwanzigern anzusehen, und ich stellte eine Liste von Fragen zusammen, die ich Harry vorlegen wollte, Fragen, von denen ich hoffte, daß sie eine Fülle von Anekdoten auslösen würden. Ich kam mir vor wie ein Ölsucher; wenn es mir nur gelingen würde, so dachte ich, meine Sonde genau genug zu versenken, würde das Zeug hochgesprudelt kommen und uns beiden ein bißchen richtiges Geld einbringen. Die Zeiten waren reif, dessen wurde ich mir immer sicherer, für ERINNERUNGEN EINES ALTEN MANNES AN DAS JAZZ-ZEITALTER.

Aber Harry war schwerer zum Reden zu bringen, als ich es mir vorgestellt hatte. Als ich das Thema das nächste Mal anschnitt – es war ein Freitagabend, und der Sonnenuntergang einfach prachtvoll, redete er wieder von seinem Engel. Ich weiß noch, daß er entspannt und umgänglich war, und ich tat ihm den Gefallen und ging auf ihn ein. „Sie meinen, bildlich gesprochen war er ein Engel, Harry“, sagte ich. „Sie meinen, er war ein guter Mensch.“

„O nein“, sagte Harry und wandte sich zu mir um. „Nein, er war ganz und gar kein guter Mensch!“ Die Sessel standen, wie gewöhnlich, vor den Fenstern, nur ein kleines bißchen zueinander gedreht, und wir saßen da, als steuerten wir ein großes Flugzeug in den dunkler werdenden Himmel hinein.

„Er war ein richtiger Engel, absolut authentisch.“

„Wer war er, Harry?“

„Er hieß“, sagte Harry, „Anson Havershaw.“

Er beugte sich vor und sah mich an.

„Wollen Sie die Geschichte wirklich hören?“ sagte er.

„Ich möchte Sie auf keinen Fall langweilen.“

Wann, genau, fing ich an, Harrys Engel ernstzunehmen? Wahrscheinlich hatte die Erzählung etwas, was meine Phantasie sofort ansprach. Er beschrieb mir, wie er, als sehr junger Mann und frisch aus Harvard, in einer vornehmen New Yorker Flüsterkneipe einen Mann entdeckt hatte, der eine verblüffende Ähnlichkeit mit ihm hatte. „Eine geradezu unheimliche äußere Ähnlichkeit", sagte Harry. „Absolut ungewöhnlich." Er hatte den Mann aus den Augen verloren und eine ganze Stunde nach ihm gesucht, ohne Erfolg. Nacht für Nacht kehrte er in die Flüsterkneipe zurück; eine Woche später sah er ihn wieder. Er stellte sich ihm vor. Der andere war Anson Havershaw, ein wohlhabender und weltgewandter junger Dandy, „viel kultivierter als ich", sagte Harry, „und er erkannte die Ähnlichkeit zwischen uns auf den ersten Blick; sie amüsierte ihn. Er lud mich für den nächsten Tag zum Mittagessen ins Biltmore ein und sagte, wir sollten Freunde werden."

In der Zwischenzeit war alles Licht aus dem Himmel verblaßt. Es folgte eine lange Pause. „Nun ja, wir wurden Freunde", sagte Harry schließlich, „sehr gute Freunde, wirklich. Oh, genug, Bernard!" Er saß da, ein langes Bein über das andere geschlagen, die Knöchel sockenlos, die linke Hand in die rechte Schulter gekrallt, und den Blick auf den fern aufragenden Häuserturm gerichtet, der in der Dunkelheit glitzerte wie ein Dolch. Die ganze Spannung, die ganze Vitalität schien plötzlich aus ihm herauszusickern. Er saß da, leer und erschöpft. Das Zimmer war inzwischen voller Schatten, und Harry war in seinem Sessel in sich zusammengesunken wie ein Toter. Die Anstrengung, die mit seinem Flug in die Erinnerung verbunden war, schien den üblen Geruch verstärkt zu haben, der an ihm haftete, denn das Parfüm konnte ihn nicht länger kaschieren. Ich ging leise zur Tür. „Rufen Sie mich an", sagte ich, „wenn Sie weitermachen wollen." Eine Hand flatterte erschöpft von der Sessellehne auf. Ich ließ ihn dort zurück, allein in den Schatten.

„Ein paar Wochen später, als wir auf vertrauterem Fuß standen", sagte Harry, als wir uns das nächste Mal trafen, „lud Anson mich zum ersten Mal in sein Haus ein. Die Tür wurde mir von seinem Diener geöffnet, einem Engländer namens Allardice. Er führte mich in Ansons Ankleidezimmer und ließ mich dort allein.

Ich setzte mich und wartete. Nach ein paar Minuten kam Anson in einem seidenen, chinesischen Morgenmantel herein, gefolgt von Allardice. Er begrüßte mich herzlich und fragte, ob Allardice mir etwas bringen könne; dann sagte er, ich solle ihm etwas erzählen, während er sich ankleidete – oder besser gesagt, während Allardice ihn ankleidete."

Eine lange Pause an dieser Stelle; Harrys Finger kneteten die Sessellehne.

Dann fing er an, schnell und voller Wärme zu sprechen. „Anson trat vor den Spiegel und ließ den Morgenmantel von seinen Schultern gleiten; er stand völlig nackt da, einen Fuß vorgeschoben und leicht nach außen gedreht, die Finger auf die Hüften gelegt. Wie groß, und schmal, und haarlos er war! Und weiß, Bernard, weiß wie Milch!"

An dieser Stelle setzte Harry sich in seinem Sessel auf und hob die Hand, um Ansons Figur vor sich in die Luft zu zeichnen. „Sein Hals war wie ein Blütenstengel", sagte er weich, „und er hatte schmale Schultern; und seine Brust war sehr flach, mit sehr zarten Brustwarzen, und sie ging unmerklich in einen Bauch über, der nur die allerleiseste Andeutung eines Nabels hatte. Er stand vor dem Spiegel und betrachtete sich mit der unpersönlichen Bewunderung, mit der er auch einen Gegenstand aus feinstem Porzellan oder eine Ming-Vase angesehen hätte, so als wüßte er, daß er schön war, und als sähe er diesbezüglich keinerlei Grund zur Bescheidenheit ..."

Harry drehte sich zu mir um und hielt mir sein Glas hin. Auf seiner Stirn standen Schweißperlen, und der Geruch, der von ihm ausging, war sehr übel. Ich schenkte ihm Gin nach.

„Dann", fuhr er fort, „ließ er mich näher kommen und seinen Körper begutachten. In der Mitte zwischen den Hüftknochen hatte er einen kleinen Hautlappen; und glauben Sie mir, Bernard, es war nicht mehr als ein Hautlappen; es war nichts Knorriges daran. Es war" – Harry suchte nach Worten – „rudimentär! Er war ... dekorativ!"

Stille in dem schwermütigen, weihrauchduftenden Zimmer.

„Ich fragte ihn, was er sei. ‚Ich bin nicht von eurer Natur', sagte er schlicht. ‚Ich bin von den Engeln.'"

Harrys Blick wanderte zurück zum offenen Fenster. „Die Prozedur des Anziehens ging weiter", flüsterte er, „und als Anson zum Schluß seine Vollkommenheit betrachtete, trat Allardice mit einer Blume für sein Knopfloch näher – eine Orchidee war es, glaube ich; und dann endlich waren die Stille und die Ehrerbietung verbannt. ‚Komm Harry', rief er, und gemeinsam schwebten wir die Treppe hinunter, dicht gefolgt von Allardice, der mit gespannter Aufmerksamkeit den hervorgesprudelten Instruktionen lauschte, die Anson ihm im Hinblick auf den Abend gab. Ich war zu diesem Zeitpunkt, glaube ich, völlig verwirrt, und völlig hingerissen, denn ich folgte ihm; ich folgte ihm wie ein Schatten ..."

Harry verfiel wieder in Schweigen. Seine Hand schwebte immer noch in der Luft, leise zitternd, während er aus dem Fenster starrte. Was mich selbst anging, so konnte ich dieses Gerede plötzlich nicht mehr ertragen. Das alles, sagte ich mir, sind nur die gin-befeuerten Phantasien einer rührseligen alten Tunte. Ich murmelte eine Entschuldigung und ging; Harry bemerkte es kaum.

Es kommt ein Tag in der vollendeten Reife des Spätsommers, an dem man zum ersten Mal einen Hauch der Jahreszeit bemerkt, die kommen wird; oftmals so subtil wie das Spiel des Abendlichts auf vertrauten Backsteinen oder das Wehen von ein paar fallenden braunen Blättern, verkündet er die baldige Befreiung von grausamer Hitze und zügellosem Wachstum. Man ahnt kühle, diesige Tage und einen langsamen, anmutigen Verfall in der Ordnung des Natürlichen. Ein solcher Tag dämmerte nun herauf; und meine blasse, nördliche Seele in ihrer blassen nördlichen Brust frohlockte in aller Stille, während die Erde ihr Gesicht langsam von der Sonne abwandte. Dieses Aufleben des Geistes wurde in meiner Beziehung zu Harry von Enttäuschung und Rückzug begleitet. Aber seltsamerweise erzählte ich niemandem von seinem Engel; es war, als hätte ich ihn in einer dunklen Grotte meines Hirns versteckt, um ihn dort geheim und unversehrt zu verwahren.

Bei dem Mordopfer aus der Avenue C, so lautete die vorherrschende Theorie, handelte es sich um einen Verräter, der irgend etwas mit einem großen Rauschgiftdeal zu tun hatte. Man nahm an, daß die Scheußlichkeit seines Todes eine Warnung an andere sein sollte, nicht denselben Fehler zu begehen. Die Männer von der Müllabfuhr traten in einen dreitägigen Streik, aber man kam zu einer Einigung, bevor es wirklich schlimm werden konnte, und bald schon rollten die Laster wieder – herzhaft stinkend und umwölkt von Insekten, häßliche Monster, die durch die mitternächtlichen Straßen schepperten und ächzten. Der Laster, der für meinen Block zuständig war, hieß *The Pioneer*, und seitlich war ein Planwagen aufgemalt, der über eine westliche Prärie holperte. Als der Wind mir den Geruch des *Pioneers* zuwehte, dachte ich, gemeinerweise, an Harry.

Ungefähr um diese Zeit herum fing ich an, mit dem Gedanken an einen historischen Roman über die Ketzer zu spielen. Ich war durch Zufall auf eine gnostische Erzählung gestoßen, in der Satan, eine große Gottheit, einen menschlichen Körper erschafft und einen Geist namens Arbal-Jesus dazu überredet, seine Wesenheit für ein paar Augenblicke in ihn hineinzuprojizieren. Arbal-Jesus kommt Satans anscheinend unschuldiger Bitte nach, aber kaum daß er sich in diesem Körper befindet, merkt er, daß er gefangen ist und nicht mehr entkommen kann. Er schreit in höchster Seelenqual auf, aber Satan lacht nur und verhöhnt seinen Gefangenen, indem er ihm sexuelle Gewalt antut. Arbal-Jesus' einziger Trost ist, daß ein anderer Geist in diesem Körper bei ihm ist und seine Erlösung gewährleistet. Dieser Geist ist der Tod.

Aber dann schwand der kurze Geschmack des Herbstes, und die Hitze kam mit größerer Grausamkeit zurück als zuvor. Als ich eines Morgens das Haus verließ, traf ich Harry. „Bernard", sagte er, „warum lassen Sie sich gar nicht mehr sehen?" Ich hatte ein schlechtes Gewissen. Er sah eher noch schäbiger aus als gewöhnlich; sein Gesicht war von feinen weißen Bartstoppeln überzogen, und Spuren von getrocknetem Blut klebten an seinen Nasenlöchern. Seine knochigen Finger umklammerten meinen Arm. „Kommen Sie doch heute abend herunter", sagte er. „Ich habe Gin da." Armer alter Mann, dachte ich, einsam und armselig, quält sich nach all den Jahren mühselig in seinen zwei Zimmern herum ... warum klammert er sich immer noch am Floß fest?

Gegen sieben klopfte ich an Harrys Tür. Alles war wie immer – die Gerüche, der Gin, das Chrysler Building, das wie eine juwelengeschmückte Speerspitze vor dem Himmel aufragte, und an Harrys Wand das Kruzifix, das in den Schatten des verblassenden Tages schimmerte. Armer alter Harry; ich spürte sofort, daß er mit seiner Geschichte fortfahren wollte, es jedoch aus Rücksicht auf mich unterließ. Ich fühlte mich verpflichtet, das Thema anzuschneiden, jedoch nicht ausschließlich aus Höflichkeit gegenüber der Besessenheit eines alten Mannes. Ich hatte nämlich etwas mehr über diese schattenhafte Figur nachgedacht, den schönen, dekadenten Anson Havershaw, über das Wesen mit dem milchweißen Fleisch und dem nicht existierenden Nabel, und über Harrys unklare, aber zweifellos fleischliche Beziehung zu ihm. Es war, spürte ich, eine höchst bizarre Geschichte, die er angefangen hatte, um einen Mann herumzuweben, der, wie ich vermutete, tatsächlich existiert hatte und vielleicht sogar noch am Leben war.

Und so fing Harry an zu erzählen. Er beschrieb, wie Anson ihn hineinfegte in einen Sommer hektischer, berauschender Freuden und langer, ausschweifender, rasender Nächte, in dem ganz Amerika sich in einem Taumel fieberhafter Fröhlichkeit zu befinden schien, und die beiden hatten sich durch die Lustbarkeiten bewegt wie zwei Götter, zwei müßige, elegante, innig verbundene Seelen, die mit schwerlidrigen Augen über die Ausschweifungen der Nation präsidierten. In jenem Sommer, dem Sommer des Jahres 1925, kam es häufig vor, daß Harry Ansons Haus erst beim ersten Licht des Tages verließ, immer noch in Abendkleidung, und in das willkommene Halbdunkel der St.-Ignatius-Loyola-Kirche in der Park Avenue schlüpfte. „Sie können sie nicht kennen, Bernard", sagte er; „sie wurde 1947 abgerissen. Eine wunderschöne Kirche, im neugotischen Stil; sie fehlt mir ... bei der Frühmesse war sie immer nur vom dumpfen, blutroten Glühen der Buntglasfenster erleuchtet, und von zwei weißen Kerzen, die aus vergoldeten Haltern zu beiden Seiten des Altars aufragten und einen wunderschönen schimmernden Lichtschein aussandten ... Ich kannte den Priester gut, einen asketischen jungen Jesuiten; ich weiß noch, wie das Kerzenlicht auf seinem blassen Gesicht aufleuchtete, wenn er sich der Gemeinde zuwandte – der ganze Effekt war so fremdartig schön, Bernard, wenn Sie es gesehen hätten, würden Sie verstehen, welche Faszination der Katholizismus auf so viele von uns ausübte ... es war eine rein gefühlsmäßige Anziehung, im Grunde genommen; das disziplinierte Christentum fanden wir viel problematischer ...“

In dieser Weise redete Harry mehrere Minuten lang weiter, die Augen auf die Säule des Chrysler Buildings gerichtet, die Finger um das Glas gekrümmt. Meine eigenen Gedanken trieben auf parallelen Gleisen davon, behaglich eingelullt von seiner Stimme. Als Geschichtenerzähler war Harry langsam und bedächtig; er formulierte seine Sätze mit gewissenhafter Sorgfalt und verweilte genüßlich bei eleganteren Wendungen. „Ich glaube nicht, daß ich es im Geschäftsleben weit gebracht hätte“, sagte er völlig zusammenhanglos. „Ich habe einfach nicht die Nerven dafür. Man braucht starke Nerven dafür, und ich war immer viel zu weichlich. Anson sagte immer, die Welt sei ein Bordell, und er hatte natürlich recht. Wohin also soll man sich wenden? Ich kann Ihnen sagen, wohin ich mich wandte: geradewegs hinein in die Arme von Mutter Kirche!“ Er kippte den Rest seines Gins. „Aber das ist eine andere Geschichte, und verzeihen Sie mir, Bernard, ich scheine schon wieder abzuschweifen. Wissen Sie, das alles geschah vor so langer Zeit, daß ich dazu neige, die Reihenfolge durcheinanderzubringen, in der die Dinge sich abspielten ...

Es gibt zwei Fragen, Bernard, die man einem Engel stellen *muß*. Die eine betrifft seine Ursprünge; die andere sein Ziel.“

Bei diesen Worten wurde ich wieder aufmerksam. Diese ganze Engelsgeschichte war natürlich barer Unsinn; aber ich war zu der Vermutung gelangt, daß etwas Phantastisches, oder sogar Perverses, dahinterstecken könnte.

„Über seine Ursprünge konnte ich nichts in Erfahrung bringen“, fuhr Harry fort. „Die Leute sagten, er sei im letzten Jahr des Ersten Weltkrieges nach New York gekommen; offensichtlich war er in Irland von seiner Mutter großgezogen worden, die aus Boston stammte und in einen fragwürdigen Zweig der Havershaws von Cork eingeheiratet hatte, eine exzentrische Familie, sagte man; aber wissen Sie, schließlich war es schon immer so, daß vornehme Europäer von etwas zweifelhafter Herkunft nach New York kamen, und solange ihr Benehmen und ihr Geld – vor allem letzteres – angemessen waren, wurden sie in die Gesellschaft aufgenommen, und keiner fragte danach, wo sie herkamen. Schließlich leben wir in einer Republik."

Boston! Bei der Erwähnung Bostons kam mir plötzlich eine Idee. Harry stammte aus dem alten Boston, wie ich wußte, und ich fragte mich, ob sein Engel vielleicht nichts weiter war als eine wohldurchdachte sexuelle Maskerade. Anson Havershaw war dieser Theorie zufolge schlicht und einfach ein Alter ego, ein losgelöstes Scheingebilde aus Harrys neurotischer Phantasie, ein wie auch immer geartetes Double, das er sich als eine Art libidinöses Sicherheitsventil konstruiert hatte. Anders ausgedrückt überwand Harry seine von Schuldgefühlen beladene Fleischlichkeit, indem er um eine Ecke herum die Identität eines Engels annahm – die würde die körperliche Ähnlichkeit zwischen den beiden erklären, und die widersprüchlichen Themen von Hedonismus und Vergeistigung; welcher Katholik, egal ob praktizierend oder nicht, an dem es nichts Unsauberes gab? Ich beobachtete Harry, der vor sich hinlächelte, und im Zwielicht kam mir sein Ausdruck trotz der patrizischen Würde der Nase plötzlich dumm und kläglich vor.

„Und sein Ziel?" fragte ich trocken.

„Ah." Die Freude wich langsam aus seinem Gesicht, und er fing an, ein unangenehm saugendes Geräusch mit seinem Gebiß zu machen. „Wer weiß?" sagte er zuletzt. „Wer weiß schon, was ein Engel in einem Jahrhundert wie diesem zu suchen hat? Vielleicht sollte er einfach ein Engel für unsere Zeit sein." Es folgte eine lange Pause. „Der unsterbliche Geist brannte in ihm, verstehen Sie ... Sünde bedeutete ihm nichts; er war reine Seele. Das war das Tragische an ihm."

„Das Tragische an ihm?"

Harry nickte. „Reine Seele in einem Zeitalter zu sein, das nicht an seine Existenz glauben wollte." Er bat mich, ihm noch etwas Gin zu geben. Ich war ziemlich gereizt, als ich ihm seinen Gin einschenkte.

Wir saßen schweigend da, Harry und ich, wobei er zweifellos über seine verfälschten Erinnerungen nachdachte, während ich mich fragte, wann ich mich guten Gewissens davonmachen könnte. Harry hatte eine kleine Puderdose aus Jade aus seiner Tasche gezogen und puderte sich das Gesicht mit schnellen, ruckhaften Bewegungen, die Augen von mir abgewandt, so daß ich nur sein spitzes Profil sah. „Reine Seele“, wiederholte er mit leiser Stimme, „in einem Zeitalter, das nicht an seine Existenz glauben wollte.“

„Was ist aus ihm geworden?“ fragte ich müde.

„Oh“, antwortete er und klappte die Puderdose zu.

„Ich habe ihn aus den Augen verloren.
Ich glaube, es hat ein schlimmes Ende mit ihm genommen;
ich glaube, er kam ins Gefängnis.“

„Nein, kam er nicht.“

Harry sah mich scharf an. Zum ersten Mal, seit wir uns kannten, gab es einen echten und ehrlichen Kontakt zwischen uns. Der ganze Rest hatte daraus bestanden, daß er seiner Besessenheit frönte und ich es stillschweigend zuließ. „Bin ich so leicht zu durchschauen?“ fragte er. „Anscheinend ja. Mein lieber Bernard, Sie sind mir böse.“

Ich stand auf, trat ans Fenster und sah in die Nacht hinaus. „Ich glaube nicht, daß Anson Havershaw je existiert hat“, sagte ich. „Statt dessen gab es einen von Schuldgefühlen geplagten Mann, der sich ein Märchen über Engel und Geister ausdachte, um gewisse Wahrheiten vor sich selbst zu verheimlichen.“ Warum, dachte ich, suchen alte Säufer sich immer ausgerechnet mich aus, wenn sie ihre Geschichten loswerden wollen?

„Ich habe Ihnen nicht die ganze Wahrheit gesagt“, sagte Harry.

„Es gab keinen Anson Havershaw“, sagte ich.

„O doch, es gab ihn. Es gibt ihn“, sagte Harry.

Eine Pause. Dann: „Es gab keinen Harry Talboys.“

Ich drehte mich um. Darauf war ich nicht gefaßt gewesen.

„Ich bin Anson Havershaw.“ Ich lachte.

Er nickte. „Ich werde es Ihnen zeigen“, sagte er,
stand auf und fing mühselig an,
sein Jackett auszuziehen und sein Hemd aufzuknöpfen.

In der Mitte von Harrys Decke gab es eine Lampenfassung, in die drei Glühbirnen geschraubt waren. Ein kurzes Stück Kette hing von ihr herab; Harry zog an der Kette, und das Zimmer wurde von grellem, hartem Licht überflutet. Unter seinem Hemd trug er, wie sich nun zeigte, ein Kleidungsstück aus einem hellen Plastikmaterial, wie man es im medizinischen Bereich verwendet. Langsam zog er sein Hemd aus. Das Plastikding, das ziemlich schmierig aussah, umschloß ihn wie ein ärmelloses Unterhemd vom oberen Teil des Brustkorbs bis zu einer Linie irgendwo unterhalb des Gürtels seiner Hose. Es wurde an der Seite von einer Reihe kleiner Häkchen geschlossen, und ein sehr schmaler Streifen schmutziger Gaze lugte über den oberen Rand hinaus, wo die Haut flammendrot entzündet war. Harrys Arme waren die eines sehr alten Mannes, das Fleisch hing in losen, weißen, welken Falten von den Knochen. Er lächelte leise, denn ich nehme an, ich muß mit entsetzter Neugier auf das groteske Korsett gestarrt haben, das er trug. Ich stand neben dem Weihrauchfaß, und als Harry sich an den Häkchen zu schaffen machte, zog ich es dicht vor meine Nase; denn der Geruch wurde sehr schnell sehr übel. Er ließ seine Hose und seine Unterhose fallen. Das Korsett reichte bis an seinen Unterbauch, bildete eine Linie knapp über einem haarlosen Schambein und einem winzigen, unbeschnittenen Penis, der völlig verrunzelt und in sich zusammengeschrumpft war. Er löste die letzten Häkchen, hielt das Korsett mit den Händen vor seinem Körper fest und sagte mit sanfter Stimme, ich dürfe aber nicht schockiert sein. Und dann zeigte er sich mir.

Zuallererst war da der Geruch; eine Woge unaussprechlichen Gestanks breitete sich aus, als er das Korsett entfernte, und um meine Sinne zu schützen, war ich gezwungen, mir die Nase zuzuhalten und den Weihrauch durch den Mund einzuatmen. Harrys Fleisch war von den unteren Rippen und dem Bauch weggefault, und die klumpige Haut, die noch an den Rippen und den Hüftknochen hing, die das Loch umgrenzten, befand sich in einem Zustand gallertartiger Verwesung. In dem Loch sah ich das schwache Glänzen seines Rückgrats und inmitten einer verworrenen Masse von Schläuchen die Umrisse schattenhafter Organe. Ich sah Verwachsungslinien an seinen Eingeweiden und ordentliche, saubere Stiche um ein Bündel verfärbter organischer Gefäße, umwickelt von dünnen Streifen aus durchsichtigem Plastik. Er hätte eigentlich tot sein müssen, und ich nehme an, ich muß genau das geflüstert haben, denn ich hörte ihn sagen, daß er nicht sterben könne. Wie lange ich dastand und in seinen zerfallenden Rumpf blickte, weiß ich nicht; irgendwann schien ich mich von meinem eigenen Körper zu lösen, und ich sah, wie von hoch oben und aus weiter Ferne die beiden Gestalten im Zimmer standen, die Blumen und das Kruzifix zwischen sich, mich selbst, wie ich das Weihrauchfaß umklammerte, und Harry, der mit seinem geöffneten Körper dastand, während ihm die Hose um die Knöchel hing. Es dauerte lange genug, nehme ich an, bis mir die ganze Entsetzlichkeit seines Zustands aufging. Ich weiß noch, daß ich dachte, das also bedeutet es, ein Engel zu sein, wenigstens in unseren Zeiten: Das ewige Leben brannte in ihm, während sein Körper, sein Tempel, rund um die Flammen herum zerbröckelte. Dort draußen, in der heißen Nacht, vibrierte die Stadt mit einem fiebrigen Eigenleben, und irgendwo stürzte sich eine Sirene in plötzlichen, trostlosen Schmerz. Alles, was ich dann noch sah, war ein junger Mann, der in der Ecke eines schäbigen Zimmers stand und einen alten Mann beobachtete, der sich die Hose hochzog.

Während ich dies schreibe, ist es später Januar, und sehr kalt draußen. Der Schnee liegt zu schmutzigen Wällen aufgetürmt an den Rändern der Bürgersteige, und das Chrysler Building ist eine kalte, graue Nadel vor einem sich verdichtenden winterlichen Nachmittagshimmel. Die Männer aus dem Männerheim drängen sich in den Hauseingängen der Bowery und verkaufen Zigaretten auf Milchkisten aus Plastik, und der Weihrauchgeruch zieht immer noch durch die unteren Stockwerke des Hauses. In meinen Gedanken ist er immer noch Harry – es scheint irgendwie besser zu ihm zu passen. Er hat mich gebeten, etwas über unsere Freundschaft zu schreiben, sonst hätte ich es nicht getan; das Schreiben scheint mir heute so sinnlos. Alles scheint sinnlos, aus irgendeinem Grund, den ich nicht ganz verstehe, und ich frage mich immer wieder, warum wir uns eigentlich am Floß festklammern. Der einzige Trost, den ich finden kann, ist die Anwesenheit jenes anderen Geistes, der mit uns in unserem Körper reist – ein Trost, der meinem verwesenden Freund von unten versagt ist, wer immer, was auch immer er sein mag.

David Wojnarowicz

Den Messern nah

Eine Autobiographie des Zerfalls

Traum. Nacht vor Peters Tod. Schließlich lande ich auf einer nächtlichen Straße, vor der Marquise eines Gebäudes, einer Garageneinfahrt oder einer Hotelzufahrt, und da sind zwei Typen, Schläger, enge weiße T-Shirts, attraktive kräftige Arme und gewalttätige Züge: Gefängnisgesichter. Da ist ein Glaskästchen. Ich schaue durch den Deckel und sehe eine kurze, dicke Schlange mit einer Wüsten- oder Dschungelzeichnung. Die beiden Typen erzählen mir, daß es eine Zwergklapperschlange ist, aber der Schwanz des Tiers hat keine Rassel. Einer von uns macht den Deckel auf, und die Schlange springt heraus und beißt sich mit ihren Zähnen seitlich an meiner Nase fest. Es tut nicht wirklich weh, aber sie läßt lange nicht los, obwohl jeder der beiden Schlägertypen versucht, die glitzernden Kiefer auseinanderzuziehen, um mich zu befreien. Ich beuge mich halb nach vorn über und warte geduldig und denke daran, wie ihr Gift in mich eindringt, habe aber keine Angst vor dem Sterben oder so. Es überrascht mich, wie geduldig ich bin.

Ich stehe am Gehsteigrand, wo Wasser wie aus einem Hydranten im Sommer rinnt. Da ist ein kleines blau-weißes Fährschiffchen, ein Kinderspielzeug, das auf dem Wasser schaukelt. Ich kauere mich hin, um durch die winzigen Vorderfenster in das Schiff zu schauen. Eine Art Tonbandstimme sagt: „Einer der Passagiere starb, bevor die Fähre heute morgen anlegte ... doch keiner der anderen Passagiere bemerkte es ...“. Das Fährboot verwandelt sich auf einmal in ein riesiges Schiff, eine lebensgroße Fähre, und schaukelt auf dem Meer oder dem Fluß, und ich starre durch die Fenster und sehe etwas, das mich an eine Szene aus einem E.-C.-Comic erinnert. Die erste Person sitzt allein ganz vorne und starrt vor sich hin, ohne sich zu bewegen – der Blick und die Form des Schädels, der gegen das Fleisch stößt, und die fast graugrüne Blässe der Haut lassen keinen Zweifel daran, daß sie tot ist. Die anderen Passagiere sitzen wie Marionetten da, manchen fehlen Zähne, andere haben keine Haare. Sie leben, bewegen sich aber nicht, starren auf den Hinterkopf des toten Passagiers.

Seit ein paar Tagen kann ich keine Worte bilden und glaube manchmal, daß das Weinen und die Angst mich emotional völlig ausgelaugt haben. Ich mache weiter, wozu es mich plötzlich drängt, versuche einen Film zu drehen, der die Rituale festhält und der Trauer Form gibt. Es ist bald Winter, und ich fahre von New York nach Westen und filme mich, wie ich in einem See bade, der in einem der letzten unberührten Wälder der Ostküste liegt. Ich habe die Super-8-Kamera in den Händen und drehe und drehe mich im Wald und denke an Derwische; denke an die Vergiftung der Freiheit, die man im Sterben erfährt.

Jetzt bin ich an diesem grauen Tag, wo da und dort ein paar Regentropfen auf die schmutzige Windschutzscheibe fallen, von New York City nach Norden zum Friedof hinausgefahren. Die vielen Vogelnester hoch oben in den Winterbäumen. Alles satt und schwarz und naß und braun, das ernste satte Dunkel seiner Photographien. Ich stapfe zwischen riesigen leblosen Traktoren über den aufgeweichten Boden mit den tiefen Furchen, die sie gezogen haben und die mit Felsblöcken und nassen Erdschollen übersät sind, und rede mit ihm; zuerst ist es mir so schwer gefallen herumzugehen und nach ihm zu suchen, daß ich vor Nervosität zu lachen begann: „Vielleicht finde ich dich gar nicht, Peter." Und das wirre Hin und Her von der Erde seines Grabes zum Wagen, die Zigaretten, die Kamera vom Rücksitz, mit der ich zu dem nicht gekennzeichneten Grab zurückkehre, um eine Aufnahme von Neals Blumen zu machen: „Er hat Blumen so gern gehabt, so gern gehabt ...". In den vielen Monaten der Krankheit war das Haus immer voller Blumen. Manche waren so groß und wild, daß sie gar nicht wie Blumen aussahen; eher wie Wesen von den Hängen des Mondes. Alle diese unkontrollierten Bewegungen, bis ich mir endlich Einhalt gebot, mich zwang, meine Bewegungen zu beherrschen. Indem ich da gleichzeitig vorwärts und rückwärts ging, wurde mir bewußt, wie durcheinander ich war. Ich sprach wieder mit ihm. Ich beginne mich meiner so erstaunlich sicher zu fühlen, wenn ich ihm tausend Dinge auf einmal erzähle. Das Auge schwebt in einiger Entfernung von meinem Hinterkopf in der Luft; ich sehe mich ihn sehen, seine Oberflächenverlängerung – die nasse aufgeworfene Erde, seinen Geist sehen; sein zusammengekrümmter Körper hebt vom Boden ab, unsichtbar; seine Augen sind voll und wissend; er hinter mir, schaut mir über die Schulter, sieht sich selbst über meinen Schultern schweben, beobachtet mich, wie ich die frisch gewendete Erde anschaue, wo er begraben liegt.

Ich versuche mit ihm zu sprechen und frage mich, ob er weiß, daß ich hier bin, ob er mich sieht. Ich weiß, daß er mich sieht, er ist im Wind, in der Luft um mich herum. Er bedeckt die Felder mit einem feinen Nebel. Er ist in seiner

Wohnung in der Stadt. Er ist hinter mir. Es ist kalt und naß, aber ich mag das. Mag, wie meine Finger taub, die Knöchel rot und weiß werden. Fremde klopfen die Erde vor verschiedenen Steinen in meiner Nähe glatt; Autos stehen mit laufenden Motoren am Straßenrand und an den langen Tälern und an den Kammlinien bis weit in die Ferne, und in diesem Bereich wird alles herausgerissen und entwurzelt – die Erdreste von den Traktorreifen, die frischen Gräber und die Vogelnester, riesig und naßblättrig, als ob sie in die Astkrümmungen fallen gelassen wurden. Ich rede mit ihm, weiß, daß ich lebe, daß ich mit meinen Eindrücken, meinen Erinnerungen von ihm rede, was jeden Zweifel aufhebt. Ich weiß, daß er da ist, und ich sehe ihn. Ich spüre ihn in dem Loch da unter der Erdoberfläche. Ich sehe ihn ohne den Deckel der einfachen Kiefernkiste. Die Kiste gibt es in meinem Kopf nicht mehr, da ist nur ein riesiges weites Stück Erde und Gras und Felder und Hahnenfußstauden und ich, meine Gestalt in der nassen Luft und Wolken wie Gaze wie Grau, sich überlagernd im Nebel, und ich sage ihm, daß ich Angst habe, daß ich durcheinander bin, und ich weine, und ich sage ihm, wie sehr ich ihn liebe und wieviel er mir bedeutet, und ich sage ihm alles, was mir durch den Kopf geht, die ganzen Widersprüche, die ganze Furcht und die ganze Liebe und ganz allein.

Und sein Tod ist jetzt, als ob er an den Rückseiten meiner Augen auf Zelluloid gebannt wäre. Am letzten Tag kamen Freunde, um ihm Mut zuzusprechen und Briefe von anderen Freunden vorzulesen und seine Hände oder seine Füße zu berühren und einfach bei ihm am Bett zu sitzen – es war ein ständiges Kommen und Gehen; ich saß auf einem Stuhl am Fuß des Bettes und dachte daran wegzugehen, als der Zeitpunkt kam, da ich sein Gesicht ansah, und seine Augen bewegten sich etwas, und plötzlich hielt ich meine Zeigefinger wie Hasenohren hinter meinen Kopf: eine Geste, ein Zeichen, das wir uns früher gaben, wenn wir einander irgendwo zufällig trafen und viele Menschen um uns waren. Ich gab ihm das Zeichen und wandte mich verlegen ab, und ein paar Augenblicke später meinte Ethyl: „David ... schau: Peter!" Wir drehten uns alle zum Bett und sein Körper lag völlig ruhig da; und dann war ein tiefer und langer Atemzug zu hören, und dann war es wieder still, und dann noch ein Atemzug, und dann war er tot.

Ich war über mich selbst überrascht: Ich habe kaum geweint. Als alle den Raum verlassen hatten, schloß ich die Tür und holte die Super-8-Kamera aus meiner Tasche und machte einen Schwenk über das Bett: sein offenes Auge, seinen offenen Mund, diese schöne Hand mit dem Gazestreifen am Gelenk, die die Infusionsnadel hielt, die marmorfarbene Hand, dieses Gefühl von Fleischlichkeit. Dann der Photoapparat: Porträts von seinen faszinierenden Füßen, von seinem Kopf, noch einmal das offene Auge – ich habe versucht, das Licht zu bekommen, das ich darin sah; da flog die Tür auf und eine Nonne stürzte herein und quatschte drauflos, daß er die Kirche anerkannt hätte, und ich schaue auf den Mann, der da mit ausgestrecktem Arm auf dem Bett liegt, und denke mir: Aber der ist doch schon darüber hinaus. Er ist mehr als die Worte, die aus dem Mund der Nonne kommen und Bilder der Geistigkeit enthalten – ich meine das Wesen des Todes; der ganze Tabuzusammenhang in dieser Kultur und sein Geheimnis und seine Leiden und Freuden und die Flucht, die darin liegt, und der Körper meines Freundes auf dem Bett, dieser Körper meines Bruders meines Vaters meine emotionale Verbindung zur Welt, dieser Körper, den ich nicht kenne, diese reine und schneidende Luft eben die Gedanken und Empfindungen, die dieser Tod, dieses Ereignis in den Zuschauern hervorruft, enthalten mehr Geistigkeit als alle Worte, die wir hervorbringen können.

Ich bat sie also zu gehen, und nachdem sie die Tür geschlossen hatte, versuchte ich ihm etwas zu sagen und starrte dabei in dieses ungeheure Auge. Wenn sich die Energie des Körpers beim Tod verteilt und in die Umgebung eingeht, weiß diese dann nicht unmittelbar, was ich denke? Aber ich versuche trotzdem zu reden, versuche trotzdem etwas zu sagen, falls er Angst hat oder durch seinen Tod verwirrt ist und vielleicht etwas Zuspruch oder ein Werkzeug braucht, das er in die Hand nehmen kann, aber ich bringe kein Wort hervor. Es ist das entscheidendste Ereignis meines Lebens, und mein Mund kann keine Worte bilden, und vielleicht bin ich der, der Worte braucht, vielleicht bin ich der, der Zuspruch braucht, und ich bin zu nichts anderem in der Lage, als hilflos die Arme zu heben und zu sagen. „Alles was ich will, ist eine Form der Gnade." Und dann kommen die Tränen.

Ich bekomme regelmäßig diese ziellosen Wutanfälle, bei denen ich dann schließlich mit den Handrücken auf den Fernsehapparat einschlage, statt meinem tatsächlichen Verlangen nachzugeben und das Ding herauszureißen und es plärrend beim Fenster hinaus auf die Straße zu werfen. Und ich schrecke aus Tagträumen auf, in denen ich aus dem Amazonas stammende Blasrohrpfeile in „infiziertes Blut" tauche und sie bestimmten Politikern oder Nazi-Predigern oder Angestellten des Gesundheitsamtes oder fanatischen Unbekannten, die nachts in den neuen Vorstädten gegen AIDS-Kliniken demonstrieren, in den entblößten Nacken jage. Ich spüre diese Wut manchmal in mir wie eine Panik, und ich muß zugeben, daß mich das Verlangen zu morden erschreckt, aber es beginnt mit einer sich drehenden Leinwand von Erinnerungen, auf der Vergangenheit und Gegenwart ineinanderfließen. Ich sehe die Gesichter und Körper von Menschen, die ich geliebt habe und die um ihr Leben gekämpft haben, von Menschen, die ich geliebt habe und durch die für mich die Welt entscheidend anders geworden ist oder zumindest die Bilder und Absichten, die man uns täglich in den Medien vorsetzt, ein Gegengewicht erhalten haben. Es beginnt mit den frühesten Erinnerungen, damit, wie sich unter der Haut zum ersten Mal die Sexualität zu regen begann – in gesellschaftlichen Verhältnissen, die einen geistig und körperlich umbringen wollen, sobald sich nur die Gelegenheit ergibt.

Ich erinnere mich daran, daß ein 19jähriger mit mir im Lift zum Dach hinauffuhr, als ich achteinhalb war. Unter dem nächtlichen Sommerhimmel hielt er mein Gesicht gegen seinen Schwanz, und ich wurde fast ohnmächtig, so stark war das unbewußte Verlangen, das plötzlich hochstieg, und ich erinnere mich, wie dieser achtjährige Junge an Mord dachte, weil er Angst hatte, daß der Typ jemandem etwas erzählen und man ihn einsperren oder in eine Anstalt stekken und mit Elektroschocks behandeln würde, daran, wie ich mir Tag für Tag mein Gesicht im Spiegel ansah, um zu sehen, ob in ihm geschrieben stand, was ich erlebt hatte; und ich erinnere mich an meine Verwirrung, weil ich mich fragte, ob ich dadurch zu diesem widerlichen Etwas geworden war, und daran, daß mein Gesicht dasselbe blieb. Monatelang suchte ich in der öffentlichen Bibliothek nach Büchern, die Informationen über meinen „Zustand" enthielten und fand bloß da und dort eine Stelle in einem Roman und Handbücher, die mich entweder als Geschwindigkeitsfreak beschrieben, der auf einem Kinderspielplatz in der Dämmerung auf einer Schaukel sitzt und neue Worte für Schwule erfindet („...schmetterling, Büschel..."), oder behaupteten, daß Menschen wie ich lispelten und sich Flaschen in den Arsch schoben und Röcke trugen und schlaffe Gelenke hatten, und jeder Roman, den ich las und der etwas über Homosexuelle sagte, beschrieb diese als Menschen, die selbstzerstörerisch waren und einzig und allein deshalb Selbstmord begingen, weil sie erkannt hatten, wie grauenhaft sie waren, da sie ein Verlangen nach Männern spürten, und ich hatte das Gefühl, daß mir keine andere Wahl blieb, als erwachsen zu werden und genau diesem Bild zu entsprechen.

Als ich heranwuchs, führte ich also ein völlig schizophrenes Leben, sowohl was die Familie als auch was die Gesellschaft überhaupt betraf, in der jede Werbung in sämtlichen Zeitungen, im Fernsehen und in den Magazinen heterosexuelles Bumsen und Muskeltypen im Sonnenlicht und Mädchen in Bikinis hochhält. Und auf jedem Spielplatz gab es ein Kind, das garantiert in seiner Wut über ein anderes Kind „Schwuler!" schrie, und dieses Wort klang in meinen

Schuhen wieder, diese plötzliche Einsamkeit, diese atmende Glaswand, die niemand sah.

Ich höre endlose Nachrichten von Mordprozessen in den USA, in denen für den Angeklagten auf Notwehr plädiert wird, hat ihn doch irgendso ein Schwuler anzufassen versucht, und der Angeklagte wird freigesprochen, und ich liege hier auf Peters Bett, dem Schauplatz einer intensiven Krankheit, und im Fernsehen läuft auf dem Kanal, den ich gerade eingestellt habe, eine Show über die durch AIDS verursachten Kosten, und ich sehe eine Gruppe von Menschen, die vor laufender Kamera sterben, weil sie sich die Medikamente nicht leisten können, die ihr Leben verlängern würden, und dann wird ein Typ von der Gesundheitsbehörde in Texas befragt – ich weiß nicht einmal mehr, wie er aussieht, weil ich durch den Bildschirm gefahren bin und sein Gesicht in zwei Hälften zerrissen habe – und er sagt: „Würde ich etwas für das Gesundheitssystem ausgeben, dann für ein Baby oder jemand Unschuldigen, der eine Krankheit oder ein Gebrechen hat, für das er nichts kann, und nicht für jemanden mit AIDS ...“, und da erinnere ich mich, wie mir Philip erzählt hat, daß er jemanden, den er kennt, fast tot auf einer Bank im Tompkins Square Park gefunden hat, weil ihn kein Spital aufnahm: Er hatte AIDS und war nicht versichert, und ich lese in den Zeitungen über den Politiker in Arizona, der im Radio verkündet hat: „Um das AIDS-Problem zu lösen, braucht man nur die Schwulen zu erschießen ...“, und seine Pressesprecherin hat gemeint, daß der Gouverneur eben nicht gewußt hätte, daß das Mikrophon eingeschaltet war; außerdem glaubte sie nicht, daß das seine Chancen für eine Wiederwahl nicht beeinträchtigen würde. Und ich erinnere mich daran, wie Peter ein paar Monate vor seinem Tod allein bei „Bruno“ an der Kreuzung von Second Avenue und 12. Straße gegessen hat und Bruno in seinem überfüllten Restaurant auf Peter zukam und zu ihm sagte: „Zahlen Sie schon?“ Und Peter antwortete: „Ja, aber warum?“ Und Bruno zog eine Papiertüte hervor und sagte: „Sie wissen schon, warum ... stecken Sie jetzt das Geld da hinein!“ Peter schob einen Fünf-Dollar-Schein in die Tüte, und Bruno ging hinter den Tresen und brachte ihm in einer anderen Papiertüte das Wechselgeld und leerte es auf den Tisch. Was in diesem Vorfall alles zum Ausdruck kommt! Zuerst wollte ich in das Restaurant gehen, wenn Hochbetrieb war, und zwei große Kanister Rinderblut auf den Grill schütten und nur sagen: „Sie wissen schon, warum!“ Das hätte ich zehn Jahre zuvor vielleicht auch getan. Statt dessen ging ich einmal um die Lunchzeit hin, als das Lokal voll war, und verlangte schreiend eine Erklärung von Bruno, und jedesmal wenn mich eine

Kellnerin oder Bruno baten, meine Stimme zu senken, wurde ich lauter und wütender, bis sich Bruno im letzten Winkel der Küche verkroch und sich im ganzen Lokal keine Gabel und kein Messer mehr bewegten. Doch auch das genügte nicht, um diese Wut aufzulösen. Ein ehemaliger Beamter der Stadtverwaltung, der für den Bereich der AIDS-Politik zuständig war, sagte einmal bei einem nichtamtlichen Treffen, das sich mit den Wohnverhältnissen mittelloser AIDS-Kranker beschäftigte: „Man braucht nur ein wenig Land, eine Insel zum Beispiel, auf der man diese Leute isolieren kann, damit sie sich dort mit dem AIDS-Virus vollbumsen können ..." Solche Äußerungen sind bei offiziellen politischen Anlässen keine Seltenheit, und wie alle städtischen Stellen und Bundesbehörden in diesem Land läßt die Stadt New York die Sache einfach schleifen; sie ist den Behörden einfach gleichgültig. Sie verteilen gerade soviel Geld, daß es am Papier gut aussieht – und nicht einmal das: Hauptsache, es gibt etwas Schriftliches, hinter dem sie sich verstecken können, damit sie, wenn man sie einmal zur Verantwortung zieht, sagen können, daß sie doch etwas getan haben. Die Regierung hält nicht nur Geld zurück, sondern auch Medikamente und Information. Überall im Land machen sich AIDS-Kranke zu menschlichen Reagenzgläsern für Experimente. Manche haben so viele Informationen angehäuft, daß sie Regierungsstellen anrufen und sich als Wissenschaftler aus der Forschung ausgeben können und auf einmal Zugang zu allen Informationen haben, die zurückgehalten wurden, und dann bauen sie die Küchen in ihren Mietwohnungen zu Laboratorien um und mischen Chemikalien und geben sie kostenlos an Freunde und Fremde weiter, um deren Leben verlängern zu helfen. Manche unterziehen sich, um am Leben zu bleiben, merkwürdigen und oft gefährlichen alternativen Behandlungen – lassen sich Viren injizieren oder nehmen bestimmte Chemikalien zu sich, die man im Garten verwendet. Und dann gibt es diese selbstgerechten wandelnden Hakenkreuze, die behaupten, daß AIDS eine Strafe Gottes sei: Buckley fordert in der Tageszeitung ein Programm, um Menschen mit AIDS mit einer Tätowierung kennzeichnen zu können, und LaRouche schafft es in Kalifornien sogar, einen Gesetzesentwurf einzubringen, der vorsieht, Menschen mit AIDS in Lagern zu isolieren, und wenn ich mit Mordgefühlen reagiere, erschreckt mich das, und ich sage mir, daß es faschistisch ist, diese Leute umbringen zu wollen, und in dem Entsetzen über meine Gefühle versuche ich diese zu rationalisieren, indem ich einen Schritt weitergehe und mir sage, daß in dieser Kultur Mord als Notwehr akzeptiert wird, wenn es um die geht, die uns umzubringen versuchen, und daß hier nichts anderes passiert als öffentlicher und gesellschaftlicher Mord, täglich und in unserer Mitte, und daß es nicht sehr viele Leute zu geben scheint, die etwas dagegen sagen oder unternehmen. Die meisten meiner Freunde sehen das gar nicht als Mord. In den Abendnachrichten erfahre ich, daß Gewalttätigkeiten gegen Homosexuelle im letzten Jahr um 41 Prozent gestiegen sind, und um mich auf andere Gedanken zu bringen, gehe ich ins Kino um die Ecke und schaue mir einen Film an, der HOLLYWOOD SHUFFLE heißt und in dem es um die Nöte bestimmter Minderheiten in der Filmindustrie geht, und dann taucht mitten im Film dieser stereotype Schwule auf, der mit einem Schwanz und einem süßen modischen Parfüm statt einem Hirn durch die Gegend tänzelt, und ich will kotzen, weil man von uns erwartet, daß wir uns still und höflich einrichten in dieser Mördermaschine namens Amerika und Steuern zahlen, um den langsamen Mord an uns zu unterstützen, und es überrascht mich, daß wir nicht Amok laufen in den Straßen und daß wir nach einem ganzen Leben von all dem noch immer zu Gesten der Zuneigung fähig sind.

Früher hat sich die Stadt plötzlich verändert bevor ich für länger irgendwohin fuhr. Sie offenbarte sich mir, als ob ich etwas losgelassen hätte, was sie vorher versteckt hatte. In den Tagen vor der Abreise trugen sich wunderbare Dinge zu. Das Leben wurde zu einem faszinierenden Schauspiel. Wenn ich durch die Stadt ging, entdeckte ich hinter jeder Geste ein Stück Menschlichkeit. Eine plötzliche Vision der WELT, eine momentane Stellung des Körpers im Verhältnis zur ANDEREN WELT. Ich begriff, daß man auch seine Biographie und all die verschlüsselten alltäglichen Bewegungen – diese falschen Versicherungen des Geländers draußen vor der Tür – aufgibt, wenn man seine Umwelt aufgibt. Für mich war das der Beginn einer Bestimmung der WELT. Eines Orts, den man als innere Welt beschreiben könnte. Eines Orts, in dem man sich angenehm bewegen konnte und in dem sich die Grenzen verschoben oder überhaupt verschwanden: keine Wände, keine Grenzen, keine Sprache, keine Angst.

Durch das Auftreten von AIDS und das Gefühl der Sterblichkeit empfinde ich jetzt alles so. Das Gefühl, das mich vor der Abreise aus der Stadt überkommen hat, stellt sich ein, ohne daß ich wegfahren muß. Es ist die Möglichkeit eines endgültigen Abschieds, das Gefühl des Todes, das jetzt die Türen aufstößt. Kam ich mir früher völlig fremd vor, habe ich jetzt eher das Gefühl, in warmes Wasser getaucht zu sein, und das Wasser, das mich umgibt, ist Luft, atmet, ist Leben. Ich bin mir ganz dessen bewußt, daß ich lebe und Zeuge bin. Wie ein Langstreckenläufer, der sich plötzlich zwischen Bäumen und im Licht der Einsamkeit der Entfernung findet, und der Anblick und die Geräusche der Freunde sind weit weg. Weit hinter mir sind die Freunde, die gestorben sind. Ich atme die Luft, die sie nicht atmen können; ich sehe den verlotterten Affen in dem billigen mexikanischen Zirkus, der ein rot-blau besticktes Jackett trägt und Geld sammelt, und ich kann die Hand ausstrecken und es berühren, und sie können das nicht. Die Zeit ist jetzt komprimiert. Ich scherze und sage, daß ich jetzt für meinen Körper, für dieses Klang- und Bewegungsvehikel, noch einmal einen Mietvertrag für sechs Monate unterschrieben habe, und wenn ich ein Bild male oder ein Photo oder einen Film mache, tue ich das im Gefühl, daß das das letzte sein könnte, wozu ich komme, und darum versuche ich, alles in die Oberfläche dieser Handlung hineinzuziehen. Ich arbeite jetzt schnell, und habe das Gefühl, daß ich für Blödheiten keine Zeit habe. Geradewegs ins Zentrum der Sinne und so klar umrissen, wie es die Instrumente und das Fortschreiten zulassen. In besseren Augenblicken sehe ich meine Freunde – verschwommene Diapositive von ihren Gesichtern über meinen Schultern vielleicht oder auf der Oberfläche meiner Augen: Sie helfen mir dabei, mir meiner bewußter zu werden, mich mit einem Abstand zu sehen, mich zu sehen, wie ich andere sehe. Ich kann fast meinen eigenen Atem sehen, sehen, wie meine inneren Organe funktionieren, das Pumpen sehen. In diesen Tagen sehe ich die Schneide der Sterblichkeit. Die Kante des Todes, und das Sterben umhüllt alles wie ein warmer Lichtschein, manchmal düster, manchmal heiter. Ich sehe mich den Tod sehen. Als ob ein durchscheinendes Zelluloidbild von mir mich begleitet, wohin ich auch gehe. Ich sehe meine Freunde und ich sehe mich und ich sehe den Atem, der zwischen meinen Lippen hervorkommt, und ich sehe die Pflanzen, die ihn trinken, und ich sehe den Atem, der aus meinem Brustkorb kommt, und alles verschwimmt, wird zu einem Schatten, der vielleicht verschwindet, wenn die Sonne untergeht.

Paul Valéry

Der Engel

Eine Art Engel saß auf dem Rande eines Brunnens. Er spiegelte sich darin und sah sich als Mensch und in Tränen und war aufs äußerste erstaunt, sich in der nackten Welle so als Beute einer unendlichen Traurigkeit zu erscheinen. (Oder, wenn man lieber will, es war eine Traurigkeit in Menschengestalt, die nicht zu ihrer Ursache fand in dem klaren Himmel.)

Das Gesicht, welches das seine war, der Schmerz, der sich darauf malte, schienen ihm ganz fremd. Eine so jammervolle Erscheinung interessierte, erregte, befragte vergeblich seine wunderbar reine geistige Substanz.

„Oh, mein Schmerz", sagte er, „was bist du mir?" Er versuchte, sich zuzulächeln, es war ein Weinen. – Diese Untreue seines Antlitzes verwirrte seine vollkommene Intelligenz; und dieses so besondere Aussehen, das er bemerkte, ein so zufälliges Leiden seiner Züge, ihr Ausdruck, so ungemäß dem Allumfassenden seines lauteren Erkennens, verletzten geheimnisvoll dessen Einheit. „Ich habe keinen Grund zu weinen", sagte er, „und kann nicht einmal einen haben." In ihrem Lichte ewig wachsamer Erwartung sich bewegend, stieß seine Vernunft auf eine unbekannte Frage, die sie in ihrem unfehlbaren Wirken inne halten ließ; denn was in unseren ungenauen Naturen den Schmerz verursacht, läßt bei den absoluten Wesen nur eine Frage erstehen – während für uns jede Frage Schmerz ist oder sein wird. „Wer ist denn der, welcher sich so sehr liebt, daß er sich peinigt?" sagte er. „Ich verstehe alles und sehe doch sehr wohl, daß ich leide. Dieses Antlitz ist zwar mein Antlitz, diese Tränen meine Tränen. Und doch: Bin ich nicht diese Macht der durchdringenden Helle, darin dieses Antlitz, diese Tränen, ihre Ursache und was diese Ursache beseitigen ließe, nur unmerkliche Körnchen des Immerwährenden sind?" Wohl mochten sich diese Gedanken hervorbringen und verbreiten in der ganzen Weite der runden Sphäre des Denkens, die Ähnlichkeiten sich entsprechen, die Gegensätze sich erklären und auflösen und das Wunder der Klarheit sich unaufhörlich vollenden, und alle Ideen im Lichte einer jeden von ihnen glitzern, wie die Edelsteine – denn das sind sie –

in der Krone der einigenden Erkenntnis; nichts indessen, was von der Art eines Schmerzes wäre, erschien seinem makellosen Blick, nichts, wodurch sich dieses kummervolle Antlitz erklärte und darin diese Tränen, die er durch Tränen hindurch sah.

„Was ich an Reinem bin", sagte er, „eine mühelos jedes erschaffene Ding verzehrende Intelligenz, ohne daß irgend etwas sie ihrerseits affiziert oder verändert, das kann sich in diesem tränenvollen Antlitz gar nicht wiedererkennen, in diesen Augen, deren Licht, welches sie bildet, wie erweicht ist durch die feuchte Drohung ihrer Tränen."

„Und wie ist es möglich, daß er so sehr leidet, dieser Schöne, in Tränen Aufgelöste, der mir zugehört und von mir herkommt, da ich doch schließlich alles sehe, was er ist, denn ich bin die Erkenntnis aller Dinge, und man doch nur an einem Nichtwissen leiden kann?"

„Oh, mein Erstaunen", sagte er, „reizender und trauriger Kopf, so gibt es denn etwas anderes als das Licht?" Und er prüfte sich im Universum seiner wunderbar geistigen Substanz, worin alle Ideen in gleichem Abstand voneinander wie von ihm selbst und in einer solchen Vollkommenheit ihrer Harmonie und Behendigkeit ihres Entsprechens lebten, daß man hätte sagen können: Er könnte vergehen, und doch würde das System aufgrund ihrer gegenseitigen Notwendigkeit, glitzernd wie ein Diadem, von sich aus weiter in seiner erhabenen Fülle bestehen können. Und während einer Ewigkeit hörte er nicht auf zu erkennen und nicht zu begreifen.

Aus: Verena von der Heyden-Rynsch (Hg.), Riten der Selbstauflösung, München: Matthes & Seitz Verlag 1982.

Rainer Maria Rilke

Die erste Elegie

Wer, wenn ich schriee, hörte mich denn aus der Engel
Ordnungen? und gesetzt selbst, es nähme
einer mich plötzlich ans Herz: ich verginge von seinem
stärkeren Dasein. Denn das Schöne ist nichts
als des Schrecklichen Anfang, den wir noch grade ertragen,
und wir bewundern es so, weil es gelassen verschmäht,
uns zu zerstören. Ein jeder Engel ist schrecklich.
Und so verhalt ich mich denn und verschlucke den Lockruf
dunkelen Schluchzens. Ach, wen vermögen
wir denn zu brauchen? Engel nicht, Menschen nicht,
und die findigen Tiere merken es schon,
daß wir nicht sehr verläßlich zu Haus sind
in der gedeuteten Welt. Es bleibt uns vielleicht
irgend ein Baum an dem Abhang, daß wir ihn täglich
wiedersähen; es bleibt uns die Straße von gestern
und das verzogene Treusein einer Gewohnheit,
der es bei uns gefiel, und so blieb sie und ging nicht.
O und die Nacht, die Nacht, wenn der Wind voller Weltraum
uns am Angesicht zehrt –, wem bliebe sie nicht, die ersehnte,
sanft enttäuschende, welche dem einzelnen Herzen
mühsam bevorsteht. Ist sie den Liebenden leichter?
Ach, sie verdecken sich nur mit einander ihr Los.
Weißt du's *noch* nicht? Wirf aus den Armen die Leere
zu den Räumen hinzu, die wir atmen; vielleicht, daß die Vögel
die erweiterte Luft fühlen mit innigerm Flug.

Ja, die Frühlinge brauchten dich wohl. Es muteten manche
Sterne dir zu, daß du sie spürtest. Es hob
sich eine Woge heran im Vergangenen, oder
da du vorüberkamst am geöffneten Fenster,
gab eine Geige sich hin. Das alles war Auftrag.
Aber bewältigtest du's? Warst du nicht immer
noch von Erwartung zerstreut, als kündigte alles
eine Geliebte dir an? (Wo willst du sie bergen,
da doch die großen fremden Gedanken bei dir
aus und ein gehn und öfters bleiben bei Nacht.)
Sehnt es dich aber, so singe die Liebenden; lange
noch nicht unsterblich genug ist ihr berühmtes Gefühl.
Jene, du neidest sie fast, Verlassenen, die du
so viel liebender fandst als die Gestillten. Beginn
immer von neuem die nie zu erreichende Preisung;
denk: es erhält sich der Held, selbst der Untergang war ihm
nur ein Vorwand, zu sein: seine letzte Geburt.
Aber die Liebenden nimmt die erschöpfte Natur
in sich zurück, als wären nicht zweimal die Kräfte,
dieses zu leisten. Hast du der Gaspara Stampa
denn genügend gedacht, daß irgend ein Mädchen,
dem der Geliebte entging, am gesteigerten Beispiel
dieser Liebenden fühlt: daß ich würde wie sie?
Sollen nicht endlich uns diese ältesten Schmerzen
fruchtbarer werden? Ist es nicht Zeit, daß wir liebend
uns vom Geliebten befrein und es bebend bestehn:
wie der Pfeil die Sehne besteht, um gesammelt im Absprung
mehr zu sein als er selbst. Denn Bleiben ist nirgends.

Stimmen, Stimmen. Höre, mein Herz, wie sonst nur
Heilige hörten: daß sie der riesige Ruf
aufhob vom Boden; sie aber knieten,
Unmögliche, weiter und achtetens nicht:
So waren sie hörend. Nicht, daß du *Gottes* ertrügest
die Stimme, bei weitem. Aber das Wehende höre,
die ununterbrochene Nachricht, die aus Stille sich bildet.
Es rauschet jetzt von jenen jungen Toten zu dir.

Wo immer du eintratest, redete nicht in Kirchen
zu Rom oder Neapel ruhig ihr Schicksal dich an?
Oder es trug eine Inschrift sich erhaben dir auf,
wie neulich die Tafel in Santa Maria Formosa.
Was sie mir wollen? leise soll ich des Unrechts
Anschein abtun, der ihrer Geister
reine Bewegung manchmal ein wenig behindert.

Freilich ist es seltsam, die Erde nicht mehr zu bewohnen,
kaum erlernte Gebräuche nicht mehr zu üben,
Rosen, und andern eigens versprechenden Dingen
nicht die Bedeutung menschlicher Zukunft zu geben;
das, was man war in unendlich ängstlichen Händen,
nicht mehr zu sein, und selbst den eigenen Namen
wegzulassen wie ein zerbrochenes Spielzeug.
Seltsam, die Wünsche nicht weiterzuwünschen. Seltsam,
alles, was sich bezog, so lose im Raume
flattern zu sehen. Und das Totsein ist mühsam
und voller Nachholn, daß man allmählich ein wenig
Ewigkeit spürt. – Aber Lebendige machen
alle den Fehler, daß sie zu stark unterscheiden.
Engel (sagt man) wüßten oft nicht, ob sie unter
Lebenden gehn oder Toten. Die ewige Strömung
reißt durch beide Bereiche alle Alter
immer mit sich und übertönt sie in beiden.

Schließlich brauchen sie uns nicht mehr, die Früheentrückten,
man entwöhnt sich des Irdischen sanft, wie man den Brüsten
milde der Mutter entwächst. Aber wir, die so große
Geheimnisse brauchen, denen aus Trauer so oft
seliger Fortschritt entspringt –: *könnten* wir sein ohne sie?
Ist die Sage umsonst, daß einst in der Klage um Linos
wagende erste Musik dürre Erstarrung durchdrang;
daß erst im erschrockenen Raum, dem ein beinah göttlicher Jüngling
plötzlich für immer enttrat, das Leere in jene
Schwingung geriet, die uns jetzt hinreißt und tröstet und hilft.

Rainer Maria Rilke

Die Zweite Elegie

Jeder Engel ist schrecklich. Und dennoch, weh mir,
ansing ich euch, fast tödliche Vögel der Seele,
wissen um euch. Wohin sind die Tage Tobiae,
da der Strahlendsten einer stand an der einfachen Haustür,
zur Reise ein wenig verkleidet und schon nicht mehr furchtbar;
(Jüngling dem Jüngling, wie er neugierig hinaussah).
Träte der Erzengel jetzt, der gefährliche, hinter den Sternen
eines Schrittes nur nieder und herwärts: hochauf-
schlagend erschlüg uns das eigene Herz. Wer seid ihr?

Frühe Geglückte, ihr Verwöhnten der Schöpfung,
Höhenzüge, morgenrötliche Grate
aller Erschaffung, – Pollen der blühenden Gottheit,
Gelenke des Lichtes, Gänge, Treppen, Throne,
Räume aus Wesen, Schilde aus Wonne, Tumulte
stürmisch entzückten Gefühls und plötzlich, einzeln,
Spiegel: die die entströmte eigene Schönheit
wiederschöpfen zurück in das eigene Antlitz.

Denn wir, wo wir fühlen, verflüchtigen; ach wir
atmen uns aus und dahin; von Holzglut zu Holzglut
geben wir schwächern Geruch. Da sagt uns wohl einer:
ja, du gehst mir ins Blut, dieses Zimmer, der Frühling
füllt sich mit dir... Was hilfts, er kann uns nicht halten,
wir schwinden in ihm und um ihn. Und jene, die schön sind,
o wer hält sie zurück? Unaufhörlich steht Anschein

auf in ihrem Gesicht und geht fort. Wie Tau von dem Frühgras
hebt sich das Unsre von uns, wie die Hitze von einem
heißen Gericht. O Lächeln, wohin? O Aufschaun:
neue, warme, entgehende Welle des Herzens –;
weh mir: wir *sinds* doch. Schmeckt denn der Weltraum,
in den wir uns lösen, nach uns? Fangen die Engel
wirklich nur Ihriges auf, ihnen Entströmtes,
oder ist manchmal, wie aus Versehen, ein wenig
unseres Wesens dabei? Sind wir in ihre
Züge soviel nur gemischt wie das Vage in die Gesichter
schwangerer Frauen? Sie merken es nicht in dem Wirbel
ihrer Rückkehr zu sich. (Wie sollten sie's merken.)

Liebende könnten, verstünden sie's, in der Nachtluft
wunderlich reden. Denn es scheint, daß uns alles
verheimlicht. Siehe, die Bäume *sind;* die Häuser,
die wir bewohnen, bestehn noch. Wir nur
ziehen allem vorbei wie ein luftiger Austausch.
Und alles ist einig, uns zu verschweigen, halb als
Schande vielleicht und halb als unsägliche Hoffnung.

Liebende, euch, ihr in einander Genügten,
frag ich nach uns. Ihr greift euch. Habt ihr Beweise?
Seht, mir geschiehts, daß meine Hände einander
inne werden oder daß mein gebrauchtes
Gesicht in ihnen sich schont. Das giebt mir ein wenig
Empfindung. Doch wer wagte darum schon zu *sein*?
Ihr aber, die ihr im Entzücken des anderen
zunehmt, bis er euch überwältigt
anfleht: nicht *mehr* –; die ihr unter den Händen
euch reichlicher werdet wie Traubenjahre;
die ihr manchmal vergeht, nur weil der andre
ganz überhand nimmt: euch frag ich nach uns. Ich weiß,
ihr berührt euch so selig, weil die Liebkosung verhält,
weil die Stelle nicht schwindet, die ihr, Zärtliche,
zudeckt; weil ihr darunter das reine
Dauern verspürt. So versprecht ihr euch Ewigkeit fast

von der Umarmung. Und doch, wenn ihr der ersten
Blicke Schrecken besteht und die Sehnsucht am Fenster,
und den ersten gemeinsamen Gang, *ein* Mal durch den Garten:
Liebende, *seid* ihrs dann noch? Wenn ihr einer dem andern
euch an den Mund hebt und ansetzt – : Getränk an Getränk:
o wie entgeht dann der Trinkende seltsam der Handlung.

Erstaunte euch nicht auf attischen Stelen die Vorsicht
menschlicher Geste? war nicht Liebe und Abschied
so leicht auf die Schultern gelegt, als wär es aus anderm
Stoffe gemacht als bei uns? Gedenkt euch der Hände,
wie sie drucklos beruhen, obwohl in den Torsen die Kraft steht.
Die Beherrschten wußten damit: so weit sind wirs,
dieses ist unser, uns *so* zu berühren; stärker
stemmen die Götter uns an. Doch dies ist Sache der Götter.

Fänden auch wir ein reines, verhaltenes, schmales
Menschliches, einen unseren Streifen Fruchtlands
zwischen Strom und Gestein. Denn das eigene Herz übersteigt uns
noch immer wie jene. Und wir können ihm nicht mehr
nachschaun in Bilder, die es besänftigen, noch in
göttliche Körper, in denen es größer sich mäßigt.

Arthur Rimbaud

Antik

Wohlbeschaffener Sohn des Pan!
Auf dem Blüten- und Beeren-Band deiner Stirn
wandern deine Augen – kostbare Kugeln –
hin und her.
Spuren braunen Hefeschaums: unter deinen Wangen gärt es.
Aufblitzen deiner Reiß-Zähne.
Dein Brust-Korb ist gleich einer Sitar:
Gekling kreist in deinen hellen Armen.
In diesem Körper, wo dein Herz
schlägt, schläft
das Zwie-Geschlecht.
Ergeh dich in der Nacht,
rühre sacht diesen Schenkel,
diesen zweiten Schenkel
samt dem ganzen linken Bein.

Arthur Rimbaud

Being Beauteous

Vor einem Schnee-Grund WEST die Schönheit,
hochaufgebau(sch)t.
Todes=Zischen und Zirkel tonloser Musik machen
daß dieser angeHIMmelte Körper
steigt, schwillt und wackelt wie ein Gespenst.

WUNDEN, scharlachrot und schwarz, graben sich
in das stolze Fleisch.
Die Farben des Lebens, intensiv wie nie, hüpfen
und verfliegen um die Vision herum
auf dem Rüst=Platz.
Vibrationen brechen auf und brausen und in das halt=lose
AusKOSten dieser Effekte mischen sich
tödliche Pfiffe und eine krächzende Musik,
die die WELt, weit ab=geschlagen, auf
unsere MUTter der Schönheit schleudert –
sie prallt zurück, sie faßt sich wieder.
AH! Unsere K=NOCHen haben sich das Fleisch eines
neuen Liebes=Körpers angezogen.

Ach, das Gesicht in Asche, der behaarte Mond,
die Arme kristallin!
Unter ALLER Kanone, so ziehts mich nieder
in diesem lichten Luft= und Baum=GeTRIEBE!

Arthur Rimbaud

Mystisch

Über die Schräge des Hangs wälzen sich
die WOLL=Leiber der Engel
in stahlklirrende, smaragdene Grasgründe.

Die Flammen der Prärie züngeln hoch bis
zur höchsten Berg=Knospe.
Das Erd=Reich zur Linken des Grats ist zerstampft
von all dem Gemetzel und SCHLACHT=Getümmel;
und Unheilslärm schwIRRT in den Lüften darüber.
Dahinter der Grat zur Rechten:
RAND des östlichen Lichts, des KommENDEN.

Und während das obere Rund des Tableaus HALLT
vom Schaben und Wummern der Hohl=Muscheln
der Meere und menschlichen Nächte
senkt sich gegen den Hang
die sanfte Blüte der Sterne und des Himmels
und des ÜBRIGEN herab
– wie ein PANier uns ent=GEGEN –
und füllt den Ab=Grund dort unten mit
Blühen und BLAU.

Aus: Arthur Rimbaud, Poetische Werke, Band 1: Prosa, Eine Zeit in der Hölle. Licht-Spuren, München: Matthes & Seitz Verlag 1979. Herausgegeben und übersetzt von Hans Therre und Rainer G. Schmidt.

Rafael Alberti

Der überlebende Engel

Erinnert euch.
Der Schnee brachte Siegellacktropfen, Tropfen
geschmolzenen Bleis
und die Heuchelei eines kleinen Mädchens, das einen
Schwan getötet hat.
Eine behandschuhte Hand brachte die Brechung des Lichts
und den langsamen Mord.
Die Vernichtung des Himmels – die brachte ein Freund.

Erinnert euch an jenen Tag, erinnert euch
und vergeßt nicht, daß die Bestürzung den Puls und den
Teint der Sterne ersterben ließ.
In der Kälte verendeten zwei Spukgestalten.
Von einem Vogel wurden drei goldene Ringe
gefunden und im Rauhreif verscharrt.
Der letzte Schrei eines Menschen befleckte den Wind mit
Blut.
Alle Engel verloren ihr Leben.
Außer einem, verwundet, die Flügel gestutzt.

Aus: Rafael Alberti, Über die Engel. Sobre los ángeles. Gedichte spanisch und deutsch. Übertragung und Nachwort von Fritz Vogelgsang. Klett-Cotta, Stuttgart 1981.

Friederike Mayröcker

In Schwarz

Der Engel wird mich verlassen.
Er schlägt mir schon Wunden.
Sie brechen auf wie Rosen.
Er hebt die Schwere
des Weltraums von meinen Lidern.
Er entzieht mir
den zärtlichen Frühling.
Er legt mir die schwarzen Hände auf.
Er nimmt sich leise zurück.
Er verlöscht mich.

Friederike Mayröcker

DER Engel versagt mir
seinen silbernen Mund.
Er weht leise herüber.
Alle Gräser sind wie
zerdrückte Gemächer.
Gläserne Töne steigen
aus dunkelbraunen Kastanien.
Hinter den blauen Bergen
meiner Traurigkeit blitzen
die zyklamfarbenen kleinen Blicke der Mädchen.

Friederike Mayröcker

Kindersommer

Erträumter einsamer blauer Engel
in meinem Herzen läutet ein heller Regen
in meinen Händen blühen die Glockenblumen
Salbeiblüten wehen mich an
die Perlenkette der Tränen gleitet
an den liegenden Schläfen nieder
immer ist Nachmittag
immer bin ich über einer Brücke von Staub
mein Birnbaum wirft Scherben ab
leise flötet der Schatten
mein Fusz ist warm und nackt an der Erde
drüben im dunklen Bereich der Schaukel
geigt die Angst
die Stuben sind dumpf und vertraut
über den feuchten Schwellen
blühen Schwertlilien auf
Abend lila und leicht
Abend durch vergessene Fenster
Abend
ich musz mein heiszes hüstelndes Kranksein
in hohen Kissen verbergen
Nacht
ich lasse Akazienblätter treiben
ich liebe den Wind
die rauschenden runden Weiden führen irgendwohin
eine Mondblume wartet auf mich

Friederike Mayröcker

ERSTLINGE, blank, kreisend,
aber kein Mond.
Lau gebuchtet Wind.
Allmählich sprieszende Bilder am Himmel.
Aufflammend, ewiger Garten.
Gärtner, mit dem glühenden Mund, jäte!
Jäte den wachsenden Mond.
Ewiger Jüngling, binde die Sonnenblume auf.
Ehe dein Auge einwärts schaut
berühre die silberne Rose,
die blaue Nelke und die flirrende Dahlie.
Geh die Milchstrasze aufwärts,
halte dich schärfer ostwärts zum Abendstern.
Besteige die Sänfte,
weniger Sterne um dich.
Nur an den Brauen noch ein Geflimmer von
Eiskristallen:
sinke tief ins gelbe Licht der Laterne,
die ich hüte und verhänge,
sobald du eintreten wirst.
salut. salut. salut. salut. salut.

Friederike Mayröcker

am Gram eines Engels wird sich unsere Poesie entzünden *(Gogol)*

im Gedenken an Hans Ulrich Minke

da stand mein Engel in der Menge, und als er mich erblickte, leuchtete sein Auge auf, ich sah meinen Engel und er schien traurig und seine fahlen leicht gewellten Haare fielen ihm in die Stirn – *mein schöner kaputter Engel mein schöner Engel.* Als ich ihn so traurig vor mir sah mit hängendem Kopf, ging ich zu ihm und berührte seine Wange, ich streichelte seine Wange mit meinem Atem und ich begann zu weinen, er stand inmitten der fremden Menschen und niemand beachtete ihn, unter den Faulbeerbäumen, und ich wunderte mich, denn es ging ein flammendes Licht von ihm aus, das voll Traurigkeit war, und er schloß mich behutsam in seine Arme. Später, in seinem Wagen, als er geradeaus auf den Weg blickte, schaute ich ihn an und sah, es wölkten in seinem blaugrauen Auge so tiefe Traurigkeit und Schwermut, daß mir von neuem die Tränen kamen. Die Seele verbürgt den Atem, das Gedicht den Gedichtatem, die Seele dirigiert den Atem, der Atem verbürgt das Ghettogedicht.

Von der Anhöhe aus die Stadt plötzlich im sickernden Schein der Wintersonne, TALKESSEL, sagt mein Engel, KAPUTTER TALKESSEL. Dann sehe ich in einem Ladenfenster ein Paar gläserne Stiefel in Kindergröße mit Bleikügelchen gefüllt, der Himmel beichtete die wahnsinnigsten Farben, da war auch das Meer sehr dünn. Gnädig ist, wenn die Poesie beim richtigen Ärmel herausfährt, sage ich, *voll Augen vorne und hinten,* mein Engel ist wie die Faulbeerbäume in meiner Kindheit, voll Augen vorne und hinten, klug wie mit HONIGS LETTERN, und Versuch einer Anschmiegung.

Ich trat, zusammen mit meinem Engel an den Strand und er sagte, unsere Tage sind wie ein Schlaf und ein Sproß, und er sagte, ich sah und siehe, eine berühmte Purpurstadt, und die auf dem Meer hantieren, und die auf der Erde hantieren, sind alle verloren, die Wellen verschlingen sie, die Zeitlosigkeit ist ihnen angebrochen, es ist ein obskures Buch, das jetzt wirklich wird.

Aber es kommt noch schlimmer, sagt mein Engel und er nimmt meine Hand, und er hält meine Hand fest. Wir sind noch nicht ganz zerstört, wir sind noch nicht am tiefsten Punkt angelangt, das Vernichtungswerk ist noch nicht vollbracht, es kommen noch schrecklichere Abgründe, die sich auftun werden vor uns, sei gefaßt auf das schlimmste, wie bei Hiob die VOGEL VERFINSTERUNG sagt mein Engel, es kommt noch viel schlimmer, erst wenn du ganz unten am Boden bist, erst wenn du zusammengekrümmt in Schmerzen dich wälzt und nach Luft ringst, wirst du das Licht erkennen, das schmerzliche Glänzen, ich gehe dann zufuß, am Horizont, wir gehen dann zufuß, am Horizont, wir gehen zusammen. Die Sünde ist, wir haben alle das Nehmen verlernt, diese Flamme, in unseren Tränen getränkt. Eine hündische Sonne schleppt sich den Winterhimmel empor, ich weiß nicht mehr welcher Tag, ich weiß nicht mehr welcher Fuß.

Das ist alles ich schwöre es poetischer Wahnsinn. Die Vogelriesinnen hinterlassen überall ihre Fußspuren im tiefen Schnee, sage ich, in den Schneewächten, es ist Winter und es geht um das nackte Leben. Die Sünde ist, auf durchaus flüchtige Weise durchkreuzen wir unser Überleben, sage ich, die Sünde ist, auf durchaus flüchtige Weise führen wir Gespräche mit jedermann, die Sünde ist, auf durchaus flüchtige Weise versuchen wir, uns gegen unreine Töne zu verschließen, gegen das Strichgewitter zu wehren, den Ausstoß gröblicher Rede. *Wie süß sind verständliche Worte*, sage ich, andere anders. Und alle Inseln entfliehen, und keine Berge sind wiedergefunden. Und der Zorn des Lamms ist uns gewiß.

Von der Bettkante aus, wo ich saß, sah ich schreckliche Mondbewegungen, ruckweise am Himmel, bis zur Gliedererstarrung, die Pole die Pole das Eis an den Polen schmilzt, träufelt, der Atlas läßt seine Bürde fallen, *die Arme sind clean* ja, reinlich und leer, wie die Augen und Ohren, leer nämlich leer getropft. Die Ozonlöcher wirken wie ein schrecklicher Sog auf die Körperhaut, das tropft sich schon los, jetzt steigt bald der Christus nieder, durch diese zwei Pol-Löcher steigt dann der doppelte Christus nieder, durch diese scheinbare Spiegelung ANTIPODEN.

Da setzte mein schöner Engel seinen rechten Fuß auf das Meer und seinen linken Fuß auf die Erde und sagte, die Vorstellung, oder die Angst der Vorstellung, wir seien bereits mitten in der Apokalypse, ist möglicherweise nichts anderes als ein Gedanke des Frevels.
Und da die sieben Donner geredet hatten, wollte ich schreiben.

Aus: Friederike Mayröcker, Magische Blätter III. © Suhrkamp Verlag Frankfurt/Main 1991, es 1646.

Die eigenartigste Reliquie des Christentums ist zweifelsohne das Heilige Haus von Loretto, Ziel einer der berühmtesten Wallfahrten des Katholizismus. Dieses Gebäude von bescheidenem Aussehen war der Überlieferung nach die authentische Wohnstätte von Maria und Joseph in Nazareth. Es soll von Engeln entfernt und am 10. Mai 1291 vorerst nach Trsat in Dalmatien gebracht worden sein. Nach dreijährigem Aufenthalt wurde es von neuem, wiederum von Engeln, nach Loretto transportiert, wo es noch zweimal den Standort änderte. Um die einfache Hütte wurde eine prächtige Basilika errichtet, in die seit fast 700 Jahren hunderttausende von Pilgern strömen.

Romain Roussel, Les pèlerinages,
Paris 1955

Gustav Herbrich
Yves Klein
Hermes Werkstätten
Krieg und Frieden, 1962/96

„Nike" von Yves Klein (1962): Gips mit IKB (blaues Pigment), Metallstab und Stein; Höhe: ca. 50 cm

„Friedensengel aus München" von Hermes Werkstätten (1996), verkleinert auf ca. 50 cm, 9 kg Bronze, blattvergoldet, im Sockel sign. u. num., Gießereistempel, Höhe: jeweils ca. 50 cm; Säulen: ca. 180 x 25 x 25 cm

Rita Ackermann
Leave Me Alone, 1995
Acryl auf Leinwand
132,1 x 213,4 cm

Rita Ackermann
We Mastered the Life of
Doing Nothing, 1994
Öl und Acryl auf Leinwand
86,4 x 182,9 cm

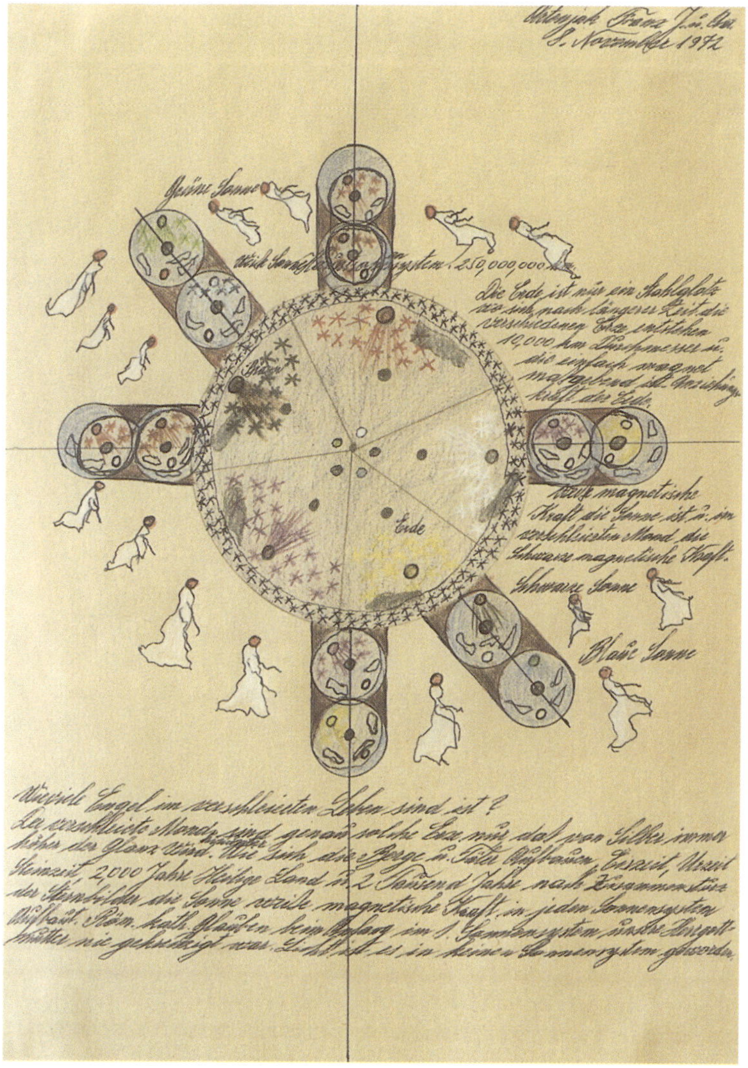

Franz Artenjak
Hauptsonnensystem,
8.11.1972
Bleistift, Farbstift und Kugelschreiber auf Packpapier
30 x 21 cm

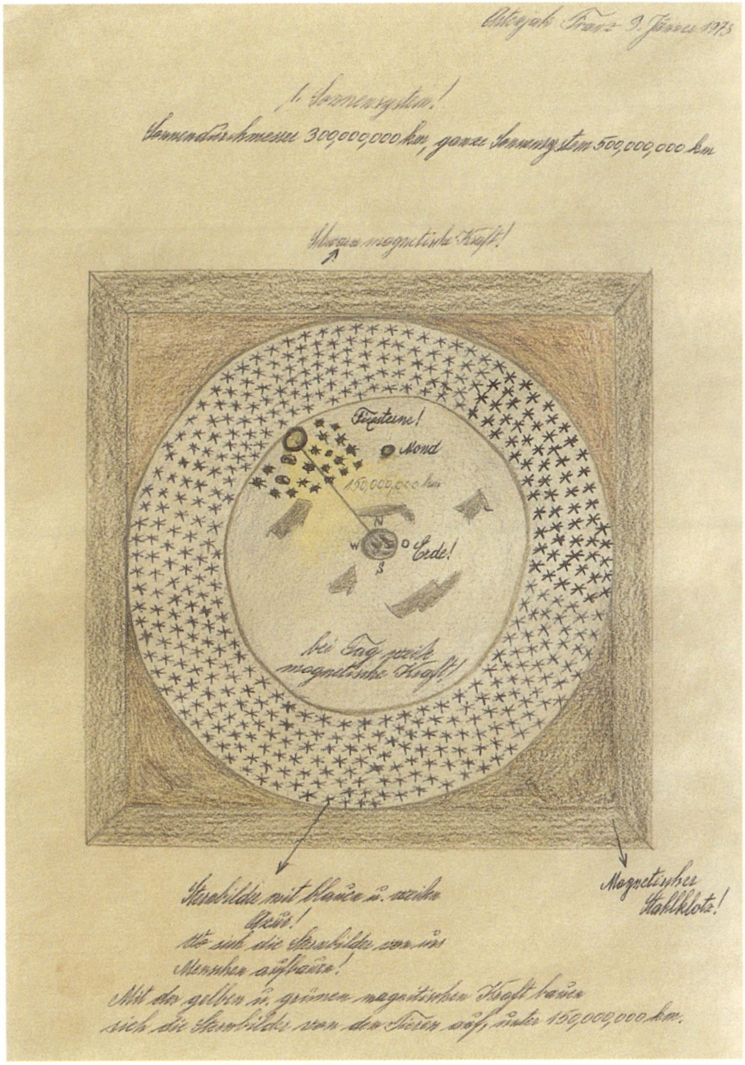

Franz Artenjak
1. Sonnensystem,
9.1.1973
Bleistift, Farbstift und Kugelschreiber auf Packpapier
30,5 x 20 cm

Bizhan Bassiri

Aus den kurzen Reflexionen des streunenden Drachen über das Leben von dem angenommen wird, daß es ewig ist

Das glühende Magma treibt das Blut
durch die Adern der Erde und schenkt
der ewigen Welt das Leben
das Rot auf dem Gesicht des Mädchens
mit einem zärtlichen Lächeln im Bett der
Liebe ist die erste Farbe die
unter den Händen des Künstlers entsteht
daß die Nacht die magmatische Seele zur Ruhe
bringen könne indem sie die Bilder findet die
für immer dort aufbewahrt liegen im Grau
der Erde und der Steine

Schrecken stampft über die Felder mit
dem Schwanz zwischen den Beinen
sein plattes Gesicht ähnelt dem Mond
mit der Nacht in den Augen
das Herz zittert
Schrecken zieht vorbei mit dem Schwanz zwischen den
Beinen
die Erde schwitzt dampft hüllt sich in Nebel vereist
Schrecken paart sich beißt sich frißt sich
teilt und verliert sich
streunt umher und speit Gift
schluchzt heult erhängt zerstückelt sich
und wird wieder eins
zugleich

Die Bewohner der Welt sind Wanderer
und Verwunderte die Freunde des Künstlers

Geschmücktes Leben
kleidet sich in eine Rose
verrückt geworden und
duftend

geschmücktes Leben
duftend nach
verrückt gewordener Rose

Ich schicke den Teufel zum Teufel
und bleibe allein zurück seine Schritte zu zählen

Bizhan Bassiri
Manifesto del pensiero magmatico, 1984
Photographie

Jean-Pierre Bertrand
Buenos Aires, Les Anges,
1972
s/w-Photographie (von einem
Film-Shooting in Buenos
Aires), 35 x 42 cm (gerahmt)

Richard Billingham
Untitled, 1992
Farbphotographie, auf
Aluminium aufkaschiert;
Ed. von 5 plus 1 AP, AP
105 x 158 cm

Richard Billingham
Untitled, 1994
Farbphotographie, auf
Aluminium aufkaschiert;
Ed. von 5 plus 1 AP, AP
105 x 158 cm

Christian Boltanski
L'ange débordé,
1986
Installation in der Chapelle
de la Salpêtrière, Paris

Louise Bourgeois
Arch of Hysteria,
1993
Bronze
83,8 x 101,6 x 58,4 cm

Louise Bourgeois
Poids,
1992
Stahl, Glas und Stoff
238,7 x 304,8 x 68,5 cm

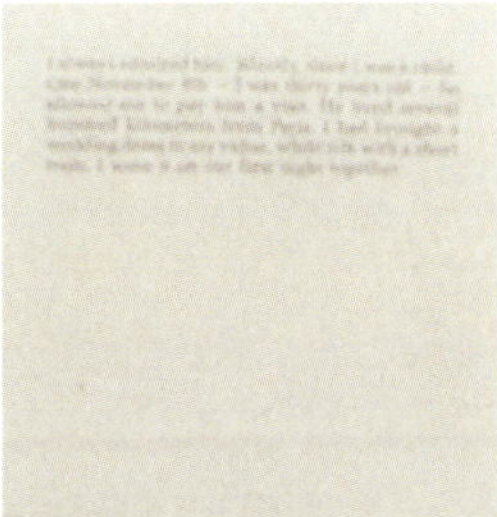

Sophie Calle
La Robe de Mariée, 1988
s/w-Photographie
und Text (1/5),
Photographie: 170 x 100 cm
Text: 50 x 50 cm

I always admired him. Silently, since I was a child. One November 8th – I was thirty years old – he allowed me to pay him a visit. He lived several hundred kilometers from Paris. I had brought a wedding dress in my valise, white silk with a short train. I wore it on our first night together.

Mary Carlson
White Veil,
1990
Stoff, 200,7 x 33 x 38,1 cm

Helen Chadwick
Herculine Barbin, 1992
Cibachrom, Baumwolle,
Glas, Elektrik,
dreiteilig: Hauptpaneel:
80 x 48 x 15 cm,
Seitenpaneele:
je 52 x 42 x 15 cm

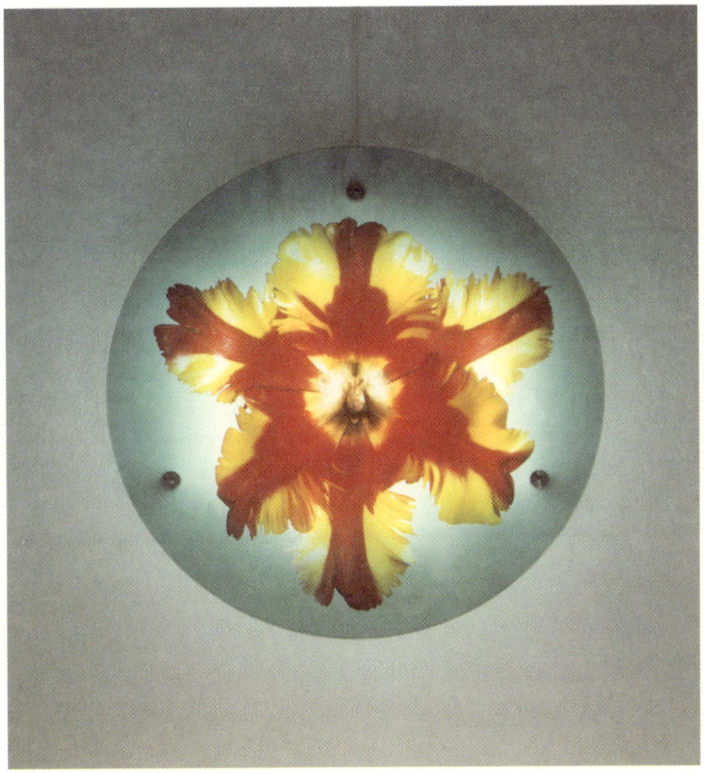

Helen Chadwick
Billy Budd, 1994
Cibachrom, Transparent, Glas, Aluminium, Elektrik (1/3), 86 x 86 x 15 cm

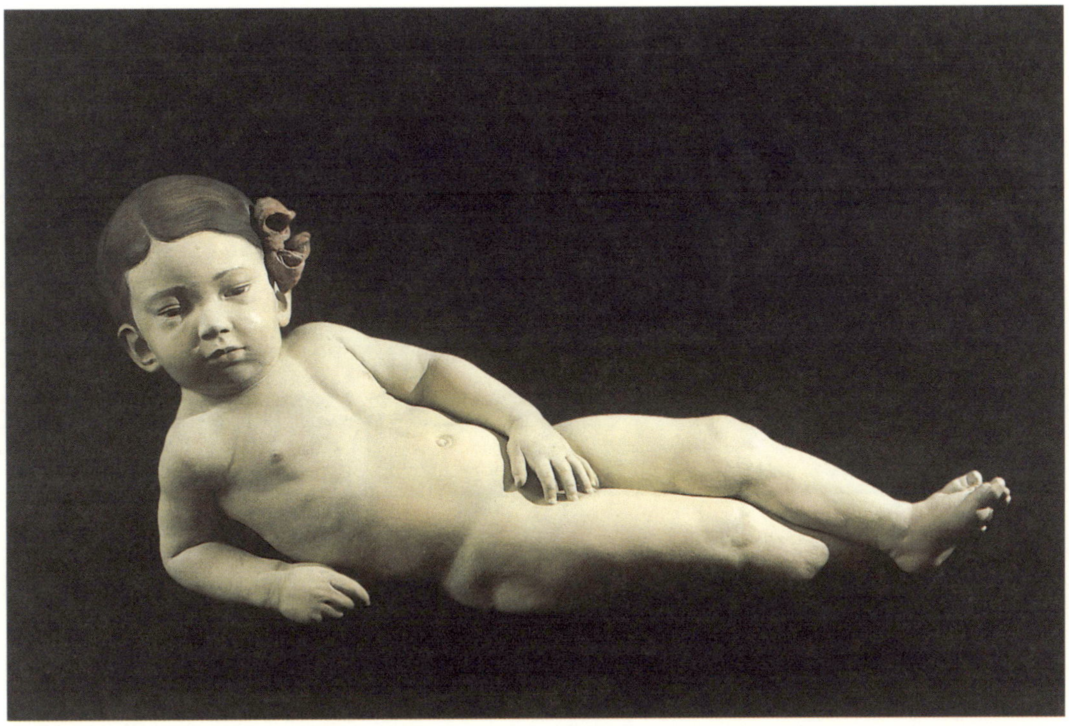

Judy Fox
Olympia,
1995
Ton, bemalt mit Kasein
30,5 x 68,6 x 20,3 cm

Jakob Gautel und
Jason Karaïndros
Engeldetektor,
1997
Holz, Glaskuppel,
Glühbirne, Maße variabel

Gilbert & George
Singing Sculpture,
1972
Wandplakat, Offset vierteilig
(1/20), 220 x 270 cm

Nan Goldin
Ivy in the Boston Garden
(back), Boston 1973
Gelatin-Silber-Abzug
50,8 x 40,6 cm

Nan Goldin
David Wojnarowicz at home,
NYC 1973
Cibachrom
76,2 x 101,6 cm

FRANZ GRAF

ODER UND:

DE SAXO	VOM FELSEN HERAB
EX HORTO	AUS DEM GARTEN
E SIILVA	AUS DEM WALDE
EX TEMPORE	AUS DER ZEIT
IN HORTUM	IN DEN GARTEN HINEIN
IN SILVAM	IN DEN WALD HINEIN
IN MONTEM	AUF DEN BERG HINAUF
IN ORAM	AN DIE KÜSTE
IN PROXIMUM ANNUM	IN DAS NÄCHSTE JAHR HINEIN
IN DIES	VON TAG ZU TAG
IN REBUS SECUNDIS	IM GLÜCK
IN VIVO	IM LEBENDEN ZUSTAND

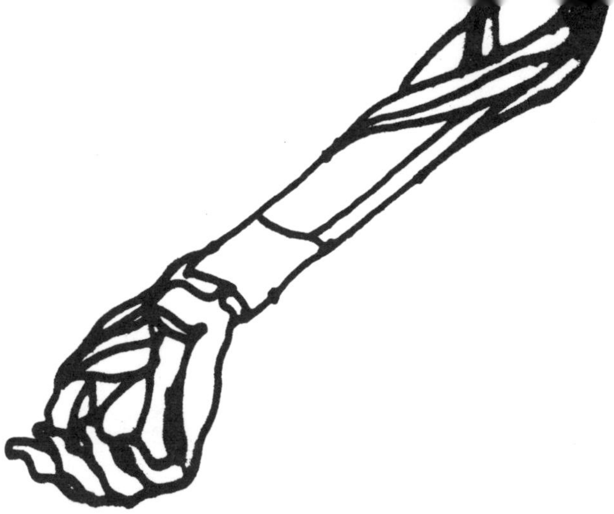
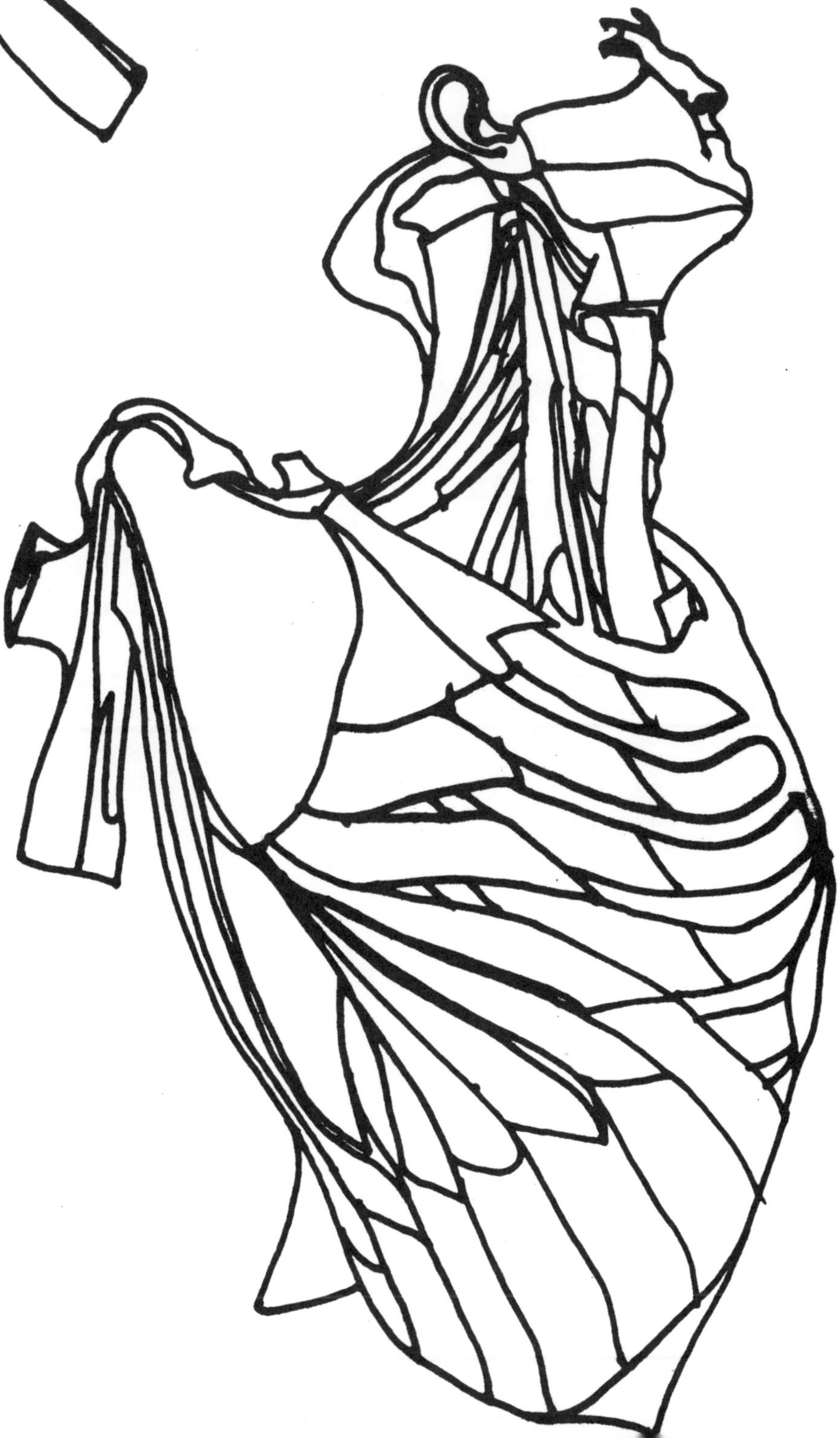

MARIO BENEDETTI

DIE EINFACHE TATSACHE
DASS WIR DAS THEMA NICHT DAUERND MIT WORTEN TRAKTIEREN,
DIE SICH WIEDERHOLEN UND AUSLAUGEN,
UNS AUSLAUGEN,
DIESES EINFACHE SCHWEIGEN WIRD UNS HELFEN,
WIRD UNS HELFEN, UNS ZU LIEBEN,
WIE WIR WIRKLICH SIND,
UND NICHT, WIE WIR MEINEN,
NOTWENDIGERWEISE SEIN ZU MÜSSEN.

Mario Benedetti, aus: Primavera con uns Esquina Rota, Uruguay 1986.

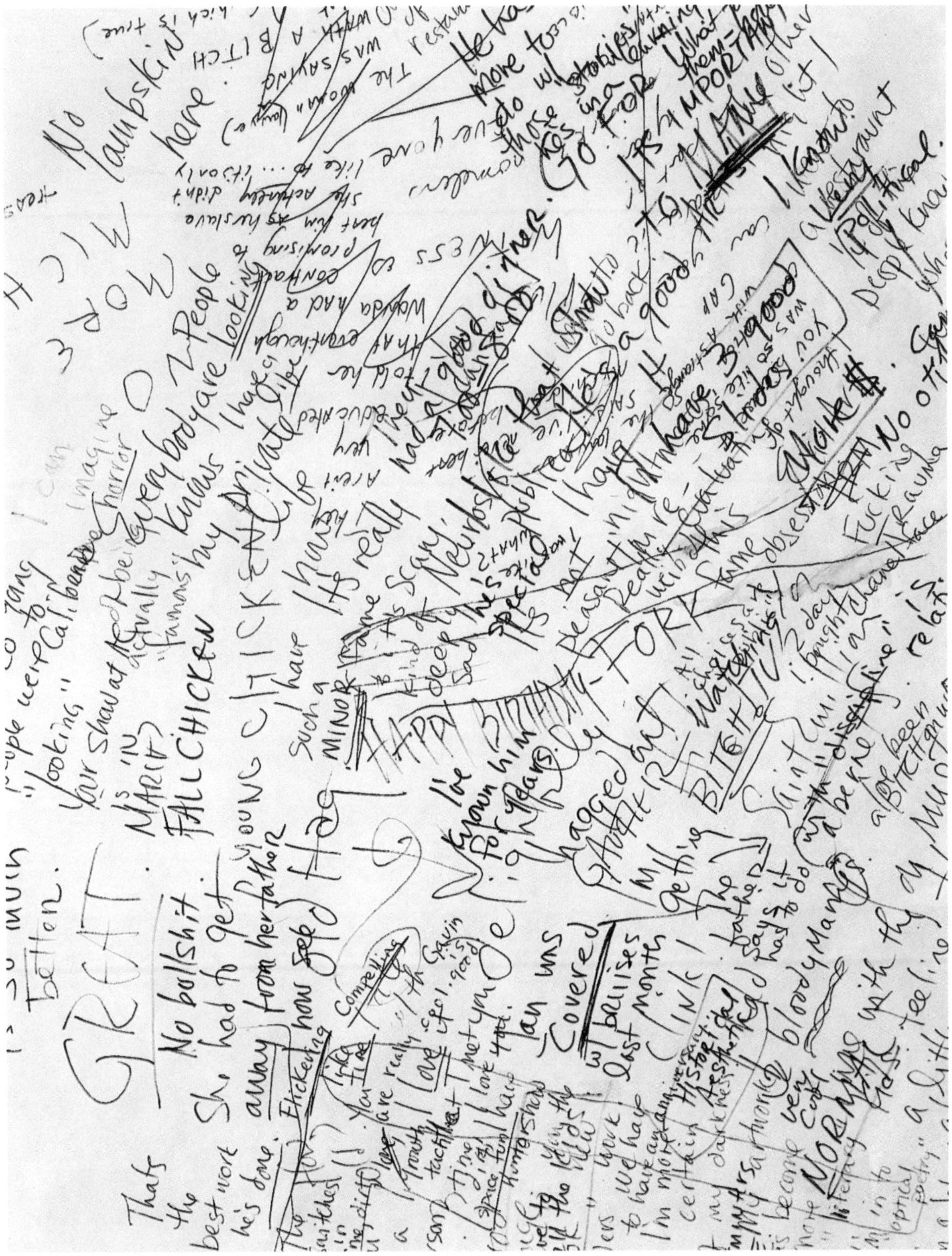

Joseph Grigely
Untitled Conversation
(Paula's Birthday Party),
Detail, 1996
Tinte auf Papiertischtuch
116,8 x 109,2 cm

Alexis Hall
What was the alternative,
1996
Installation mit Photographien

Mona Hatoum
Silence,
1994
Glas, 5-teilig
127 x 92,7 x 59,1 cm

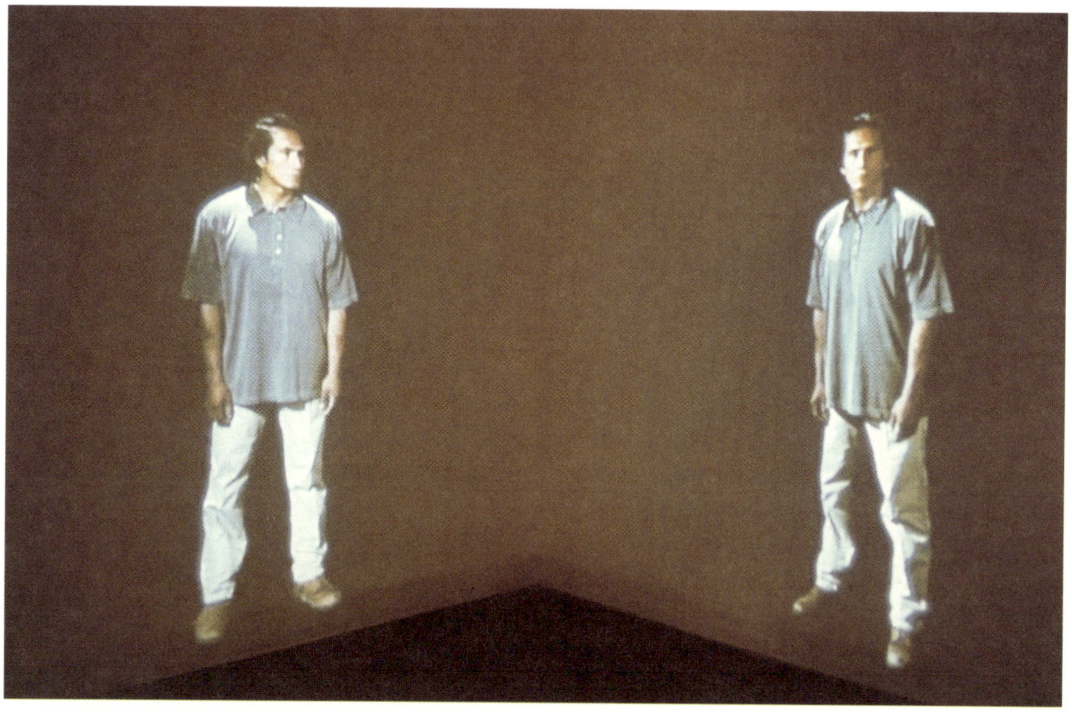

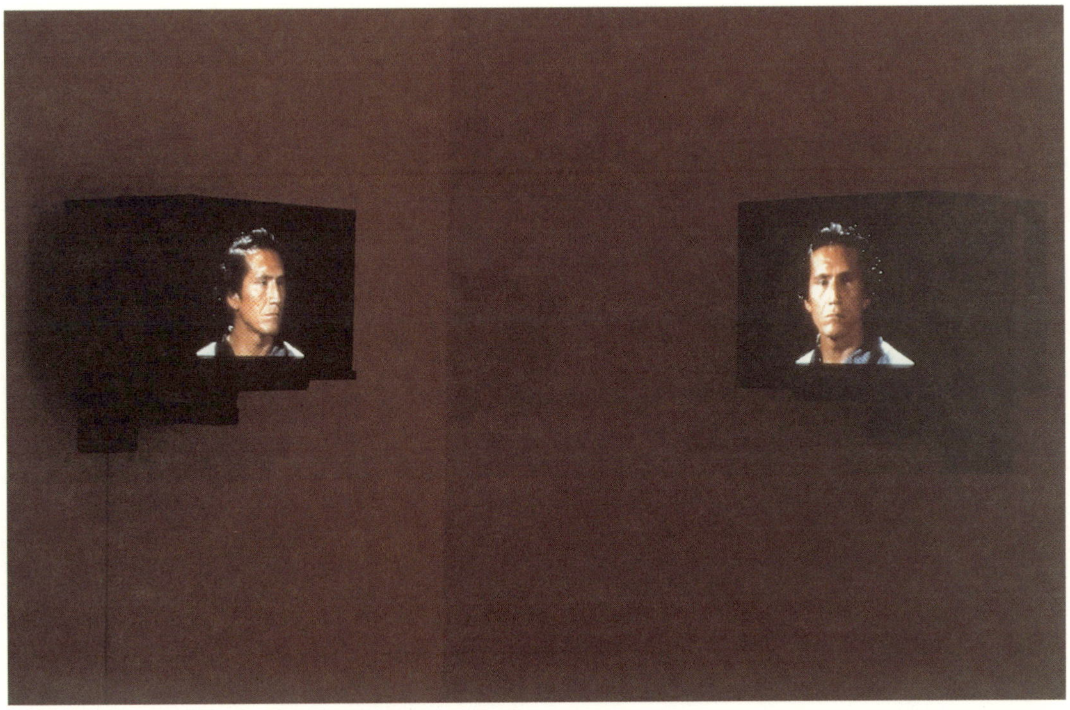

Gary Hill
standing apart/facing faces,
1996
Video-Installation
Maße variabel

standing
apart

---

facing
faces

George Quasha and Charles Stein

Gary Hill's Projective Twin Installation

> Not all angels fly—at least not anymore. Angels gaze. They locate a world and gaze into it. Beyond that, it's social—degree of contact, consequences of connection and lack thereof. If the face faced is somehow the angel's angel, then reality shows itself as our mirror, and we ourselves are reality reflected.
>
> *Ontononymous the Particular*

The Work[1]: For the time being, in honor of the present context, let's declare that the work of art is *angelic activity.* Instead of pretending that we know what the function of art is, we can view it anew through a question: What is this angelic activity? And now let's quickly tender a working hypothesis: Angelic activity is what makes palpable the angel's *subversive logic.* So all that remains is for us to experience, firsthand, the particular logic and its activity of subversion.

Now we have an excuse to proceed paratactically, by the neighborly principle of order allowing experienced language to lay down its statements "side by side." After all, the Gary Hill work before us comprises a projection of the same person side-by-side with himself.[2] And, by a structural coincidence worthy of being called poetic justice, the name of our show—our declared context—is: ANGEL, ANGEL.[3] Furthermore, the effort to make sense of angels *logically* can only end up putting us beside ourselves. Perhaps that's the appropriate place to be, if only for the *view*—Peripheral vision, the sense of vista, and the anomalously broad meaning of *place to be* that includes the full range of one's experience of complex identity.

If this question of "where we should be" is relevant to the work by Gary Hill that we are here to view, then we will not be surprised to find ourselves returning again and again to the issue of *doubling,* or perhaps we can say *twinning.* In one ancient tradition of angels, what you see is not the angel himself or herself but his or her twin, the earthly double, the art self. And if you see him or her at all, it's because your own imaginative projection of an art self (or art viewer) is up to the challenge of seeing or (en)visioning the angelic, the radically other as information source. In this sense, it's not just a matter of "what you see is what you get" but of what you see is what you are.

However, we should not stray too far from the *question,* because the angel as messenger may not be the bearer of a message so much as a mode of inquiry:

How about looking into the eyes of reality like *this?* What is *this* angelic reality? Let's call him by the name Martin. And despite the etymological implication that its bearer may come from Mars, which would support the visual evidence that he suffers the fate of *aliens*, he is very much from and of the planet Earth. Tellingly so.

> … I am the necessary angel of the earth,
> Since, in my sight, you see the earth again.
> *Wallace Stevens, "Angel Surrounded by Paysans"*

Simplifying matters for the time being, let's say that we come to the place of art in the hopes of having a "close encounter," whether of the opening-night body-to-body *social* kind, or the head-to-head *sublime/subliminal* kind, or else a kind between these, *liminal*[4] to the social and the sublime yet direct, the eye-to-eye. The art site is a place for people—a place *with* people—and a particular invitation: to meet the others who seem to be waiting for us, or waiting for something, which may as well be us. We meet *him* right away, as we enter, standing there, looking—from the wall. *He looks at us, we look at him.* This is a common beginning, or perhaps the common beginning—the way the world works. People coming upon people, and then they do what it is they do, which *marks* the space, makes the *first distinction.* And the story unfolds:

> A man is gazing at himself gazing at you the viewer. What's up? A man is staring at a video image of himself which stares you right in the eyes. But (*one realizes, pulling back from this unrequested, improbable state of intimacy*) of course the man is not a man. He is a video image.

Alternatively: He is an *angel*—code word for *liminal identity*, the face of/in the medium, figure of the marginal man, being at the threshold (either poised for a bold entrance or locked out in the cold), facing both ways, connector of worlds, mediator of incommensurable realities, transmitter of the *one* to the *other* or balance point between two sides of the equation/inequation (holy/unholy, healer/infector, savior/destroyer, etc.)… When the story unfolds paratactically the known and the unknown find themselves to be no longer opposites but sudden neighbors.

"Normally"—in a familiar context—a man looks at an image (as opposed to an undistorted reflection) of himself, video or otherwise, and through the nature of the medium the image looks different from himself. (This is a near neighbor of the experience of hearing a recording of one's own voice, which through any medium other than one's own body sounds alien.) Here both the "man" and his "image" are present in the same medium, wherein he seems to negotiate with his own image, as it were, on equal terms. The longer you stand at the apex of an invisible triangle with these "two" (Martin, Martin) the stranger it gets. This is the medium, after all, whose *real-time* nature so intensively, even notoriously, renders an experience of *presence.* This degree of experienced presence (dare we say "apparent presence"?[5]) might well seem uncanny were the medium not *invisible* due to over-familiarity (like walking into a room with the TV on and not noticing at what point it takes over your mind). It thus seems that an impossible thing is happening. That is, a man is present to himself externally as an other.

By this subversive logic he can only be an angel. And "it follows": Anyone who sees an angel is other to himself.

> And here we all are, witnesses in common
> released into a darkened clearing,
> catching the ambient light in a makeshift sail.
>
> *Ontononymous the Particular*

The encounter: You enter the space in which the corner contains a double presence, two male figures, full-size, one looking at you—his eyes seem to track your approach—and the other looking at the first one. They are obviously "the same person." No sound, no words—only, perhaps, the quiet resonance of a title that promises no indication, no attitude toward this untroubled yet self-evident disturbance in the logic of identity. There is, within a few minutes, an action: The roles shift—the two heads rotate some forty-five degrees, turning the one looking *out* into the one looking *at* and vice versa. A few minutes later the action recurs and the roles revert. Caught in a triangle of shifting view, you stand at the apex of a slow oscillation in which you yourself have an unspecified role as the witness of a performative event: A sort of spatial-grammatical shift that is as much synaptic as syntactic, a redirection in the arc of energy, a periodic reinclination in the communicative leaping across...—Could this serve as a barebones model of how human communication *performs itself,* as a direct projection, something like the transmission of a charge or an emotion or a substance or a disease or a state…? Yet no evident intention or message or "language" manifests as such. Still, something shows through. Something human, something like pure human space, and something, too, like the empty yet subtly *surgent* field beneath language itself, its *urge*, its *ur-*, from which it arises with an unaccountable periodicity.

The mark of distinction[6]**:** To be present for this performative event is to register its inherent but unstated question as to what it is to itself and to its world. You look into Martin's eyes and they tell of themselves and inquire of you. He meets you in the space between. He is *only* between—himself and himself, himself and you, and the world. Like the angel he stands here in the middle. Apart. This is a distinction in which you participate, in a sense, involuntarily, a distinction that is made by the fact of your presence in the space. The apartness is there before you, like the fall. You can't recall creating it or agreeing to it, yet it makes no sense not to accept that you belong to it. It's *as though* you had created it, and as though a certain amount of research would reveal your role in engendering it. You are marked by it, and it has your mark on it. Already. Apart *from whom* is not clear or not quite the point, but in order to notice the apartness you are in jointure with the property of separateness, an outsider gazing in on your own dislocated world. It's as though there were a legacy here, characterized by dispossession, alienation, something tragically native to the land. Something palpable, like what you can dig down into. And get your hands dirty.

Standing apart is a function of this communion with the viewer,[7] a deeply and fundamentally alienated communing. It carries within it a question with the force of identity itself. Perhaps it is this question, this quest, that we associate with the angel and his subversive activity insinuated into the sinew of our communing. What shows from it is that we are standing on common ground in our apartness, which may well be the strangest thing about it. A direct message from a non-flying species of the *engrounded angelic:* that however other he is, this man Martin, however silent, empty of self-assured gesture, however remote his particular problematic of existence, his self-interruptive presence, he carries a charge, mantic in its way, telluric rather than "verbal" in its messaging. It tells more than we care to hear.

With the angelic you always get more than you bargain for; if you're not careful you get saddled with the message, rather than just receiving it or knowing it, as clearly we would prefer. (Rilke put it harshly: Any angel is a terror.[8])

The "angelically engrounded" artist takes on more than he knows, and as perilous as this is as a way of life, it suggests a principle at the root of his secret power: to make works that speak beyond him. The work taps a source, wherever that source comes to the surface. The point is of course not a matter of the artist's belief or conscious intention as such or philosophic/religious orientation—crude distinctions at best—but of the force of his reach into the revealing particular. The other side of "standing apart" is the *retention of "beingness"*—[there is no help to be had from ready-made notions here, so we appeal for tolerance as we try to say the improbable]—and the consequent *projective possibility* that arises spontaneously from the *space of the stance.* To stand not with but truly *in* the one who stands apart, is to take on his unrealized possibility, perhaps to nurture it in the dark light of its wound, to know its unspoken angel, to do the work for that angel that it cannot do for itself—this is an angel's activity, a leap across the gap of its historical distance, its lapsed social lease, its tragic incompletion that sets its Martins to ruin because the dead artists in us have lost the power to come fresh to such an *other.*

The failure of our language—its standing-apartness from itself and whatever in the world would have us speak for it—is not so much a theme of Gary Hill's projective works, which recently have stepped back from using verbal language as such[9], as an implicit condition of their emergent functional principles, which the present discussion is an attempt to draw into view. He seems to have discovered a modality of tapping the space of linguistic "failure" by stripping it to its residual kernel of power and setting the linguistic in the space of its own, and actual, silence. Martin "tells" even if he doesn't "speak." The connection between the present installation and Gary Hill's earlier work, TALL SHIPS, is the way in which he transferred language function to the participation and actual presence of the viewer, by causing a meeting in silence between a projected being and oneself (the viewer). Here, so to speak, the work stirs up human connection—at something like the level of *zero-grade humanity*[10]—and causes contact with the *optimal minimal* or precise point at which human sense is restartable (as yogurt is started from a culture). This is subversive activity. It undoes the safeguards against the release of the uncontrollable possible human, which, according to "angelic logic," is primordially—but hardly actually—free. Martin is the site of the angel caught in the tree of history. His world is a giant No Fly Zone.

standing apart is a transmitter of raw signals—news from the backroads of engrounded angelic America and its silenced nativity. We, as viewer, mark the space as we read the signals and, at any given moment, cause our own distinction to take hold in the space of the work. If we meet it at the level of its and our own potential, we create an optimal event, a "reading," and we angelically carry out the *further life of the work.* We meet Martin, the man on the verge, out on the verge—at the point of his sole known opportunity to go beyond where he is. Gary Hill may not have realized what he was getting himself into when he did it, but he followed certain unarticulated instincts and reached out of his world and into an *other* one. He has touched something essential *to* and *of* the land.[11] It's interesting to think of such a work installed in Vienna—like importing coyotes.

> —Hypocrite lecteur,—mon semblable,—mon frère!
> *Charles Baudelaire, "Au Lecteur"*

> ...and he stood
> in this room–it sends out
> on the path ahead the Angel
> it will meet...
> *Charles Olson, "The Maximus Poems"*

It has crossed our mind that, deep down, Gary Hill longs for his unknown twin. Of course we don't mean this literally, but over the years we have noticed his fascination with twins pop up here and there.[12] It's almost like a nostalgia for the infamous "semblable"—the precise counterpart without whom one never feels totally "at home." In his projective installations the artist has discovered a structural orientation—an abode of the double—capable of engendering within the viewer a sense of loss for his or her own counterpart, as if the function of art were to awaken a lack. With appropriate attention, such absence opens into the space of the *possible twin.* There is no better paradigm for the structural/functional principle at work in these projective installations than the deep time and deep space of the *possibility of twinning.* And this is the angelic activity performed by the work through the agency of our direct participation.

The Twin is not a Narcissistic fantasy but a *way beyond* the entrancement of that closed circuitry, integrating the surface clarity of an impersonal "object" with the intimate and revelatory truth of the "subject." *I twin,* so to speak, by a process of conscious alignment. I embrace my "almost me" by way of recognition. The active stance of skewed self-reflection supplants the almost mechanical reproduction of exact reflection.

The work *facing faces* amounts to a "participated alternative" to, a subversive contrary of, what William Blake called "fearful symmetry." The title functions as what we have named an "axial poem"[13]—an act of language that causes the reflective mind to "turn on its axis," a sort of poetic metanoia that jolts awareness into transformative mode. The title can be read in many ways: "The faces are facing each other." "The act of facing *faces*" [verb, as in "faces the music"]. "Facing *faces* [noun] means we look into faces of real people." The multivalent grammar, or torsional syntax, to paraphrase the poet Wallace Stevens, is accurate with respect to the structure of reality *here, in this space.* That is, the space right here in front of us has a direct impact on our minds—in a sense, *the space, in its initiatory force, itself becomes our twin.* What empowers this space is the deeper power to *declare* context. And, returning to angelic logic, this power is perhaps the most subversive of all forces. It radically orients and reorients space, time, language, thought, even dreams and visions—simply by declaration.[14] I perform the action by saying it, and it refers only to itself. *Angels. Martin*? This path itself is an open question, leading *out...*

1 *standing apart/facing faces* (1996), first exhibited at the Barbara Gladstone Gallery in New York (opening November 17, 1996), is a four-channel video installation, using two color video projectors, two 20" color monitors, four laserdisc players and a synchronizer. We speak of "one" installation with two components (positioned kitty-corner in a rectangular room), as it was seen in New York and now in Vienna, but it can and will be shown also as two separate pieces. This essay develops material that appeared in a different configuration in an informal catalogue for the opening of the New York exhibition, which will be published in yet another (more extended) configuration in the book VIEWERS: GARY HILL'S PROJECTIVE INSTALLATIONS, NUMBER 3 (Station Hill Arts of Barrytown, Ltd., 1997), in a series, dialogically written by the same authors, including GARY HILL: HAND HEARD/ LIMINAL OBJECTS [GARY HILL'S PROJECTIVE INSTALLATIONS, NUMBER 1] and TALL SHIPS: GARY HILL'S PROJECTIVE INSTALLATIONS, NUMBER 2. Information available at Station Hill Arts, Barrytown, NY 12507 or E-mail: Publishers@stationhill.org or Web: www.stationhill.org.

2 For both pieces the same person appears: a man, Native American (Sioux/Yakima), "of a certain age," a fisherman temporarily working as a day-laborer in Seattle hired from a street corner. In another context, say, portraiture, we might use the term "model" for a "subject" who is hired by the hour to pose; here, as we shall see, he goes beyond the status of model or subject. He is recorded, in Gary Hill's studio in Seattle, simultaneously by four cameras, two for each piece—full shots of a standing figure for *standing apart* and close-ups of shoulders and head for *standing apart/ facing faces*. The effect is that one figure is looking straight out at you at the same time that the second figure is looking at the first. They then switch positions—the second figure looks you in the eyes as the first figure looks at him. You the viewer stand, so to speak, at the apex of a triangle of shifting views. In *standing apart*, the full figure is viewed standing in projections onto the two walls that meet at the corner, whereas in *facing faces* he is viewed only from the shoulders up on two 20" monitors at something greater than right angles.

For the technically minded, the recording sequence is: first, he stands facing directly at the camera and, after a few minutes, turns his head 45 degrees to his right; second, after a few minutes, he turns back to face the camera. When positioned side-by-side and synchronized (for *facing faces*, video monitors or, for *standing apart*, projections onto walls) the effect is two figures in each piece alternating their stance of looking at the viewer and looking at the other.

3 Of course in choosing this installation the artist saw the connection with curator Cathrin Pichler's title for the show, but the work had already been created some months before, as it were, ready-made for the occasion.

4 "A *limen* in Latin is a threshold. While its current usage is principally behavioral with respect to the threshold of a physiological or psychological response, in fact, liminal or borderline states are anywhere that something is about to undergo a phase transition or turn into something else. They range from the ordinary to the extraordinary...." For further discussion of liminality as conscious choice to move freely

within the emergent, see GARY HILL: HAND HEARD/LIMINAL OBJECTS [GARY HILL'S PROJECTIVE INSTALLATIONS, NUMBER 1] (Note 1).

5 What is it about this questioning of the status of presence that reminds us of Yogi Berra's famous response to the question "What time is it?": "You mean now?"?

6 We intend certain special terms like "distinction" and "performative" to have a range of meanings, some of which are not obvious:
"In the mathematician G. Spencer-Brown's fascinating 'calculus of indications,' the *act of making a distinction* is taken as the founding act for the coming into being of any world whatsoever, whether that world be a discourse, a cosmos, or a context of perception. The way the *First Distinction* is enacted determines as well as inaugurates the character of the world to which it gives rise."
"*Performative* is a term invented by the philosopher J. L. Austin to refer to utterances that *literally perform the action of which they speak*: e.g., I promise, I wish, I accuse, I name, etc.—actions performed in the very saying. Our point is that such verbal actions close the gap between word and meaning, but performative utterances can only do their work in the specific contexts that call them forth: *performative language is always site/occasion-specific and concrete*." Obviously we are in the process of extending the term in uses like the one above. For more on both terms see our "Cut to the Radical of Orientation: Twin Notes on Being in Touch in Gary Hill's [Videosomatic] Installation, CUT PIPE" in PUBLIC #13: TOUCH IN CONTEMPORARY ART (Toronto: 1996).

7 In the original showing at the Gladstone Gallery, Gary Hill's VIEWER—presenting a line of seventeen, video-projected day-workers—was shown in an adjacent room; this man stood apart from these others: a solitary; a man distinct from the collective, from the common, from the generality of men—even from "his own kind." (Fact: his presence on the corner that morning in Seattle when Gary Hill passed by was somewhat unusual; he's a fisherman by trade, and only the pressure of raw financial need would bring him there.) Where these seventeen others are not there to be a foil for his uniqueness, his apartness seems absolute, or else subsists in a more internal domain, portending another, more strangely sited commonality.

8 *"Ein jeder Engel ist schrecklich"—The first Duino Elegy*. The poet Robert Duncan said that when he was at the point of composing what would become his first major work, THE OPENING OF THE FIELD, he received two angelic incursions—something like offers you might not think you could refuse—and he refused. He wasn't up for turning his life and work over to the angel, and the great work that came out of this refusal was the necessary compromise in dealing with the necessary angel.

9 The lineage of "projective" works preceding the present works include BEACON (TWO VERSIONS OF THE IMAGINARY) (1990), TALL SHIPS (1992), HAND HEARD (1996) and VIEWER (1996), and, as mentioned in Note 1 above, the present discussion is part of a series of discussions exploring issues like projectivity, liminality, the processual, the performative, etc. We can only touch briefly on these and related issues here; for a more extended discussion, see our forthcoming VIEWER: GARY HILL'S PROJECTIVE INSTALLATIONS, NUMBER 3. (Note 1, above).

10 We borrow "zero grade" from the descriptive terminology for typical morphological processes in Indo-European etymology, where "zero-grade form" is a form with zero vocalism—the most "open" minimal form because the least "interpreted" and simplest—the last point before the root loses its identity altogether.

11 One might think of Joseph Beuys' encounter with the coyote—or should we say, Coyote!

12 The twin is often just behind the scenes in Gary Hill's world: The book by Maurice Blanchot whose title resonates as a near neighbor of standing apart is in English *The One Who Was Standing Apart from Me* [Station Hill: Barrytown, 1993] (at a remove from the actual French title, *Celui qui ne m'accompagnait pas*) and concerns a "double" or "alter ego" of uncertain status. Blanchot's THOMAS THE OBSCURE is the core text for Gary Hill's INCIDENCE OF CATASTROPHE: Blanchot's Thomas appears related to the "obscure words of the twin" in the Gnostic GOSPEL OF THOMAS, which figured centrally in the 1988 Pompidou installation, DISTURBANCE (AMONG THE JARS).

13 Also called "torsional poems," these are George Quasha's terms for a kind of poem he writes and upon which is based his creation of titles in collaboration with Gary Hill, including *standing apart, facing faces*, *HanD HearD,* and *liminal objects*. In this connection we should mention that Gary Hill's own writing—his use of language in his works—belongs as much to the world of poetics (and metapoetics) as to video and installation art.

14 This is a somewhat special use of *declare* [see Note 6 for the source]: "To publicly affirm an intuited possibility with the intent of actualizing it in such a way that its virtuality (the reach of possibility) is not lost. What I declare is not simply frozen in static reification; rather, the source of my intuition which has given force to my declaration is lifted into manifestation and becomes an ongoing resource. What now becomes real remains resonant with its root possibility. A declaration is grounded in the recognition of what is intuited to already be the case." The deep space from which the power to declare context comes, we call "paracontextuality"—the radically open context of contexts.

Tomas Hoke
Nike, 1995
Stahl und Grobwalzblech
Maße variabel
(max. Höhe: 700 cm)

Birgit Jürgenssen
Ohne Titel, 1996
C-Print, Photographie
150 x 100 cm

Yukio Mishima

Zunächst dies die *Fünf Kleinen Todesmale*:

Erstens: Während die Engel bald hierhin, bald dahin tanzen und fliegen, erzeugen sie mittels der Instrumente, die sie bei sich tragen, für gewöhnlich fünf so wunderbare Töne, daß es ihnen kein Orchester von Musikern gleichtun könnte; naht aber der Tod, so schwindet die Musik und die Klänge werden unwillkürlich heiser.

Zweitens: Normalerweise ist ein Engel bei Tag wie bei Nacht vom Leuchten seines Leibes überglänzt, und das aus seinem Leibesinneren heraufstrahlende Licht läßt keinen Schatten gelten; steht dann jedoch der Tod bevor, so wird das Leuchten zusehends düsterer, und schließlich ist der Leib von Schatten wie dem abendlichen Zwielicht umhüllt.

Drittens: Die Haut der Engel ist geschmeidig und mit einer dünnen Fettschicht überzogen; mögen sie auch im duftenden Weiher baden, sobald sie nur heraussteigen, perlt wie von Lotosblättern das Wasser von ihnen ab. Wenn aber der Tod sie bedrängt, so beginnen die Tropfen auf ihrer Haut zu haften.

Viertens: Sonst ist ein Engel, da er an keinen Bereich gebunden, wie ein wirbelndes Feuerrad und hält nirgends stille; glaubt man ihn hier, ist er schon wieder anderswo, und so in allem geschickt, was immer er tut, besitzt er die Fähigkeit, Ort um Ort hinter sich zu lassen und einen neuen aufzusuchen. Doch naht der Tod, dann schwebt er bedrückt über einer einzigen Stelle und vermag nicht zu entfliehen.

Fünftens: Ein Engel besitzt körperliche Kraft über alle Maßen; nie kommt es vor, daß seine Lider zucken; angesichts des Todes hingegen verfällt seine Stärke, bis er zuletzt unausgesetzt mit den Augen zwinkert.
Soweit also die Fünf kleinen Todesmale.

Und worum handelte es sich bei den *Fünf Großen Todesmalen*?

„Erstens werden die vorher reinen Gewänder vom Staub beschmutzt; zweitens welken die Blumen und waren doch auf dem Haupt einst in Fülle gehäuft; drittens fließt aus beiden Achselhöhlen der Schweiß; viertens verströmt der Körper einen garstigen Geruch; fünftens bereitet es keine Freude mehr, im bisherigen Status ungestört zu existieren."

Hieran zeigt sich, daß alle die anderen Quellen auf diese Fünf Großen Todesmale rekurrierten; schließlich blieb, solange die Fünf Großen Todesmale auftraten, eine Abwendung des Todes durchaus noch möglich, wohingegen er, wenn einmal die Fünf Großen Todesmale erschienen, unvermeidlich geworden war.

Die Tatsache also, daß in der *Nō*-Fassung des Federgewands der Engel zwar bereits eines der „Fünf Großen Todesmale" aufwies, bei der Rückgabe des Federgewands jedoch sogleich wieder gesundete, ließ darauf schließen, daß Zeami, der Autor, sich hier nicht eigentlich auf die buddhistischen Texte gestützt, sondern diese lediglich als lyrische Formulierungen verwendet hatte, um durch sie ein schönes, hinwelkendes Sterben vorzustellen.

Aus: Yukio Mishima,
Die Todesmale des Engels,
Carl Hanser Verlag,
München Wien 1988.

Gudrun Kampl
Angel-news,
1995
Pornoheft übermalt mit
Ölkreide, 23,5 x 17 cm

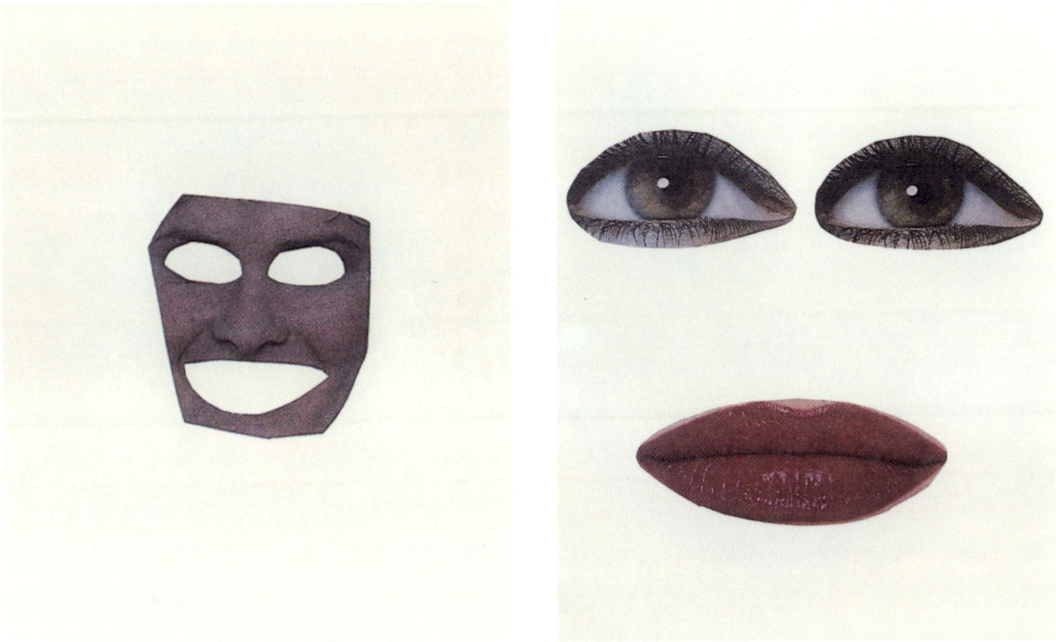

Mike Kelley
Specific and Nonspecific
(Detail), 1987
Collage auf Papier
1 x (35,6 x 27,9 cm)
67 x (21,6 x 14 cm)

Yves Klein
Empreinte positive et dynamique, 1960
Ant 127 – Pigment auf Stoff
225 x 145 cm

Maria Klonaris – Katerina Thomadaki

Dem Geschlecht nicht unterworfen. Ein Manifest (Auszug)

In unseren ersten Arbeiten widmeten wir uns der Selbstdarstellung und dem Weiblichen als „Ganzem“, dem, was weder „ein Fragment noch ein Mangel, noch eine Unvollständigkeit“ ist. In unserem MANIFEST FÜR EINE RADIKALE WEIBLICHKEIT FÜR EIN ANDERES KINO (1977) haben wir die „radikale Weiblichkeit“ als eine doppelte, gleichzeitig männliche und weibliche Triebfeder, als ein „Gleichgewicht zwischen dem körperlichen und dem geistigen, subjektiven Geschlecht“ bezeichnet. Wir führten also die Idee des Zwitterwesens als Bestandteil des „Weiblichen“ ein.[1]

Seit 1982 versuchen wir das Fundament der „statischen Geschlechterordnung“[2] zu erschüttern, indem wir Gestalten schaffen, deren Geschlecht *komplex* und *instabil* ist:

synthetische (Hermaphroditen)
umkehrbare (Travestiten)
vermittelnde („Engel“)

Diese Gestalten tauchen in der Mythologie auf (hellenistische Skulptur des SCHLAFENDEN HERMAPHRODITEN im Louvre[3]), sind Gegenstand von Utopien (ORLANDO von Virginia Woolf[4]) oder Fleisch geworden (Medizinische Photographie des Intersexuellen[5]). Diese Wesen sind „personae“: Leinwände für Projektionen oder Ausdehnungen des Ich, geronnene Visionen, Formen des Verlangens. Wir inszenieren diese in speziell dafür geschaffenen visuellen, auditiven und taktilen Räumen, in Filmen, Photographien, Multi-Media-Veranstaltungen.

Verkörpert der Hermaphrodit den antiken Mythos der in einem Körper vereinten sexuellen Dualität, kehrt der/die TransvestitIn das Geschlecht um, indem er/sie es zum Gegenpol verschiebt, stellt der/die Intersexuelle die Beschaffenheit der Pole, die der sexuellen Dualität zugrunde liegen, an sich in Frage. Bei unseren Überlegungen rund um das *Geschlecht* stießen wir nach und

1 Maria Klonaris/Katerina Thomadaki, Manifest pour une féminité radicale pour un cinéma autre, in: CINÉMACTION, ASPECTS DU CINÉMA DE CONTESTATION, Paris 1978.

2 Eine Formulierung von Gilles Deleuze und Félix Guattari in L'ANTIŒDIPE, S. 352.

3 MYSTÈRE 1: HERMAPHRODITE endormi/e, Multimedia-Installation auf der Biennale von Paris, Musée d'art moderne de la Ville de Paris, 1982.

4 ORLANDO – HERMAPHRODITE II, Multimedia-Projektion im Centre Georges Pompidou 1983. Für die Ausstellung LES IMMATÉRIAUX von Jean-François Lyotard, Centre Pompidou 1985 entstand eine photographische Version des Werks.

5 Seit 1985 beschäftigen wir uns mit einer medizinischen Photographie, die Maria Klonaris in den Archiven ihres Vaters fand und die wir mit dem Thema des Engels in Verbindung brachten. Der CYLE DE L'ANGE umfaßt bis jetzt mehr als 20 Werke: photographische Serien, Environments Performances, Texte, Werke für Radio, Videobänder und ein Künstlerbuch.

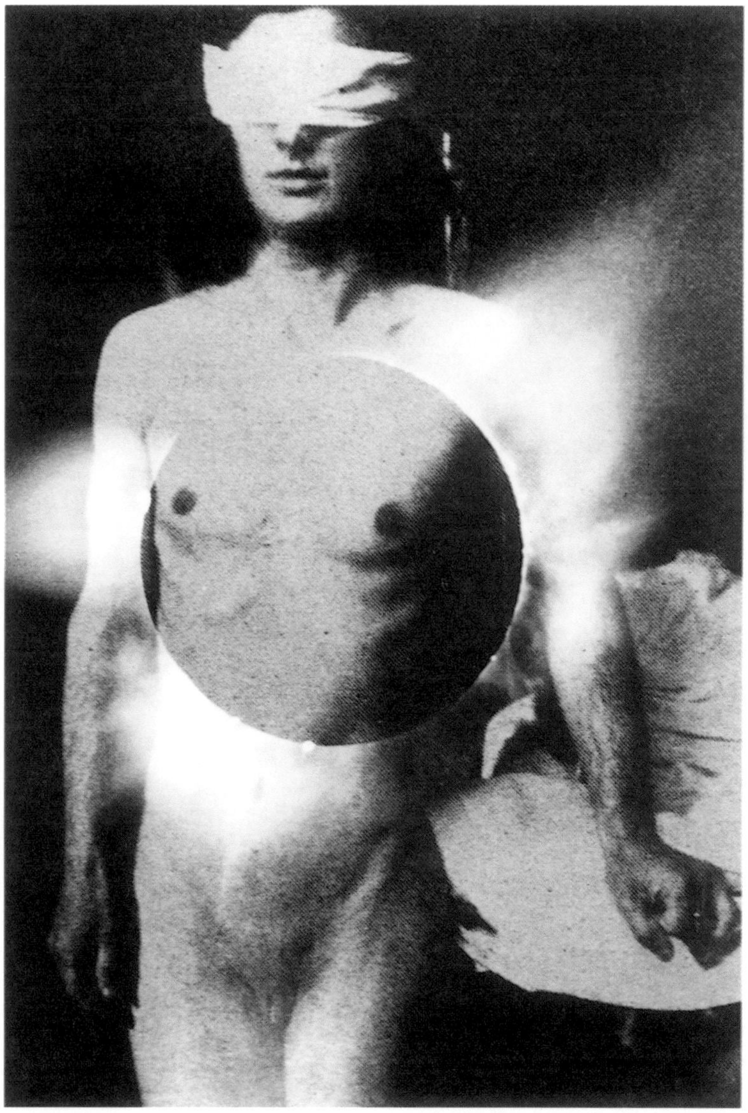

Maria Klonaris und
Katerina Thomadaki
L'Ange. Corps des Etoiles,
1986/97
s/w-Photographie
auf Aluminiumplatte
114 x 171 cm

nach zur intersexuellen Gestalt vor, zum „Engel“, denn er verkörpert die radikalste Position: keine Synthese, keine Umkehrung, sondern ein unfaßbares Zwischen-den-Beiden. Wahrscheinlich ist er ein „Weder-Noch“, um eine Formulierung aus dem Zenbuddhismus aufzugreifen. Denn das Hinauswachsen über die Dichotomie Männlich/Weiblich, die diese Gestalt verkörpert, steht für uns mit dem Hinauswachsen über andere Dichotomien wie Körper/Geist, Subjekt/Objekt, Ich/der Andere, Ich/Welt in Verbindung.

Intersexualität

Was wir auf dem Territorium unseres Körpers aufbrechen lassen, die Herrschaft, die wir sprengen, ist jene des Binärcodes männlich/weiblich = Mann/Frau. Dieser Binärcode normiert die beiden Geschlechter als rigide Kategorien, als entgegengesetzte Pole eines hierarchischen Dualismus. Dieser Code legt den einzelnen auf eine eindimensionale, normierte und unumkehrbare *geschlechtliche* Konstruktion fest. Die dichte Grenze zwischen den Geschlechtern ist jedoch nichts als eine optische Täuschung. Die obligate Äquivalenz zwischen dem genetischen, biologischen, mentalen, sozialen und kulturellen Geschlecht stellt sich heute als hinfällige Hypothese heraus.

Schon in der Genetik läßt der medizinische Begriff der „Mosaikgene“ – eine Bezeichnung für gemischte Kombinationen von Geschlechtschromosomen – die Grenze zwischen männlich und weiblich verschwimmen.[6] Wir wissen heute, daß die genetischen Codes, die das Geschlecht bestimmen, nicht nur XY- und XX-Paare, sondern auch XXY, XY/XX, XY/XXY, XY/XO und XX/XO-Kombinationen sind. Etwa zehn Prozent der Bevölkerung dürften solche chromosomalen Variationen aufweisen.[7] Andererseits stimmen die genetischen Codes nicht immer mit der sexuellen Identität der Menschen überein, welche in sozialer und legaler Hinsicht auf der Grundlage des äußeren Aspekts der Geschlechtsorgane definiert wird.

Der Begriff „Intersexualität“[8] deckt den Fall der „Mosaikgene“ ebenso ab wie Fälle von Verbindungen zwischen Keimzellen eines Geschlechts und den sekundären Geschlechtsorganen des anderen Geschlechts, Hybriderscheinungen von sekundären Geschlechtsmerkmalen, die beiden Geschlechtern zugeordnet werden können, menschliche Hermaphroditen, die sowohl Eierstock- als auch Hodengewebe aufweisen. Auf physiologischer Ebene ist kein Mensch zur Gänze männlich oder weiblich. Jeder hat Ansätze des Geschlechtsapparates des anderen. Da die „Normalität“ eher ein kulturelles Konstrukt als eine natürliche Regel ist, verschwimmt die Grenze zwischen „normalem“ und „abnormalem“ Grad an

6 XYXX MOSAIC IDENTITY ist der Titel eines Multimedia-Environments, das wir für die Ausstellung ANDERE KÖRPER im Offenen Kulturhaus Linz 1994 geschaffen haben. Vgl. den von Sigrid Schade betreuten Ausstellungskatalog, ANDERE KÖRPER, Wien 1994; Vgl. auch unsere Artikel „Die Auflösung der Geschlechter“, Linz, OFFENES KULTURHAUS PROGRAMMSCHRIFT Nr. 2, Linz 1994.

7 Vgl. auch die Forschungskritik von Dr. Page in: Judith Butler, GENDER TROUBLE, FEMINISM AND THE SUBVERSION OF IDENTITY, New York 1990, S. 107. Mythologisch betrachtet verweisen uns die Mosaikgene auf jene primitiven menschlichen Wesen hinweisen, die Aristophan im GASTMAHL von Plato beschreibt.

8 Nach dem 1897 von Havelock Ellis vorgeschlagenen englischen Terminus „intersexuality“.

Intersexualität und kann nicht definiert werden. Geschlecht ist also nicht Geschlecht und stellt keinen klar abgegrenzten Bereich dar.

Somit ist dieser intersexuelle Körper, der Körper des Engels, der seit Jahren durch unsere Vorstellungswelt geistert, der Kern unserer Infragestellung der sexuellen Dualität. Er stellt in der Geschichte der Menschheit am Ende des 20. Jahrhunderts einen öffentlichen und privaten Traum von einer neu verstandenen sexuellen Identität dar – einer doppelten, vielfältigen oder provisorischen Identität.[9]

Den neuen, topologischen Modellen des Mathematikers Henri Poincaré zufolge sind Formen keine starren Dinge, sondern Potentiale oder evolutionäre Ereignisse. Wir meinen, daß das für das Geschlecht ebenso gilt.

Es ist dringend notwendig, einen Raum für die Virtualität der sexuellen Identität zu schaffen, sie sozial zuzulassen, sie als Imaginäres in das Reale und als Reales in das Imaginäre aufzunehmen – eine virtuelle Realität, aber keine Illusion, eine erweiterte Realität, die dicht ist wie der metamorphe Körper jener, die dem Geschlecht nicht unterworfen sind.

9 Zur Frage nach der sexuellen Identität abseits der gängigen Normen vgl. auch unser Künstlerbuch INCENDIE DE L'ANGE, Paris 1988.

fisting
MOTHER, MAY I GO OUT TO KILL?
PSYCHOPATH

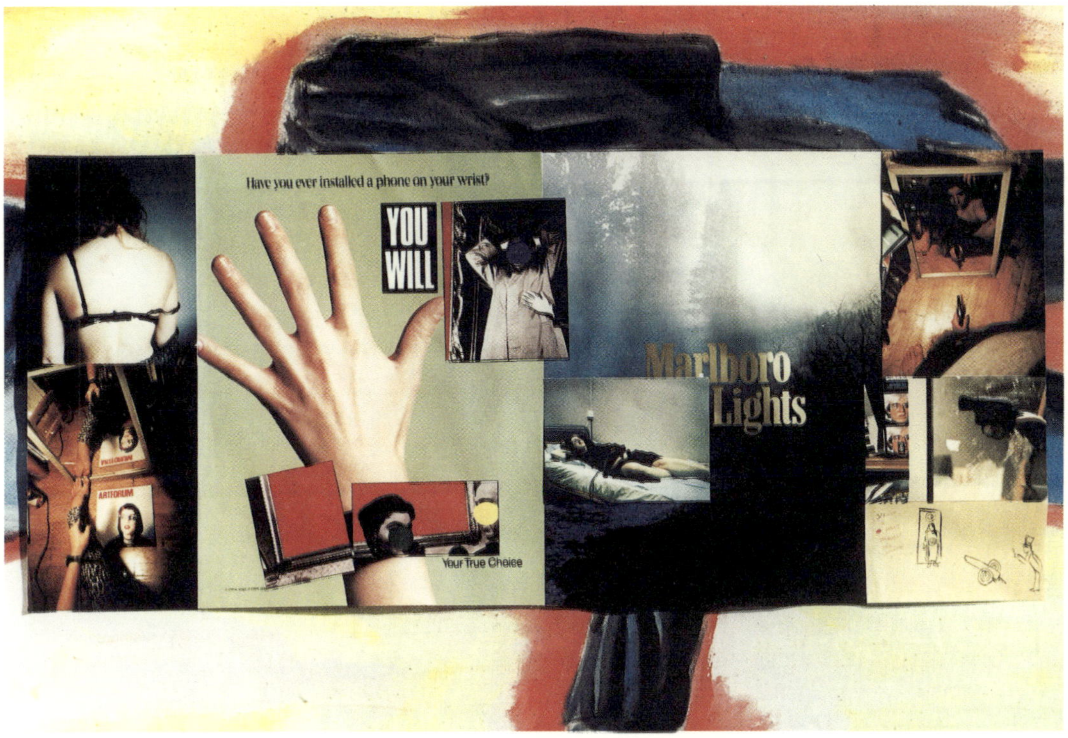

Elke Krystufek
Guns And Fun,
1996
collagierte Farbphotographie
70 x 100 cm

Inez van Lamsweerde
Final Fantasy: Caroline,
1993
Farbphotographie
100 x 150 cm

Inez van Lamsweerde
Anastasia,
1994
Farbphotographie
80 x 80 cm

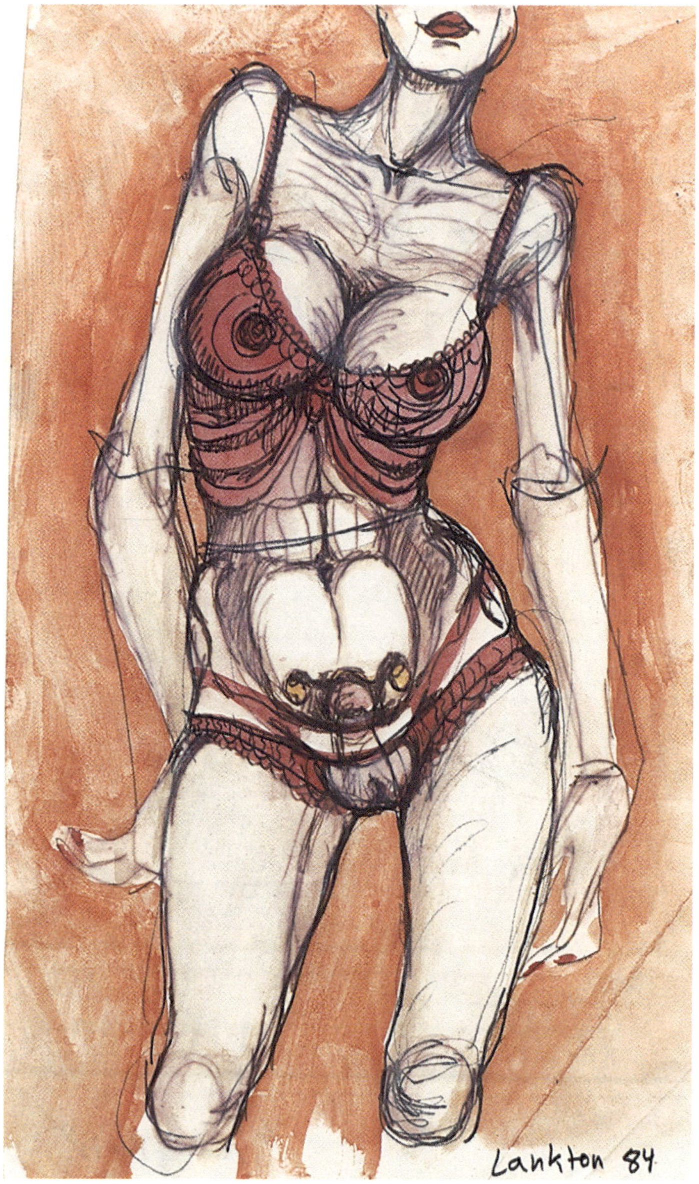

Greer Lankton
Untitled,
1984
Filzstift auf Papier

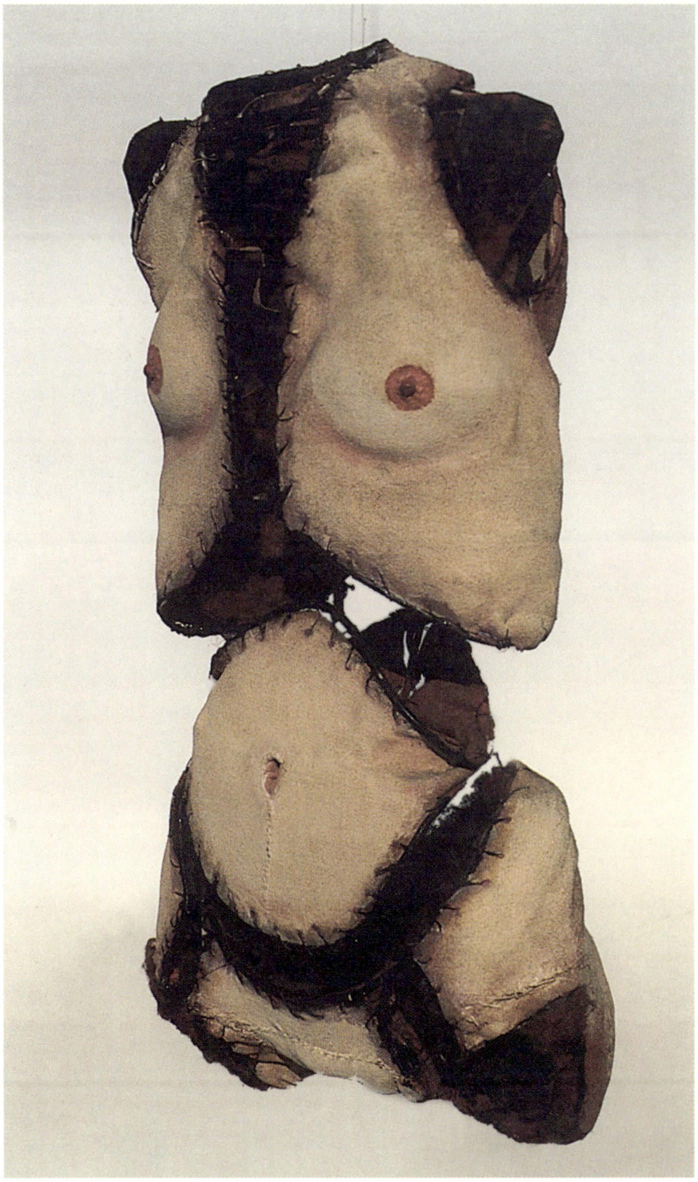

Greer Lankton
Sissy's body,
1989
Stoff, Farbe, 60 x 25 x 8 cm

Ingeborg Lüscher
Omikuji,
1990
Farbphotographie
69 x 92 x 2,7 cm

Robert Mapplethorpe
Louise Bourgeois,
1982
s/w-Photographie
38 x 38 cm

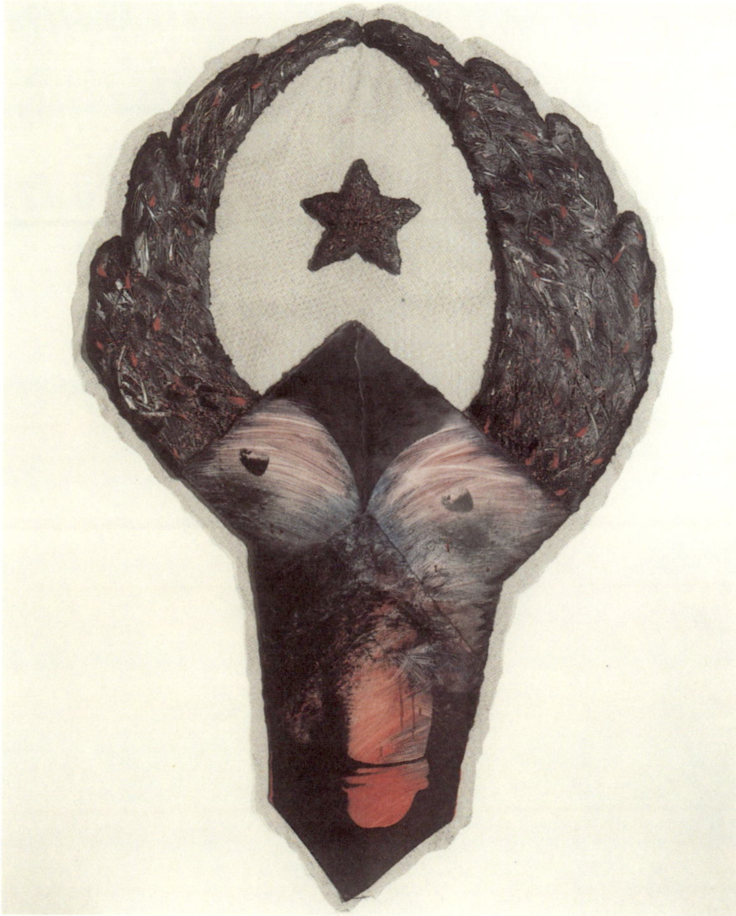

Annette Messager
L'Ange (aus der Serie „Chimères"), 1984
Mischtechnik mit Photographie
190 x 120 cm

Bruce Nauman
Art Make-Up No. 3: Green,
1967/68
Video

A Guideposts Publication
MAR/APR 1997
Angels
ON EARTH
STRANGER
ON OUR
DOORSTEP
PAGE 18

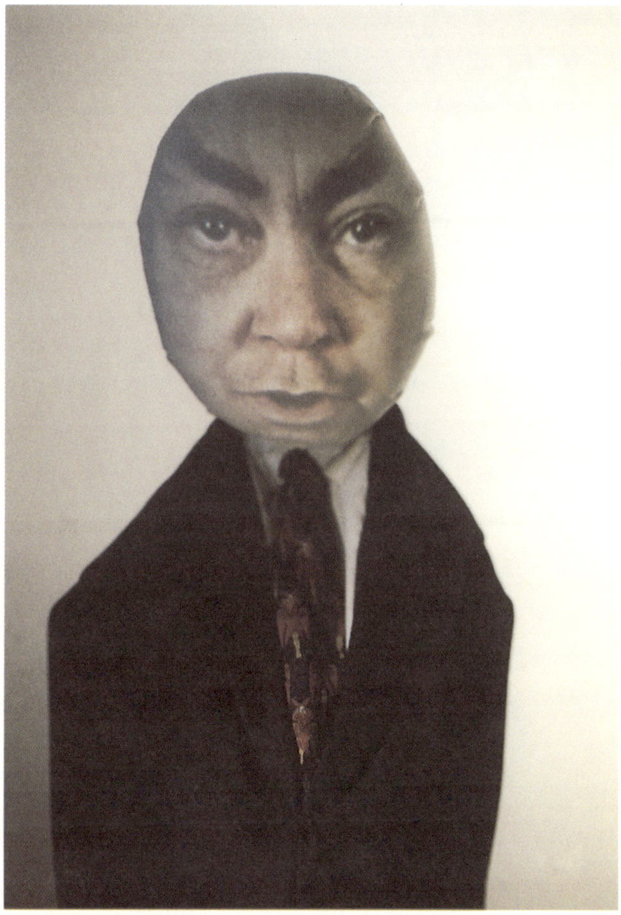

Tony Oursler
Fulton/Angels on Earth,
1997
Videoprojektion auf Stoff;
Zeitschrift

Chapter Thirteen:
⇒ letting them watch *The PaperChase.*
⇒ smearing pizza on the front of their pages

and then
liking it off

But then what good is pizza to a pack of paper?

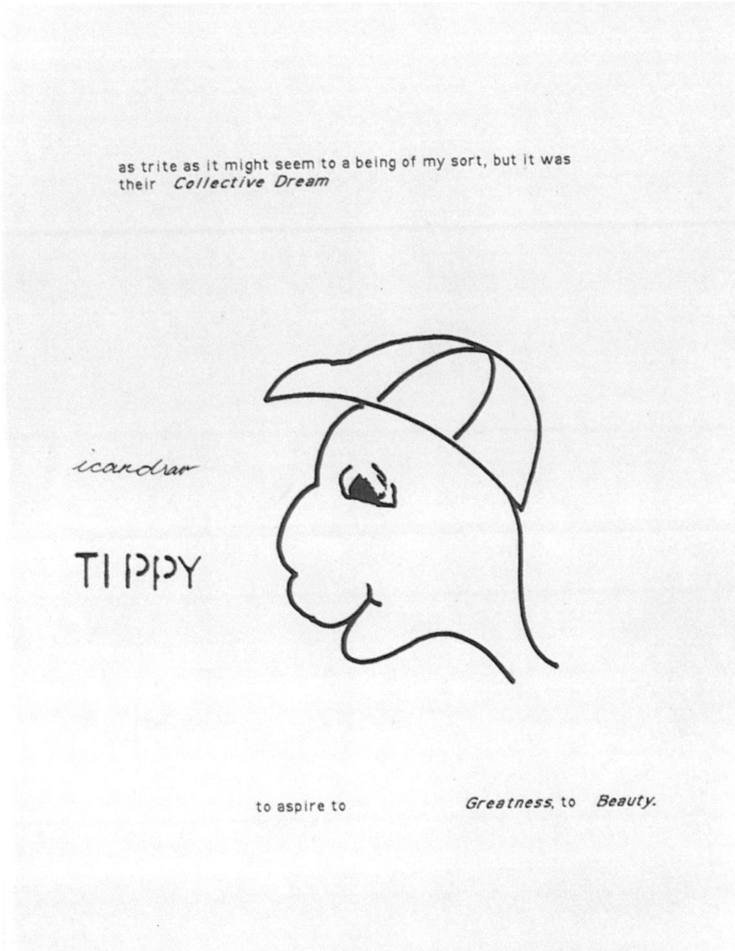

Susie Parker
The Kiss,
1997
Buch, 22,9 x 29,2 cm

Javier Peréz
Habite, 1996
Kleid aus Seidenraupen-
kokons, 135 x 135 x 15 cm

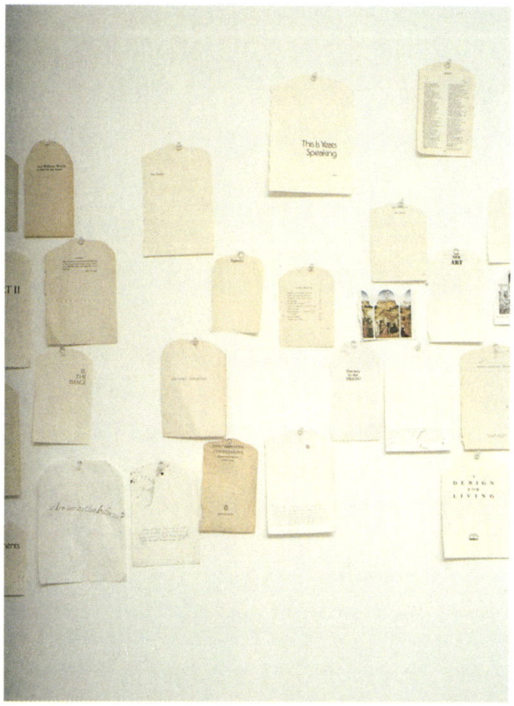
This Is Yeats Speaking
PART II

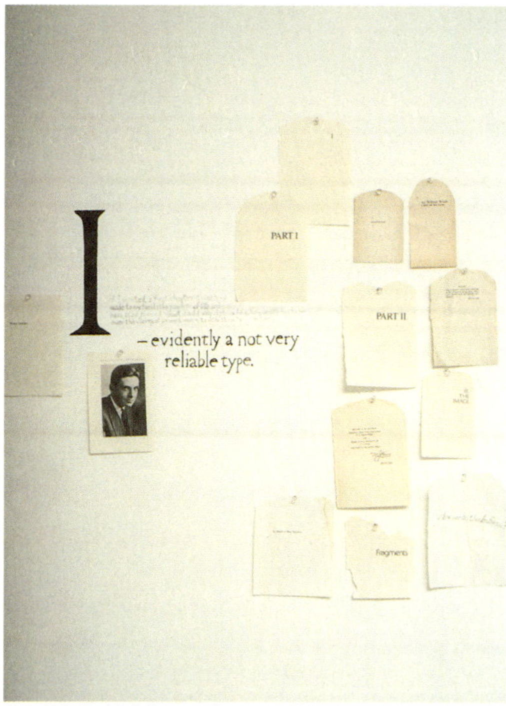
PART I
PART II
I
– evidently a not very reliable type.
Fragments

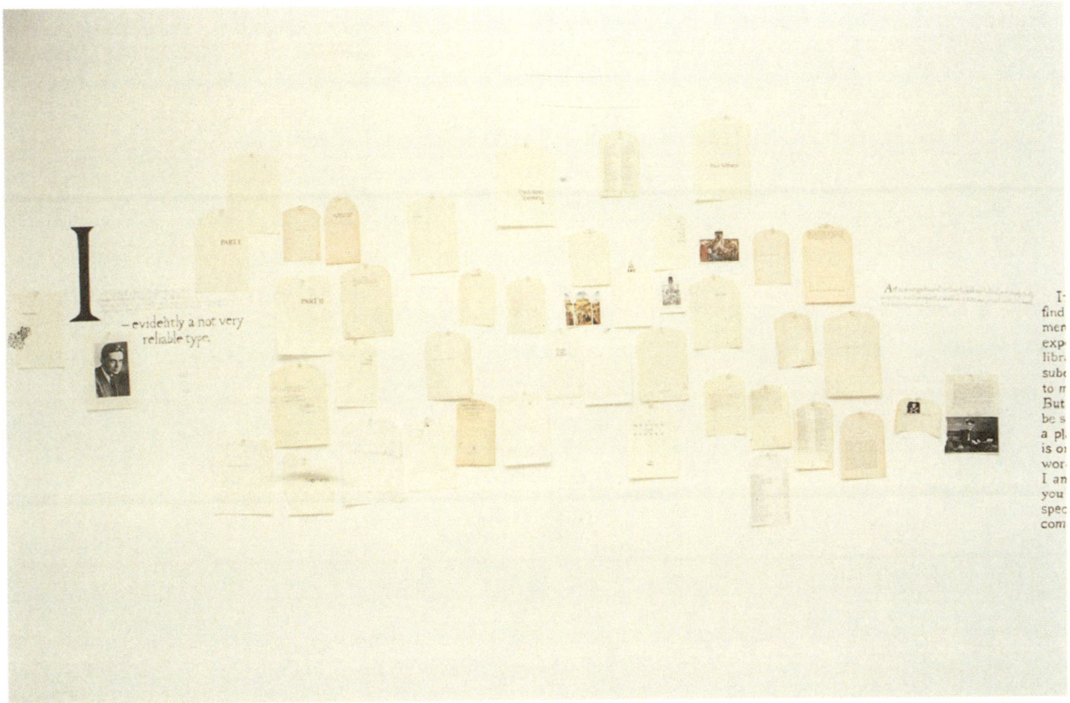

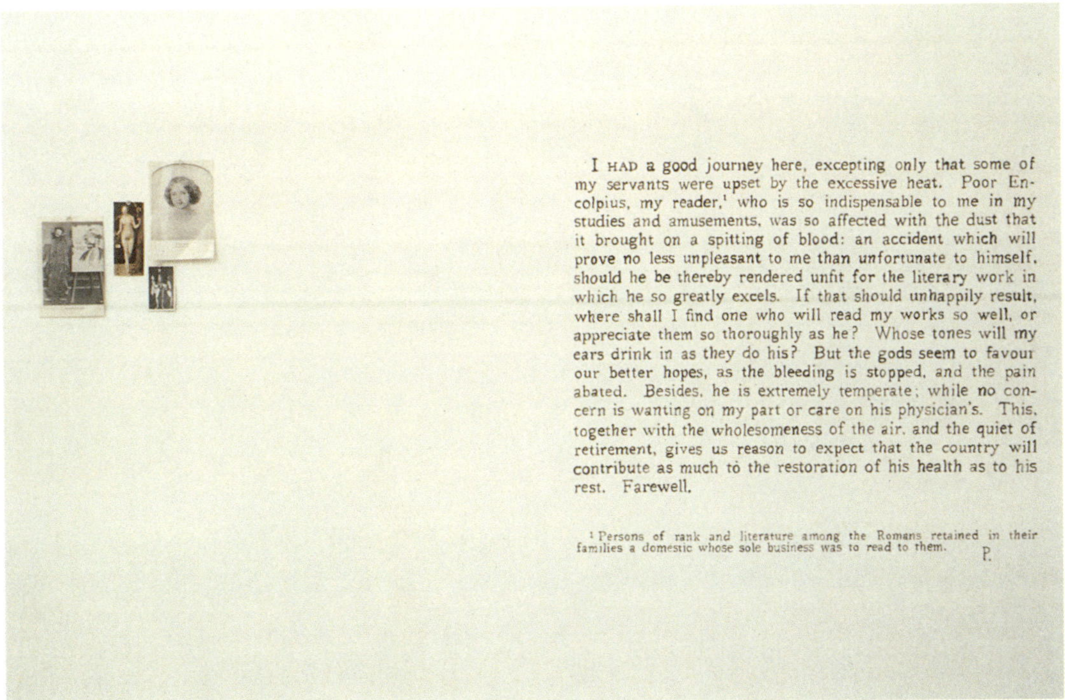

Raymond Pettibon
Tombstones,
1993/97
Tinte und Graphit auf Papier
59-teilig, Maße variabel

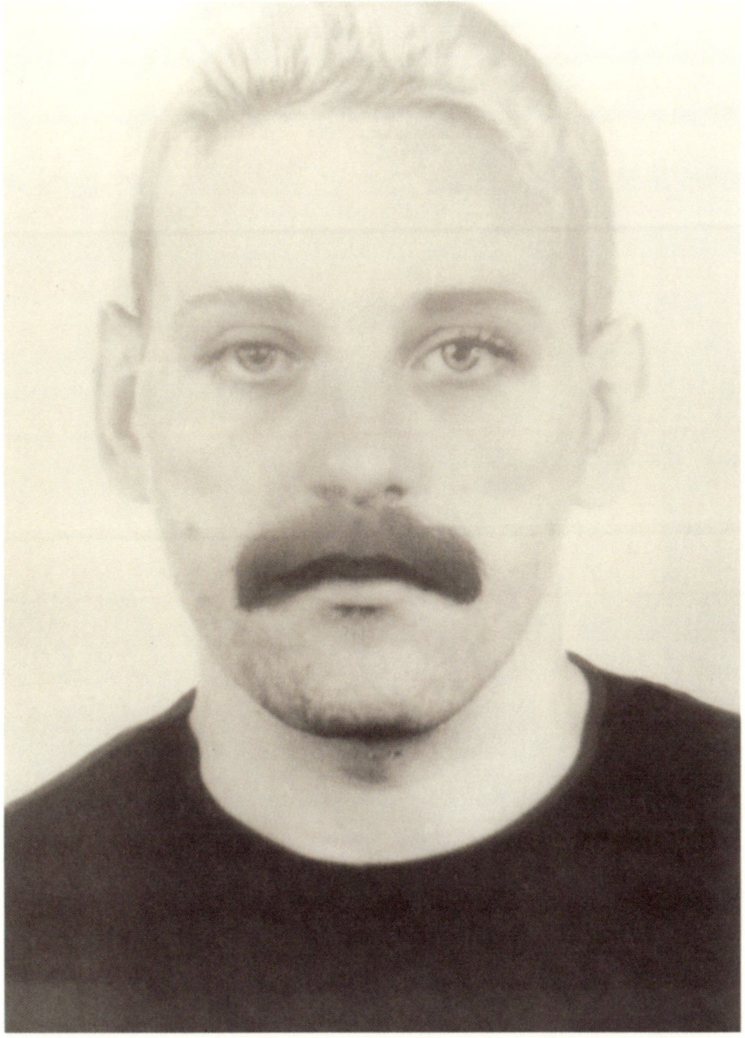

Thomas Ruff
Anderes Porträt Nr. 122/138, 1994/95
Siebdruck auf Papier (2/3)
205 x 155 cm

Eva Schlegel
Ohne Titel, 1996
Graphit auf Gips,
Siebdruck auf Blei,
je 140 x 100 cm

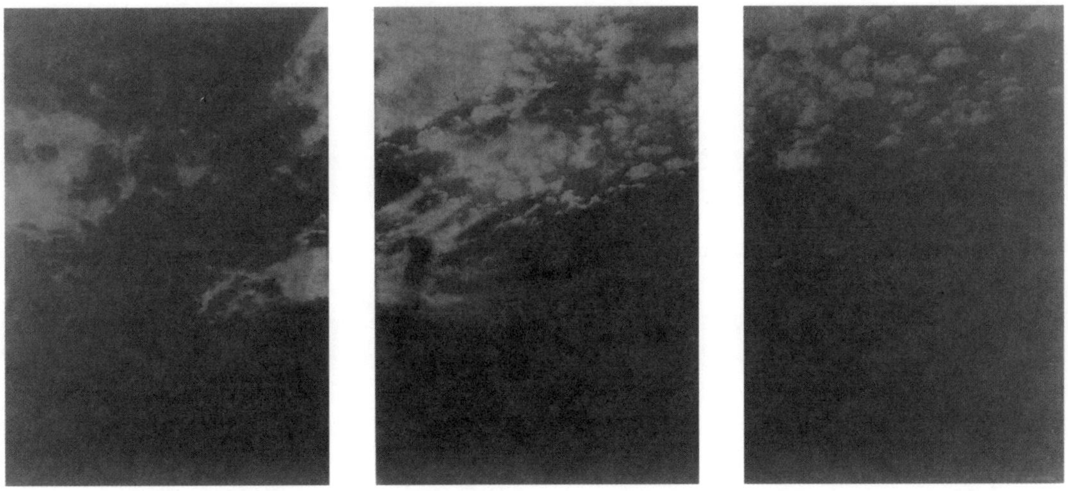

Eva Schlegel
Ohne Titel, 1996
Triptychon, Siebdruck auf
Blei, 3 x (90 x 60 cm)

Beverly Semmes
Buried Treasure, 1994
zerstückelter Samt (Skulptur),
C-Print (Photographie),
Maße der Skulptur variabel,
Photographie: 52 x 40 cm

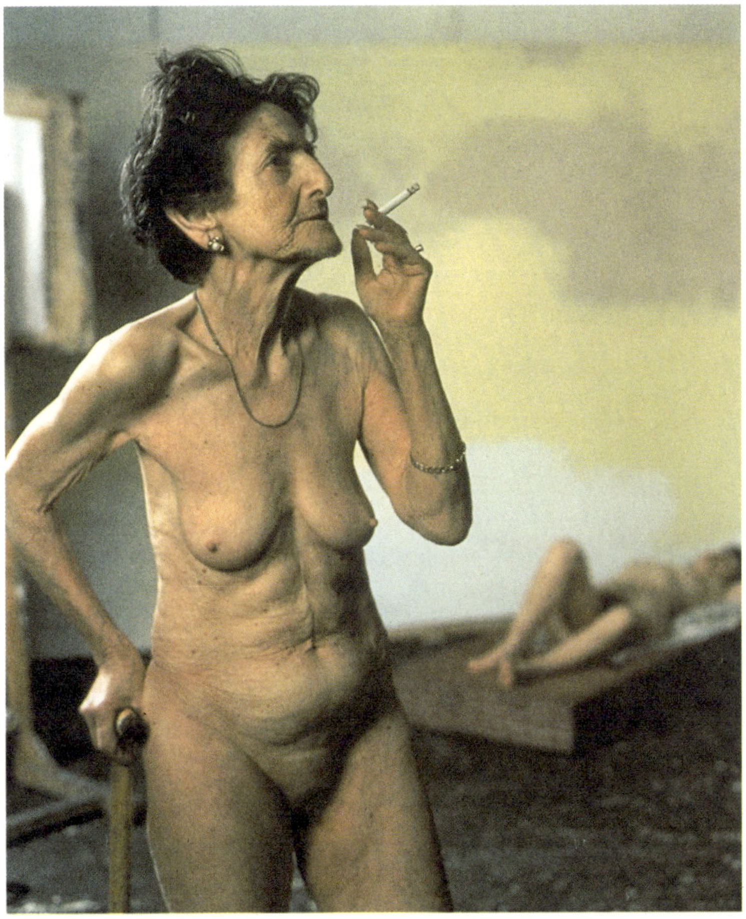

Andres Serrano
The Model,
1994
Cibachrom (2/3)
152,4 x 125,7 cm

Andres Serrano
Budapest (Ferenciek Tere),
1994
Cibachrom (2/3)
152,4 x 125,7 cm

Jim Shaw
Dream Object (There was this display in poster racks on a stairway …), Detail, 1996
s/w-Photographien,
2 Schreibmaschinen,
Photographien
je 41,6 x 51,4 cm

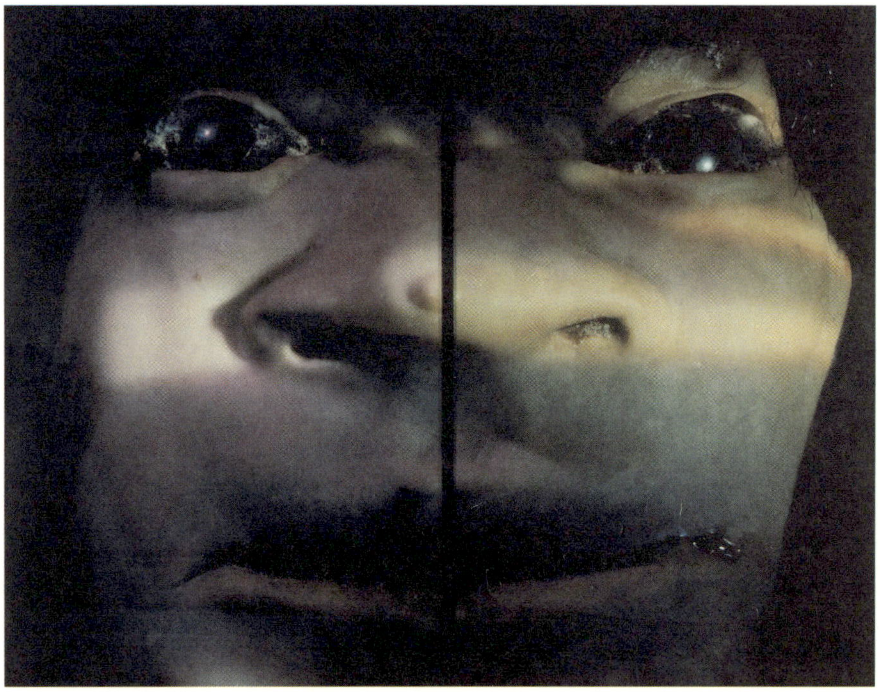

Cindy Sherman
Ohne Titel # 180,
1987
Cibachrom, 2-teilig
243,8 x 175,2 cm

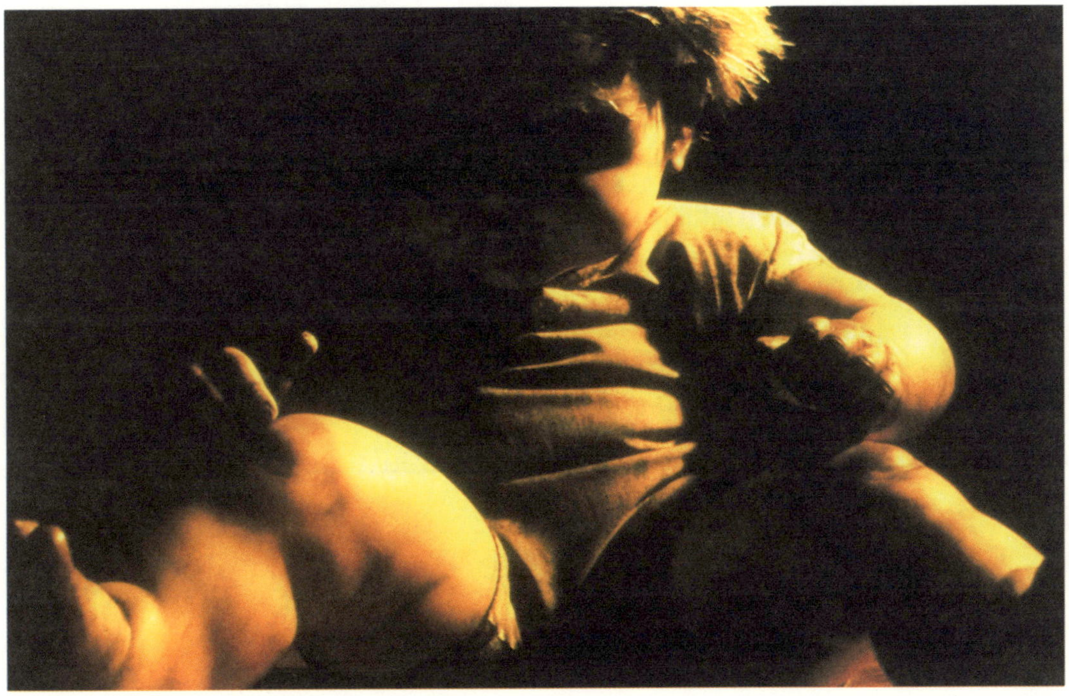

Cindy Sherman
Ohne Titel # 229,
1987/91
Cibachrom

Nicholas Sinclair
Franko B,
1996
s/w-Photographie
50,8 x 40,6 cm

Kiki Smith
Siren, 1994
Musselin, Holzwolle, eloxiertes Aluminium und Glasperlen
94 x 38,1 x 38,1 cm

Nancy Spero
Les Anges, Merde, Fuck You, 1960
Gouache und Tusche auf Papier, 43,8 x 5,1 x 55,9 cm

Nancy Spero
Elegie I Diptychon, 1983
Malerei collagiert und
Handdruck auf Papier
284,5 x 52 und 282 x 52 cm

Rosemarie Trockel
Monika, Edith und
Mutter Pohl,
aus: Hair, 1997
Video

Lois Weinberger
DAS ÜBER PFLANZEN
IST EINS MIT IHNEN

Lois Weinberger

Wenn sich unser Eigen auf ein Losgelöstes / auf das Außerhalb der Einwirkungen / die das / unser Sichtfeld ermöglichen / bezieht / so verleiht dies doch einem anderen Eigenen Flügel.
Ich spiele nicht mit der Wahrheit / man kann sich dieses Bild machen / von Pflanzen in sich veränderndem Licht / zu Gärten gefaßt / besehen als die anderen Körper / die unserer Vorstellung erscheinen / wandelnd und erschaffend über das Enden / über Worte hinweg einer Lösung / einer Auflösung allem Gewachsenen / dem Schweigen / aus dem nicht Ersetzbares entsteht / zu / in diesem liegt der Beitrag des Eigenen / ohne dem anderen / in dem Mutter / Kind und Vater eins sind / alles liegt in ihnen wie das Vor-uns des Gartens / doch in Austauschbarkeit mit Beliebigem.
In den kleinteiligsten Tätigkeiten liegt die Zeit des Gartens / entgegen den großschöpferischen Entwürfen / in den immer wiederkehrenden Handgriffen zum Boden hin / auf dem jedes Einzelereignis des Wachsenden die Monotonie verwehrt / im Abtasten auf Bedingungen und Möglichkeiten des Entstehens eines anderen Lebens / in den bedachten Betätigungen mit den Händen / dem sich abnützenden Körper / in den nicht zeitverlorenen Reihungen der nötigen Arbeit / welche zum außerhalb der Kunst bezogenen Ereignis führt.
Wie anders als schwebend wäre die sich im Nacherzählenden erhaltene Vorstellung der menschenleeren Landschaft / das entmenschlichte Gebiet / die Wüstenei / im außernatürlichen Grund zu erleben.

Doch
Eine Blume blüht wenn ich sie sehe
Eine Blume blüht nicht wenn ich sie sehe
Eine Blume blüht nicht wenn ich sie nicht sehe
Eine Blume blüht wenn ich sie nicht sehe
Meinte dies Frau Stein?

Auch dies / daß mit dem Fortschreiten am Boden die Ideen des Machbaren schwinden / die des Abhebens / die jeglicher Trennung / die der Vergleiche – wie eine – in der vor uns gesehenen Landschaft sind wir vorhanden / in der Wüste / in der die Idee des Gartens aus Risiko und Verlust entstand.

Wenn sich alle Pflanzen von meinem / ihnen zugedachten Ort entfernt haben / was ohnehin geschieht / werde ich nicht mehr der Gärtner sein / doch unschuldig die Vielfalt nützen. Die Essenz meines Gärtnertums hat sich zu einem einzigen / im Freien stehenden / mit schlechter Erde gefüllten Blumentopf verdichtet / zu einem transportablen Garten / der auf Begehungen außerhalb mitzunehmen und irgendwo zu vergessen wäre.
Doch vielleicht habe ich dies mit dem Aussetzen von Pflanzen aus meinem Gebiet ins Freiland schon geahnt und vorweggenommen / daß die Beschäftigung mit Pflanzen und Gärten nur über sie hinwegführen kann.
Dem Himmel / Dem Boden zu.

Engländer

Um allnächtlich gespeicherte Discoklänge zu neutralisieren hörte ich mir nachmittags E-Musik an und zeichnete oder malte dabei. Mangels größerer Auswahl hörte ich mir sehr oft DES KNABEN WUNDERHORN an. Die Stelle „Die englischen Stimmen ermuntern die Sinnen" erstaunte mich ebenso wie der Titel dieser Ausstellung. Die altösterreichische Anglophilie äußerte sich nicht nur in der Schuhmode oder in Kaffeehausnamen, sie setzte die Bewohner dieser Insel mit den höheren Wesen gleich. Wiens führendes Künstlercafé „Engländer" erweiterte sich – es eröffnete in den denkmalgeschützten Räumen eines ehemaligen Hutgeschäftes eine gleichnamige Brasserie, die ich mit einigen Kollegen ausstattete. Dieses „englische" Gewebe (Kaffeehaus mit Wunderhorn und Ausstellungstitel) bewog mich zur Zusammenstellung der vielleicht profanen oder hypostatischen Kollaboration ENGLÄNDER mit dem Verfasser folgender Zeilen, Bizhan Bassiri:

1. L'immagine precede la conoscenza.
2. Non porta con sé nessuna condizione psicologica.
3. Il tempo e la storia sono assenti.
4. Contempla in condizione eterna.
5. Cresce dalla terra pimordiale.
6. Il vulcano sole contiene la creatività inarrestabile.
7. Il sole è in condizione pura e la sua eterna vita quanto la mente creativa sono privi di ogni senso di conservazione.
8. La luce proviene dall'interno dell'opera.
9. Lésplosione avviene in piena forza ed in seguito l'energia si materializza e riesplode all'infinito.
10. L'esistenza dell'opera d'arte nel mondo è meteorite proveniente dal cosmo, non appartiene alla terra ma le appare.

Bizhan Bassiri und Franz West
Engländer, 1996
Sockel (Franz West) und
Video (Bizhan Bassiri)
Sockel: 87 x 125 x 145 cm

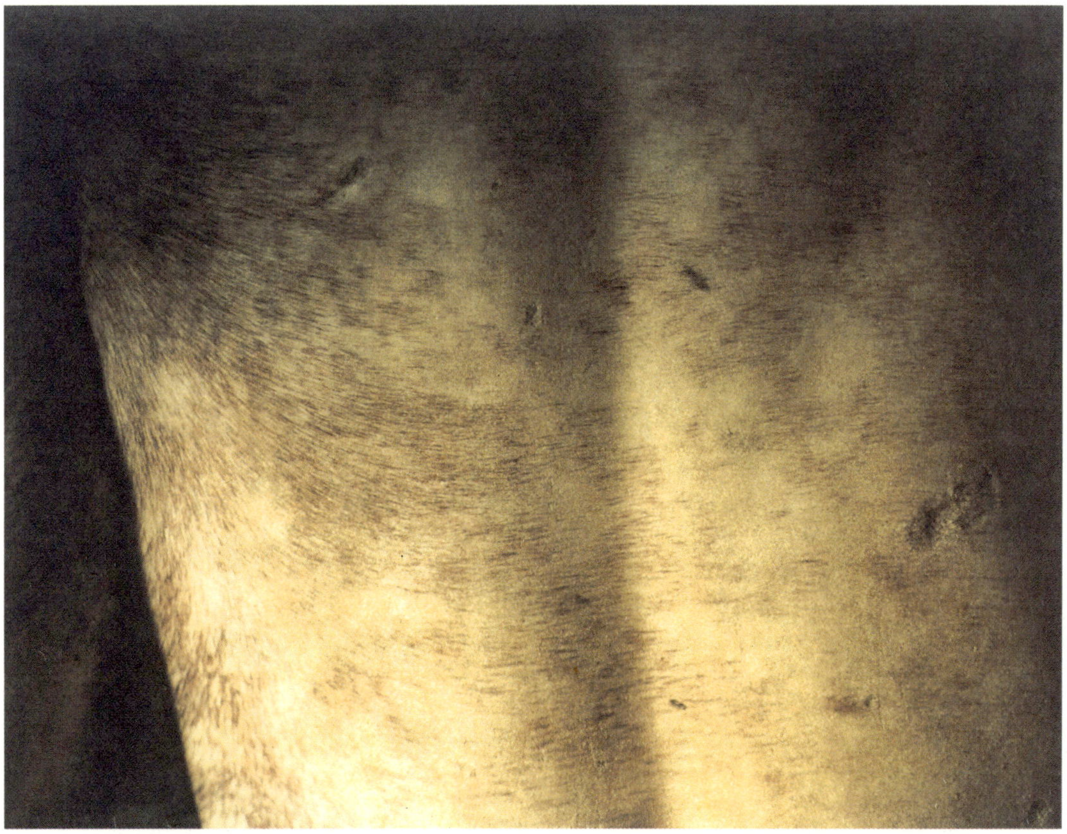

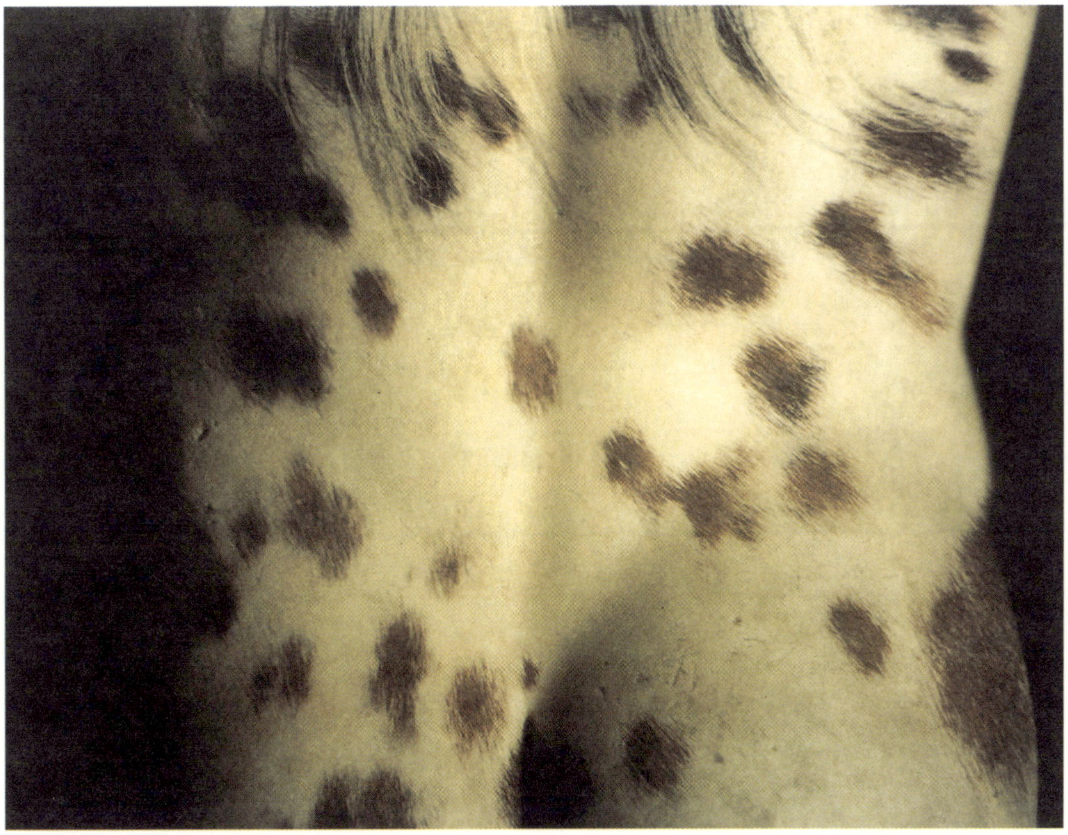

Hermione Wiltshire
Further and further,
1996
Cibachrom, gewölbtes
Glas und Holz
33,5 x 43,5 cm

David Wojnarowicz
Sex Series,
1988/89
Gelatin-Silber-Abzug
38,1 x 45,7 cm

David Wojnarowicz
Fuck You Faggot Fucker,
1984
Acryl, Photographie und
Collage auf Hartfaserplatte
123 x 123 cm

Francesca Woodman
From Space^2, Providence,
1975/76
s/w-Photographie
18 x 24 cm

Künstler

Rita Ackermann

Geboren 1968
Einzel- und Gruppenausstellungen (Auswahl)
1994
After Dinner I'm Gonna Shoot You
But Before I'll Take A Shower,
Andrea Rosen Gallery, New York
Promising Suspects,
The Aldrich Museum of
Contemporary Art, Ridgefield
Who are we? What are we?
Where did we come from?,
The New Museum of Contemporary Art,
Windows on Broadway, New York
1995
The Birth of Tragedy,
Peter Kilchmann Galerie, Zürich
out of the blue into the black,
Interim Art, London
It Doesn't Matter if You Love Me or Not …
I'll Be Always There For You …,
Rebecca Camhi Gallery, Athen
Currents '95: Familiar Places,
The Institute of Contemporary Art, Boston
1996
If Anyone Hurts My Brother, I'll Kill That …,
Andrea Rosen Gallery, New York
1997
Some Kind of Heaven,
Kunsthalle Nürnberg

Franz Artenjak

Geboren 1920, gestorben 1985
Gruppenausstellungen (Auswahl)
1970
Pareidolien,
Galerie nächst St. Stephan, Wien / Galerie
St.Barbara, Solbad Hall/Tirol
1975/76
Der Himmel Elleno,
Kulturhaus der Stadt Graz / Neue Galerie der
Stadt Linz Wolfgang-Gurlitt-Museum / Theater
am Kornmarkt, Bregenz.
1983
Die Künstler aus Gugging,
Museum Moderner Kunst
Stiftung Ludwig, Wien

Bizhan Bassiri

Geboren 1954
Einzel- und Gruppenausstellungen (Auswahl)
1981
Il Principe Eccentrico,
Galleria Giulia, Rom
1982
Avanguardie – Transavanguardie,
Mura Aureliane, Rom
1985
Pensiero Magmatico,
Incontri Internazionali d'Arte,
Palazzo Taverna, Rom
1987
Le Nozze dei Draghi,
Studio Planita, Rom
1988
Dall'Inferno,
Galleria Pieroni, Rom
1992
Biennale Sydney
1993
Battaglia di Centauri,
Galleria Stefania Miscetti, Rom
Biennale Venedig
1994
Jetztzeit,
Kunsthalle Wien
1995
Corpus Delicti,
Museum van Hedendaagse Kunst, Gent
1996
Il Pensiero Magmatico,
Centre d'Art Contemporain, Thiers

Jean-Pierre Bertrand

Einzel- und Gruppenausstellungen (Auswahl)
1983
Galerie de France, Paris
1985
Galerie Contemporaine
Centre Georges Pompidou, Paris
Biennale São Paulo
1987
L'Epoque, la mode, la morale, la passion,
Musée d'Art Moderne, Centre Georges
Pompidou, Paris
1987/88
MAGASIN,
Centre National d'Art Contemporain
de Grenoble
1988
Image de l'abstraction,
The Museum of Contemporary Art,
Los Angeles
Galerie de France, Paris
Kunstverein für die Rheinlande und Westfalen,
Düsseldorf
1991
IVAM, Centre del Carme, Valencia
1993
ARC / Musée National de la Ville de Paris
1994
Carré d'Art, Nîmes

Richard Billingham

Geboren 1970
Einzel- und Gruppenausstellungen (Auswahl)
1994
Who's looking at the Family?,
Barbican Art Gallery, London
1996
Anthony Reynolds Gallery, London
Life/Live,
ARC / Musée d'Art Moderne de la Ville de Paris
Fundação das Doscobertas Centro Cultural
de Belem, Lissabon
New Photography 12,
The Museum of Modern Art, New York
Full House,
Kunstmuseum Wolfsburg
1997
Regen Projects, Los Angeles
Museum of Contemporary Art, Sydney
Families/Friends/Strangers,
Centro Gallego de Arte Contemporánea,
Santiago de Compostella

Christian Boltanski

Geboren 1944
Einzel- und Gruppenausstellungen (Auswahl)
1969
Galerie Givaudan, Paris
1970
ARC/Musée d'Art Moderne de la Ville de Paris
1972
Aspects de l'avant-garde en France,
Théâtre de Nice
Règles et Techniques,
Galerie Sonnabend, Paris
1973
Les Inventaires,
Israel Museum, Jerusalem
1974
Stichting de Appel, Amsterdam
1975
Zum Totlachen,
Städtische Kunsthalle Düsseldorf
1983
The Aldrich Museum of Contemporary Art,
Ridgefield
1984
Musée National d'Art Moderne,
Centre Georges Pompidou, Paris
1986
Monuments,
Galerie Elisabeth Kaufmann, Zürich
1989
Réserves: La Fête de Pourim,
Museum für Gegenwartskunst, Basel
1991
Inventar,
Hamburger Kunsthalle
1994
Wilhelm Lehmbruck Museum, Duisburg
1995
Menschlich,
Kunsthalle Wien
1996
Christian Boltanski,
Neues Museum Weserburg, Bremen
1997
Anthony d'Offay Gallery, London

Louise Bourgeois

Geboren 1911
Einzel- und Gruppenausstellungen (Auswahl)
1949
Galerie Peridot, New York
1973
Biennale Whitney Museum of American Art,
New York
1982
The Museum of Modern Art, New York
1989
Frankfurter Kunstverein
1992
Documenta IX, Kassel
1993
Biennale Venedig
1994
Locus of Memory,
Brooklyn Museum, New York
Galerie Karsten Greve, Köln
1995
Fémininmasculin,
Centre Georges Pompidou, Paris
Louise Bourgeois. Der Ort des Gedächtnisses,
Deichtorhallen, Hamburg
1996
Biennale São Paulo
1997
Galería Soledad Lorenzo, Madrid

Sophie Calle

Geboren 1953
Einzel- und Gruppenausstellungen (Auswahl)
1983
Galerie Chantal Crousel, Paris
1986
Stichting de Appel, Amsterdam
1989
Shifting Focus,
Serpentine Gallery, London
1990
Institute of Contemporary Art, Boston
Galerie Crousel-Robelin/BAMA, Paris
Seven Obsessions,
Whitechapel Art Gallery, London
1991
51st Carnegie International,
Carnegie Museum of Art, Pittsburgh
1992
Dislocations,
The Museum of Modern Art, New York
1993
Blind Colour,
Galerie Leo Castelli, New York
Biennale Whitney Museum of American Art,
New York
1994
Absence,
Museum Boijmans van Beuningen, Rotterdam
1995
Cleveland Center for Contemporary Art,
Cleveland
1996
Relatos,
Fundación La Caixá, Madrid

Mary Carlson

Geboren 1951
Einzel- und Gruppenausstellungen (Auswahl)
1985
Summer Selection,
Castelli Uptown Gallery, New York
1986
Galerie Curt Marcus, New York
1989
Psychological Abstraction,
Deste Foundation, Athen
1991
The Interrupted Life,
The New Museum of Contemporary Art,
New York
1992
Getting to kNOw you,
Künstlerhaus Bethanien, Berlin
Städtisches Kaufhaus, Leipzig
1993
Exquisite Corpse,
Drawing Center, New York
1994
Holly Solomon Gallery, New York
1995
Identità e Alterità,
Biennale Venedig
1996
Body Language – New York,
Florida State University, Florida

Helen Chadwick

Geboren 1953, gestorben 1996
Einzel- und Gruppenausstellungen (Auswahl)
1978
In the Kitchen,
Art Net, London
1983-85
Ego Geometria Sum,
Art & Research Exchange, Belfast
1984
Rationalisierung – 1984,
Staatliche Kunsthalle, Berlin
1985
Kunst mit Eigen-Sinn,
Museum Moderner Kunst
Stiftung Ludwig, Wien
1986
Staging the Self,
National Portrait Gallery, London
1987
Allegory of Misrule,
Birmingham City Museum & Art Gallery,
Birmingham
1989
Enfleshings,
Interim Art, London
Viral Landscapes,
Museum of Modern Art, Oxford
On the Art of Fixing a Shadow,
National Gallery of Art, Washington
1990
Images in Transition,
National Museum of Modern Art,
Kyoto & Tokio
1992
Whitechapel Open,
Whitechapel Art Gallery, London
1993
XXY,
Interim Art, London
Trophies,
Galerie Eugen Lendl, Graz
1994
Effluvia,
Museum Folkwang, Essen
Fluxbritannica,
Tate Gallery, London
Biennale São Paulo
1995-96
Bad Blooms,
The Museum of Modern Art, New York

Judy Fox

Geboren 1957
Einzel- und Gruppenausstellungen (Auswahl)
1977
Yale University Art and Architecture Gallery,
New Haven
1985
The East Village Art Collection,
The Palladium, New York
1989
The Age of Women,
Jack Tilton Gallery, New York
1991
American Art Today, New Directions,
Florida International University Art Museum,
Miami
1992
Fever,
Exit Art/The First World, New York
1993
The Virgin Mary, Saint Theresa, Cinderella,
P.P.O.W., New York
1994
Jaguar Knight, Malanggan, Shiva Dancing,
The Virgin Mary, Saint Theresa, Mohammed,
Galerie Christine König, Wien
Suture – Phantasmen der Vollkommenheit,
Salzburger Kunstverein
1995
Identità e Alterità,
Biennale Venedig
1997
Museum of Contemporary Art, Chicago

Jakob Gautel

Geboren 1965
Einzel- und Gruppenausstellungen (Auswahl)
1990
Parlez-moi d'amour,
Espace Cuyot, Paris
1991
Galerie oneononeonone, Antwerpen
1992
Galerie du Forum Saint Eustache, Paris
1993
Ateliers 1993,
Villa Saint Clair, Sète
Paris Ville Lumière,
Espace Électra, Paris
1994
Ateliers 1994,
ARC / Musée d'Art Moderne de la Ville de Paris
1995
Cordon Bleu,
Galerie Arndt & Partner / Institut Français,
Berlin
1997
Utopie ou L'Auberge Espagnole,
Centre d'Art Contemporain,
Rueil-Malmaison
Centre Culturel Français, Jakarta

Gilbert & George

Gilbert geboren 1943
George geboren 1942
Einzel- und Gruppenausstellungen (Auswahl)
1984
The Believing World,
Anthony d'Offay Gallery, London
Lives,
Galleria Pieroni, Rom
1986
Pictures 1982 to 1985,
Kunsthalle Basel / Palais des Beaux Arts,
Brüssel
1988
1988 Pictures,
Sonnabend Gallery, New York
1989
Bilderstreit,
Kölner Messe
1990
Twenty-five Worlds,
Robert Miller Gallery, New York
1991
Metropolis,
Martin Gropius Bau, Berlin
1992
The Cosmological Paintings,
Kunsthalle Zürich / Secession, Wien
1993
The Cosmological Paintings,
Tate Gallery, Liverpool
1995
Nikolas Sonne Gallery, London
1996
Stedelijk Museum, Amsterdam
Galleria d'Arte Moderna, Bologna

Nan Goldin

Geboren 1953
Einzel- und Gruppenausstellungen (Auswahl)
1981
New York/New Wave,
P. S. 1, New York
1985
Biennale Whitney Museum of
American Art, New York
1987
American Dreams,
Museo Nacional Centro de Arte Reina Sofia,
Madrid
1988
Pace/MacGill Gallery, New York
1991
Museum Folkwang, Essen
1992
Désordres,
Galerie Nationale du Jeu de Paume, Paris
1993
Fotografiska Museet,
Moderna Museet, Stockholm
Bad Girls,
Institute of Contemporary Art, London
1994
The Ballad of Sexual Dependency,
Neue Nationalgalerie, Berlin
Welt-Moral: Moralvorstellungen
in der Kunst heute,
Kunsthalle Basel
1995
The Golden Years,
Galerie Yvon Lambert, Paris
Fémininmasculin,
Centre Georges Pompidou, Paris
1996
Biennale Sydney
Happy End: Zukunfts- und
Endzeitvisionen der 90er Jahre,
Kunsthalle Düsseldorf

Franz Graf

Geboren 1954
Einzel- und Gruppenausstellungen (Auswahl)
1979
Galerie Winter, Wien
(mit Brigitte Kowanz)
Galerie nächst St. Stephan, Wien
(mit Brigitte Kowanz)
1980
Galerie Krinzinger, Innsbruck
(mit Brigitte Kowanz)
Nuove Immagini,
Triennale Mailand
(mit Brigitte Kowanz)
1981
Westkunst – Heute,
Köln (mit Brigitte Kowanz)
1982
Kunsthalle Nürnberg
(mit Brigitte Kowanz)
Musée Cantonal des Beaux Arts,
Lausanne (mit Brigitte Kowanz)
1983
Museum Moderner Kunst Stiftung Ludwig,
Wien (mit Brigitte Kowanz)
1984
Biennale Venedig
(mit Brigitte Kowanz)
1987
Museum van Hedendaagse Kunst,
Gent (mit Brigitte Kowanz)
1988
Biennale Sydney (mit Brigitte Kowanz)
1990
Galerie Metropol, Wien
1991
Deichtorhallen, Hamburg
1993
Olaf-Palme-Museum, Budapest
1994
Stichting de Appel, Amsterdam
1995
Secession, Wien
1996
L-Gallery, Moskau
(mit Herbert Brandl)

Joseph Grigely

Geboren 1956
Einzel- und Gruppenausstellungen (Auswahl)
1995
Biennale Venedig
1996
Anthony d'Offay Gallery, London
ARC / Musée d'Art Moderne de la Ville de Paris
MIT List Visual Arts Center, Cambridge
1997
Air de Paris
Publikationen (Auswahl)
1996
Kitchen Conversations
(Portikus, Frankfurt)
The Pleasure of Conversing
(Anthony d'Offay Gallery, London)
General Catalogue N. 39: Ordinary
Conversations
(MIT List Visual Arts Center, Cambridge)
Migrateurs
(ARC / Musée d'Art Moderne de la Ville de Paris)

Alexis Hall

Geboren 1968
Einzel- und Gruppenausstellungen (Auswahl)
1993
When Paradise Is Where You Are,
OTIS, Los Angeles
1993
Dear John,
Hallwalls, Los Angeles
1993
Hey Buddy, It's A Threeway!,
OTIS, Los Angeles
1994
Grammarians,
Guggenheim Gallery of Chapman University,
Orange County
1995
Lilac Wine,
Art Center College of Design, Pasadena
1995
Crack Babies,
Art Center College of Design, Pasadena
1996
Outsider Show,
Auxilary, South Pasadena
1996
What Was The Alternative,
Art Center College of Design, Pasadena

Mona Hatoum

Geboren 1952
Einzel- und Gruppenausstellungen (Auswahl)
1990
The British Art Show,
London
1991
The Interrupted Life,
The New Museum of Contemporary Art,
New York
1992
Pour la suite du monde,
Musée d'Art Contemporain, Montréal
1993
Arnolfini Gallery, Bristol
1994
Sense and Sensibility,
The Museum of Modern Art, New York
Cocido y Crudo,
Museo Nacional Centro de Arte Reina Sofia,
Madrid
Biennale Havana
Centre Georges Pompidou, Paris
1995
ARS 95, Helsinki
Biennale Venedig
Rites of Passage, Tate Gallery, London

Gary Hill

Geboren 1951
Einzel- und Gruppenausstellungen (Auswahl)
1975
Projects: Video VI,
The Museum of Modern Art, New York
1981
New York Video,
Städtische Galerie im Lenbachhaus,
München
1982
Sydney Biennale
1983
International Cultural Center, Anvers
1984
Biennale Venedig
1986
Whitney Museum of American Art,
New York
1987
Documenta 8, Kassel
1990
Galerie des Archives, Paris
The Museum of Modern Art, New York
1992
Watari Museum of Contemporary Art, Tokio
Musée National d'Art Moderne,
Centre Georges Pompidou, Paris
Doubletake: Collective Memory
and Current Art,
Hayward Gallery, London
Donald Young Gallery, Seattle
Documenta IX, Kassel
1993
Stedelijk Museum, Amsterdam
1994
Tate Gallery, Liverpool

Tomas Hoke

Geboren 1958
Einzel- und Gruppenausstellungen (Auswahl)
1979
Schmuck und Objekte,
Künstlerhaus Klagenfurt
1982
Galerie Contact, Wien
Galerie Academia, Salzburg
(mit Yoshi Takahashi)
1984
Biennale Venedig
1986
Künstlerhaus Wien
1990
Tomas Hoke, Schmuck 1980-1990,
Galerie Slavik, Wien
Biennale Mailand
1994
Daseinssperre – Leere Masse,
Kärntner Landesgalerie, Klagenfurt
1995
Österreichische Galerie – Belvedere,
Atelier im Augarten, Wien

Birgit Jürgenssen

Geboren 1949
Einzel- und Gruppenausstellungen (Auswahl)
1978
Albertina, Wien
1984
Jack Tilton Gallery, New York
1987
Malen ist wie Säen,
Museum des 20. Jahrhunderts, Wien
1988
Graeme Murray Gallery, Edinburgh
1991
Mario Flecha Gallery, London
1994
Körpernah,
Galerie Krinzinger, Wien
Positionen zum Ich. Kamerabilder,
Kunsthalle Kiel
1995
Fiktion/nonfiction,
OÖ Landesgalerie, Linz
Auf den Leib geschrieben,
Kunsthalle Wien im Museumsquartier
1996
I met a stranger,
Secession, Wien
Sammlung Speck,
Museum Ludwig, Köln
Kunst aus Österreich 1896-1996,
Bundeskunsthalle Bonn
1997
Galerie Hubert Winter, Berlin

Gudrun Kampl

Geboren 1964
Einzel- und Gruppenausstellungen (Auswahl)
1990
Kunstbaustelle,
Museum für angewandte Kunst, Wien
1991
Musenvieh,
Naturhistorisches Museum, Wien
Wir Menschen Alle,
Neue Galerie Graz
1993
Durchs Messer lesen,
Kärntner Landesgalerie, Klagenfurt
1994
Mit Myrthen-Gift,
Blau-Gelbe Galerie, Wien
Musenbindungen,
Kunstforum Klagenfurt
Körpernah,
Galerie Krinzinger, Wien
1995
Die Häutung der Venus,
A la Liberia, Paris

1996
Samtherzens Schrei,
Galerie Steinek, Wien
19 Kuschelobjekte,
Kunsthalle Exnergasse, Wien
Tu felix Austria nube,
Museum of Modern Art,
Salvador/Bahia
Reisehäute,
Sanskriti Museum, New Delhi

Jason Karaïndros

Geboren 1963
Einzel- und Gruppenausstellungen (Auswahl)
1989
Kapelle Saint-Louis de la Salpêtrière, Paris
1991
Institut Français, Thessaloniki
1992
Art Defying Techno-sciences,
Cité des Sciences et de l'Industrie,
La Villette, Paris
Galerie des Beaux-Arts, Paris
1993
Annäherung mit J. Gautel,
Galerie FOE 156, München
1994
Galerie Donguy, Paris
1995
Galerie Le Triangle / Billard Akademie,
Bordeaux
1996
The Aggression of Beauty,
Galerie Arndt & Partner, Berlin

Mike Kelley

Geboren 1954
Einzel- und Gruppenausstellungen (Auswahl)
1982
Metro Pictures, New York
1984
Rosamund Felsen Gallery, Los Angeles
Biennale Sydney
1989
Jablonka Galerie, Köln
Galerie Peter Pakesch, Wien
The Museum of Contemporary Art,
Los Angeles
1991
Hirshhorn Museum and Sculpture Garden,
Smithsonian Institute, Washington
The Carnegie Museum of Art, Pittsburgh
Biennale Whitney Museum of American Art,
New York
1992
Kunsthalle Basel
Portikus, Frankfurt
Documenta IX, Kassel
1993
Die Sprache der Kunst, Kunsthalle Wien
1994
World Morality in High Art,
Kunsthalle Basel
Hors Limites – L'Art et La Vie,
Centre Georges Pompidou, Paris
1995
Zeichen und Wunder,
Kunsthaus Zürich
Missing Time,
Kestner Gesellschaft Hannover

Yves Klein

Geboren 1928, gestorben 1962
Einzel- und Gruppenausstellungen (Auswahl)
1963
Yves Klein et le langage du feu,
Kaiser Wilhelm Museum, Krefeld
1965
Stedelijk Museum, Amsterdam
1966
Palais des Beaux-Arts, Brüssel
1970
Galleria Civica d'Arte Moderna, Turin
1971
Kunsthalle Bern
1974
Tate Gallery, London
1976
Nationalgalerie Berlin
1982
Museum of Contemporary Art, Chicago
Solomon R. Guggenheim Museum, New York
1995
Galerie Gmurzynska, Köln

Maria Klonaris & Katerina Thomadaki

Maria Klonaris geboren 1954
Katerina Thomadaki geboren 1963
Einzel- und Gruppenausstellungen (Auswahl)
1978
Centre d'Art Contemporain, Genf
1980
Centre Georges Pompidou, Paris
1981
Musée d'Art Moderne, Lissabon
1982
Biennale Paris
Musée d'Art Moderne de la Ville de Paris
1983
Arsenal Kino, Berlin
1990
Fundació Joan Miró, Barcelona
1992
National Gallery, Athen
1994
Museo de Bellas Artes, Bilbao
1995
Pecci Museum, Florenz
1996
Institute of Contemporary Art, London

Elke Krystufek

Geboren 1970
Einzel- und Gruppenausstellungen (Auswahl)
1990
Institut für Gegenwartskunst, Akademie der
Bildenden Künste, Wien
1992
Galerie Metropol, Wien (mit Franz Graf)
1993
Biennale Venedig
Real Sex,
Salzburger Kunstverein
1994
Chambres d'Amis,
Museum van Hedendaagse Kunst, Gent
Migrateurs,
ARC / Musée d'Art Moderne de la Ville de Paris
Jetztzeit,
Kunsthalle Wien / Stichting de Appel,
Amsterdam
1995
Galleria Il Capricorno, Venedig
Phantasma und Phantome,
Offenes Kulturhaus, Linz
Femininmasculin,
Centre Georges Pompidou, Paris
Auf den Leib geschrieben,
Kunsthalle Wien im Museumsquartier
1997
Secession, Wien

Inez van Lamsweerde

Geboren 1963
Einzel- und Gruppenausstellungen (Auswahl)
1992
Vital Statistics,
Centre for Architecture and City Planning,
Groningen
1993
Heaven,
Central Museum, Utrecht
In Their Own Image,
P. S. 1, New York
1994
L'Hiver de l'Amour,
Musée d'Art Moderne de la Ville de Paris
Oh Boy, It's a Girl,
Kunstverein München
1995
The Forest,
Torch Gallery, Amsterdam
Recent Works,
Galerie Ars Futura, Zürich
1994/95
Spellbound,
Centro Cultural de Belem, Lissabon
1995
Biennale Venedig
Album,
Museum Boijmans van Beuningen,
Rotterdam
Der zweite Blick,
Haus der Kunst, München
1996
Gramercy Park Hotel Art Fair
Matthew Marks Gallery, New York

Greer Lankton

Geboren 1958, gestorben 1996
Einzel- und Gruppenausstellungen (Auswahl)
1981
Art from the Umbilicus,
Pratt Institute, New York
1982
Barbara Gladstone Gallery, New York
1983
Anderson Theatre Gallery, New York
1984
T. Greathouse Gallery, New York
25 Artists from New York,
Center for Art and Communication,
Buenos Aires
Romance and Catastrophe,
Zellermeyer Galerie, Berlin
Acid Show,
Sensory Evolution, New York
Inside the East Village,
Galerie André Emmerich, Zürich
1985
Civilian Warfare, New York
Institute of Contemporary Art, Montréal
1986
Painting and Sculpture Today,
Indianapolis Museum of Art
1989
Witnesses: Against Our Vanishing,
Artists Space, New York
1994
Real Sex, Salzburger Kunstverein
1995
Biennale Venedig
Biennale Whitney Museum of American Art,
New York

Ingeborg Lüscher

Geboren 1936
Einzel- und Gruppenausstellungen (Auswahl)
1993
Galerie im Traklhaus, Salzburg
abstrakt,
Deutscher Künstlerbund, Dresden
1994
Galerie Marie Puck Broodthaers, Brüssel
1995
Goldie Paley Gallery, Philadelphia
1996
Centro d'Arte Contemporanea, Bellinzona
Aargauer Kunsthaus, Aarau
Centre d'Art Contemporain, Genf
Kunstmuseum Solothurn
Fragile – handle with care,
Gemäldegalerie der Akademie
der Bildenden Künste, Wien
Völkerkundemuseum Zürich
1997
Dimensione della modernita in Ticino,
Musée des Beaux-Arts, La Chaux-de-Fonds

Robert Mapplethorpe

Geboren 1946, gestorben 1989
Einzel- und Gruppenausstellungen (Auswahl)
1970
Light Gallery, New York
1977
Holly Solomon Gallery, New York
The Kitchen, New York
1981
Robert Miller Gallery, New York
1983
Frankfurter Kunstverein
Centre Georges Pompidou, Paris
1984
Hara Museum of Contemporary Art, Tokio
1988
Whitney Museum of American Art, New York
Stedelijk Museum, Amsterdam
National Portrait Gallery, London
1994-95
Kunsthaus Wien

Annette Messager

Geboren 1943
Einzel- und Gruppenausstellungen (Auswahl)
1973
Musée de Peinture et de Sculpture, Grenoble
1976
Rheinisches Landesmuseum, Bonn
1977
Galerie Isy Brachot, Brüssel
1978
Holly Solomon Gallery, New York
1981
San Francisco Museum of Modern Art
1984
Galerie Elisabeth Kaufmann, Zürich
1992
Josh Baer Gallery, New York
1995
Musée d'Art Moderne de la Ville de Paris
Los Angeles County Museum of Art
Fémininmasculin,
Centre Georges Pompidou, Paris
1997
Rrose is a Rrose is a Rrose,
Solomon R. Guggenheim Museum, New York

Bruce Nauman

Geboren 1941
Einzel- und Gruppenausstellungen (Auswahl)
1968
Leo Castelli Gallery, New York
6 Day Week: 6 Sound Problems,
Galerie Konrad Fischer, Düsseldorf
1970
Galerie Bruno Bischofberger, Zürich
1972
Bruce Nauman: Work from 1965 to 1972,
Los Angeles County Museum of Art / Whitney
Museum of American Art, New York
1974
Galerie Sonnabend, Paris
1986
Museum für Gegenwartskunst, Basel
Museum Boijmans van Beuningen, Rotterdam
Whitechapel Art Gallery, London
1988
Bruce Nauman: Videos 1965-1986,
Museum of Contemporary Art, Los Angeles
1989
Open Mind,
Museum van Hedendaagse Kunst, Gent
1992
Salzburger Kunstverein
1993
Louisiana Museum, Humlebaek
1994
Museo Nacional Centro de Arte Reina Sofia,
Madrid
1995
The Museum of Modern Art, New York

Tony Oursler

Geboren 1957
Einzel- und Gruppenausstellungen (Auswahl)
1981
Video Viewpoints,
The Museum of Modern Art, New York
1982
The Walker Art Center, Minneapolis
1984
The Luminous Image,
Stedelijk Museum, Amsterdam
1985
Schule für Gestaltung, Basel
1987
The Kitchen, New York
Documenta 8, Kassel
1989
Museum für Gegenwartskunst, Basel
Biennale Whitney Museum of
American Art, New York
Video and Language,
The Museum of Modern Art, New York
1992
The Knitting Factory, New York
1994
Lisson Gallery, London
Beeld,
Museum van Hedendaagse Kunst, Gent
1995
Centre d'Art Contemporain, Genf

Susie Parker

Geboren 1970
Einzel- und Gruppenausstellungen (Auswahl)
1994
Foodhouse, Santa Monica
Downtown Live,
Los Angeles
1995
New-ish Works,
Helen Lindhurst Gallery, University of
Southern California, Los Angeles
LACE,
Los Angeles
3-Day Weekend,
Los Angeles
DADA,
Los Angeles
Far Bazaar,
Los Angeles
Crack Babies,
Art Center College of Design, Pasadena

1996
Me As Red Dot,
Art Center College of Design, Pasadena
The Woven Page,
Pasadena Library
1997
Beyond Baroque,
Venice, Ca.

Javier Pérez

Geboren 1968
Einzel- und Gruppenausstellungen (Auswahl)
1991
Ertibil,
Vizcaya
1993
Rapid Eyes Movements,
Bilbao
Mastère 93,
ENSBA, Paris
1994
Séduction,
Galerie René Blouin, Montréal
Trans,
Galerie Chantal Crousel, Paris
1995
Körper-Formen,
Künstlerwerkstatt, München
Passions privées,
Musée d'Art Moderne de la Ville de Paris
1996
Galerie Chantal Crousel, Paris
1997
Musée d'Art Moderne et Contemporain,
Strasbourg
L'Hôtel de Région, Limoges cedex
L'Empreinte,
Centre Georges Pompidou, Paris

Raymond Pettibon

Geboren 1957
Einzel- und Gruppenausstellungen (Auswahl)
1986
Semaphore Gallery, New York
1991
Feature, New York
Galerie Rüdiger Schöttle, München
Selections from the Permanent Collection:
1975-1991,
Museum of Contemporary Art, Los Angeles
1992
Air de Paris,
Nizza
LAX,
Galerie Krinzinger, Wien
Galerie Max Hetzler, Köln
1993
University Galleries, Illinois State University
1995
Kunsthalle Bern
Regen Projects, Los Angeles
1996
Sex and Crime,
Sprengel Museum Hannover
NowHere,
Louisiana Museum, Humlebaek
Chaos, Wahnsinn,
Kunsthalle Krems

1997
Biennale Whitney Museum of
American Art, New York
Kunsthalle Bern

Thomas Ruff

Geboren 1958
Einzel- und Gruppenausstellungen (Auswahl)
1981
Galerie Rüdiger Schöttle, München
1984
Galerie Konrad Fischer, Düsseldorf
1986/87
Reste des Authentischen,
Neue Galerie, Museum Folkwang, Essen
1988
Mai 36 Galerie, Luzern
Portikus, Frankfurt
1989
Stichting de Appel, Amsterdam
1990
Stedelijk Museum, Amsterdam
Kunsthalle Zürich
1992
Documenta IX, Kassel
1993
Museum Ludwig, Köln
1995
Biennale Venedig
1996
Zuspiel,
Sprengel Museum Hannover
(mit Georg Winter)

Eva Schlegel

Geboren 1960
Einzel- und Gruppenausstellungen (Auswahl)
1986
Galerie Cora Hölzl, Düsseldorf
1987
Galerie Krinzinger, Innsbruck
1988
Biennale Sydney
1989
Neue Galerie Graz
Kunst der letzten 10 Jahre,
Museum Moderner Kunst
Stiftung Ludwig, Wien
1994
Shoshana Wayne Gallery, Los Angeles
The Austrian Vision,
Fundación La Caixá
1995
Galerie Kilchmann, Zürich
Biennale Venedig
1996
Galeria il Ponte, Rom
1997
Una vision real,
Centro Cultural de Imagen, Mexico City

Beverly Semmes

Einzel- und Gruppenausstellungen (Auswahl)
1990
Artists Space, New York
1993
First Sightings,
Denver Art Museum, Denver
Fall from Fashion,
The Aldrich Museum of
Contemporary Art, Ridgefield
1994
Galerie Ghislaine Hussenot, Paris
1995
Museum of Contemporary Art, Chicago
Blue,
Stephen Wirtz Gallery, San Francisco
1996
Hirshhorn Museum and Sculpture Garden,
Washington
Irish Museum of Modern Art, Dublin
Recent Sculpture,
Galerie Bugdahn und Kaimer, Düsseldorf
A Labor of Love,
The New Museum of Contemporary Art,
New York
Art/Fashion,
Biennale Florenz

Andres Serrano

Geboren 1950
Einzel- und Gruppenausstellungen (Auswahl)
1989
Stux Gallery, New York
1990
Figuring the Body,
Museum of Fine Arts, Boston
1991
Nomads,
Denver Museum of Art
Seibu Museum of Art, Tokio
1992
Andres Serrano: The Morgue,
Galerie Yvon Lambert, Paris
Institute of Contemporary Art, Amsterdam
1993
Abject Art: Repulsion and Desire
in American Art,
Whitney Museum of American Art, New York
Biennale Venedig
1994
Budapest,
Paula Cooper Gallery, New York
Wenn die Kinder sind im Dunkeln ...,
Secession, Wien

Jim Shaw

Geboren 1952
Einzel- und Gruppenausstellungen (Auswahl)
1988
Telling Tales,
Artists Space, New York
1989
boys will be boys,
Linda Cathcart Gallery, Santa Monica
L. A. Six,
Rena Bransten Gallery, San Francisco

1991
Jim Shaw: My Mirage,
St. Louis Museum of Art, St. Louis
1992
Horror & Vacui,
Metro Pictures, New York
1993
Der Zerbrochene Spiegel,
Kunsthalle Wien / Deichtorhallen, Hamburg
1995
Feature, New York
1996
Galleria Massimo de Carlo, Milano
Dreams,
Cabinet Gallery, London

Cindy Sherman

Geboren 1954
Einzel- und Gruppenausstellungen (Auswahl)
1981
Metro Pictures, New York
1982
Stedelijk Museum, Amsterdam
1984
Galerie Monika Sprüth, Köln
1987
Whitney Museum of American Art, New York
1989
National Art Gallery, Wellington
1991
Saatchi Collection, London
Milwaukee Art Museum
1992
Museo de Monterrey
1993
Tel Aviv Museum of Art
1994
Welt-Moral: Moralvorstellungen
in der Kunst heute,
Kunsthalle Basel

Nicholas Sinclair

Geboren 1954
Einzel- und Gruppenausstellungen (Auswahl)
1983
Gardner Arts Centre, University of Sussex
1985
The National Theatre, London
1988
Hove Museum and Art Gallery, Hove
1989
Northern Centre for Contemporary Art,
Sunderland
1994
National Portrait Gallery, London
1995
Brighton Museum and Art Gallery
Joseloff Gallery, University of Hartford
1996
Tom Blau Gallery, London
Whitechapel Art Gallery, London

Kiki Smith

Geboren 1954
Einzel- und Gruppenausstellungen (Auswahl)
1980
COLAB Benefit,
Brooke Alexander Gallery, New York
1981
Lightning,
P.S. 1, New York
Artists Space, New York
1982
Documenta 7, Kassel
1983
Island of Negative Utopia,
The Kitchen, New York
1984
Modern Masks,
Whitney Museum of American Art, New York
1985
Moderna Museet, Stockholm
1988
Committed To Print,
The Museum of Modern Art, New York
1989
Projects and Portfolios,
The Brooklyn Museum, New York
1990
Holly Solomon Gallery, New York
1992
Museum für angewandte Kunst, Wien
1993
Biennale Venedig
Anthony d'Offay Gallery, London
1995
Whitechapel Art Gallery, London

Nancy Spero

Geboren 1926
Einzel- und Gruppenausstellungen (Auswahl)
1964
Huit Americains de Paris,
American Cultural Center, Paris
1974
Codex Artaud,
Douglas College, Rutgers University,
New Jersey
1981
The First Language,
AIR Gallery, New York
1984
Art and Ideology,
The New Museum of Contemporary Art,
New York
1985
Kunst mit Eigen-Sinn,
Museum Moderner Kunst
Stiftung Ludwig, Wien
1988
Barbara Gross Galerie, München
1990
Nancy Spero: Bilder 1958 bis 1990,
Bonner Kunstverein
1992
Allegories of Modernism:
Contemporary Drawing,
The Museum of Modern Art, New York
1994
Malmö Konsthall
1996
Inside the Visible,
Institute for Contemporary Art, Boston

Rosemarie Trockel

Geboren 1952
Einzel- und Gruppenausstellungen (Auswahl)
1985
Rheinisches Landesmuseum, Bonn
1988
Kunsthalle Basel
Institute of Contemporary Art, London
1991
Museum für Gegenwartskunst, Basel
Institute of Contemporary Art, Boston
University Art Museum Berkeley
1992
Museum Ludwig, Köln
Museo Nacional Centro de Arte Reina Sofia,
Madrid
Statens Museum, Kopenhagen
1994
Museum für angewandte Kunst, Wien
Centre d'Art Moderne, Genf
1997
Kunsthalle Wien

Lois Weinberger

Geboren 1947
Einzel- und Gruppenausstellungen (Auswahl)
1982
Neue Skulptur,
Galerie nächst St. Stephan, Wien
1986
De Sculptura,
Wiener Festwochen, Wien
Neue Galerie Graz
1989
Kunst der letzten 10 Jahre,
Museum Moderner Kunst
Stiftung Ludwig, Wien
1990
E. A. Generali Foundation Sammlung,
Secession, Wien
1991
Biennale São Paulo
Kunst Europa,
Deichtorhallen, Hamburg
1992
Surface Radical – Position Individuel,
Grand Palais, Paris
Salzburger Kunstverein
1994
Bad zur Sonne,
Steirischer Herbst, Graz
1995
Künstlerhaus Bethanien, Berlin
1996
Austria im Rosennetz,
Museum für angewandte Kunst, Wien
1997
Documenta X, Kassel

Franz West

Geboren 1947
Einzel- und Gruppenausstellungen (Auswahl)
1978
verblödung und semantik,
Galerie nächst St. Stephan, Wien
1986
Galerie Peter Pakesch, Wien
1987
Einsicht,
Secession, Wien
1988
Kunsthalle Bern
1989
Kunsthistorisches Museum, Wien
1990
Biennale Venedig
1991
Etude de couleur,
Villa Arson, Nizza
1992
Documenta IX, Kassel
1993
Investigations of American Art,
David Zwirner, New York
1994
Test, Sculpture Plaza,
The Museum of Contemporary Art,
Los Angeles
1996
Proforma,
Museum Moderner Kunst
Stiftung Ludwig, Wien
Biennale Sydney

Hermione Wiltshire

Geboren 1963
Einzel- und Gruppenausstellungen (Auswahl)
1985-1986
Walking and Falling,
Interim Art, London
1987
Name No Body,
Riverside Studios, London
1990
The Artist Selects,
Goldsmith Gallery, London
1992
Lisson Gallery, London
1993
Elective Affinities,
Tate Gallery, Liverpool
1994
Lost at Sea and Found on the Ground,
Galerie Eugen Lendl, Graz
Thinking Aloud,
Small Mansion Art Centre, London
1995
It's a Pleasure,
Royal Festival Hall, London
1996
Epreuves de désir,
Observatoire-Galerie, Brüssel
1997
Rebel Angels,
Walsall Museum and Art Gallery, Walsall
Our Public Secrets,
Galleria S.A.L.E.S, Rom

David Wojnarowicz

Geboren 1954, gestorben 1992
Einzel- und Gruppenausstellungen (Auswahl)
1982
Milliken Gallery, New York
COLAB Store,
Barbara Gladstone Gallery, New York
1984
C.A.U.C., Buenos Aires
Modern Masks,
Whitney Museum of American Art
1986
Foundation Cartier, Paris
1987
Ground Zero Gallery, New York
1990
David Wojnarowicz – Tongues of Flame,
University Galleries, Illinois State University
Übers Sofa – Auf die Strasse!,
Neue Gesellschaft für Bildende Kunst, Berlin
Joint Ventures,
Artists Space, New York
1991
Biennale Whitney Museum of American Art
The Interrupted Life,
The New Museum of Contemporary Art,
New York
1992
More Than One Photography,
The Museum of Modern Art, New York
1993
ITSOFOMO, 7th Annual Bang on a Can Festival,
The Kitchen, New York
7 Miles a Second,
P.P.O.W., New York
1995
Sites of Being,
Institute of Contemporary Art, Boston
1996
Sex and Crime,
Sprengel Museum Hannover

Francesca Woodman

Geboren 1958, gestorben 1981
Einzel- und Gruppenausstellungen (Auswahl)
1976
Addison Gallery of American Art, Andover
1977
Womanspace,
Boulder, Colorado
1978
Libreria Maldoror, Rom
Cinque Giovani Artisti,
Galleria Ugo Ferrante, Rom
RISD Galerie im Palazzo Cenci, Rom
1979
Swan Song,
Woods-Gerry Gallery, RISD, Providence
1980
Pictorialism,
Daniel Wolf Inc., New York
Beyond Photography 80,
The Alternative Museum, New York
1986
Francesca Woodman – photographic work,
Wellesley College Museum, Massachusetts /
Hunter College Art Gallery, New York

Autoren

Rafael Alberti

Geboren 1903 in Puerto de Santa Maria (E), lebt seit 1940 in Argentinien. War anfangs kubistischer Maler und wandte sich dann erst der Lyrik zu.

Werke
La amante (1926)
Sobre los ángeles (1929)
Baladas y canciones del Paraná (1954)

Neda Bei

Geboren 1952 in Wien, Dr. iur., Studium der Kunstgeschichte. Theoretische, essayistische und experimentelle Texte;

Veröffentlichungen u. a.
Das ewige Klischee (hg. mit Autorinnengruppe Uni Wien, Böhlau 1981)
Vernunft als Institution? (hg. mit Projektgruppe Kritische Universitätsgeschichte, edition öh 1986)
Das Monstrum ist der Fall (manuskripte 109/90, Nachdruck 1993)
ich nagte gerade am m. anagrammgedichte (Edition Freibord 1992)

In Anthologien
Gerald Ganglbauer/Andreas Puff, Textwechsel, Sonderzahl 1992; Herbert J. Wimmer, Strukturen erzählen: die Moderne der Texte, Edition präsens 1996; Helmut Eisendle, Fremd, Deuticke 1997.

Jorge Luis Borges

Geboren 1899 in Buenos Aires, gestorben 1986 in Genf. 1914 Übersiedelung der Familie nach Genf, Borges kehrte jedoch 1921 nach einem Spanienaufenthalt nach Argentinien zurück, wo er mit Freunden einige literarische Zeitschriften gründete und ein Manifest verfaßte, das von den spanischen Ultraisten beeinflußt war. Borges etablierte sich in Buenos Aires als Schriftsteller, Journalist und Übersetzer; er war auch Mitarbeiter der Zeitschrift „Sur". 1955 wurde er – nach Peróns Sturz – Direktor der Nationalbibliothek, kurz darauf auch Professor für englische und amerikanische Literatur.
Sein Werk umfaßt v. a. Gedichte, Essays und Erzählungen. Der Stoff für seine Fiktionen stammt aus Bibliotheken, Archiven und der Philosophie; Bibliothek, Spiegel, Labyrinth, Doppelgänger symbolisieren in seinen Texten die verschwimmenden Grenzen zwischen Logik und Phantastik, Diesseits und Jenseits.

Werke
Das Eine und die Vielen (1925)
Der schwarze Spiegel (1935)
Geschichte der Ewigkeit (1936)
Das Buch von Himmel und Hölle (mit Bioy Casares, 1960)
Borges und ich (1960)
Buch der Träume (1976)
Geschichte der Nacht (1978)

Dietmar Kamper

Geboren 1936, 1973 – 1979 Professor für Erziehungswissenschaft an der Universität Marburg, seit 1979 Professor für Soziologie an der Freien Universität Berlin. Mitherausgeber von „Tumult. Zeitschrift für Verkehrswissenschaft".

Publikationen u. a.
Zur Geschichte der Einbildungskraft (1981)
Die Wiederkehr des Körpers (1982)
Das gefangene Einhorn (1983)
Das Schwinden der Sinne (1984)

Sylvère Lotringer

Sylvère Lotringer ist Herausgeber der „Semiotext(e)" und Professor für moderne französische Literatur und Philosophie an der Columbia Universität. Er organisierte die Veranstaltungen über Antonin Artaud im MOMA und im Drawing Center in New York. Er ist Autor zahlreicher Publikationen, die im Merve Verlag in Berlin erschienen sind:
New Yorker Gespräche (1983)
Der Reine Krieg (mit Paul Virilio, 1984)
Philosophen-Künstler (1986)
Foreign Agent: Kunst in den Zeiten der Theorie (1991)

Thomas Macho

1952 geboren; 1976 Promotion (mit einer Dissertation zur Philosophie der Musik); 1984 Habilitation für das Fach Philosophie (mit einer Habilitationsschrift über Todesmetaphern); 1976–1987 Universitätsassistent, ab 1984 Universitätsdozent für Philosophie am Institut für Philosophie der Universität für Bildungswissenschaften Klagenfurt; 1987–1992 Leiter des Studienzentrums für Friedensforschung in Stadtschlaining (Burgenland); 1993 Gastprofessur für Kunsttheorie und Ästhetik an der Hochschule für Gestaltung in Linz; ebenfalls 1993 Berufung auf einen Lehrstuhl für Kulturgeschichte an der Humboldt-Universität zu Berlin.
Autor zahlreicher Publikationen, u. a.
Todesmetaphern. Zur Logik der Grenzerfahrung (1987)
Weltrevolution der Seele. Ein Lese- und Arbeitsbuch der Gnosis von der Spätantike bis zur Gegenwart (Hg., gemeinsam mit Peter Sloterdijk, 1991)
Zukunft ohne Kultur – Kultur ohne Zukunft? In: Die Zeit 19. 4. 1996
Vergißmeinnicht in Stein. Gut gedacht ist halb vergessen: Denk- und Mahnmale dienen oft weniger der Erinnerung an geschichtliche Ereignisse als der Erlösung von diesen, in: Falter. Zeitschrift für Kultur und Politik, 6. 11. 1996.

Friederike Mayröcker

Geboren 1924 in Wien, veröffentlicht seit 1945 Gedichte, seit 1954 ist sie mit Ernst Jandl befreundet, mit dem sie vor allem Hörspiele geschrieben hat. 1966 erschien der erste von Mayröcker selbst zusammengestellte Gedichtband „Tod durch Musen". Sie versucht durch die Sprache die Gleichzeitigkeit verschiedener Bewußtseinsvorgänge auszudrücken und beläßt die zersplitterte Wahrnehmung der Welt oder bruchstückhafte Kindheitseindrücke in ihrer Gegensätzlichkeit. In ihren Prosaarbeiten wird dieses Verfahren auf die längere Form übertragen. Mayröckers Stück „Nada. Nichts" wurde 1991 in Wien uraufgeführt.

Werke
Minimonsters Traumlexikon (Prosa, 1968)
Fast ein Frühling des Markus M.
(Roman, 1976)
mein Herz mein Zimmer mein Name
(Prosa, 1988)
Stilleben (Prosa, 1991)

Patrick McGrath

Geboren in London, nach einigen Jahren Aufenthalt in British Columbia übersiedelte er 1981 nach New York. Seine Anthologie „Blood and Water and Other Tales" wurde von der Kritik äußerst positiv aufgenommen; Autor der Erzählungen „The Grotesque" und „Spider", sein jüngstes Buch erschien Ende 1996 unter dem Titel „Asylum". Gemeinsam mit Bradford Morrow gibt er die Reihe „The New Gothique" heraus. Lebt in New York und London.

Yukio Mishima

Geboren 1925 in Tokio, gestorben 1970 in Tokio. Anfangs war er ein typischer Vertreter der skeptischen jungen Nachkriegsgeneration im besiegten Japan, er forderte dann jedoch zunehmend eine Restauration der traditionellen japanischen Werte, insbesondere der militanten männlichen Erziehung. Mit seinem spektakulären Selbstmord (Hara-kiri) wollte er eine nationale Revolution auslösen.

Jean Paul

Geboren 1763 in Wunsiedel im Fichtelgebirge, gestorben 1825 in Bayreuth. Studierte Theologie, ab 1794 konnte er aufgrund des steigenden Erfolgs seiner Romane als freier Schriftsteller leben. 1796 und 1798–1800 Aufenthalte in Weimar, wo er sich mit Herder befreundete, Goethe und Schiller verhielten sich allerdings distanziert. Er orientierte sich formal besonders an englischen Vorbildern und entwickelte bald eine sehr eigenständige Form, in der Traum und Wirklichkeit, Ideal und Leben aufeinander prallen.

Cathrin Pichler

Geboren 1946. Studium der Publizistik, Soziologie, Psychologie und Kunstgeschichte; 1973 Dr. phil. („Ästhetische Kommunikation – Empirisch-analytische Untersuchungen"), 1974-1985 Forschungs- und Lehrtätigkeit im sozialwissenschaftlichen Bereich, ab 1985 Ausstellungsprojekte.
Wunderblock (mit Jean Clair und Wolfgang Pircher) Wien 1989
Vergangene Zukunft, Wien 1993
L'Ame au Corps (mit Jean-Pierre Changeux und Jean Clair) Paris 1993
Identità e Alterità (mit Jean Clair) Biennale Venedig 1995
Der sechste Sinn Frankfurter Buchmesse 1995

Lehrtätigkeit an der Hochschule für angewandte Kunst, Wien.

Andrei Gabriel Pleşu

Geboren 1948 in Bukarest; 1971 Universitätsabschluß in Geschichte und Kunsttheorie an der Akademie der Bildenden Künste in Bukarest. 1971–1979 Forschungsassistent am Institut für Kunstgeschichte, Bukarest; 1975–1977 Alexander von Humboldt-Stipendium in Bonn; Vorträge über rumänische Kunst und Kulturphilosophie (in Bonn, Dortmund, Düsseldorf und Freiburg). 1980 Habilitation mit einer Arbeit über „The Feeling of Nature in European Culture". 1982/83 von der Universität Bukarest aus politischen Gründen ausgeschlossen. 1983–1984 Alexander von Humboldt-Stipendium in Heidelberg. 1984–1989 Forschungsassistent am Institut für Kunstgeschichte, Bukarest. 1989 politisches Exil in einem kleinen Dorf nördlich von Moldavia. 1990–1991 rumänischer Kulturminister; 1990 Commandeur des Arts et des Lettres. Seit 1991 Professor für Religionsphilosophie an der Universität in Bukarest, 1992 Mitglied des Wissenschaftskollegs zu Berlin; seit 1993 Herausgeber der Kulturwochenzeitung „Dilema"; seit 1994 Rektor des New Europe College, Bukarest.

Autor zahlreicher Publikationen, u. a.
Calatorie in lumea formelor/Travel to the World of Forms. Essays on the theory and history of art (Bukarest 1974);
Pitoresc si melancolie/The Picturesque and Melancholy. An analysis of the feeling for nature in European culture (Bukarest 1980);
Francesco Guardi (Bukarest 1981);
Jurnalul de la Tescani/The Diary of the Tescani, (Bukarest 1993);
Limba pasarilor/The Language of Birds. Essays on language and the philosophy of culture (Bukarest 1993).

George Quasha

Autor von Gedichtbänden, u. a. „Somapoetics", „Giving the Lily Back Her Hands", und „In No Time" und Herausgeber von Lyrikanthologien wie „America a Prophecy" und „Open Poetry".
Seit 1978 ist er Verleger und Mitherausgeber von Station Hill Press, Barrytown/New York. Seit den siebziger Jahren Kolaborationen mit Gary Hill in Form von akustischen Gedicht-Performances (TALE ENCLOSURE, ein Einkanal-Video von Gary Hill), Text und Inszenierung für die Installation DISTURBANCE (AMONG THE JARS) im Centre Georges Pompidou, Paris; seit 20 Jahren diverse Live-Performances und „dialogische" Arbeiten mit Charles Stein. Seine künstlerischen Arbeiten wurden in zahlreichen Ausstellungen in den USA präsentiert, seine Texte zu Gary Hill in Katalogen publiziert. Lehrtätigkeit u. a. an der New School for Social Research und am Bard College, New York.

Christian Reder

Geboren 1944 in Budapest, Studium an der Universität Wien (Dr. rer. pol.), Sozial- und Wirtschaftswissenschaftler, Berater für Politik-, Sozial- und Kulturprojekte, Autor. Seit 1985 Professor an der Hochschule für angewandte Kunst in Wien (Vorstand der Lehrkanzel für Kunst- und Wissenstransfer). Bis 1994 Mitherausgeber des „Falter", seit 1994 von „Architektur aktuell" und 1995 – 97 von „springer – Hefte für Gegenwartskunst", Wien.

Rainer Maria Rilke

Geboren 1875 in Prag, gestorben 1926 in Val Mont bei Montreux. 1899 und 1900 Rußlandreisen, 1905–1914 Wohnsitz in Paris, wo er für Auguste Rodin arbeitete, zahlreiche Reisen, vor allem in die Mittelmeerländer und nach Skandinavien.

Werke (Auszug)
Leben und Lieder (1894)
Geschichten vom lieben Gott (1900–1904)
Das Buch der Bilder (1902)
Das Stundenbuch (1905)
Requiem (1909)
Duineser Elegien (1923)
Späte Gedichte (1934), außerdem frühe Dramen und Erzählungen sowie Briefe,
Briefe an einen jungen Dichter (1929)
Briefe an eine junge Frau (1930)
Briefe an seinen Verleger (1934–1939; 2 Bände)

Arthur Rimbaud

Geboren 1854 in Charleville, gestorben 1891 in Marseille. Als Jugendlicher war er eng mit Verlaine befreundet bis zum Bruch 1873, danach verzichtete er auf ein dichterisches Schaffen und begann seine Reisen in den Orient und nach Afrika. Seine Lyrik ist Ausdruck einer leidenschaftlichen Auflehnung gegen sämtliche gesellschaftlichen Konventionen. Synästhesien und die Lockerung des Versbaus bis hin zum „vers libre" im rhythmischen Prosagedicht machten ihn zu einem der wichtigsten Wegbereiter des Symbolismus.

August Ruhs

Facharzt für Psychiatrie und Neurologie, Psychoanalytiker. Assistenzprofessor an der Wiener Universitätsklinik für Tiefenpsychologie und Psychotherapie. Zahlreiche Veröffentlichungen in den Bereichen der klinischen, der theoretischen und der angewandten Psychoanalyse. Mitherausgeber der Zeitschrift „texte. psychoanalyse. ästhetik. kulturkritik", Mitbegründer der Neuen Wiener Gruppe/Lacan-Schule.

Yehuda Safran

Studium am St. Martin's School of Art, dem Royal College of Art und dem University College in London. Diverse Lehraufträge an der Architectural Association, am Goldsmith's College, der Chelsea School of Art und am Royal College of Art in London. Er war Mitglied am Chicago Institute of Architecture and Urbanism und Gastprofessor an der School of Architecture der University of Illinois in Chicago. Publikation zahlreicher Essays zu verschiedenen Aspekten von Kunsttheorie und -praxis sowie zu Architektur und Film. Er kuratierte mehrere Ausstellungen, u.a. „The Architecture of Adolf Loos" – eine Wanderausstellung des Arts Council of Great Britain – und „Frederick Kiesler", die in der Architecture Association präsentiert wurde. Safran war Kuratoriumsmitglied der 9H Gallery und Gründungsmitglied der Architecture Foundation in London; er ist außerdem Mitglied des College International de Philosophie in Paris. Er lehrt derzeit Kunstgeschichte und Kunsttheorie an der Jan van Eyck Academy in Maastricht sowie Architekturtheorie an der Columbia University der City of New York und an der Graduate School of Architecture and Urban Planning.

Walter Seitter

Privatdozent für Politikwissenschaften an der Rheinisch-Westfälischen Technischen Hochschule zu Aachen. Er lehrt Ästhetik und Politik an der Hochschule für angewandte Kunst in Wien, außerdem leitet er die Sektion Ästhetik der Neuen Wiener Gruppe/Lacan-Schule und ist Mitherausgeber von „Tumult. Schriften zur Verkehrswissenschaft".

Charles Stein

Autor von mehreren Gedichtbänden, einige davon sind mit seinen Photographien illustriert; der jüngste Band „The Hat Rack Tree" erschien 1994. Wissenschaftliche Studien zum Lyriker Charles Olson („The Secret of the Black Crysanthemum") und Essays zu Philosophie und Literatur. Langjährige Zusammenarbeit mit George Quasha (kritische „diagonale" Texte); Zahlreiche Ausstellungen seiner photographischen Arbeit, Performances mit George Quasha und Gary Hill, Texte zum künstlerischen Werk von Gary Hill erschienen u. a. in Katalogen des Stedelijk Museums, Amsterdam und der Barbara Gladstone Gallery, New York. Lehrtätigkeit u. a. am Bard College, New York.

Christian Theo Steiner

Geboren 1962, Studium der Philosophie und Soziologie in Graz, Forschungsstipendien in Neapel und New York. Seit 1993 freier wissenschaftlicher Mitarbeiter, seit 1996 Kurator der Kunsthalle Wien. Forschungsschwerpunkte: Kunstphilosophie, Marcel Duchamp, Installation Art.

Paul Valéry

Geboren 1871 in Sète, gestorben 1945 in Paris. Befreundet mit Gide und Mallarmé; er begann mit symbolistischer Lyrik, widmete sich dann 20 Jahre lang (1897–1917) streng wissenschaftlichen Studien und wandte sich anschließend wieder der Dichtung zu. Er ist einer der bedeutendsten französischen Lyriker des 20. Jahrhunderts und gilt als Nachfolger Mallarmés. Die Hauptthemen seiner „poésie pure" sind der Prozeß dichterischen Schaffens und das menschliche Erkennen.

Leihgeber

Sammlung Barry Blinderman, Normal, Il.
Marc Blondeau SA., Paris
Museum Boijmans Van Beuningen, Rotterdam
Galerie Bugdahn und Kaimer, Düsseldorf
Robert Calle, Paris
Paula Cooper Gallery, New York
Galerie Chantal Crousel, Paris
Sammlung Martin Disler und Irene Grundel, Les Planchettes/CH
Sammlung Jean Foos, New York
Galerie de France, Paris
Sammlung Jerry Gorovoy, New York
Galerie Karsten Greve, Köln, Paris, Mailand
Barbara Gross Galerie, München
Hermes Kunstwerkstätten
Sammlung Hofer-Wittmann, Etsdorf/NÖ
Sammlung Steve Johnson und Walter Sudol, New York
Jay Jopling, London
Galerie Elisabeth Kaufmann, Basel
Yves Klein Archives
Sammlung Fritz und Helga Kleiner, Graz
Christine König & Franziska Lettner Galerie, Wien
Sammlung Kubesch, Thalgau/Salzburg
Galerie Yvon Lambert, Paris
Marilyn Lankton, Park Forest, Il.
Galerie Eugen Lendl, Graz
Javier López Gallery, London
Sammlung Pier Luigi & Natalina Remotti
Mai 36 Galerie, Zürich
The Estate of Robert Mapplethorpe
Matthew Marks Gallery, New York
Metro Pictures, New York
Museum moderner Kunst Stiftung Ludwig, Wien
F. und I. Mostegel, Steiermark
PaceWildenstein, New York
P.P.O.W., New York
Regen Projects, Los Angeles
Anthony Reynolds Gallery, London
Andrea Rosen Gallery, New York
Collection Gunter Sachs
Sammlung Ranbir Singh, Brüssel und Pleasanton, Ca.
Sammlung Laura Skoler, New York
Stedelijk Museum, Amsterdam
Galerie Steinek, Wien
Galerie Torch, Amsterdam
Weaver Collection, Michigan
Sammlung Betty und George Woodman, New York
Donald Young Gallery, Seattle

Photonachweis

Joerg Th. Burger
Herbert Fidler
Matthias Herrmann
Gerhard Koller
F. Müller-Seewald
Peter Muscato
Ellen Page Wilson
Wilfried Petzi
David Reynolds
Harry Shunk
© Nicholas Sinclair
Hans Georg Tropper
Seber Ugarte

Courtesy Museum Boijmans Van Beuningen, Rotterdam
Courtesy Galerie Chantal Crousel, Paris
Courtesy Paula Cooper Gallery, New York
Courtesy of Nan Goldin and Matthew Marks Gallery, New York
Courtesy Galerie Karsten Greve, Köln
Courtesy Studio Guenzani, Milano
Courtesy Jay Jopling, London
Courtesy Galerie Elisabeth Kaufmann, Basel
Courtesy Christine König & Franziska Lettner Galerie, Wien
Courtesy Christine König & Franziska Lettner Galerie, Wien und Anthony d'Offay, London
Courtesy Galerie Yvon Lambert, Paris
Courtesy Galerie Eugen Lendl, Graz
Courtesy Mai 36 Galerie, Zürich
© The Estate of Robert Mapplethorpe
Courtesy PaceWildenstein, New York
Courtesy PaceWildensteinMacGill, New York, © Francesca Woodman
Courtesy P.P.O.W., New York
Courtesy Regen Projects, Los Angels
Courtesy Anthony Reynolds Gallery, London
Courtesy Andrea Rosen Gallery, New York
Courtesy Stedelijk Museum, Amsterdam
Tate Gallery, London
Courtesy Galerie Torch, Amsterdam
Courtesy Donald Young Gallery, Seattle

Christian Boltanski
Louise Bourgeois
Sophie Calle
Franz Graf
Birgit Jürgenssen
Yves Klein
Ingeborg Lüscher
Annette Messager
Bruce Nauman
Thomas Ruff
Rosemarie Trockel

Werkliste

:Engel
:Engel

Kunsthalle
Wien

:Engel
:Engel

Kunsthalle Wien
11. Juni bis
7. September 1997

Galerie Rudolfinum Prag
25. September bis
30. November 1997

Ausstellung

Idee, Konzept,
organisatorische Leitung
Cathrin Pichler

Ausstellungssekretariat
Semirah Zecher-Heilingsetzer

Restauratorische Betreuung
Joachim Goppelt

Transporte
hs art service, Wien
Hasenkamp, Köln

Redaktion
Jeanette Pacher
Semirah Zecher-Heilingsetzer

Druck
Adolf Holzhausens Nfg.,
A-1070 Wien
Gedruckt auf säurefreiem,
chlorfrei gebleichtem
Papier-TCF
SPIN: 10631497

Layout
Richard Ferkl

Graphisches Konzept
Ecke Bonk

Rita Ackermann
Leave Me Alone, 1995
Acryl auf Leinwand
132,1 x 213,4 cm
Weaver Collection,
Michigan/USA

Rita Ackermann
We Mastered the Life
of Doing Nothing, 1994
Öl und Acryl auf Leinwand
86,4 x 182,9 cm
Sammlung Ranbir Singh,
Brüssel und Pleasanton, Ca.

Rita Ackermann
If I was a maid,
can I clean your flat, 1994
Acryl auf Leinwand
137 x 270 cm
Courtesy Marc Blondeau SA., Paris

Franz Artenjak
Hauptsonnensystem, 8.11.1972
Bleistift, Farbstift und Kugelschreiber
auf Packpapier
30 x 21 cm
Museum moderner Kunst
Stiftung Ludwig, Wien;
ehemals Sammlung Leo Navratil,
Gugging

Franz Artenjak
1. Sonnensystem, 9.1.1973
Bleistift, Farbstift und Kugelschreiber
auf Packpapier
30,5 x 20 cm
Museum moderner Kunst
Stiftung Ludwig, Wien

Bizhan Bassiri & Franz West
Engländer, 1997
Sockel (Franz West) und
Video (Bizhan Bassiri)
Sockel: 87 x 125 x 145 cm
David Zwirner,
New York; Bizhan Bassiri

Jean-Pierre Bertrand
Apparition d'un visage de profil
sur une surface de lignes entre croisées, 1993
Mischtechnik
300 x 175 x 1 cm
Besitz des Künstlers, Paris

Jean-Pierre Bertrand
Buenos Aires, Les Anges, 1972
12 s/w-Photographien (von einem
Film-Shooting in Buenos Aires)
je 35 x 42 cm (gerahmt)
Courtesy Galerie de France, Paris

Richard Billingham
Untitled, 1995
SFA1 Farbphotographie,
auf Aluminium aufkaschiert;
Ed. von 7 plus 1 AP, AP
120 x 80 cm
Anthony Reynolds Gallery,
London

Richard Billingham
Untitled, 1994
SFA1 Farbphotographie,
auf Aluminium aufkaschiert;
Ed. von 5 plus 1 AP, AP
105 x 158 cm
Anthony Reynolds Gallery,
London

Richard Billingham
Untitled, 1992
SFA1 Farbphotographie,
auf Aluminium aufkaschiert;
Ed. von 5 plus 1 AP, AP
105 x 158 cm
Anthony Reynolds Gallery,
London

Christian Boltanski
L'ange débordé, 1986
Installation
Besitz des Künstlers,
Malakoff/Paris

Louise Bourgeois
Arch of Hysteria, 1993
Bronze
83,8 x 101,6 x 58,4 cm
Galerie Karsten Greve,
Köln, Paris, Mailand

Louise Bourgeois
Poids, 1992
Stahl, Glas und Stoff
238,7 x 304,8 x 68,5 cm
Galerie Karsten Greve,
Köln, Paris, Mailand

Sophie Calle
La Robe de Mariée, 1988
s/w-Photographie und Text (1/5)
Photographie: 170 x 100 cm;
Text: 50 x 50 cm
Robert Calle, Malakoff/Paris

Mary Carlson
Grey Veil, 1991
Stoff
205,7 x 22,9 x 10,2 cm
Besitz der Künstlerin

Mary Carlson
Latex, 1989
Latex
2,5 x 53,3 x 58,4 cm
Besitz der Künstlerin

Mary Carlson
White Veil, 1990
Stoff
200,7 x 33 x 38,1 cm
Sammlung Laura Skoler,
New York

Helen Chadwick
Billy Budd, 1994
Cibachrom, Transparent, Glas,
Aluminium, Elektrik (1/3)
86 x 86 x 15 cm
Sammlung F. H. Mostegel,
Steiermark

Helen Chadwick
Herculine Barbin, 1992
Cibachrom, Baumwolle,
Glas, Elektrik, Paneel
Mittleres Paneel: 80 x 48 x 15 cm;
Seitenpaneele: je 52 x 42 x 65 cm
Sammlung Fritz und Helga Kleiner,
Graz

Judy Fox
Olympia, 1995
Ton, bemalt mit Kasein
30,5 x 68,6 x 20,3 cm
Courtesy der Künstlerin, P.P.O.W.,
New York und
Galerie Christine König
& Franziska Lettner, Wien

Jakob Gautel & Jason Karaïndros
Engeldetektor, 1997
Holz, Glas, Elektronik
30 x 16 x 16 cm
Besitz der Künstler, Paris;
Elektronik: Walter Goettmann

Gilbert & George
The singing sculpture, 1969-93
Wandplakat, Offset vierteilig (1/20)
220 x 270 cm
Courtesy Galerie Christine König
& Franziska Lettner, Wien

Gilbert & George
Portrait of the artist;
Gordon Gin makes us drunk;
In the bush, 1972
Video
Courtesy Galerie Christine König
& Franziska Lettner, Wien

Nan Goldin
David Wojnarowicz at home,
NYC, 1990
Cibachrom
76,2 x 101,6 cm
Courtesy der Künstlerin und
Matthew Marks Gallery,
New York

Nan Goldin
Hugh Steers with his painting,
NYC, 1994
Cibachrom
76,2 x 101,6 cm
Courtesy der Künstlerin und
Matthew Marks Gallery,
New York

Nan Goldin
Cookie at Tin Pan Alley,
NYC, 1983
Cibachrom
76,2 x 101,6 cm
Courtesy der Künstlerin und
Matthew Marks Gallery,
New York

Nan Goldin
Greer and Robert on the bed,
NYC, 1982
Cibachrom
76,2 x 101,6 cm
Courtesy der Künstlerin und
Matthew Marks Gallery, New York

Nan Goldin
Alf at my Bon Voyage party,
NYC, 1991
Cibachrom
76,2 x 101,6 cm
Courtesy der Künstlerin und
Matthew Marks Gallery,
New York

Nan Goldin
Ivy wearing a fall,
Boston, 1973
Gelatin-Silber-Abzug
50,8 x 40,6 cm
Courtesy der Künstlerin und
Matthew Marks Gallery,
New York

Nan Goldin
Ivy in the Boston Garden,
back, Boston, 1973
Gelatin-Silber-Abzug
50,8 x 40,6 cm
Courtesy der Künstlerin und
Matthew Marks Gallery,
New York

Nan Goldin
Ivy in the Boston Garden,
profile, Boston, 1973
Gelatin-Silber-Abzug
50,8 x 40,6 cm
Courtesy der Künstlerin und
Matthew Marks Gallery,
New York

Franz Graf
Ohne Titel, 1997
Installation, Wandmalerei
Besitz des Künstlers, Wien

Joseph Grigely
Untitled Conversation
(Paula's Birthday Party), 1996
Tinte auf Papiertischtuch
116,8 x 109,2 cm
Besitz des Künstlers

Alexis Hall
What was the alternative, 1996
9 Farbphotographien
je 45,7 x 35,6 cm
Besitz der Künstlerin

Mona Hatoum
Silence, 1994
Glas, 5-teilig
127 x 92,7 x 59,1 cm
Courtesy Jay Jopling,
London

Gary Hill
standing apart/facing faces, 1996
Video-Installation
Donald Young Gallery,
Seattle

Birgit Jürgenssen
Ohne Titel, 1996
Triptychon, Photographien, C-Print
je 150 x 100 cm
Besitz der Künstlerin, Wien

Birgit Jürgenssen
Ohne Titel, 1996
Video (Loop)
Besitz der Künstlerin, Wien

Gudrun Kampl
Angel-news, 1995
Pornoheft übermalt mit Ölkreide
23,5 x 17 cm
Besitz der Künstlerin, Wien

Mike Kelley
Specific and Nonspecific, 1987
Collage auf Papier, 68-teilig
1 x (35,6 x 27,9 cm),
67 x (21,6 x 14 cm)
Courtesy Metro Pictures,
New York

Yves Klein
Empreinte positive et
dynamique, 1960
Pigment auf Leinwand;
signiert auf der Rückseite
225 x 145 cm
Sammlung Gunter Sachs, Paris

Gustav Herbrich/
Hermes Werkstätten
Krieg und Frieden, 1962/96
„Nike" von Yves Klein (1962):
Gips mit IKB (blaues Pigment),
Metallstab und Stein;
Höhe: ca. 50 cm
„Friedensengel aus München"
von Hermes Werkstätten (1996),
verkleinert auf ca. 50 cm,
9 kg Bronze, blattvergoldet,
im Sockel signiert
und numeriert, Gießereistempel
Höhe: jeweils ca. 50 cm; Säulen:
ca. 180 x 25 x 25 cm
Gustav Herbrich, München

Maria Klonaris &
Katerina Thomadaki
L'Ange. Corps des Etoiles,
1986/97
s/w-Photographie auf
Aluminiumplatte
114 x 171 cm
Besitz der Künstlerinnen

Elke Krystufek
Marilyn speaking, 1997
6 Farbphotographien
je 70 x 100 cm
Besitz der Künstlerin, Wien

Inez van Lamsweerde &
Vinoodh Matadin
Kirsten Star, 1996
C-Print (9/10)
104 x 80 cm
Galerie Torch,
Amsterdam

Inez van Lamsweerde
Anastasia, 1994
C-Print (1/1)
80 x 80 cm
Galerie Torch,
Amsterdam

Inez van Lamsweerde
Final Fantasy:
Caroline, 1993
C-Print (Künstlerabzug)
100 x 150 cm
Galerie Torch,
Amsterdam

Greer Lankton
Untitled, 1984
Aquarell, Bleistift und
Kugelschreiber auf Papier
12,5 x 21,5 cm
Marilyn Lankton,
Forest Park, Il.

Greer Lankton
Untitled, 1984
Aquarell und Bleistift
auf Papier
17,8 x 26 cm
Marilyn Lankton,
Forest Park, Il.

Greer Lankton
Untitled, 1990
Aquarell und Bleistift
auf Papier
11, 9 x 25 cm
Marilyn Lankton,
Forest Park, Il.

Greer Lankton
Sissy's body, 1989
Stoff, Farbe
60 x 25 x 8 cm
Greer Lankton

Ingeborg Lüscher
Omikuji, 1990 und 1995
6 Photographien unter
signiertem Passepartout in
gemaltem Rahmen
69 x 92 x 2,7 cm (gerahmt)
Besitz der Künstlerin

Robert Mapplethorpe
Louise Bourgeois, 1982
s/w-Photographie
38 x 38 cm
Sammlung Jerry Gorovoy,
New York

Annette Messager
L'ange (aus der Serie
„Chimères"), 1984
Mischtechnik mit Photographie
190 x 120 cm
Sammlung Martin Disler
und Irene Grundel,
Les Planchettes/Schweiz

Bruce Nauman
Art Make-Up No. 1-4,
1967/68
Video
Stedelijk Museum,
Amsterdam

Tony Oursler
Fulton, 1997
Stoffpuppe; Video
60 x 15 x 15 cm
Besitz des Künstlers

Susie Parker
The Kiss, 1996
Buch
22,9 x 29,2 cm
Besitz der Künstlerin

Javier Peréz
Habite, 1996
Kleid aus Seidenraupenkokons;
Video
Kleid: 135 x 135 x 15 cm
Besitz des Künstlers,
Castro Urdiales

Raymond Pettibon
Tombstones, 1993/97
Tinte und Graphit auf
Papier, 59-teilig
Installation
Courtesy Regen Projects,
Los Angeles

Thomas Ruff
Anderes Porträt
Nr. 143/246, 1994/95
Siebdruck auf Papier (2/3)
205 x 155 cm
Courtesy Mai 36 Galerie,
Zürich

Thomas Ruff
Anderes Porträt
Nr. 109/104, 1994/95
Siebdruck auf Papier (2/3)
205 x 155 cm
Courtesy Mai 36 Galerie,
Zürich

Thomas Ruff
Anderes Porträt
Nr. 62G/38, 1994/95
Siebdruck auf Papier (2/3)
205 x 155 cm
Courtesy Mai 36 Galerie,
Zürich

Thomas Ruff
Anderes Porträt
Nr. 122/138, 1994/95
Siebdruck auf Papier (2/3)
205 x 155 cm
Courtesy Mai 36 Galerie,
Zürich

Eva Schlegel
Ohne Titel, 1991
Graphit auf Gips und
Siebdruck auf Blei
je 140 x 100 cm
Privatsammlung

Eva Schlegel
Ohne Titel, 1996
Triptychon,
Siebdruck auf Blei
je 90 x 60 cm
Sammlung Hofer-Wittmann,
Etsdorf/NÖ

Beverly Semmes
Buried Treasure, 1994
Stoffskulptur und Photographie
Photographie: 52 x 40 cm
Besitz der Künstlerin,
New York

Andres Serrano
Budapest
(Marriage Ceremony), 1994
Cibachrom (2/3)
152,4 x 125,7 cm
Courtesy Paula Cooper Gallery,
New York

Andres Serrano
Budapest
(Prostitute and Client), 1994
Cibachrom (2/3)
152,4 x 125,7 cm
Courtesy Paula Cooper Gallery,
New York

Andres Serrano
Budapest
(Mother and Child), 1994
Cibachrom (2/3)
152,4 x 125,7 cm
Courtesy Paula Cooper Gallery,
New York

Andres Serrano
Budapest
(Frida), 1994
Cibachrom (2/3)
152,4 x 125,7 cm
Courtesy Paula Cooper Gallery,
New York

Andres Serrano
Budapest
(Mass), 1994
Cibachrom (2/3)
152,4 x 125,7 cm
Courtesy Paula Cooper Gallery,
New York

Andres Serrano
Budapest
(Ferenciek Tere), 1994
Cibachrom (2/3)
152,4 x 125,7 cm
Courtesy Paula Cooper Gallery,
New York

Andres Serrano
The Model, 1994
Cibachrom
152,4 x 125,7 cm
Javier López Gallery,
Madrid

Jim Shaw
Dream Object (There was
this display in poster racks
on a stairway...), 1996
20 s/w-Photographien (zweiseitig),
2 Schreibmaschinen
Photographien: 41,6 x 51,4 cm;
Schreibmaschinen: 17,8 x 35,6 x 33 cm
Courtesy Metro Pictures, New York

Cindy Sherman
Untitled # 229, 1987/91
Photographie
121 x 187 cm
Sammlung Pier Luigi &
Natalina Remotti

Cindy Sherman
Untitled # 180, 1987
Cibachrom, 2-teilig
243,8 x 175,2 cm
Museum Boijmans
Van Beuningen,
Rotterdam

Nicholas Sinclair
Fabian, 1995
s/w-Photographie
50,8 x 40,6 cm
Besitz des Künstlers

Nicholas Sinclair
Joss Munro, 1995
s/w-Photographie
50,8 x 40,6 cm
Besitz des Künstlers

Nicholas Sinclair
Dicky Dick, 1996
2 s/w-Photographien
je 50,8 x 40,6 cm
Besitz des Künstlers

Nicholas Sinclair
Lester, 1995
s/w-Photographie
50,8 x 40,6 cm
Besitz des Künstlers

Nicholas Sinclair
Franko B, 1996
2 s/w-Photographien
50,8 x 40,6 cm
Besitz des Künstlers

Nicholas Sinclair
Jed Phoenix &
Joss Munro, 1995
s/w-Photographie
50,8 x 40,6 cm
Besitz des Künstlers

Nicholas Sinclair
Polly, 1995
s/w-Photographie
50,8 x 40,6 cm
Besitz des Künstlers

Kiki Smith
Siren, 1994
Musselin, Holzwolle,
eloxiertes Aluminium
und Glasperlen
94 x 38,1 x 38,1 cm
Besitz der Künstlerin, Courtesy
PaceWildenstein, New York

Nancy Spero
Un Ange, 1960
Öl auf Leinwand
Besitz der Künstlerin,
Courtesy Galerie Christine König
& Franziska Lettner, Wien

Nancy Spero
Elegie I, 1983
Diptychon, Malerei collagiert
und Handdruck auf Papier
284,5 x 52 und 282 x 52 cm
Barbara Gross Galerie, München

Nancy Spero
Les Anges, Merde, Fuck You, 1960
Gouache und Tusche auf Papier
43,8 x 5,1 x 55,9 cm
Besitz der Künstlerin,
Courtesy Galerie Christine König
& Franziska Lettner, Wien

Rosemarie Trockel
Hair, 1997
Video
Besitz der Künstlerin, Köln

Lois Weinberger
Der Garten, 1997
Installation vor der
Kunsthalle Wien
Besitz des Künstlers

Hermione Wiltshire
Seamen II, 1994
Installation, Cibachrom
und Glas (450 Teile)
Galerie Eugen Lendl, Graz

Hermione Wiltshire
Further and further, 1996
2 Photographien, Cibachrom,
gewölbtes Glas und Holz
je 33,5 x 43,5 cm
Galerie Eugen Lendl, Graz

Hermione Wiltshire
Further and further, 1996
Cibachrom
43 x 33 x 3,5 cm
Besitz der Künstlerin

David Wojnarowicz
Untitled (Peter Hujar dead), 1988/89
Collage auf Hartfaserplatte
39 x 32 cm
Sammlung Steve Johnson
und Walter Sudol, New York

David Wojnarowicz
Anatomy and Architecture
of Desire, 1988-89
Acryl, Collage und
s/w-Photographie auf
Hartfaserplatte
186,7 x 88,9 cm
Sammlung Jean Foos, New York

David Wojnarowicz
Fuck You Faggot Fucker, 1984
Acryl, Photographie und
Collage auf Hartfaserplatte
123 x 123 cm
Sammlung Barry Blinderman,
Normal, Il.

David Wojnarowicz
Sex Series (bridge), 1988/89
s/w-Photographie
38,1 x 45,7 cm
Courtesy P.P.O.W., New York

David Wojnarowicz
Sex Series, 1988/89
s/w-Photographie
38,1 x 45,7 cm
Courtesy P.P.O.W.,
New York

David Wojnarowicz
Sex Series, 1988/89
s/w-Photographie
38,1 x 45,7 cm
Courtesy P.P.O.W.,
New York

David Wojnarowicz
Sex Series (5 insets), 1988/89
s/w-Photographie, Unikat
38,1 x 45,7 cm
Courtesy P.P.O.W.,
New York

David Wojnarowicz
Sex Series (tornado), 1988/89
s/w-Photographie, Unikat
38,1 x 45,7 cm
Courtesy P.P.O.W.,
New York

David Wojnarowicz
Sex Series (boat), 1988/89
s/w-Photographie, Unikat
38,1 x 45,7 cm
Courtesy P.P.O.W.,
New York

David Wojnarowicz
Sex Series (trees), 1988/89
s/w-Photographie
38,1 x 45,7 cm
Courtesy P.P.O.W.,
New York

David Wojnarowicz
Sex Series, 1988/89
s/w-Photographie
38,1 x 45,7 cm
Courtesy P.P.O.W.,
New York

Francesca Woodman
House 3 Providence, 1975/76
s/w-Photographie
25,2 x 20,2 cm
Betty und George Woodman,
Courtesy PaceWildensteinMacGill,
New York

Francesca Woodman
House 4 Providence, 1975/76
s/w-Photographie
25,2 x 20,2 cm
Betty und George Woodman,
Courtesy PaceWildensteinMacGill,
New York

Francesca Woodman
Providence, 1975/76
s/w-Photographie
25,2 x 20,2 cm
Betty und George Woodman,
Courtesy PaceWildensteinMacGill,
New York

Francesca Woodman
From Space2, Providence, 1975/76
s/w-Photographie
25,2 x 20,2 cm
Betty und George Woodman,
Courtesy PaceWildensteinMacGill,
New York

Francesca Woodman
Providence, 1976
s/w-Photographie
18 x 24 cm
Betty und George Woodman,
Courtesy PaceWildensteinMacGill,
New York

Francesca Woodman
Angel Series
s/w-Photographie
25,2 x 20,2 cm
Betty und George Woodman,
Courtesy PaceWildensteinMacGill,
New York